和食の常識
Q&A百科

堀知佐子・成瀬宇平 著

丸善出版

まえがき

　1960年代ごろから日本料理は、欧米の国々から注目されるようになりました。とくに、1985年に理想的な食生活指針として厚生労働省や農林水産省が提案したたんぱく質・脂質・炭水化物のバランスのとれた「日本型食生活」は、脂肪摂取量の多い欧米の食生活や炭水化物摂取量の多い東南アジアの食生活においても、健康作りの面で大いに参考になったようです。その後、2013年12月に、「和食」がユネスコの無形文化遺産に登録されると、和食はさらに広く、深く注目されるようになりました。

　今回のユネスコ無形文化遺産への登録は、京都の老舗料理店の料理人が中心となっている特定非営利活動法人日本料理アカデミーが始めた運動がきっかけとなっています。そういう背景もあり、和食は京都の老舗料理店の高級料理と捉えられがちです。しかし、すべての日本人がそのような高級料理を毎日食べることはできません。和食の朝食に欠かせない味噌汁の具は普通に販売されている野菜類であり、味噌は自家製の自慢の味噌の場合もあります。それを、おもてなしの味噌汁とするために、和食の料理人はだしや味噌のうま味や風味を引き出すべく日々研鑽を積み重ねているのです。

　ユネスコ無形文化遺産として登録された和食の特徴の「多様で新鮮な食材とそのもち味の尊重」「栄養バランスに優れた健康的な食生活」「自然の美しさや季節の移ろいの表現」「正月などの年中行事との密接な関わり」は、前述の食生活指針に見られる「多様な食品の利用」「PFCバランスのとれた食生活」などのほか、食育の目標である「年中行事の尊重」「地産地消」「地域コミュニケーションへの参加」などとも共通していることが多いと考えられます。

　日本料理の発達と和食の歴史において、6世紀半ばに中国(百済)から伝来した仏教は、日本人の食生活や食の儀式に大きな影響を及ぼしました。仏教の五戒の中の一つである不殺生戒にのっとり、675年に天武天皇が発布した「肉食禁止令」により、牛・馬・犬・猿・鶏の肉を食べることがで

きなくなりました。そのため、肉類の代わりに海産物や大豆の製品が発達し、これらもまた日本の食文化に大きな影響を及ぼしてきたのです。

　今日では、日本料理とは、ある一定の様式を保ちながら日本で受け継がれている料理を総称したものと定義されています。この様式には、修行中の寺の僧侶が日常食としている「精進料理」、室町時代に武家儀式料理として発達した「本膳料理」、室町時代の茶道の発達によって生まれた「懐石料理」（茶懐石）、江戸時代に酒の肴で構成された「会席料理」などがあります。

　一方、和食の文化は、自然を尊重し、すべての生き物を敬うことから生まれたといわれています。和食では「おもてなし」、「食事作法」などが重要視されます。この作法は、神様へささげた神饌に始まるといわれています。和食とは、単に料理だけをさすのではなく、料理をいただく作法、礼儀などが含まれているのです。厳密には、和室で作法に従って日本料理を食べるのが「和食」であると考えられます。

　ここで、和食・日本料理の特徴を簡単にまとめておきます。
・彩り：日本料理は食材の用い方や調理法、配膳の仕方、飲食の作法などのさまざまな約束の上に成り立っています。日本料理店で提供される日本料理は家庭料理と異なり、料理に季節の花や木の葉が添えられ、刺身（造り）にはさまざまなあしらいが彩りよく盛りつけられ、器の種類や使い方、素材の組み合わせなどの伝統的様式が受け継がれています。造りの「つま」や「けん」は、日本料理の彩りを作り上げる代表的な組み合わせといえます。
・ご飯とだし：ご飯は主食の位置にあるために、コメの種類、コメの研ぎ方、炊き方などに関する説が多いようです。調理科学の分野でもコメに関する研究報告の多い時代がありました。また日本料理の形式には「一汁三菜」「一汁一菜」があります。必ず汁物がつきます。おいしい汁物を作るには、だし汁が必要です。日本料理の特徴は「だしの材料」と「だしの取り方」にあるともいわれています。
・技と調理：技の基本は素材の切り方にあります。とくに刺身における素材の切り方は食味に大きく影響します。代表的調理法の焼く、煮る、揚げる、蒸すなどは、加熱温度と時間、余熱の使い方が料理の良否を決め

ます。
・調味料と発酵：日本料理に使う調味料は、味噌・醤油・食酢などのように発酵食品が多く見られます。発酵により生成される有機酸やアミノ酸が日本料理特有のうま味を生み出しているといっても過言ではないでしょう。

　本書では、和食・日本料理とはどのような料理であるかを理解していただくために、いまこそ知っておきたいテーマ188題を選び、全11章に区分して、「Q&A」の形でわかりやすく解説しました。加えて、4つの付録を収録しました。読者の皆さんがこれまで以上に日本料理を深く理解し、関心を深め、和食による健康な食生活作りを進めていかれる中で、本書を役立てていただければ望外の喜びです。

2015年11月

堀 知佐子
成瀬 宇平

目　次

1章　和食の歴史と基本 Q&A …………………………… 1

Q1　和食が世界各国で受け入れられたのはなぜですか？　1
Q2　外国では本当に日本料理が人気なのですか？　2
Q3　和食はどのように定義づけられているのですか？　3
Q4　和食と日本型食生活の違いは何ですか？　4
Q5　日本の伝統的料理や伝統食はどのようにして生まれたのですか？　5
Q6　精進料理とはどんな料理で、なぜ注目されているのですか？　6
Q7　和食の基本とされる「一汁三菜」とは何ですか？　7
Q8　現代の日本型食生活における理想の「一汁三菜」とは何ですか？　8
Q9　「一汁一菜」とはどのような食事ですか？　9
Q10　懐石料理はいつごろ発達したのですか？　10
Q11　豆腐が日本に伝わったのはいつごろですか？　11
Q12　豆腐はなぜ白い固まりなのですか？　11
Q13　湯葉はなぜ黄色なのですか？　12
Q14　豆腐からはどんな加工品ができるのですか？　13
Q15　納豆はなぜ粘りのある糸を作るのですか？　13
Q16　納豆はからだによいといわれるのはなぜですか？　14
Q17　野菜の塩漬けの食塩濃度はなぜ高いのですか？　15
Q18　野菜の酒粕漬けが奈良漬といわれるのはなぜですか？　16
Q19　ワサビ漬けはいつごろから作られるようになりましたか？　17
Q20　東京名産のべったら漬けの由来は何ですか？　17
Q21　糠漬けのたくあん漬けはなぜ臭うのですか？　18
Q22　京都の発酵漬物の発達はいつごろからですか？　19
Q23　茶は日本料理(会席料理)の発展と関係があるのですか？　21
Q24　いつごろから日本で酒が作られるようになったのですか？　22
Q25　酒が嗜好飲料となったのはなぜですか？　23
Q26　新巻ザケと荒巻ザケは違うのですか？　24
Q27　サケやタラの卵巣を食べるのは日本だけですか？　25
Q28　佃煮は江戸時代の保存食だったのですか？　26
Q29　蒲鉾はなぜ白身の魚を使うのですか？　27
Q30　馴れずしは、どんな「すし」ですか？　28
Q31　魚の糠漬けは、いつごろから作られるようになりましたか？　29
Q32　和食の「あしらい」とはどういうことですか？　30

目 次　vii

2章　和食のプロが考える和食 Q&A ………………… 33
- **Q 1**　そもそも和食とはどんなものまで入りますか？　33
- **Q 2**　外国人の和食人気はすごい，といわれていますが，
何が人気なのでしょうか？　34
- **Q 3**　いつから和食はインターナショナルになったのでしょうか？　35
- **Q 4**　和食の代表的な食材といえば何ですか？　36
- **Q 5**　昔の和食は玄米と聞きますが，なぜ今は白米なのでしょうか？　38
- **Q 6**　宴会といえば和食をイメージしますが，
宴会に出される料理に呼び名はありますか？　39
- **Q 7**　会席料理がお酒を飲むための料理とすれば，
懐石料理は何のための料理ですか？　40
- **Q 8**　精進料理は和食のベジタリアン向け食事と思ってよいのでしょうか？　41
- **Q 9**　日本料理と和食は違うものですか？　43

3章　季節ごとの和食 Q&A ……………………………… 45
- **Q 1**　暦はいつごろできたのですか？　45
- **Q 2**　二十四節気はどのようにして決められたのですか？　46
- **Q 3**　五節句はどのようにして決められたのですか？　48
- **Q 4**　通過儀礼にはどのようなものがありますか？　48
- **Q 5**　神饌，百味とはどのような料理ですか？　50
- **Q 6**　年中行事に行事食を用意するのはどのような意味がありますか？　52
- **Q 7**　新年の行事にはどのような和食が用意されますか？　52
- **Q 8**　47都道府県の特別な正月料理や雑煮には
どのようなものがありますか？　54
- **Q 9**　春の年中行事にはどのような料理がありますか？　61
- **Q10**　夏の行事にはどのような料理を作りますか？　64
- **Q11**　秋の行事食にはどのようなものがありますか？　66
- **Q12**　冬の行事にはどのような和食がありますか？　68
- **Q13**　魚の旬はどのようにして決まるのですか？　70
- **Q14**　野菜の旬はどのようにして決まるのですか？　71
- **Q15**　和食に使われる季節を表す代表的な食材には
どのようなものがありますか？　73

4章　家庭で作る和食 Q&A ……………………………… 75
- **Q 1**　お米は研ぐもの？　それとも洗うもの？　75
- **Q 2**　鍋でご飯を炊く場合の水加減はどのくらいですか？　76
- **Q 3**　味噌汁の味噌はなぜ最後に入れるのですか？　77
- **Q 4**　赤味噌，白味噌など味噌の違いは何ですか？　78
- **Q 5**　肉じゃがの肉は牛肉？　それとも豚肉？　79
- **Q 6**　肉じゃがのジャガイモは男爵？　メークイーン？
それとも別のジャガイモ？　80

- Q7 筑前煮・炒り鶏・がめ煮は同じような料理ですが、どう違うのですか？ 82
- Q8 煮魚をおいしく煮るコツは何ですか？ 83
- Q9 青菜のお浸しをきれいな緑色に作るにはどうすればよいですか？ 84
- Q10 ひじきをおいしく作るにはどうすればよいですか？ 85
- Q11 タケノコの下ゆがきに糠と鷹の爪を入れるのはなぜですか？ 87
- Q12 ゴボウの笹がきは以前は水にさらしていたのに、なぜ今はさらさなくなったのですか？ 88
- Q13 豚の角煮を作る時、豚肉をおからで下茹でするのはなぜですか？ 89
- Q14 鶏の唐揚げにつける粉は小麦粉？ それとも片栗粉？ 90
- Q15 照り焼きを上手に作るにはどうしたらよいですか？ 91
- Q16 揚げ物をカラッと揚げるにはどうしたらよいですか？ 92

5章 健康食としての和食 Q&A ……… 94

- Q1 玄米がからだによいというのは本当ですか？ 94
- Q2 青魚の生食(刺身)はなぜからだによいといわれるのですか？ 96
- Q3 和食で、魚の頭などを煮つけた荒焚きなどを食べる理由は何ですか？ 97
- Q4 和食はからだによいといわれていますが、本当ですか？ 98
- Q5 ノーカロリーといわれる海藻やきのこに栄養はあるのですか？ 99
- Q6 和食では畑の肉といわれる大豆をよく使いますが、肉ほど栄養があるのですか？ 101
- Q7 味噌汁は塩分が高いので汁は飲まないほうがよいといわれましたが、本当ですか？ 102
- Q8 「まごわやさしい」って何ですか？ 103
- Q9 和食が健康によいといわれる理由は何ですか？ 104
- Q10 新和食といわれるものがあると聞きましたが、どのようなものでしょうか？ 105
- Q11 食欲がないときでも、朝食ではせめて味噌汁くらいはとるべきでしょうか？ 106
- Q12 和定食だけで理想的な朝食といえるのでしょうか？ 107
- Q13 昼食は丼物を食べることが多いのですが、どのようなメニューを選ぶのが理想でしょうか？ 109
- Q14 和食における間食の意味と何時なら間食してもよいですか？ 110
- Q15 和食は塩分が高いと聞きますが、就寝前は塩分も控えたほうがよいのでしょうか？ 111
- Q16 和食はヘルシーなイメージですが、和食なら夕食は何時に食べてもよいのでしょうか？ 112
- Q17 ヘルシーといわれている和食でも、食事の回数と食べる時間帯は体重の変化に関わりますか？ 113
- Q18 油っぽいものを食べると寝つけないことがあるのですが、なぜでしょうか？ 114
- Q19 牛乳を飲むと眠くなるといいますが、和の食材で熟睡できるものはありますか？ 115

Q20 丼物を昼食でとると眠くなる理由は何ですか？　116

6章 和食の味つけと薬味 Q&A ……………………… 118

Q 1 味つけの「さしすせそ」って何ですか？　118
Q 2 魚を煮る時、だし汁は使わないのですか？　119
Q 3 みりんと砂糖は、どのように使い分けたらよいのでしょうか？　120
Q 4 濃口醤油と淡口醤油の使い分けはどうなっていますか？　121
Q 5 たまり醤油はどのように使うのでしょうか？　123
Q 6 蛸の柔らか煮が有名ですが、柔らか煮って他に何がありますか？　124
Q 7 アクが味を邪魔するといいますが、アクって何ですか？　125
Q 8 隠し味って何ですか？　126
Q 9 おいしそうに照りをつけて煮上げるにはどうしたらよいですか？　126
Q10 合わせ酢とは何ですか？　またその酢の使い方はどうなりますか？　127
Q11 食材の食べごろは鮮度と関係があるのでしょうか？　129
Q12 薄味でおいしく食べるにはどうしたらよいでしょうか？　130
Q13 調理中に味見をした時と、実際にでき上がった時の
　　　料理の味が違うのはなぜですか？　131
Q14 関西は味が薄く、関東は味が濃いというのはなぜですか？　132
Q15 味噌・醤油はルーツはどこで、いつごろですか？　133
Q16 日本の味噌・醤油は、歴史的には
　　　どのような文化的役割を果たしたのですか？　134
Q17 日本の塩の原料が海水というのは本当ですか？　135
Q18 「塩の道」とはどのような道ですか？　136
Q19 日本の食酢のルーツ「いずみ酢」とはどのような酢ですか？　137
Q20 なぜ昆布とカツオが日本のだしの中心となったのですか？　138
Q21 和食における食味の表現にはどのような種類がありますか？　139
Q22 おいしいと感じる和の料理が柔らかいのはなぜですか？　141
Q23 煮物の味は、昔と今とではどのような違いがありますか？　142
Q24 薬味に使われる食材にはどのようなものがありますか？　143
Q25 和食の薬味と欧米の香辛料にはどのような違いがありますか？　144
Q26 薬味としての野菜類にはどのようなものがありますか？　145
Q27 薬味としての根菜類にはどのようなものがありますか？　146
Q28 ダイコンおろしの辛味の成分は何ですか？　147
Q29 ダイコンおろしはなぜ調理中に辛味が消えるのですか？　147
Q30 ショウガの辛味と香りはどのような成分ですか？　148
Q31 ネギの辛味の成分は何ですか？　149
Q32 ミョウガの爽やかな香りはどのような成分ですか？　151
Q33 ユズ、スダチ、カボスの香りはどのような成分ですか？　152
Q34 ニンニクの特有のにおいの成分は何ですか？　153
Q35 タデの辛味の成分は何ですか？　154
Q36 ワサビの辛味はどのような成分ですか？　154
Q37 シソの香りの成分は何ですか？　156
Q38 三つ葉の香りの正体は何ですか？　156

- Q39 のりの香りの正体は何ですか？ 157
- Q40 かつお節の香りの成分は何ですか？ 157
- Q41 そばに使われる薬味にはどのようなものがありますか？ 158
- Q42 トウガラシの辛味はどのような成分ですか？ 159
- Q43 ゴマの香りはどのような成分ですか？ 160
- Q44 和食に使われるだしには、どのような食材が使われていますか？ 160

7章 各地の郷土料理・伝統食 Q&A ……………………… 163

- Q1 北海道のお勧め郷土料理は何ですか？ 163
- Q2 東北地方のお勧め郷土料理は何ですか？ 164
- Q3 関東地方のお勧め郷土料理は何ですか？ 166
- Q4 北陸地方のお勧め郷土料理は何ですか？ 168
- Q5 甲信地方のお勧め郷土料理は何ですか？ 170
- Q6 東海地方のお勧め郷土料理は何ですか？ 171
- Q7 近畿地方のお勧め郷土料理は何ですか？ 172
- Q8 山陰・中国地方のお勧め郷土料理は何ですか？ 173
- Q9 四国地方のお勧め郷土料理は何ですか？ 175
- Q10 九州・沖縄地方のお勧め郷土料理は何ですか？ 176
- Q11 人気の伝統料理は何ですか？ 178

8章 正月料理と節句料理 Q&A ……………………… 179

- Q1 おせち料理ってそもそも何ですか？ 179
- Q2 関東と関西のおせち料理の違いは何ですか？ 180
- Q3 雑煮は地方で違うようですが、その違いは何ですか？ 182
- Q4 七草粥を食べる理由は何ですか？ 184
- Q5 黒豆に添えてある「ちょろぎ」って何ですか？ 185
- Q6 重箱の料理を美しくおいしそうに盛るコツは何ですか？ 186
- Q7 上巳(桃)の節句には何を食べますか？ 187
- Q8 端午の節句に柏餅や粽を食べる理由は何ですか？ 189
- Q9 七夕には節句料理として何を食べますか？ 190
- Q10 9月9日も節句ですか？ また何を食べますか？ 191

9章 和食のマナー Q&A ……………………… 193

- Q1 日本人は右利きが多いのに、どうしてご飯が左、汁が右なのですか？ 193
- Q2 箸を使う時のNGとは何ですか？ 194
- Q3 刺身の盛り合わせが出てきたとき、何から食べればよいのでしょうか？ 195
- Q4 汁椀のふたはどうすればよいのでしょうか？ 196
- Q5 天ぷら盛り合わせは何から食べればよいでしょうか？ 197
- Q6 すしは手で食べるのが正式でしょうか？ 198
- Q7 丼物は手でもって食べてもかまわないのでしょうか？ 199
- Q8 手皿はマナー違反でしょうか？ 200

目次　xi

- **Q9** 食べ終わった皿は重ねたほうがよい？　201
- **Q10** 抹茶の飲み方がわかりません。最低限のルールはどうなっていますか？　202
- **Q11** 献立と品書きの違いは何ですか？　203

10章　和食器と調理道具 Q&A ……………………………… 205

- **Q1** 夫婦茶碗の大きさの違いに意味はあるのですか？　205
- **Q2** 陶器と磁器はどう違うのですか？　206
- **Q3** 塗りの椀って何ですか？　また取り扱いは難しいですか？　207
- **Q4** 銚子と徳利の違い、盃とちょこの違いは何ですか？　208
- **Q5** まな板の取り扱い方と、材質の違いによる管理の仕方はどうなっていますか？　209
- **Q6** 和包丁の特徴とその種類は何ですか？　211
- **Q7** 調理箸と菜箸は違うのですか？　212
- **Q8** アルミ鍋、鉄鍋など鍋の種類と使い分けはどうなっていますか？　213
- **Q9** 土鍋のメリット、デメリットは何ですか？　215
- **Q10** ホーロー鍋はどのような料理に向いていますか？　216

11章　外国人から見た和食の不思議 Q&A ……………… 218

- **Q1** 「いただきます」「ごちそうさま」は誰に対していっているのですか？　218
- **Q2** 日本人は海藻をよく食べますが、どのようなメリットがあるのですか？　219
- **Q3** 腐っているとしか思えないような納豆を日本人はなぜ食べるのですか？　220
- **Q4** 日本人はとくにそばを食べる時に音を立てますがマナー違反ではないのですか？　222
- **Q5** なぜ日本では生卵が食べられるのですか？　223
- **Q6** 「山かけ」を食べたらかゆくなりました。どうしてですか？　225
- **Q7** 何の味もしないコンニャクを食べる理由は何ですか？　226
- **Q8** ワサビ（香味野菜）は日本独特のものだそうですが、なぜすしや刺身に必ずついているのですか？　228
- **Q9** 日本料理は器に対して盛りつけの量が少ないと思うのですが、なぜですか？　229
- **Q10** どうして日本人はあんなに苦い抹茶を飲むのですか？　231

- ●**付録1**　和食独特の料理名・料理言葉　233
- ●**付録2**　和の暦　241
- ●**付録3**　和食における調理用語と器　245
- ●**付録4**　全国の主な郷土料理　248

参考文献　306
索　引　307

1章
和食の歴史と基本 Q&A

Q1 和食が世界各国で受け入れられたのはなぜですか?

A1 世界的に生活習慣病が問題となっていますが、「主食・主菜・副菜」からなる和食の食材は、主菜として脂質含有量の少ない魚介類や大豆類を利用することから、脂質摂取量が欧米の料理に比べて少ないため、肥満や心疾患などの生活習慣病に罹患するリスクが少ないこと、だしを活かして塩分の少ない料理を作り上げていることなどが考えられます。

解説 日本の食材や和食が世界各国に普及しているように、世界各国の主な料理を提供する店が東京や大阪、名古屋、九州など各地で営業されるようになりました。かつては、海外での日本料理店の利用者は、主として日本からの旅行者や各国の富裕層でありましたが、今では、多くの料理が親しみやすい庶民的な食事となっています。日本国内の新聞やテレビの情報によると、日本への旅行者は、上野や新宿の日本風旅館や日本風食堂での日本的な飾らないサービスをしている店を訪れることが多くあるようです。

2013年に日本貿易振興機構(ジェトロ)が、海外の消費者の「日本食品の購入時の重点」についてアンケート調査した結果、米国、フランス、イタリアでは和食を受け入れている要因として「おいしさ」「健康面」「高級感」を高く評価しているようです。現在、料理や食品に求められているものは「安全と安心」「健康によい」で、その上でおいしいことです。和食は上記の要因を満たしていることも、各国で受け入れられている理由です。「安全・安心・おいしさ」をもつ食品や料理を生み出す根底には、日本人の民族性によるところもあると思われます。

Q2 外国では本当に日本料理が人気なのですか？

A2 外国では、健康的な日本料理は食べたいが、家庭で作るのは難しいので、日本料理店へ出かけて食べる人が多いようです。料理にはバターや植物油を使う料理が少ないので、脂質摂取量が少なく、健康によいと信じています。しかし、ラーメンなら豚骨スープのようにごってりしたものを好むようです。すし種では、脂質含有量の多い養殖サーモンが人気のようです。

解説 シアトルに在住している筆者の友人 Matsumi Ishii Fergason 女史の情報によると、米国人の和食に関する知識は、ネットの検索によるところが多いようです。米国人にとっては、和食の調理法は難しいので、本や雑誌からよりもネットからの情報に頼っているところが多いそうです。和食は、健康によい食事であると理解している人が多いようです。和食は作るのは面倒ですが、健康のために食べたい人もいるようです。このような人は、自宅では作らず、和食店へ行って食べるようです。

一般的に外国人にとっては日本料理の作り方が難しく、外国人の家庭ではほとんど作らないようです。日本料理の簡単な作り方の本や情報があれば、日本料理もフランス料理やイタリア料理のように外国人にも受け入れやすいのではないかと考えられています。

現代の日本料理は、多国籍料理ともいわれるように、1回の食事の中には、各国料理の食材や調理法が導入されているものが多く、家庭料理でも、外食の定食などでも、和風料理の他に中華料理、米国の料理、イタリア料理、東南アジアの料理など多様な料理が提供されています。日本料理すなわち和食は、生活習慣病の大きな原因となっている肥満を改善するための内臓脂肪の減少が現れ、健康な体となるといわれています。内臓脂肪は、血糖値を下げる働きをブロックするホルモンや代謝を低下させるホルモンの分泌を促すので、雪だるま式に太ってしまうのです。

Q3 和食はどのように定義づけられているのですか？

A3 和食は「日本で生産された食材を使い、日本で培われた独特の調理法で作られた料理」と定義づけられています。

解説 『日本料理・検定教本』では、和食は「日本で生産された食材を使い、日本で培われた独特の調理法で作られた料理」と定義づけられているようですが、厳密に定義することは難しいです。米のご飯に味噌汁または吸い物の組み合わせが基本となっている食事が典型的な和食であると考える場合もあり、すし、天ぷら、刺身、ウナギのかば焼きのように、日本近海で漁獲される魚介類を食材とする料理を組み合わせた食事を和食と考える場合もあります。また、各地で作られる鍋もの、漬物、煮物などの郷土料理や伝統料理を和食と考える場合もあります。

東北大学の都築毅先生は、1975〔昭和50〕年頃の日本人の家庭で作り、食べていた食事を「スーパー和食」と名づけています。その理由は、当時の食事は、「食材として肉より魚が多く、豆類や海藻を使い、味噌汁をよく飲み、卵料理を利用した食事」であり、「一汁一菜」の貧しい和食タイプではなく、素朴な食事ではあるが、多彩な食材を利用した食事だからだそうです。漠然とした「和食」の定義ではありますが、当時の日本人が日常的に摂っていた食事で、現在健康上から問題となっている生活習慣病の発症が少なかった食事と説明されています（都築毅：『昭和50年の食事で、その腹は引っ込む』、講談社 a 新書、2015年）。

和食は米のご飯、「醤油・味噌(味噌汁)・納豆など」の発酵食品、魚の組み合わせからなる食事と定義づけている場合もあります。第2次世界大戦後、日本の食生活に欧米の食材・料理が導入されてきているので、これらの欧米の食材や料理を取り入れ、いろいろな食材を利用している現在の日本料理を和食という場合もあります。

和食と日本型食生活の違いは何ですか？

A4 和食は日本の食材を使い、日本料理独特の調理法で作った料理で、日本型食生活は「主食・主菜・副菜」が揃い、摂取エネルギーの各栄養素の占める割合が糖質(55%)・脂質(29%)・タンパク質(16%)である1日の食事のことをいいます。

解説 Q3の通り、狭義の和食の定義は「日本で生産された食材を使い、日本で培われた独特の調理法で作られた料理」とされていますが、その独特の調理法に関する定義は明確でありません。室町時代に確立した四条流は日本の家庭料理の源流といわれていますが、包丁式で見るように、1尾の魚を長い包丁と串だけで調理する方法は、現在の日本料理の調理法に受け継がれているとは思われ難いので、何をもって「和食」と判断するかは、日本人の感覚や、食事する人の感覚にゆだねられているところが多いといえます。代表的な例としては、そば、うどんなどのめん類、天ぷら、すし、丼物、すき焼き、ウナギのかば焼き（うな丼やうな重）が和食であるという場合もあります。またお好み焼きやたこ焼きのように鉄板で調理するのも和食であるともいわれています。

和食が世界無形文化遺産に登録された理由の1つに「健康によい」料理であることがあげられています。和食が健康によいという理由で、米（ご飯）を中心として、大豆、野菜、魚、食肉、果実などの日本国内で生産、捕獲される多様な食材を利用し、醤油、味噌、だし、油脂などの日本の伝統的調味料によって味つけしたものが推奨されたのです。この食生活は、1980年の農政審議会の答申を受け、1983年に「食生活審議会」が日本人の望ましい食生活として、「主食（ご飯）、主菜（大豆、魚、食肉などのタンパク質供給源）、副菜（野菜類）」を組み合わせた多様な食品の利用による「適正体重の維持と増進、生活の豊かさ」を目標にした日本型食生活が推奨されるようになりました。

狭義の和食の意味は「日本独特の食材と調理法」のことであり、日本型食生活とは、農林水産省、文部科学省、厚生労働省が合同で策定した食事方針によると、「日本の食事形式から健康の維持・増進、生活や心の豊かさを確立する食事形式」とされています。

Q5 日本の伝統的料理や伝統食はどのようにして生まれたのですか？

A5 伝統食品は、古くからの地域の神社や寺院を中心とした行事に供え、神とともに供食する料理として生まれたと、推定されています。

解説 伝統食品には、古くからの地域の神社や寺を中心とした行事の時に、神に供え、神とともに供食する料理や、あるいは寺の講和などの集まりの時に供するものとして生まれた料理があります。また、漁村では大漁祈願として季節の魚介類を使った料理が、農村では五穀豊穣を願い米やソバ・野菜類を使った料理が作られました。その素材には、必ず地域の産物で季節の食品が使われました。現在のように冷蔵庫や乾燥器がない時代でしたが、長期間の保存が可能で、変質を防止する食品が発達しました。

魚介類の干物、塩蔵品、ダイコンを干して漬けこんだ沢庵、壺漬け、各地の伝統野菜の塩漬けや糠漬けなど数多く継承されています。調味料の味噌・醤油・食酢のような発酵食品も伝統食品として継承されています。中国で生まれた豆腐は、仏教の日本への伝来とともに導入されたものですが、大豆の中のタンパク質を取り出して作ります。この時に生まれた副産物の「おから」を利用するということは、物を大切にする仏教の精神を取り入れて工夫されたものと思われます。

微生物の働きを利用したものに、醤油、味噌や食酢のような調味料、日本酒のような嗜好品、大豆に微生物を作用させて作る納豆、馴れずし（滋賀のふなずし、和歌山のサンマやサバの馴れずし）などがあります。

さらに、地域の寒暖の差を利用したのが寒天や凍り豆腐、凍りこんにゃくなどです。長野県や岐阜県のように冬の気温が非常に低くなる地方で、夜は寒天、豆腐、コンニャクの水分が凍結し、日中は凍結した水分を気温で蒸発させ、再び夜は水分が凍結し、日中は水分を蒸発させるという操作を繰り返して、乾燥状態の寒天、豆腐、コンニャクを作ります。現在の食品技術である凍結乾燥に自然現象を利用した加工食品といえます。

精進料理とはどんな料理で、なぜ注目されているのですか？

A6 精進料理は本来、穀物・芋類・野菜・豆類・海藻だけの料理を食べて、仏道に修行することを意味しています。源流は5～6世紀の中国にあるといわれています。飽食の時代に生まれた生活習慣病とともに近年注目をあびるようになりました。

解説 「精進」とは、「美食を戒（いまし）め、素食により、悪行を去り善行を修めること」といわれています。仏教では、「素食とは肉や魚など動物性の食べ物でなく、野菜などの植物性の食べ物」の意味があります。「悪行」は「人の道に外れた行い」、「善行」は「道徳にかなった行い」の意味と捉えられます。そこで、「精進とは動物性の食べ物は食べないで、植物性の食べ物を食べて、人の道に外れた行いをしないで、人の正しい道の行いをしましょう」という意味が含まれています。

すなわち精進料理は、魚介類や肉は取り入れないで、穀物・芋類・野菜・豆類・海藻だけの料理を食べて、仏道に修行することを意味しています。仏道の食材に関する観念は、動物性のものは穢（けが）れた食材であり、植物性の食材は清浄なものとして捉えていたことから、精進料理の食材についての制約をつけたことと思います。一汁三菜、一汁五菜、二汁五菜などの厳しい掟があります。仏事に望んで心身を精進させるために、美食を避けて修行に務めねばならないのです。

精進料理の源流は、5～6世紀に中国で成立した大乗仏教という教えによるといわれています。とくに、6世紀中期の『斉民要術』には、11種類の野菜を使った料理法が記載されていたのです。日本の精進料理が成立したのは中世（11世紀後半）で、僧侶の生活における肉食禁止が主体で、一般の人は肉を食べていたようでした。ただ一般の人でも葬儀や寺院への参詣の時は肉食ではなく、精進料理でした。

仏教の殺生戒律が広まる鎌倉時代後期（1193～1228年）に、臨済宗の栄西、曹洞宗の道元は、宋で禅宗を学び、日本にもち込みました。この時、中国の僧院風料理も日本に伝えました。この料理の中から僧侶が空腹を満たすために取り入れたのが点心であり、精進料理だったのです。

現在、なぜ精進料理が注目されているかというと、今の日本において、

食材は豊富に入手でき、世界各国の料理も食べられる環境になりました。さらに、食べ過ぎや偏食から、成人では肥満から派生する生活習慣病が、子どもでも肥満児が多くなりました。もう一度、食生活の原点を見直し、体によい適正な食材と料理、適正な量の摂取を見直すために、質素で素食の精進料理が注目されているのです。和食ブームとはいえ、健康によい食事の基礎として、精進料理も注目されているのです。

Q7 和食の基本とされる「一汁三菜」とは何ですか？

A7 「一汁三菜」は下級官僚の食事で、基本は「ご飯・味噌汁・惣菜・漬物」の組み合わせでした。

平安時代の終わり頃に、『病草紙』（作者不詳、平安時代末期～鎌倉時代初期）という巻物に、「折敷」という、脚のないので低く、板に縁がついている膳が描かれていて、この膳にご飯と汁と3種の惣菜が載っています。これは下級官吏の食事の風景で、「一汁三菜」の食事の始まりではないかと伝えられています。

和食の基本形は「一汁三菜」（ご飯と味噌汁、おかず、漬物の組み合わせの4つ）であるといわれています。一汁三菜は室町時代に確立した「五器盛り」が基本となっています。室町時代には1辺が1尺2寸（約36cm）の膳や折敷に直径4寸（約12cm）の器を9つ（1列に3個×3列＝9個）を並べていました。この配列は、器がぎっしり詰まった状態で並べてあるので、料理が取りにくく、また9種類の料理を作るのも大変だったという理由も加味し、1つの膳に5つの器を並べるようにしました。五器盛りでは「中心に煮物、4隅に焼き物、膾、ご飯、汁物を置き、前方の真ん中に小さな器に入れた香の物」の並び方でした。一汁三菜では「真ん中に副副菜、4隅に主菜、副菜、飯、汁」、すなわち「主食・汁物・主菜・副食2品」という器を配置したのが、今日の和食の基本となっています。

2013年12月4日にユネスコ無形文化遺産保護条約に「和食」が登録されました。これを契機に「和食」が世界的にブームになりました。同時に「和食の意味」についていろいろと意見があるようですが、概ね「ご飯、

味噌汁のような和風の汁物、和風のおかず（主菜1、副菜2）、漬物」の4つからなる昔ながらの日本型の食事の「一汁三菜」のスタイルの食事であれば「和食」と認めているようです。ご飯はエネルギー源となる炭水化物を、汁物では水分と微量のビタミンやミネラルを、惣菜ではタンパク質・脂質・ビタミン・ミネラル・その他の栄養素や機能性成分をバランスよく取ることができます。

　主菜は動物性食材や大豆加工品などタンパク質を中心とし、副菜は野菜、イモ、豆、キノコ、海藻などでビタミン、ミネラル、食物繊維をバランスよく摂取することができる理想的な献立となっています。

Q8 現代の日本型食生活における理想の「一汁三菜」とは何ですか？

A8　多様な食材（1日30品目以上）で「PFCバランス」を考慮した「一汁三菜」または「一汁二菜」とすることが大切です。さらに、ストレスを解消でき、コミュニケーションがとれる食環境であることが必要です。

解説　現在の日本型食生活の基本的献立の構成は「PFCバランス」を目安としています。すなわち、1食の献立の総エネルギーを構成するタンパク質・脂質・炭水化物のバランスは、タンパク質16％、脂質29％、炭水化物55％の割合（PFCバランス）を目安にしています。そして、1日の摂取栄養バランスも、1日の摂取エネルギー全体の割合は、日本型食生活の「PFCバランス」を目安とすることが理想とされていますが、精神的ストレスの多い人はタンパク質を多く取り、糖尿病の人は糖質制限をするなど、個人的な条件で少々の違いを工夫しなければなりません。

　タンパク質を含む食材としては、魚介類、食肉類、卵、大豆またはその加工品があります。脂質を含む食材には、調理に使う油脂類、バター、マヨネーズ、ドレッシングの他、魚介類、食肉、乳製品などがあります。炭水化物を含む食材としては、米のご飯、パン、めん類、パスタ類などがあります。間食に利用するスナックや菓子類も、炭水化物に属する糖質や、脂質を含むクリームなどを多く含むので、1日の総エネルギー量を計算す

る時には間食のことも十分に考慮しなければなりません。スポーツ選手やエネルギー消費量の多い職業の人を除き、一般成人の運動量がかつてより減少しているので、過剰摂取にならないようにすることが望まれています。そのために「和食」の「一汁三菜」の献立は、脂肪の多い食材を多く使わないので、健康食としても注目されています。

近年の食生活では、生活習慣病の予防のために、食塩や糖質の過剰摂取に注意するようにいわれています。そのためには、一汁三菜につきものの漬物の食塩濃度を低くするとともに、味噌汁の食塩量も少なくするように工夫しなければなりません。食塩の量を少なくしておいしい漬物や味噌汁を作るには、だしやだしの素材も上手に使うことが勧められています。

和食の魅力は、常に季節感に富む食材も使われているところにあります。季節によって漁獲される魚や収穫される野菜は、その季節に食べるからおいしく、またその食材の特徴ある味も楽しめるのです。いわゆる食材にはそれぞれおいしい時期があります。その時期は漁獲量や収穫量も多いのです。食材の漁獲量や収穫量が多く、おいしい季節が、それぞれの食材の「旬」といわれています。季節の旬の食材も組み入れることにより、世界文化遺産に登録された和食としての一汁三菜が成り立つともいえます。

和食には鍋料理があります。5つの器に料理を載せる一汁三菜とは違い、1つの鍋にいろいろな食材を入れて、煮ながら食べる料理ですが、鍋の中の食材の種類を工夫すれば、1つの鍋の中で一汁三菜を組み立てることができます。鍋の具を食べた後の汁に、ご飯やめん類を入れて汁を利用したおじやや麺料理にすれば炭水化物も水分も摂取することができます。

「一汁一菜」とはどのような食事ですか?

A9 「一汁一菜」は「ご飯・汁物・1品の惣菜」の食事で、贅沢を戒め、倹約の精神から生まれた食事の形です。

解説 「一汁一菜」は、主食(白米や玄米、または雑穀米)に汁物(味噌汁)、1品のおかずの食事のことです。これに香の物をつけることもあります。江戸時代には、上杉鷹山や池田光政は、人々に倹約のための食事

として「一汁一菜」を勧めたとも伝えられています。江戸の長屋の住人達は、夕方の食事には一汁一菜か一汁二菜と香の物を食べたとも伝えられています。江戸の住人は、食材は日本橋の魚河岸で求めていたようです。

「一汁一菜」は、おかずが1品しかないので質素な食事あるいは粗食の意味に用いられる言葉ともいわれます。第2次世界大戦後の欧米の食生活の導入により、脂肪や糖質の過剰摂取による生活習慣病の発症が増えてきています。日本のバブル経済時代(1980年代後期〜1990年初頭)から始まった食生活の豊かさは、食べ過ぎや食の贅沢の引き金となり、やがて肥満や生活習慣病の増加が心配になりました。その結果、日本国民の健康の維持・増進のために食べ過ぎへの警告の一種として「一汁一菜」の質素な食事が勧められるようになったのです。この傾向は、日本よりも欧米のほうが著しいので、肥満や生活習慣病を引き起こさない健康な食事として日本の「一汁一菜」も注目されているようです。

Q10 懐石料理はいつごろ発達したのですか？

A10 栄西禅師(1141〜1215年)が鎌倉時代に中国から茶の苗木をもち帰ってから、禅寺で行われた茶会に懐石料理がつきものとなり、安土桃山時代になると茶会が「茶の湯」という形で洗練されるようになりました。茶の湯には懐石料理がつきものでした。千利休(1522〜1591年)が茶の湯の道を確立すると懐石料理も形式が整えられるようになりました。

懐石とは、茶の湯に出される食事のことで、茶懐石ともいわれています。禅寺の修行の一環として飲まれたのが始まりと伝えられています。茶とともに点心類(禅僧が食間に食べる少量の間食のこと)も伝わりました。点心には、腹心に点加するという意味があり、中国から伝わったもので、ようかん・団子・まんじゅう・もち菓子・麺類などをいいます。茶と点心を用いて茶会を行うようになると、この風習は寺院の内部から一般の人へと広まっていきました。千利休は、茶の湯を確立し、懐石料理の形を整え、さらに、わび茶の思想に基づいて茶会を伝統的な酒宴から切り離し、茶会に供する料理を簡素なものにしました。

最初のころの料理は、本膳料理を簡素化したものでした。本膳料理には複数の膳（一の膳、二の膳……）が供されていました。千利休は、これを一の膳だけとし、さらに一汁三菜までにとどめるようにしました。利休の後継者である古田織部（1543〜1615年）や利休の二人の息子たちは、利休の侘び茶の思想を受け継ぎ、料理は簡素を貫いていたと伝えられています。「侘び茶」とは、利休が完成させた茶の湯で、「簡素・簡略」の境地、すなわち「わび」を重んじた精神をもって修行する茶会を行うことといえます。

Q11　豆腐が日本に伝わったのはいつごろですか？

A11　豆腐の作り方は奈良時代に仏教の伝来とともに日本に入りましたが、一般に広まったのは江戸時代になってからです。

解説　奈良時代に、中国から仏教とともに数々の技術が伝えられました。この時に豆腐の作り方も伝えられたと推定されています。当初は、貴族や僧侶など上層階級の食べ物であって、庶民の食生活には導入されていませんでした。豆腐が国内に広く普及するには時間がかかりました。庶民の食生活に広く利用されるようなになったのは、江戸時代に入ってからです。江戸時代には、豆腐を使った多種類の料理が考案され、『豆腐百珍』（醒狂道人、1782〔天明2〕年）、『豆腐百珍続編』（醒狂道人、1783〔天明3〕年）という料理書が出版されました。

Q12　豆腐はなぜ白い固まりなのですか？

A12　豆腐は白色乳濁液の豆乳を凝固したものだから、豆腐は白色なのです。

解説　豆腐の原料は大豆の種子です。大豆の種子を水に浸漬して膨潤させてから、水を加えて細かく摩砕します。摩砕によって得られたどろどろの白濁した乳液のような液体は「呉」または「呉汁」といいま

す。この中には、ダイズタンパク質が存在しています。呉汁を布でろ過して得たろ液が豆乳です。ろ過した後に残る固体は「おから」です。呉汁の中のダイズタンパク質の約80％は豆乳へ移行します。豆腐は豆乳に苦汁（硫酸カルシウムや硫酸マグネシウムなどが主成分）を加えて、豆乳の中のダイズタンパク質（主成分はグロブリン）が苦汁と反応して塩凝固をするため白い柔らかい固体となります。これが豆腐です。ダイズタンパク質は苦汁の成分と反応して網目構造を形成しゲル状になり、豆腐の水の中に存在しているので柔らかい固体のように見えます。ダイズタンパク質は、大豆の種子の子葉の中のプロテインボディに存在しています。大豆の種子の黄色はフラボノイドという色素ですが、豆腐が黄色になるほど多くは存在しないので、豆腐の色には反映しません。

Q13 湯葉はなぜ黄色なのですか？

A13 湯葉は、豆乳を加熱した時に表面に現れる薄膜です。原料となる大豆のフラボノイド（黄色）が混入していたり、製造中に豆乳の中の糖質とアミノ酸によるアミノカルボニル反応により褐色のメラノイジンが生成するからと考えられています。

湯葉は豆乳を湯煎鍋に移し、加熱を続けると、表面に薄い膜ができます。これが湯葉です。加熱して最初に生成される膜には脂質が多く含まれていますが、生成した膜を取り外していくと、最後の方の膜すなわち湯葉の成分はダイズタンパク質が主体となっています。湯葉は、乾燥の有無により「生湯葉」と「乾燥湯葉」があります。いずれもやや黄色をしています。その理由は、加熱中にタンパク質やアミノ酸と糖質がアミノカルボニル反応をしたために、着色したのです。

名産品としては、「京湯葉」と「日光湯波」があります。京湯葉は鍋にできた豆乳の薄膜を、鍋の端からすくい上げたもので、なめらかです。日光湯波は豆乳の薄膜を鍋の中からすくい上げるので2枚重ねとなり、表面に「しわ」ができるので、湯波と「波」であらわしています。

豆腐からはどんな加工品ができるのですか？

A14 豆腐はダイズタンパク質が網目構造を形成しているため、乾燥させたり油で揚げることにより、さらに変わった性質の食品となります。

解説 豆腐には油で揚げた油揚げやがんもどき(飛竜頭ともいいます)、冬の日中と夜間の寒暖の差を利用して豆腐を凍結乾燥した凍り豆腐(しみ豆腐、高野豆腐)などの保存食も存在します。古くから、豆腐やその加工品は、日本人のタンパク質供給源として重要でした。豆腐およびその加工品は、多種類の食材が入手できる現在においては、脂質含有量の少ない貴重なタンパク質食品です。また、動物性食品の利用を禁じている精進料理においても貴重なタンパク質供給源です。

納豆はなぜ粘りのある糸を作るのですか？

A15 茹でたり、蒸したりした大豆に納豆菌を噴霧し、発酵過程において納豆菌が大豆の糖質とタンパク質を利用して粘性のある糖タンパク質を生成します。

解説 納豆の起源は中国の豆豉であるという説、八幡太郎義家(源義家、1039〜1106？年)が東北の平泉で作ったという説、九州の干し納豆がルーツであるという説など、その起源には諸説があります。塩辛納豆は、鑑真和尚(668〜763年)が唐の干し納豆に塩と麹を加えて仕込んだ塩豆豉を日本に伝えたものであるとの説もあります。

納豆の作り方は、茹でるか蒸した大豆を容器に入れ、これに納豆菌を撒いて、ふたをして35〜40℃の恒温器で12〜24時間発酵を行い、発酵後冷蔵庫で発酵を抑え、貯蔵することによってできます。容器を使わなくても、納豆菌をまぶしたラップで包んで発酵させてもできますし、納豆菌の入手が困難な場合は、沸騰して冷ました水に食べ残し納豆を入れ、その水を吹きつけてもよいです。発酵中に、納豆菌は大豆の成分(タンパク質や糖類)

からグルタミン酸と糖の一種のフラクタンの結合したねばねばした物質を作ります。この物質が納豆をかき混ぜた時に糸を引くようになります。グルタミン酸が生成されるので納豆はうま味があります。納豆の臭みは、発酵中に生成したアンモニアなどによります。納豆菌バチルス・ナットウは、熱に強い細菌で、大豆の温度が高いうちに大豆に混ぜるので、雑菌は入りません。

納豆が茶色なのは、大豆を加熱し、納豆菌を植えてから後の発酵の工程において、大豆に含まれるアミノ酸やタンパク質と糖質とのアミノカルボニル反応によってメラノイジンという褐色物質が生成されるからです。

Q16 納豆はからだによいといわれるのはなぜですか？

A16 原料が大豆であることからダイズタンパク質が摂取できることと、納豆に生成されたナットウキナーゼ(血栓を溶かす働き)やビタミンK(血液凝固を助ける働き)を含んでいるからです。

細菌による食品の変質は「腐る」といいますが、納豆は納豆菌という細菌を作用させても「腐った食品」とはいいません。納豆のように細菌によって人間に有用になるような物質を生成するようにコントロールした場合には「発酵」といいます。パン(パン酵母)、味噌や醤油(酵母と乳酸菌)、チーズ(乳酸菌)、ヨーグルト(乳酸菌)などは発酵によって作られたものです。納豆菌は胞子をもった細菌で、酸、乾燥や温度に対して強い性質があります。納豆菌は腸内細菌ではありませんが、強い酸性溶液が存在している胃を通過し、腸に達すると各種の活性酵素を分泌し、消化活動を助けます。また、腸内の乳酸菌の働きも助けるので、整腸によい細菌として勧められています。

納豆に含まれるナットウキナーゼは、血栓を溶かす働きがあるので、心筋梗塞などの予防によいといわれています。血液を凝固する成分の働きを助ける補酵素のビタミンKを含むことが知られています。ビタミンKは直接血液を固める作用はないので、ナットウキナーゼの働きを邪魔することはありません。

納豆が冷凍して輸出できるようになってから世界各国で生活している日本人妻の家庭には常備されているようです。2015年10月19日の朝日新聞(夕刊)によると、「訪日した中国の人々は、納豆が健康によいことを知ってから中国の人々の間でも人気の日本の食品として口コミで広まっているようです」。

Q17 野菜の塩漬けの食塩濃度はなぜ高いのですか？

A17 漬物の製造に必要な乳酸菌のみを生育させ、雑菌の生育を抑えるために塩分濃度を高くします。

解説 野菜の塩漬けの際の塩分濃度は、15%以上が目安となります。その理由は微生物の生育を抑え、微生物による変質を防ぐ目的があります。一般に、細菌が生育できる食塩濃度は3%までといわれていますが、腸炎ビブリオのような好塩菌では食塩濃度が3%の食品の中でも生育します。微生物の中でも酵母やカビは、食品中の食塩濃度が3%以上でも生育します。古くなった漬物の表面に白色の塊を見ることがあると思います。これは酵母です。食中毒とは関係ない酵母ですが、酸味の強い漬物に変わっている場合があります。酵母が生育する時に、野菜の糖分を有機酸に変えたからです。15%という食塩濃度では濃過ぎて食べられませんが、実際には、食塩の脱水作用により、野菜から水分を引き出し、その水分によって塩分濃度は薄くなります。食塩により野菜の細胞の水が脱水された後、2次加工において調味液を加えれば、調味液が浸透しやすくなります。

野菜類の塩漬けの代表的なものには、長野県の野沢菜漬け、九州特産の高菜漬け、広島県安芸の広島菜漬があります。野沢菜は、長野県下高井郡野沢村の健命寺の住職が、京都からもち帰った天王子カブを塩漬けにしたのが始まりといわれています。本来の野沢菜漬けは、乳酸発酵により鼈甲(べっこう)色に変わったもので、現在流通している緑色の野沢菜は浅漬けタイプのものといわれています。高菜漬けは、明治時代に中国四川省から導入した青菜を九州地方で品種改良した三池高菜やちりめん高菜を塩漬けにしたものであるといわれています。広島菜は江戸時代に京都からもち帰った青菜を品

Q18 野菜の酒粕漬けが奈良漬といわれるのはなぜですか？

A18 江戸時代に、奈良盆地で栽培されていたシロウリやナスなどの野菜類と、奈良地方の酒粕で作った漬物に由来しています。

解説 奈良漬の名は1830年ごろ（天保年間）に、現在の奈良市の奈良公園にある猿沢池畔で作り始めたことに由来するとの説があります。また734〔天平6〕年の『尾張国正税帳』には酒粕（酒滓）を使った漬物を朝廷に献上したと、『延喜式』（905〔延喜5〕年に編纂を始め、927〔延長5〕年に完成し、その後改訂を重ね、967〔康保4〕年より施行されました）には930〔延長8〕年に糠漬け瓜を献上したという記録があります。現在は、清酒の生産量の多い兵庫の灘五郎や守口ダイコンの産地において奈良漬の生産量が多いようです。

　清酒を作った時にできる酒粕に野菜を漬けたもので、日本特有の漬物です。清酒を搾ったばかりの新しい粕には、糖分とアルコール分が少量しか含まれないので、よい粕漬けはできません。そこで清酒の搾り粕を踏み込むという工程を加え、糖分とアルコールを十分に含む熟成粕を作ってから粕漬けに使用します。粕漬けの一種である現在の奈良漬の高級品はシロウリや守口ダイコンの粕漬けです。

　その他、奈良漬の材料には、キュウリ、小型メロン、桜島ダイコン、梅、セロリ、ヒョウタンなどがあります。製造原理は、塩漬けした野菜を酒粕に数回漬け換えることにより、野菜の食塩を徐々に酒粕に移し、その間に酒粕の糖分やアルコールを野菜に浸みこませて風味を醸し出すことにあります。奈良漬は、糖分35％以上、アルコール含有量3.5％以上、食塩含有量8％以下で作られます。漬けこむ野菜の塩漬けの塩分濃度は20％前後に調製することにより、野菜の腐敗軟化が起こらないように調製されています。

Q19 ワサビ漬けはいつごろから作られるようになりましたか？

A19 1890年ごろ、静岡のワサビを使った漬物に由来します。

解説 ワサビの辛さは、すしや刺身に使うワサビの根茎を擦った時に、加水分解酵素ミロシナーゼの作用によりからし油配糖体シニグリンが加水分解されて生成されるアリルイソチオシアネートと少量のブチルイソチオシアネートというイオウ化合物によりますが、ワサビ漬けの場合には添加するアリルカラシ油やカラシ粉によります。

10世紀ごろから、ワサビが魚の生食に利用され、16世紀ごろから栽培されていたといわれています。またこの頃から、ワサビ漬けに使う茎葉の採取を主体とした畑での栽培が行われています。ワサビ漬けは、刺身やすしに使うワサビの根茎の擦ったものが入っているのではなく、細かく刻んだ葉柄や根茎が調味した粕に漬けられ、粕漬けを作る工程で辛味成分のカラシ粉やアリルカラシ油を加えているのです。

1760年ごろ（宝暦年間）、ワサビの産地の静岡県安倍川の有東木にワサビの糠漬けがあり、駿河地方の商人が、この糠漬けを粕に置き換え、塩漬けしたワサビの葉や根を刻んで粕と練り合わせて、完成したのがワサビ漬けの起源といわれています。

Q20 東京名産のべったら漬けの由来は何ですか？

A20 べったら漬けの名は、ダイコンの周りに麹などがべったりくっつくことに由来します。江戸時代から作られていたといわれています。

解説 塩、砂糖やみりんを加えた麹に、野菜やサケ、ブリなどの魚の切り身をつけた漬物は「麹漬け」といいます。「べったら漬け」は東京名産の漬物で、代表的麹漬けでもあります。原料のダイコンの皮を剥いてから1～2日間浅漬けしてから米麹と砂糖・食塩・みりんからなる調味液を加えた麹の漬け床に漬け込んで作ります。江戸時代初期から作り始

めているといわれています。
　毎年、10月20日の東京・日本橋の宝田恵比寿神社の「えびす講」(商家で恵比寿を祭り、親戚・知人・友人を招いて祝う行事)にお供えするために、前日19日に市が立ち、魚や野菜、神棚などが売られるようになったのが起源であるといわれています。明治以降に、神社の門前とその周辺でべったら漬けを売る「べったら市」が開かれるようになり、現在も続いています。400～500軒の露店が軒を連ねたこの市により、日本橋の街は賑わいます。「べったら市とは別に、10月10日には、東京・日本橋・人形町商店街は「てんてん祭り」の名のもとに宝田恵比寿神社から椙森(すぎもり)神社にかけてべったら漬けを売る露店が並びます。第15代将軍徳川慶喜公はべったら漬けを好んで食べたと伝えられています。
　「べったら漬け」と呼ばれる所以は、水飴の入った麹でダイコンを漬け込んでいるため、衣服にべったりとついてしまうことによると伝えられています。かつて、若者は「べったりつくぞぉ～、べったりつくぞぉ～」と叫びながら縄に縛ったダイコンを振り回し、参詣客の着物の袖につけてからかったとも伝えられています。麹をつかった漬物には、三五八漬け(福島県)、かぶらずし(石川県、富山県、福井県)、なすの麹漬け(京都)もあります。

Q21　糠漬けのたくあん漬けはなぜ臭うのですか？

A21　たくあん(沢庵)を漬け込んでいる過程で、乳酸菌の働きでイオウを含む物質を作り出すために、特有な臭みが生成されるのです。

解説　たくあん漬けは、主原料が日本独特の米糠から調製された糠床に漬けた漬物です。『尾張国正税帳』(734〔天平6〕年)には、米を搗精(とうせい)した時に出る糠の記載があり、馬の餌に使ったようです。たくあん漬けの原型は『延喜式』に記載されている「楡木の皮と食塩の床を使った漬物のニラギ(菹)、米・ダイズ・アワなどの穀類の粉と食塩を混ぜた床に漬けるススボリ(須須保利)であるとの説があります。
　『古事記』(712〔和銅5〕年)にダイコンの漬物の記録があり、また、

1050年代の藤原明衡の日記に「香疾大根」という名の大根料理が記録されているといわれています。たくあん漬けの発祥には諸説がありますが、江戸時代初期から中期にかけて、江戸の品川東海寺の「沢庵和尚」が広めたとの説が取り入れられています。1980年までは、全漬物の生産量の25%を占めていましたが、近年は10％台というところです。

　たくあん漬けは、干しダイコンを原料としたものと塩押ダイコンを原料としたものがあります。干しダイコンで作ったたくあんは、強い歯切れがあるが、塩押ダイコンのたくあんの歯切れは軽いという食感に違いがみられます。食品添加物を使わないたくあんは糠漬けの過程で、乳酸菌が繁殖し、独特のうま味が生成され、同時に黄色に着色します。

　熟成中に乳酸菌が生育し、たくあんの原料であるダイコンの糖分が有機酸を生成するので、酸味を感じます。この酸味は熟成中のたくあんの辛味成分 4-メチルチオ-3-ブテニル-イソチオシアネート（MTB1）に由来することがわかっています。すなわち、辛味物質の MTB1 は漬け込んだ初期の段階で酵素作用により、たくあん臭の原因となる揮発性含イオウ化合物を放出しながら、徐々に分解されます。その結果、辛味成分の分解物と微生物由来のアミノ酸の1種であるトリプトファンとの化学反応を起こし、黄色色素の 2-[(3-チオキソ-ピロリジン-3-イリデン)メチル]-トリプトファン（TPMT）を生成するためです。

京都の発酵漬物の発達はいつごろからですか？

A22 平安時代に京都独特の野菜類が栽培され始めてから、野菜の保存法として漬物が作られるようになったようです。

解説　平安時代に、都として、文化の中心地として機能していた京都は魚介類の入手が困難なところですが、京都独特の野菜類すなわち京野菜は1000年以上も前から栽培されていました。京野菜の発達には、公卿や貴族などの食生活のために求められたことも理由にあったようです。京野菜の中でも「すぐきの漬物」は平安時代にはすでに作られていたようです。樽で荒漬け、追漬けをしたすぐきは、発酵室で乳酸発酵をさせ、酸

味の強い発酵漬物として仕上げます。乳酸発酵の独特の臭みと酸味のある京都名物の漬物です。京都の名産品の「しば漬け」も発酵漬物の1つです。しば漬けの材料は、ちりめんじそ、シソの葉、ナス、キュウリ、ミョウガです。それらの材料を薄く切った後、大きな樽に入れ、薄塩で漬け込み、夏場の気温を利用した乳酸発酵漬物です。乳酸発酵により漬物は酸性の状態になるので、ナスやシソの葉に含まれるアントシアン系の色素の赤色が発色し、さらにシソの香りが上品な漬物を醸し出しています。

すぐきは、1600年ごろ(慶長時代)に、京都・上賀茂神社の神官が栽培し、門外不出の神社の贈答品としていたものでした。そのような中で、江戸の太田蜀山人(文人・狂歌師)には贈られたと伝えられています。しば漬けは、1185年、壇ノ浦から京都大原の寂光院に隠居した建礼門院に、大原の村人たちが献上したと伝えられています。大原女の「柴」にちなんで「しば漬け」の名がついたといわれています。

京都の高級漬物と知られている「千枚漬け」は、利用する根は大きな球形の聖護院カブをスライスした後、塩漬けしてから、重量に対し5%の昆布を加えて、本漬けします。2週間ほどの経過により乳酸が約0.8%程度生成され、昆布の粘りも出てきて、熟成が進みます。新鮮な千枚漬けは白色ですが、古くなると淡黄色となり明るさが減少します。昆布から溶出するグルタミン酸量が増えるので、熟成したものはうま味が多いです。

赤かぶの漬物は、いくつかの地方の名産品として作られています。飛騨かぶ漬けは、飛騨高山の名産品で葉のついたまま薄い塩味で漬けられたものです。酸味は乳酸発酵により生成された乳酸などに由来します。少量の梅酢を加え、酸性状態にしているので、赤かぶに存在しているアントシアン系の色素が発色し、赤みがかったかぶの漬物となっています。飛騨の赤かぶの漬物は、雪深い冬季における貴重な保存食として受け継がれています。滋賀県の赤かぶの漬物(日野菜かぶ)は、葉も一緒の糠漬けタイプで、糠漬けの乳酸発酵により生成された酸味は強烈なものではありません。

温海赤かぶ漬けは、山形県鶴岡市温海地区で加工されている漬物です。原料の赤かぶは、焼畑農法により伐採した山の急傾斜面で、無農薬で栽培されています。この栽培地で栽培した赤かぶは、白かぶに比べてグルタミン酸の含有量が多いことも明らかになっています。

現在は、「やまがた特別栽培農産物」に指定されています。温海の赤か

ぶは、400年も前から作られていて、『松竹往来』(1672〔寛文12〕年)には、庄内の産物の1つとして紹介されているのが最古の記録であると伝えられています。1785〔天明5〕年には、徳川将軍にも献上したといわれています。伊予の緋のかぶら漬けは、愛媛県松山近郊で生産されている漬物です。1627〔寛永4〕年に、松山城主の蒲生忠知(1604～1634年、出羽上山藩主から松山城主に移る)が滋賀県の日野菜かぶを移植した「伊予緋かぶ」を原料としたものです。伊予緋かぶは、塩漬けした後に、ダイダイ酢と砂糖を加えた漬け床で本漬けしたものです。津田かぶは、島根県で栽培した津田かぶを原料として糠漬けにしたものです。島根県の宍道湖の汽水域の塩分を含んだ水の染み込んだ土壌で栽培することにより、独特の紅色の赤かぶの漬物に加工したものです。斜めに育つカブで、その形が古代の装身具として知られている「勾玉」に似ていることから、神話の国・出雲にふさわしい特産物として広められています。

Q23 茶は日本料理(会席料理)の発展と関係があるのですか？

A23 千利休によって精神性と芸術性の総合文化として発達し、精進料理とともに和食の形成に影響を及ぼしてきました。

 茶は、日本でも古くから生育していた常緑樹のツバキ科のチャの葉を加工したものです。紅茶もウーロン茶もその原料はチャの葉なので、日本の緑茶、ヨーロッパの紅茶、中国のウーロン茶の原料は共通しているのです。日本の山野には野草のチャの樹木があり、薬に利用されたこともありました。本格的に、日本で茶を飲用するようになったのは、奈良時代以降に中国から伝わり、朝廷や貴族などの富裕層では嗜好品として利用されていました。奈良時代の正倉院文書や平城京から出土する木簡には「茶」の文字が記されています。奈良時代に茶が飲まれていたことは、『公事根源』(729年)の「朝廷で茶を賜る」という記述からわかります。また1191年に、臨済宗の開祖・栄西が宋から抹茶の種と飲み方をもち帰ったのを契機に、茶が広く普及するようになりました。

茶の製法や茶の健康への効用については、栄西(1141～1215年)が『喫

茶養生記』(1211？年)に記載しています。茶(抹茶)の湯が、戦国時代に千利休(1522〜1591年)によって精神性と芸術性との総合文化を形成し、日本独特の茶の湯・茶道を発達させました。その影響は庶民の間では、茶葉を煎じて飲むという素朴な茶が普及しました。

日本の緑茶には、玉露・抹茶・煎茶・番茶があり、万人の嗜好に合うように工夫され、さらには日本料理や和菓子など日本の食文化に大きな影響を及ぼすようになりました。茶の湯の席(茶席)に提供する食事は、懐石料理として発達しました。禅寺の僧侶が、厳しい修行中の寒さと飢えをしのぐために、懐に温めた石(温石または薬石)を入れていたところから、茶席で出す少量の食事を懐石と呼びました。後に、茶の湯を離れた料理屋で提供する料理が懐石料理といわれるようになりました。会席料理は、室町時代に武家社会の式正の本膳料理を簡素化したものです。

茶葉を湯で浸漬した液のうま味は、グルタミン酸に似た分子のテアニンなので、まろやかなうま味があります。苦味は茶葉から浸出したタンニンによるものです。

Q24 いつごろから日本で酒が作られるようになったのですか？

A24 古くから、酒は神に対する古代信仰と結びつき、神事には供えるものとなっています。麹による糖化法が確立して酒ができるようになったのは、奈良時代と伝えられています。杜氏という酒を造る専門職が現れたのは、平安時代だったようです。

解説 日本の代表的酒は日本酒または清酒と呼ばれています。現在の酒造法では、主として米と米麹と水とを原料として発酵させたものが本来性の清酒と称しています。近年の食生活の多様化に伴い、吟醸酒・純米酒・本醸造酒・原酒・生酒・高濃度酒・長期貯蔵酒など多様な種類が市場に出回っているのが現状です。米からの酒造りは、紀元前2〜3世紀に、江南から渡来した水稲農耕文化に関連する文化の1つとして伝来したといわれています。

『魏志倭人伝』に、「人性嗜酒」(人は酒を好むこと)、「歌舞飲酒」(葬儀

の際に酒を飲むこと)が記載されていることから、西暦200年前後には、酒は一般に普及していることが推測されています。6世紀ごろに編纂された『大隅国風土記』では日本の酒の起源は、日本列島の先住民(縄文人)の「口噛み酒」であると推定していますが、弥生時代以降の大衆の飲酒については蒸し米や米の粥をアミラーゼで糖化し、酵母で発酵させることにより酒が造られたとも推定されています。『記紀』『万葉集』に登場する「清酒(すみさけ)」「浄酒(すみさけ)」は、今日の日本酒とは作り方が違い、濁酒系の酒に似たものと推定されています。

　古くから、神に酒を捧げる儀式はあったようです。弥生時代ごろは、口噛み酒を用いたのではないかと推定されています。神に捧げる酒は「神酒」「白酒黒酒(しろきくろき)」といいました。この時代の「き」は酒の古い呼び名で、酒の語源の1つで、「酒」は「サカエ・ノ・キ(栄え・の・飲み物(水))」、転じて「サカエ・ケ(飲食物の総称)」、略して「サケ」というようになったと推定されています。

Q25 酒が嗜好飲料となったのはなぜですか？

A25 もともと、飲酒の機会は非日常的なイベントであったことに由来します。

日本の酒文化が育成されたのは、弥生時代から続いているといわれています。初めの酒は神への貴重な供え物でありました。神に捧げる酒は、飲んでみると日常生活において一時的に開放感を得られることを経験したことから、嗜好飲料としての酒へと変わり、いつの間にか大切な嗜好飲料として生活の中に取り入れられるようになったと考えられています。正月には年神様に酒(神酒)を供え、春には豊作を祈る祭りに、秋には豊穣に感謝し、神に酒を供えます。すなわち、酒造り神事が先駆し、次に神酒神饌のための酒の献上、神と人との共飲供食を儀式化した相嘗(「あいなめ」ともいう)という神事(神とともに食事をすること)がこれに次いで行われています。

　古代日本人が飲酒する機会は非日常的なイベントでした。たとえば、神

祭などにおける群飲に限られていました。神事の宮中儀礼の祭事・節会・儀式・遊宴・行楽などの儀式の中に祝杯として組み入れられるようになったようです。宴座・隠座の酒場構造、三献の飲酒型式なども発達し、日本の酒宴の原型となったと考えられています。武家社会の式三献、結婚式の三三九度は典型的な儀式として残っています。

Q26 新巻ザケと荒巻ザケは違うのですか？

A26 現在のように低温流通が発達する前、北海道や東北の沿岸で漁獲されたサケを濃い目の食塩で塩蔵したものが荒巻ザケといい、現在の低温流通の発達により、昔ほど濃度の高くない食塩で塩蔵したものが新巻サケということがあります。新潟県村上の三面川を遡上する鮭を塩蔵してから長期間かけて陰干した塩引きも、高級な塩蔵ザケとなっています。

サケの塩蔵品は、関東から北海道にかけての正月には、祝いの魚として欠かせません。北海道や東北地方の河川に放流された稚魚は、北洋で成熟し、秋には、産卵のために放流された河川に戻ります。北洋で漁獲された成魚は生の状態では日本中に輸送できないので、コールドチェーンが発達していない時代は、塩蔵品として日本中に輸送していました。天然のサケにはアニサキスという寄生虫が存在しています。この寄生虫はサケを冷凍または塩蔵すれば死滅します。コールドチェーンが発達する前は、北海道の自然の低温条件で冷凍することができましたが、日本中には低温で輸送できないので、塩漬けして「塩ザケ、荒巻ザケ、新巻ザケ」の状態で輸送しました。

コールドチェーンが発達し、冷凍の状態で輸送できるようになってからは、関東でも刺身など提供する料理店も増えましたが、多くは塩蔵品の状態のサケが市販されています。コールドチェーンが発達する前は、塩蔵したサケは「荒巻（または稲巻）」と呼ばれていました。その理由は、塩蔵の塩ザケを運ぶ時に荒縄や菰で包み吊るしていたからです。塩ザケの総称であったのです。平安中期の『和名類聚抄』では「苞苴」に対して、「アラマキ」が当てられています。『色葉字類抄』（平安時代末期）では、「苞苴」

とともに「荒巻」の字が現れています。近現代の日本では、「新巻」の字が当てられています。塩分濃度の多い塩ザケに対して塩分濃度の少ない塩ザケを意味している場合が多いようです。

　これに対して新潟県村上市の「塩引き」は、昔の塩ザケの作りかたで作るものです。新鮮なサケの内臓を取り除き、一尾一尾について、丁寧に手で塩を擦り込み、1週間ほどで塩をサケのからだに染み込ませます。次に、表面の塩を洗い流してから、塩水に漬け込んで、全体に塩が均一に馴染むようにします。その後、表面の塩分だけを洗い流し、最後に1〜2週間、寒い部屋で寒干しを行います。昔懐かしい塩分濃度が均一に馴染んだうま味のある塩ザケを味わうことができます。この方法は、三面川を遡上してきたサケを使うので、サケのからだの脂肪は少なくなっています。これをおいしい塩ザケに作り上げる方法として行われたものです。江戸時代の村上藩の収入源として作り出したサケの「塩引き」のようです。

サケやタラの卵巣を食べるのは日本だけですか？

A27　サケやタラの卵巣は塩漬けしたものがイクラ、筋子、タラコ（紅葉子、明太子）などで、生のものは鍋の具として加熱料理で食べます。フグは精巣（白子）は食べますが、卵巣は毒成分（テトロドトキシン）が存在するので通常食べませんので、金沢のフグの子（卵巣）糠漬けは珍味だそうです。ロシアでは、チョウザメの卵やシシャモの卵は塩漬けして食べます。また卵巣を燻製して食べる国は多いようです。

解説　魚卵を食べる民族は、日本人だけではありません。日本ではサケ、マスの卵や卵巣の塩漬け（筋子、イクラ）や醤油漬け、スケトウダラの卵巣の塩漬け（タラコ、明太子）、ロシアのキャビア（チョウザメの卵の塩漬け）、イタリアのカラスミといわれるボッタルガ（原料はボラ、タラ、マグロの卵巣）、ニュージーランドにはタイの卵巣の燻製などがあります。魚卵に含まれるタンパク質は塩漬けすることにより適度の弾力性が発現して食感がよく、熟成中に生成されたアミノ酸は塩との相乗効果により、うま味が引き立つので、酒の肴にもご飯の惣菜にもヒットする食べ物となり

ます。

　サケの卵の塩漬けには、卵巣のまま塩漬けした「筋子」とやや成熟した産卵期の卵巣から卵をばらばらにほぐして塩漬けした「いくら」があります。イクラ(ikra)は、ロシア語の魚卵を意味します。ロシアではチョウザメの卵のキャビアもイクラといいます。キャビアの語源はトルコ語の腹子を意味する「カハービア(khavia)」であると伝えられています。サケのイクラは「イークラ・ハララゴ」ともいったようです。江戸時代前期の『本朝食鑑』(1695〔元禄8〕年)にある「鰄」は、サケの卵巣を塩漬けした「筋子」をばらばらにし、乾燥したものでした。このことから、サケの卵巣の塩漬けは、江戸時代から利用されていたことが推測できます。

　食べ方や価格において馴染みのタラコは、サケの卵よりも遅くなって食べるようになったようです。タラコを明太子というのは、韓国語に由来します。第2次世界大戦後、朝鮮から福岡に戻ってきた人が、塩漬けタラコを韓国風に辛くするために粉トウガラシをまぶして作ったものを「辛子明太子」と呼んだことに由来します。1903〔明治36〕年ごろ、北海道のマダラの漁が減り、これに変わってスケトウダラ漁が盛んになった時に、スケトウダラの卵巣の利用法として考えられたのが「タラコの塩漬け」(紅葉子)です。なお、タラコの名産地は北海道ですが、辛子明太子の生産地は福岡です。

Q28 佃煮は江戸時代の保存食だったのですか？

A28 江戸時代には、淡水の小魚やエビ、貝類の佃煮は保存食として作られていました。現在でも霞ヶ浦、琵琶湖のような大きな湖で漁獲される魚介類の佃煮は、郷土料理として受け継がれています。

解説 魚介・海藻・野菜を砂糖・醤油・水飴・糖蜜・香辛料で甘辛く煮詰めた佃煮は、日本で創作された保存食の1つです。安土桃山期の1590〔天正18〕年に、徳川家康が江戸の魚をまかなうために、摂津国(現在の大阪府)の西城郡佃村の名主森孫右衛門は漁師たちとともに、日本橋の東詰に移住し、漁業権が与えられました。寛永年間(1624～1643年)

に、これら漁師がシラウオを塩煮し売り出したところ安くて保存性があるということで評判がよかったことが、佃煮の始まりとなったそうです。

後に、ワカサギ・イカナゴ・ハゼ・アミ・ハマグリ・アサリ・コンブ・ノリ・削り節などいろいろな食材を、醤油・砂糖・水飴・糖蜜を入れて煮つける佃煮へと発展しました。第3代将軍家光は、現在の佃島（埋立地であった）で漁師が生活し、漁も佃煮も作ったので、大阪の佃村の名にちなんで佃島と命名したそうです。江戸時代の参勤交代で江戸に出てきた人々は郷里の土産に買い求めたといわれています。「佃煮」の名の由来は、幕末の1858〔安政5〕年に、日本橋の呉服橋近くの青柳才助という人が、小魚を醤油・砂糖で煮込んで「佃煮」の名で売り出したことによるという説があります。1862〔文久2〕年に日本橋室町の鮒屋佐吉が売り出したのが佃煮の始まりという説もあります。

Q29 蒲鉾はなぜ白身の魚を使うのですか？

A29 アジやトビウオでもおいしいかまぼこは作れます。山陰地方にはトビウオのかまぼこやちくわもあります。静岡おでんの種の「黒はんぺん」はサバやアジを使います。祝い事に欠かせないかまぼこの基本の色を白色にすることにより、祝い事に使うかまぼこには色々なめでたい色をつけることができます。また、白身魚の身肉を水さらしすることにより、筋肉タンパク質のアクトミオシンを残すことで網目構造が形成され、かまぼこ特有の弾力性が作りやすくなります。

解説 正月や祝い事に欠かせない紅白のかまぼこには、マダイ・アマダイ・ヒラメ・グチ・キス・ハモなど白身の魚の身肉を使います。白身の魚のタンパク質は食塩と一緒にすり潰すと糊状になります。この時、タンパク質は網目状に結合しているので、加熱すると弾力性を形成しやすいのです。これに対して、赤身の魚の身肉の中のタンパク質は弾力性を形成しにくいので、あまり使いません。また、祝い事に使う紅白のかまぼこから想像できるように、白いほうが色のついたかまぼこを作りやすいことも、白身の魚を使う理由と考えられます。色のことを気にしない場合は、

イワシやトビウオ、サバ、マアジなどの赤身がかった身肉をもつ魚を使います。鳥取県のトビウオのかまぼこの「野焼き」、静岡の「黒はんぺん」などがその例です。

かまぼこの起源は明らかではなく、初期のかまぼこの原料はナマズで、すり身を竹の串に塗りつけて焼いたものでした。江戸中期の『瓦礫雑考』（1817〔文化14〕年）には、その形が蒲の穂に似ているところからかまぼこというようになったと記載されています。すなわち、現在のちくわに似た形だったようです。現在の板付きかまぼこの名は、安土桃山期の『松屋茶会記』に最初に登場してきています。後に、関東地方で蒸煮法が発達し、蒸した白板かまぼこが好まれるようになったのは、かまぼこの生産地と消費地が近いので長期の保存性のないものでもよかったからです。一方、大阪や兵庫で作ったかまぼこの主な消費地は遠い京都であったため、ある程度の保存性の長いものが求められたので、焼き板かまぼこが好まれています。

薩摩揚げは、魚肉の摺り身を油で揚げたものですが、これは東南アジアの方から伝わった練り製品であると考えられています。なぜなら、昔、東南アジアへ漁を求めていった沖縄の漁師が、東南アジアでつくり方を習得し、「つきあげ」といっていたからです。鹿児島では「つけあげ」ともいい、九州地方によっては「魚の天ぷら」といっています。関東で「薩摩揚げ」というのはルーツが鹿児島にあるからです。鹿児島の薩摩揚げに島津氏（薩摩が根拠地）の家紋と同じ「〇に十の字」の印がついているのは、鹿児島がルーツであるということをアピールしているのでしょう。

Q30 馴れずしは、どんな「すし」ですか？

A30 馴れずしは酸味のある「すし」で、その酸味は主として製造中に生成する乳酸に由来します。乳酸は強烈な酸味ですが、製造中に同時に生成する他の有機酸と合わさり、また米飯や麹から生成される糖分の甘味により、保存性のある穏やかな酸味のある発酵食品といえます。

解説 「すし」の最も古い調理の形といわれます。滋賀県琵琶湖の「フナずし」が日本のすしの原型といわれていますが、握りずし、巻きずし、散らしずしのようにすし飯とすし種または具とともに食べる形でないので、現在のすしの形からは「すし」を想像するのは難しいかもしれません。現在のすしが、すし飯は酢酸を主成分とした食酢で調味するのに対して、代表的な馴れずしの滋賀県のフナずし、北海道の飯ずし、和歌山のサバの馴れずしの酸味は、製造過程で生成される乳酸菌による乳酸により調味されます。馴れずしは、正月や祝い事の日に食べる行事食として、また保存食として発達しました。

　馴れずしは、中国雲南の山地の民族による川魚の保存法として発展したものであることが定説になっています。日本に伝えられたのは、弥生時代といわれていますが、実際に盛んに作られるようになったのは平安時代に入ってからと推定されています。その証の1つとして、平安中期の『延喜式』（927〔延喜5〕年)に、朝廷に馴れずしを献納する国の名と、馴れずしに使った魚介類のアユ・フナ・サケ・アワビなどの名のついた馴れずしが見られるからです。室町時代には、臭いのきつくない生馴れずし(和歌山のサバの馴れずし)が作られるようになりました。

　滋賀県のフナずしは、卵の入ったゲンゴロウフナを塩漬けの後にご飯とともに漬け込み、乳酸発酵させたものです。北海道の飯ずしは、ニシンやサケと野菜を塩と麹で漬けたものです。和歌山の「サバの馴れずし」は、塩飯にサバを抱き合わせ、アセ(暖竹)の葉で巻いて漬け込み、自然発酵させ、独特の風味をもたせたものです。好きな人は、ラーメンと一緒に食べるようです。北陸の「かぶらずし」は塩漬けしたカブを輪切りし、切込みに塩漬けしたブリやサバ、サケの切り身を挟み、これを麹とともに数日間漬け込んだものです。カブの代りにダイコンを使ったダイコンずしもあります。

Q31 魚の糠漬けは、いつごろから作られるようになりましたか？

A31 魚の糠漬けは、北陸や山陰地方で多く発達しています。江戸時代に北前船の往来と同時に、保存食として魚の糠漬けも発達しました。

解説 野菜の糠漬けは、日常の食卓に登場する機会は多いのですが、魚の糠漬けは珍しいです。しかし北陸地方では、イワシ、サバ、フグなどを塩漬（または、塩蔵後乾燥）してから、麹とともに糠に漬け込んで熟成させたものが、保存食として利用されています。ご飯のおかず、お茶漬けの具、酒の肴として利用されています。珍しい糠漬けには、フグの卵巣の糠漬けがあります。フグの卵巣は有毒成分のテトロドトキシンを含むので、冒険心をもって食べる人もいるようです。糠漬けがいつごろから作られ始めたかは明らかではありませんが、1727〔享保12〕年の租税覚え書の中に、フグの糠漬けの記録が見出されています。もともとは、北前船が北海道から運んできたニシンなどの塩蔵魚を糠に漬け込み、魚の獲れない冬のための保存食として発達したと推定されています。主な消費地は石川県金沢市や福井県の生産地ですが、イワシの糠漬けをへしこ、こぬかイワシの名で京都や山陰地方でも食べているようです。福井県では、サバのへしこは、食事や酒の肴に欠かせない逸品のようです。

塩蔵品は、塩蔵中に熟成して生成されるアミノ酸と食塩のうま味を味わうものですが、糠漬けは熟成中に乳酸菌や酵母、その他の有用微生物が生育し、熟成中に生成するアミノ酸、乳酸を主体とする有機酸により、塩蔵魚とは違ったうま味が生じ、塩味も滑らかに感じるようになります。フグの卵巣は有毒成分が含まれているので、食用には適さないものですが、塩漬けや糠漬けにして熟成を進めていくと、毒性が非常に減少することが明らかになっています。この理由は、毒性成分が少なくなったのではなく、糠漬けの過程の中で、毒性成分の化学構造に変化が起こり無毒の状態となっているのではないかとの説もあります。

Q32 和食の「あしらい」とはどういうことですか？

A32 和食の「あしらい」とは、刺身の「つま」や「けん」といわれるもので、主な素材に添えて盛り合わせるものです。個々の汁物や惣菜の味や香りはもちろんのこと、提供する料理がおいしいだけでなく、全体の彩り、バランス、季節感を演出する役目のある脇役的な食材といえます。

解説 ①つま／けん：刺身には「つま」や「けん」を添えます。これを「あしらう」といいます。「つま」は漢字の「妻」で表されます。意味は「妻が寄り添い、夫を立てる」ことです。「けん」は漢字で「剣」や「権」と書きます。「剣」には、「細く切る」意味があり、「権」には「正」に対する「副」の意味があります。刺身の下に敷いたり、盛りつけに立体感を表すために「枕」として使うものです。

・「つま」の食材：イワタケ、水前寺のり、莫大(ばくだい)（または莫大海(ばくだいかい)）、青じそ、穂じそ、紫じそ、防風、タデ、ダイコンなどがあります。
・「けん」の食材：細く切った野菜（細切り野菜）、ダイコン、キュウリ、ニンジン、ミョウガ、ウドなどを細切りしたものなどがあります。とくに桂剥きしたダイコンを細く切った刺身の下敷きや、枕は多く見られます。刺身の下に敷くものは「敷きづま」ともいいます。

②薬味：薬味は、料理を引き立てる食材のことで、料理に彩りを添え、香りや味にアクセントをもたらす働きがあります。薬味を使うことで、風味や彩りがよくなるだけでなく、食欲を増やす働きもあります。ワサビの刺激性のある成分のように殺菌作用を示すもの、肉や魚などの素材の臭みを抑える成分もあります。

・薬味の食材：シソ類、タデ、長ネギ、アサツキ、三つ葉、ミョウガ、ニンニク、ワサビ、ショウガなどの野菜類、ユズ、カボス、スダチなどのかんきつ類は、果汁や皮を利用します。

③天盛り：酢の物や和え物、煮物などを盛りつける時に、その上に載せる食材を「天盛り」といいます。ゴマ、糸かつお節（糸鰹）、針のり、針ショウガなどがあります。木の芽やユズの皮を使って季節感を表現する場合も多いです。

④掻敷(かいしき)：料理に彩りを添え、季節感や趣を演出するために、日本料理にお

いては不可欠な一品です。器がなかった時代には、1枚の葉や複数の葉を組み合わせて草木の蔓で編み、くぼみのある器や平らな皿のようにして使いました。今でも、すし店では笹の葉を皿として使っているところもあります。掻敷には、四季を彩る花や木の葉を使います。料理の下に敷いたり、料理の側に添えて季節感を表現するのもあります。稲穂、紅葉、桜餅の桜の葉(塩漬け)、笹餅の笹の葉、和菓子のくず餅の桜の葉などがあります。

・掻敷の代表的な食材：松葉、笹の葉、譲り葉、梶(ゆず)の葉、葛の葉、葉蘭、朴(ほお)の葉、蓮の葉、柿の葉、椿、柊(ひいらぎ)、桜の花、桜の葉、蓬(よもぎ)、楓(かえで)、すすきの穂、萩の枝、菊、イチョウの葉、稲穂など。

2章
和食のプロが考える和食 Q&A

Q1 そもそも和食とはどんなものまで入りますか？

A1 和食とは日本風の食事のことです。

解説 日本人がもつ和食のイメージは定食や旅館の朝ご飯で、ご飯・味噌汁・焼き魚・漬物ではないかと思います。実のところ和食は日本で生まれて日本で育ったものばかりとは限りません。おふくろの味の代表である肉じゃがですら英国のビーフシチューが原形です。そもそも日本料理の代表のような精進料理の基礎も中国の禅宗に基づいているのですから、純粋な和食が何なのかは非常に難しいところです。

日本は人が住み着いた時点で大陸からの移動を経てきていることもあるようですし、歴史を経ていくにつれて諸外国からの影響はあったに違いありません。日本人になじみ深い料理が和食のように感じられますが、中国から来たであろうと考えられるラーメンも今やもはや日本の国民食になり、中国の味とは大きくかけ離れているのを見るとこれもまた日本食、つまり和食の1つと考えられます。オムライスやナポリタンなども日本オリジナルで、海外では見ることもできないようなメニューは日本人が海外からの情報を仕入れ進化させた料理なので、和食の1つとして捉えることもできるでしょう。

トンカツはもともとコートレットといったパン粉で包んで揚げた肉料理ですが、それをだしと醤油で煮て卵でとじたものがカツ丼で、立派な和食になっています。またカレーライスに至っては、インドにもヨーロッパにもないカレールーを使用した料理は日本人が考案した日本発祥のカレーライスなのです。ナポリタンなどはイタリアのそれとはまったく違い、横浜のあるホテルのシェフが創意工夫し、日本人がおいしいと思うイタリア料

理ではない新しいナポリタンを作ったのです。とはいえ、日本料理らしいてんぷら、刺身、すし、そばなどは外国人からも好まれており、国際的にも人気の和食と考えられます。

　ご飯と味噌汁・刺身やのり、煮物などがまさに和食といった印象を受けますが、その限りではないようです。さらに、和食は基本的にヘルシーといわれています。それは戦後食事が欧米化する前までは肉を好んで食べず（実は食べられなかった）日本人の野菜や魚中心の食生活が、今でいうところの健康に気遣った料理に自然となっているからでしょう。子どものころに嫌いだった食べ物が大人になると好きになり、やっぱり和食がよいといわれる人を多く聞きます。代々、受け継がれているご先祖様からのDNAがそうさせているのでしょう。

Q2 外国人の和食人気はすごいといわれていますが、何が人気なのでしょうか？

A2 和食にヘルシーというイメージがあるからです。

外国人に日本に来たら何を食べたいかと尋ねると、すし、天ぷら、そばなどと日本の代表的なものばかりです。天丼などは見た目も華やかで、下町で日本情緒のある浅草などでは非常に人気があるようです。実は海外にも和食を食べられる場所は多くあり、日本食、つまり和食を出すレストランは海外に3万店もあるといわれています。そもそもこの場合のような和食店は日本企業の駐在員や旅行者を相手にしていましたが、その後、現地の人がそのおいしさを評価し、好んで和食を食べるようになったといわれています。

　外国の人にとって、和食はヘルシーというイメージがあるらしく、たくさん食べても太らないと思われているようです。確かに肉食の欧米食文化に比べれば幾分か食べ過ぎたとしても摂取エネルギーは低いので、海外の日本料理店が注目を浴びるのは当たり前かもしれません。日本料理によく使う魚のすり身である練り物はうま味が強く、おいしくて低カロリーと人気が高いようです。練り製品の原料になるスケトウダラなどの輸入量は日

本にも関わってくるので、海外での日本料理店の人気が高くなるのも日本国内の練り物メーカーにとっては良し悪しです。

海外では和食レストランといっても、本格的な日本料理が提供されるというわけではないようです。中には経営者から調理、サービススタッフが日本人ではないというところも多いようです。あくまでも日本風の食べ物を出すお店を日本食レストラン、和食レストランと呼び、海外では評価されて営業できているのです。それに、ほとんどの和食レストランではすしが提供されているのが現状で、「和食＝すし」のイメージがあるのでしょう。

そのすしでも日本の伝統的なものとは違い、のりを使用しない裏巻きロールやアボカドをたっぷり使ったカリフォルニアロール、天ぷらを巻いた天ぷらロールなどその国の人に評価されやすいメニューを工夫して提供しています。もちろん天ぷらやそばも人気で、さらには醤油ベースのてりやき、焼肉やしゃぶしゃぶなども人気のようです。海外での日本料理の評価が高いのは、四季や旬のある日本の食材はメニューが広がりやすく、素材の味を生かして、シンプルながらうま味があり、健康をイメージさせる料理を提供しており、鮮度を重視したメニューで改廃の早さも１つの魅力になっているのかもしれません。通年変わらないメニューより旬を織り込んだメニューのほうが楽しいことは違いありません。

Q3 いつから和食はインターナショナルになったのでしょうか？

A3 最初は日本人旅行者や、高度経済成長で世界各国に飛び散っていった日本企業の駐在員などを対象に作られた海外の和食レストランが注目され、営業店舗として確立されました。

解説 もともとは日系人向けに提供されていた和食なので、現地の人々が食べることはまれであり、あまりブームと呼べるものではありませんでした。あまり和食と呼べないものの日本人が経営していた鉄板焼きが米国で流行した時には、和食として評価されたのではなく、その店の提供スタイルとパフォーマンスの高さから人気が出て、日本人経営者が注目されました。しかし、鉄板焼きに和食というイメージがなかったため、

和食としてのステイタスは定着しませんでした。

しかし、1970年代中ごろ米国の食生活に問題提起した政治家の提言により、肉が好きな米国人に健康的な食生活を行うような指針が発表され、日本型食生活が健康によいというような一文があり、その後和食が注目され、日本食ブームが起きました。中でも外国人がほとんど食べない魚を生で食べるすしは意外性とおいしさと珍しさで爆発的人気となりました。外国人には味がしないといわれた白米も酢と砂糖でしっかりと調味されているので、印象強くなり、食べやすいと感じられたのでしょう。最初は芸能人や高所得者層が好んで食べていたすしは上流階級から波及するブームとなり、いつの間にか全米中に広がる和食ブームを作り出しました。ただすしとはいってもカリフォルニアロールなどというアボカドやエビ、レタスやキュウリなど現地で食べられている食材を巻いたものが多く、生食できる魚の調達やすしネタにできるような技術の習得は難しく、握りずしなどが一般的になったのは随分後のことです。

和食ブームに勢いがついたのは、米国政府が脂肪分やコレステロールを含む食事の削減を進め、タンパク質や炭水化物の摂取基準を下げた理想の食事スタイルを和食に当てはめたため、一般人にも和食のよさが浸透したといわれています。それ以来、日本食はいまだに世界で受け入れられているヘルシーフードとなり、日本食材の輸出も広がっています。味噌や醤油、酒など伝統的和食に必要な調味料も世界のあちらこちらで販売され、和食が世界に浸透したことを立証しています。高度経済成長期に日本の工業製品が信頼をもたれ、世界に広まったこともあり、日本の和食も受け入れやすかったともいわれています。

Q4 和食の代表的な食材といえば何ですか？

A4 和食といえば米といっても過言ではないでしょう。

 米はご飯として食べるからだけではなく、みりんも味噌も酢も酒でさえも米を原料に作られているからです。和食の基本である

米は日本中で作られており、品種も作り方も多種多様です。米は最高の嗜好品といわれるほど人により好き嫌いが違います。代表的なのはもっちり系のコシヒカリとサッパリ系のササニシキでしょう。以前は北海道の米は評価されていませんでしたが、ミルキーウェイというもち米に似たうるち米が出て、一気に北海道の米が全国レベルになりました。日本には各地方でおいしい米を作っていますから、銘柄を楽しんで食べ比べてみても楽しいと思います。

その年の新米が出始めると一気に「今年の米の出来」などというニュースがあるほど日本人と米は身近な関係なのです。ではなぜ新米がいいのかというと、米は新鮮なほうがおいしいからです。どんなによい銘柄の米でも、古い米はおいしくありません。穀物は収穫された後も呼吸をしていて、時間がたてばどんどん味が落ちていくのです。主食として食べるご飯ならばこまめに新しいものを購入しましょう。

保存は冷暗所、できれば冷蔵庫の野菜室などで保存します。意外に思うかもしれませんが、米も野菜ということです。空気にさらさず、日光に当ててはいけません。また、米は加工品としてもたくさん使われています。和食に大変重要な調味料である酒・みりん・味噌・酢なども米から作られています。酒用に作られている米は酒米といい、9種類ほどあります。主食で食べられる米同様、品種や作り方により味が違うので、その特徴を生かした醸造を行い、いろいろな特色をもった酒が造られています。味噌には米麹が使われているものが多く、その量が多ければ多いほど甘さが増すといわれています。

京都の雑煮に使われる色が白くきめ細かい西京白味噌は、上質な米麹を大豆の2倍使い、麹の円やかな甘みと塩分の低さ、美しい淡黄色の色合いが特徴です。兵糧や保存食としての味噌ではなく、都の華やかな文化の中で、宮中・公家の有職料理、茶事の懐石料理、禅宗の精進料理が渾然一体となった京料理とともに磨かれ、発展してきた味噌が「西京白味噌」です。

みりんの原料は、もち米、米麹、本格焼酎のみからできています。蒸したもち米と米麹を焼酎と一緒に仕込み、搾って、長期間の醸造熟成を経た後に、みりんになります。もち米のおいしさを、醸造という日本伝統の技で引き出したのがみりんなのです。このように主食としてだけでなく、米は私たち日本人の食卓に大きく役立っています。

Q5 昔の和食は玄米と聞きますが、なぜ今は白米なのでしょうか？

A5 精米技術が発達し、おいしさのみを追求した結果です。

解説 前述しましたが、米を選ぶ時には新米100％ですぐに食べきれるサイズを選ぶのが一番よいといわれています。ご飯は和食の基本なので米は欠かせないですが、時間がたつとおいしくなくなりますので、放置してよいものではありません。そのためできるだけ新しいものを選ぶとよいようです。まず米の種類を選んでいきましょう。私たちの普通の食事で食べる米は大体が精白米で、一番おいしいといわれる米です。糠と胚芽が取られている真っ白い米で、栄養分としては少なくなっていますが、主食として食べるのなら糠や胚芽に含まれている栄養素は他のおかずで補えばいいので問題はないといえます。

近年では洗うのが面倒だと思う人が増えているからでしょうか、洗わなくてもいい無洗米というシリーズも人気です。精白米と変わらない味で、水を使わなくてよいため便利です。ただし、白米は急速に血糖値を上げるため、生活習慣病の気になる人などは白米を炊く時に麦や雑穀などを混ぜて炊きましょう。麦には水溶性・不溶性の食物繊維が、雑穀にはポリフェノールなどが含まれるため、血糖値の上昇が穏やかです。また栄養価が高く、昔からある人気の米が玄米です。モミから抜いた状態の米である玄米には栄養が豊富に含まれており、乾燥もしないので保存性には優れています。ただ炊く時は普通の米を炊くより長時間浸漬し、水加減も多めにして炊いていく必要があります。

一般炊飯モードで炊くと芯が残る場合もありますが、栄養価が非常に高いので健康のために愛用する人も多いようです。ただし、玄米にはミネラルの吸収を阻害する成分があるため、長い間玄米だけを常食にするのは考えたほうがよいかもしれません。精米時に糠層を残した分づき米があります。3分・5分・7分とあり、糠を削り取る分量で区別されています。まったくの玄米ですと食べにくいという人も、分づき米なら食べやすいかもしれませんし、ビタミンB群も多少期待できます。

最近よく聞く発芽玄米という米があります。それは玄米を水に浸して発

芽させた米です。これは玄米が発芽することでミネラルの吸収を阻害する成分がなくなり、吸収率も高まる上、脳細胞を活発にさせるといわれるγアミノ酪酸という成分の含有量も多くなります。普通の米と同じように炊けるのに、玄米以上の栄養があるという優れものです。

Q6 宴会といえば和食をイメージしますが、宴会に出される料理に呼び名はありますか？

A6 会席料理という呼び名があります。

解説 会席料理は、和食の中でも宴会の席で楽しまれる料理のことで、酒を飲むための料理です。会席料理は献立が基本的に一汁三菜と決まっていて、そこにお通し、揚げ物、蒸し物などを加えていったものです。酒のために提供されているご飯ということもあり、酒が進む酒の肴の種類が豊富なのが特徴です。和食に酒は欠かせないものとなっていて、最初にご一献といい、食事の前に日本酒を少量いただきます。これはアルコールが胃を刺激し、食欲を増進させるためのもので、食事開始の合図ともいえます。

伝統的な会席料理の順番はまずは前菜である先付から始まります。さらに吸い物として椀物が提供され、向付と呼ばれる刺身を食べます。ここから酒を楽しむ肴に入ってきて、焼き物である鉢肴、煮物である強肴、止め肴の酢の物などが並びます。最後にご飯と味噌汁、漬物を食べて締めて、果物などの水菓子で終了となります。これが一般的な会席料理の流れです。これ以外にも揚げ物や蒸し物、鍋物が用意されることもあり、ボリュームが非常にあるコースになることもあります。フルコースだと海外の料理よりもボリュームがあるかもしれません。油ものは強肴の後に提供され、最後の止め肴からご飯、止め椀の同時提供は変わりません。和食である会席料理に合わせる飲み物は基本的には日本酒で、ノンアルコールなら煎茶が一般的となっています。

なぜ和食に日本酒が合うかというと、日本酒が米からできていて、ご飯に合うもののほとんどが酒にも合うのです。日本酒と和食は長い歴史の中

で互いに「和食に合う酒」「日本酒に合う料理」として発展してきたものですから、どのようなタイプの日本酒も伝統的な和食の素材・調理・味・香りとは基本的に相性がよくなっています。会席料理は、その品数からたくさんの素材やいろいろな調理法の料理が出ます。料理自体に温かいものから冷たいものまであるので、冷でも燗をしてもおいしくいただけて、味に濃淡があり、香りにもさまざまなバリエーションのある日本酒が多様な料理にも対応できたのです。

Q7 会席料理がお酒を飲むための料理とすれば、懐石料理は何のための料理ですか？

A7 お茶をいただくための料理です。

解説 懐石料理とは茶席で茶を出す前に出される簡単な食事のことをいいます。茶道の創始者である千利休が安土桃山時代に茶道を確立していく中で、茶をおいしくいただくために創りました。懐石料理の作法は、茶道の各流派によって厳しく決められています。茶会の席上で空腹のまま刺激の強い茶を飲むことを避け、茶をおいしく味わう上で差し支えのない程度の和食コース料理を指しています。茶の湯を開く主催者が来客をもてなすために作る料理は、見た目の美しさだけではなく、茶という長い歴史と世界観を表現したものです。それゆえに細かい決め事があり、それをすべて習得するには大変な研鑽が必要とされています。懐石料理には、「旬の食材を使う」、「素材のもち味を活かす」、「親切心や心配りをもって調理する」という3つの大原則があり、これにも千利休の佗びの思想が色濃く反映しています。懐石料理の起源は文字通り「懐〔ふところ〕に石を抱く」ことからきています。もともと修行中の禅僧の食事は、午前中に一度だけと決められていました。そのため当然夜になると腹が空き、体温が下がってきます。そこで温めた石を懐に抱いて飢えや寒さをしのいでいたのです。ここから懐石という言葉は、「わずかながら空腹を満たし、からだを温める質素な食べ物」を意味するようになりました。その後の安土桃山時代に茶道と禅宗が結びつき、茶道が確立していきました。その中で茶

道の創始者である千利休が禅料理の精神をさらに追求して茶道に取り入れ、狭い茶室でも簡単に食べることができる懐石料理を完成させました。現代では茶を楽しむ機会も限定され、たしなむ人も減っていてかなり特別な場となっています。それに比べ、酒を楽しむ会席料理はその気軽さや身近さから、その機会は多いようです。会席料理との区別をするために茶懐石ともいわれ、目的をはっきりと分けています。大きな違いは食事の出し方で、懐石料理ではご飯と汁は最初に提供されるのが決まりとなっているのに対して、会席料理では最後に提供します。本来、懐石料理は茶を楽しむためのものなので、量はさほど多くありません。そのため料理の量が少ないコース料理を懐石と呼ぶこともあり、フランス料理のコースなどで洋風懐石などと呼ばれるのは、一皿の分量を少なくして皿数を多く出す本来のフランス料理とは違う提供の仕方をしたものです。和食の1つとはいえ、日本人が最近では関わることが少なくなった懐石料理は、茶を楽しむための料理であったということは覚えておきたいことです。

Q8 精進料理は和食のベジタリアン向け食事と思ってよいのでしょうか？

A8 精進料理はとても精神性の高い、歴史のある料理で、単に動物性のものを食べないというものではありません。

仏教では殺生は禁止されており、さらには大乗仏教では肉食も禁止されていました。日本では古来から長らく肉食が好まれていない歴史があったのは、この仏教の流れを組んでいるからだろうと考えられます。近代になって、洋食文化が入ってきたことで牛や豚といった肉食が普及しましたが、それまでは肉食はあくまで特殊なことだったといえるかもしれません。健康的ではありますが肉の味を知っている現代人からすると少し考えづらいことです。精進料理とは仏教で戒律によって食べられない肉などを模して工夫された野菜や豆、穀類などの料理です。和食の中でも特殊な分野ではあるものの、ヘルシーな料理が人気のある現代では至るところで取り入れられている部分があります。日本では鎌倉時代から本格的に発展したといわれる精進料理は、基本的に菜食であり、味はしっか

りとつけられていたといいます。豆腐やコンニャク、ヒジキといった精進料理には欠かせない素材がもち込まれたのも鎌倉時代のようです。現代でもダイエットなどで注目を浴びる豆腐やコンニャク、海藻の類がこの時代から発展していたとは驚きです。和食にも大きな影響を及ぼしてきた精進料理は、今でも参拝者に食べさせてくれる寺院などがあり、古都である奈良や京都では観光客に人気を博しています。基本的な精進料理の献立はご飯、味噌汁、炊き合わせ、豆腐、おひたし、煮物、おしんこなどが一般的で、擬似料理として山芋でウナギのかば焼きに模したものを作ったりと工夫がなされています。そもそも「精進」という言葉には仏道の修行を行うという意味があり、昔から寺の修行僧の食事として作られてきました。この料理の基本は、調味料を抑えて食材の味を生かし、また食材をすべて使い切ることで無駄を出さないことにあります。栄養の観点から見れば、皮や芯などに食物繊維、ビタミン、ミネラルなど普段の生活に不足しがちな栄養が多く、生活習慣病の予防にも役立つとされています。

　精進料理の基本は、曹洞宗の開祖道元禅師が記した書物『典座教訓』に解説されています。この中に精進料理は「喜心、老心、大心」の３つの心が必要であると説かれています。喜心とは喜んで料理をすること。老心とは細やかな心配りで料理をすること。大心とは冷静にバランスを考えて料理をすることです。また、精進料理の調理方法として、「五味、五色、五法」という言葉があります。五味とは甘い、辛い、酸っぱい、苦い、塩辛い味のこと。五色とは赤、白、緑、黄、黒のこと。五法とは生、煮る、焼く、揚げる、蒸すことです。精進料理ではこれらをバランスよく織り交ぜながら、献立を決めていきます。また、寺院での料理のため調味料に酒やみりんは使わず、甘みは砂糖でつけます。これは酒御法度の意味もありますが、砂糖という高カロリーな調味料でエネルギーを補っていたということもあるようです。

Q9 日本料理と和食は違うものですか？

A9 厳密には違うといえるでしょう。

解説 日本料理は包丁の料理といわれるほど包丁技術が問われます。調理場の中で花板と呼ばれる仕事は刺身を作ることです。身割れしやすい魚の細胞を壊さず切ることは熟練した包丁技術がなければできません。難しい片刃の包丁を使い、刺身が立つように引くのは大変なことです。また関西の夏の風物詩、鱧は骨が硬く骨切りをしないと食べられません。1寸(3.3cm)に24切れの包丁目を入れないと食べられないといわれています。サトイモを1つむくにも六方にむくとか亀甲にむく、刺身の下に敷く大根けんなどは3枚重ねても新聞が読めるくらい薄くないといけないなど美しい日本料理を作るには包丁を上手に使えなければ仕事として成立しません。和食では、サトイモでもダイコンでもリンゴでも、皮を薄くむいて表面ががたがたでも切れ目がばらばらでも、食べるところを多くしますが、日本料理は千切りでも、拍子木切りにするにも、木材を原木から加工して切り出すのに似て、皮を大きく剥いて角に切り出してから細かく切り出します。別のいい方をすれば、「もったいない」よりも形を優先させ、美しく仕上げることが大切なのです。たとえばダイコンを煮る場合でも日本料理なら皮を厚めに真ん丸にむき、そのむいた表面はツルツルにひかり、包丁の跡も無いようにしなければなりません。それを米を入れたたっぷりの水で柔らかくなるまで茹で、そのあと米くささをとるために清茹でという作業をして、水気を取り、それからだしで煮ます。色もあまりつけず、"白いものは白く"の考え方です。室町時代に武家が朝廷料理を取り入れ始め、上の人々に食べていただくために美しい形を作ったのです。日本料理は時代の食礼に即した作法料理ともいわれています。一方の和食といわれる大根の煮物は工程も複雑でなく、多少いびつな丸の形であろうとだれも文句などいいません。醤油とだしの色に仕上げます。なるべく手間をかけず、おいしく、見た目よりも栄養を残す考えが和食にはあると考えられます。だから肉じゃがでも和食といわれているのです。日本料理が、切る・煮るなどの調理技術を駆使して料理を作り、お客様に喜んでもらう職業として

のもので、素材の無駄を極力排除し、技術や見た目よりも純粋なおいしさを日本独自の工夫で作られたものが和食なのではないでしょうか。

3章
季節ごとの和食 Q&A

Q1 暦はいつごろできたのですか?

A1 日本では、平安時代中期に編纂された『倭名類聚抄』(承平年間〈931〜938年〉)に暦の制定に関して登場しています。

解説 私たちは日常の生活において、日・週・月・年を確認する暦がなければ、長いスパンで考えれば一生を順調に暮らすことができません。平安時代中期に編纂された『倭名類聚抄』(承平年間〈931〜938年〉)によると、中国古代伝説的帝王の黄帝が、暦を制定したと伝えられています。本来、暦は「現在を確認し、その上に必ず未来に出会う季節の循環を予知する必要上開発されたもの」であったので、主な目的は「予定を立てる」ために作られたものと考えられています。

暦が作られた年代は明らかではありませんが、紀元前18世紀ごろ、古代バビロニア帝国時代の僧侶達が「月の満ち欠けが一定の周期で行われている」ということを発見し、新月から次の新月までを1か月とする「太陰暦」を考案しました。太陰暦の誕生で「月」と「日」の概念ができ、日々の生活にスケジュールを組み込む習慣が生まれたとも推定されています。後に、月の満ち欠けを基準に作った暦ですが、地球が太陽を回る周期365日をもとに生活していると太陽の運行(太陽暦)と太陰暦の間にずれが生じるために、「閏年(うるうどし)」を設定して、季節との関係を調整しました。太陰暦にこの閏年を加えたのが「太陰太陽暦」です。太陰太陽暦はメソポタミア文明の時代(およそ、紀元前2000年)から使われていたと推定されています。

閏年の導入により季節感は解決しましたが、宗教上の意味合いの違いが問題となりました。この問題を解決したのがローマ帝国(紀元前6世紀ごろ成立したイタリア半島の都市国家)で、太陽暦の1年365日に4年に一

度の1年366日を制定しました。太陽暦は、発明者ユリウスの名をとってユリウス暦とも呼ばれています。ユリウス暦の季節と暦のずれを調整したのがローマ法王グレゴリオで、1582年に、より精度の高い暦の改善を命令し、現在の暦に近いグレゴリオ暦が完成しました。日本は1872〔明治5〕年に、グレゴリオ暦を採用しました[*1]。

*1：(株)杉本カレンダー：「カレンダーの起源と歴史」http://www.sgcalender.jp/cal/

Q2 二十四節気はどのようにして決められたのですか？

A2 太陰太陽暦では、暦の上の月日と季節との食い違いが起こるので、暦の月日とは別に、農事に必要な季節との調整から生まれました。

解説 太陰太陽暦では、暦の上の月日と季節との食い違いが起こるので、暦の月日とは別に、農事に必要な季節の標準を示す必要がありました。その違いを調整するために考えられたのが、「1太陽年を24等分して、太陽が最も低い位置にあり、昼間の時間の最も短い冬至から始めて、24の分割点を『二十四節気』」としました。すなわち、その分割点を含む日に季節を表す名称をつけたのが「二十四節気」です。太陰太陽暦において「月」名を決め、季節とのずれを調整するための指標として使われています。

現在の天気予報においても、古くから伝わっている季節の目安として、二十四節気も予報の中に組み込んでいることがあります。1年を春夏秋冬の4つの季節に分け、それぞれを6つに分けた24の期間を表すこともあります。二十四節気が考案された背景には、月の運行のみに基づいた純粋な太陰暦による日付は、太陽の運行と無関係で、暦と四季との間にずれが生じるために農耕等に不便であったことから考案されて、運用されるようになったものです。二十四節気は、ある時期に突然に発明されたのではなく、段階的に整備されてできたもので、中国の殷周時代(紀元前1046〜紀元前256年)には、日の最も短い冬至ごろに年始がおかれていました。

1年は365.2422日であるから、これを24に等分すると、1区分は(15.2184日＝15日5時間14分32秒)になります。すなわち、冬至から始めて

15.2184日ごとに時点を設け、その時点を含む日が二十四節気となっています。春夏秋冬の各季節は6等分に分け、各季節を1月、2月、3月のように3つの「月」に分け、さらに1つの月は「節」「中」を設け、四季を春夏秋冬と定め、それぞれの季節の始まりを「立春」「立夏」「立秋」「立冬」

二十四節気表

四 季	名 称	名 称
春	立春	正月節（2月4日ごろ）
	雨水	中（2月19日）
	啓蟄	二月節（3月6日）
	春分	中（3月21日）
	清明	三月節（4月5日）
	穀雨	中（4月20日）
夏	立夏	四月節（5月6日）
	小満	中（5月21日）
	芒種	五月節（6月6日）
	夏至	中（6月21日）
	小暑	六月節7月7日
	大暑	中（7月23日）
秋	立秋	七月節（8月8日）
	処暑	中（8月23日）
	白露	八月節（9月8日）
	秋分	中（9月23日）
	寒露	九月節（10月8日）
	霜降	中（10月23日）
冬	立冬	十月節（11月7日）
	小雪	中（11月22日）
	大雪	十一月節（12月7日
	冬至	中（12月22日）
	小寒	十二月節（1月5日）
	大寒	中（1月20日）

と命名しました。

 五節句はどのようにして決められたのですか？

A3 節句は、もともと神の到来する節の日に神に供える供御のことでした。やがて、中国の「節」が日本の折り目の観念と結びつき、特定の年中行事を意味するようになりました。「節」は「神祭りの日」をいいました。

解説 節句は、日本の暦の1つです。伝統的な年中行事を行う季節の節目とする日が、節句です。この日には、宮廷において節会といわれる宴会が開かれました。年間にわたりさまざまな節句がありました。そのうち、江戸時代に、幕府が5つの公的行事・祝日を定めました。それが五節句で、人日の節句(1月7日)、上巳の節句(3月3日)、端午の節句(5月5日)、七夕の節句(7月7日)、重陽の節句(9月9日)の五節句です。

人日の節句は七草の節句ともいわれ、七草粥を作ります。上巳の日は桃の節句または雛祭りといわれ、女の子どもの健康を祝い、菱餅、散らしずし、ハマグリの吸い物などを作ります。端午の節句は、菖蒲の節句ともいわれ、菖蒲湯に入るなり、柏餅、粽などを作り男の子の健康を祝います。古くは、薬草摘みの日で、薬草としての菖蒲が「尚武」の音に通じるとして男子の立身出世を願う日となったようです。七夕は「たなばた」の日として知られ、裁縫の上達を願い素麺を食べます。重陽の節句は菊の節句ともいい、菊の花を浮かべた酒を用意します。菊の花を飾り、邪気を祓って長寿を祈るという日です。

 通過儀礼にはどのようなものがありますか？

A4 通過儀礼は、人の誕生から死に至るまでの人生の過程で、成長に伴い経験する節目の儀式です。

節句や祭りのような毎年繰り返す年中行事に対して、人生には誕生から死に至るまで、入学、就職、結婚などの節目があります。このような人生の節目に、神社の参拝やお祓い、特別な食事会などを行います。これを通過儀礼といいます。その中には笑のある日、涙する日など悲喜交々(こもごも)です。通過儀礼は、成長期によって次のような儀礼が考えられます。

・子どもの成長を祝う儀礼：「帯祝い」「出産祝い」「出産内祝い」「三カの祝い」(産湯につかってから3日までは袖のないおくるみに包み、4日目から初めて袖のある産着を着せる)、「お七夜」「初宮参り」「お食い初め」「初誕生」「七五三」「十三参り」

・人生の門出を祝う儀式：「入学祝」「成人祝い」「就職祝い」「婚約・結納」「結婚祝い、結婚披露宴」

・暮らしの中の心遣いとしての儀礼：「新築祝い」「引越し」「入退院」「昇進・昇格」「転勤」「独立・開業」「竣工式」「結婚記念日」「厄年」「叙勲」

・人生の終着駅と長寿を祝しての儀礼：「定年退職」「還暦」「緑寿」(60〜66歳)、「古希」(70歳)、「喜寿」(77歳)、「傘寿」(80歳)、「米寿」(88歳)、「卒寿」(90歳)、「白寿」(99歳)……と続きます。最後に「葬儀」。

次に、主な通過儀礼と和食について紹介してみましょう。

・お食い初め：誕生から100〜120日に行います。実際には、まだ硬いものは食べられませんが、一生「食」に恵まれますようにと、食べさせる真似事をします。周りの大人は、子どもの成長を願って相伴する。縁起ものとして「尾頭つきの鯛」を用意します。タイがなければ、アジやアユの焼き物を用意します。伝統的な本膳の形式(一の膳、二の膳、三の膳など)で、本膳(一の膳の右側に二の膳〈吸い物や味噌汁〉、三の膳は焼き物)を用意します。

・七五三：昔から3歳になると「髪置(かみおき)」、男の子が5歳になると「袴着(はかまぎ)」、女の子が7歳まですこやかに成長すると「帯解」の祝いをしました。七五三の祝いの日は、新調した着物や洋服を着て、両親や祖父母とともに神社や氏神様に行き、今までの成長に感謝し、将来の健康と幸福を祈ります。現在では各家庭によりご馳走はさまざまです。子どもの好きなものを用意する家庭が多いようです。

・身祝の赤飯：女の子が成長し、初潮をみた時に、家庭内で赤飯を用意します。小豆は、「血の道にいい」とされ、女性は月に一度は食べたほう

がよいといわれたそうです。
- 結納：婚約が決まったことを祝って、結納では、両家の縁を固めるために、両家は品物を、古くは酒や酒肴を取り交わしました。結納の品は、9品、7品、5品と奇数を用意します。「熨斗鮑」の意味の干しアワビ、「寿留女」の意味の干したスルメイカ、「喜ぶ」の意味の「昆布」などが用意されます。その他に「勝男武士」にちなんでかつお節、末広がりの意味の扇子など、めでたい物を揃えます。
- 結婚式：神前結婚式では、誓杯の儀式として新郎と新婦は、巫女の介添えで御神酒の盃を取りかわします。披露宴では尾頭つきの鯛（タイ）はつきもので、引き出物でした。富山のほうでは、タイの形をしたかまぼこが、引き出物としてつきものでした。最近は、結婚する本人の意志によりさまざまな形式がとられ、昔の形式が消えているのが実情です。
- 賀寿の膳：賀寿の祝いは、60歳の還暦から始まる通過儀礼です。いずれの祝いも、祝われる人の年齢や体調を考慮した家庭料理を用意するのが本当の内祝いとなります。年齢が高くなっているので、白身魚の料理、食べやすいマグロの刺身や山かけ、ゴマ豆腐など口当たりのやさしい料理が多く用意されます。
- 葬式：本来は、肉や魚の少ない精進料理を提供するのですが、葬儀場での「精進落とし」には、材料や料理の形態が仏教とはまったく関係ないものが供される場合が多くなりました。

Q5 神饌、百味とはどのような料理ですか？

A5 神饌とは、神に供える食べ物のことであり、生命の維持のための生理や代謝の上で必要な食べ物のことです。また百味とは、数々の珍味や美味のことをさします。

解説 神社の神前に供える食べ物（食饌）のことを神饌といいます。人間にとって最も重要な、あるいは高価な食べ物（御食）を供えます。水・米・塩・酒・魚・海藻・果実などがあります。水・塩は人の生命の維持のための生理や代謝の上で絶対必要なもので欠かすことはできません。神饌

の中で主要なものは米・魚・塩・水です。時代がくだると、清酒も重要な供え物となりました。とくに、餅と神酒がなくては、神社を中心とした祭りが成立しなかったのです。家庭や会社の神棚は稀にしか見られなくなりましたが、塩・水は毎日供えます。古くから、日本人の神道は稲作と切っても切れない関係があり、日本文化は稲の文化とまでいわれていることから、米またはご飯は重要な神饌だったのです（食べ物が豊富になっている現代では、米を重要な食料と思う人は少なくなっていると思います）。

　果物や野菜のように生のまま供える食べ物は「生饌」、調理したものは「熟饌」といいます。神饌としての魚は、米と並んで重要でした。普通の日に魚を食べることは、問題としませんが、祭りには魚が要求されます。稲作以前の食生活や日本人の太古からの魚との関わりは、神を祀り、神と供食するには魚を必要とする習慣があったようです。魚の中でも高級な魚介にはタイ、アワビ、カツオ、エビなどが使われていたようです。タイの干物や干しアワビ、かつお節などは大切な食べ物でした。

　神饌は、神に勧める食べ物であり、同時に神人供食、つまり神と人とが同じものを味わい、楽しむことにより、神と同化し、神のお力をいただけるという信仰のもとに供えるものです。神前の儀式が終わると、神前から降ろし、神職、参列者が神前で食べるのが正式な習慣ですが、魚類は料理をして供されました。

　余談ですが、神饌の中で一番高価な食べ物はその神社の宮司に分けられ、次に高価なものは順次に権宮司、禰宜、権禰宜、その他の神職や職員に分けられるようです。毎日、タイ（マダイ）が分けられる宮司の神社もあり、大きな神社の職員ではミカンをいただく場合もあるそうです。毎日タイを貰う宮司は、一旦はいただくが直ぐに神職や職員で分けるそうです。

　一方、百味とは、さまざまな珍味やおいしい食べものの意味です。神饌となるものは地域によって異なりますが、できるだけ珍しい食べ物、高価なものを供えます。

Q6 年中行事に行事食を用意するのはどのような意味がありますか？

A6 季節ごとの行事や祝いの日に食べる特別な料理を「行事食」といいます。行事食には、家族の幸せや健康を願う意味が含まれています。行事食は人格形成や人生を豊かにするために、家庭の生活や学校給食でも大切にしている食事となっています。

解説 食文化の参考書で、季節と月との関係は次のように区分している場合が多いようです。1月は、初春、初釜、初日の出、初詣、初夢などの初ものづくしであり、仕事始めなど1年のスタートとなり、春は立春から始まるので、春の行事は立春を含め2・3・4月、夏は端午の節句を含め5・6・7月、秋は盆を含め8・9・10月、冬は酉の市を含め11・12月に区分し、以下のＱ＆Ａにおいて年中行事と和食の関係を解説したいと思います。

Q7 新年の行事にはどのような和食が用意されますか？

A7 正月に当たり、新年を寿ぐハレの食事として、縁起物として意味をもつ食材を使ったおせち料理を用意します。

解説 第2次世界大戦の終戦前は、正月の行事は、各家庭の家族構成や交際の規模により大なり小なりの規模で行われました。戦後、伝統的な正月行事は残していますが、簡略・省略した行事もあり、正月の行事にも変化が見られています。現在も正月の行事としては正月飾り（正月に年神を迎えるために前の年に用意します）、若水とり、四方拝、初詣、年始回りなどがありますが、正月に食べるものとして「おせち料理と雑煮」は欠かせず、また地域による違いも見られます。お供えの餅は丸い餅を飾りますが、これを食べる儀式として鏡開きがあります。正月のおせち料理で消化器系統が疲れているので、1月7日は「七草粥」を食べます。

大晦日の夜から元旦に向けて、「行く年・来る年」の境を無事に越すために、家族みんなで集まって、悪魔が入り込む隙のないように賑やかに過

ごします(近年は、大晦日から元旦の朝の初詣のために地域の神社へ出かける若者、初日の出の参拝に海岸や山へ遠出する人、自宅でNHKテレビの紅白歌合戦をみて大晦日から元日の朝まで過ごす人などがいて、元旦の挨拶には家族が揃わない家庭も多いようです)。

　おせち料理は、もともとは人生の節目に当たる日にハレの食べ物を作り、神仏に供えていました。季節の節目に行われる節会用の料理のことを「おせち料理」といいました。江戸時代になって、正月を重要視するようになりました。大晦日の夜は、「年の夜・年とり」と称し、家族一同で祝いの膳を囲み、神とともに共食し、無病息災を願いました。一年中で、一番のご馳走でした。江戸時代には、大晦日に供えた料理をおせちと称しました。ニンジン・ゴボウ・ダイコン・黒豆・かちぐり・豆腐・コンニャク・数の子・エビ・タイ・昆布・田作りなど海の幸・山の幸を重箱に詰めて、客をもてなしました。「三つの肴」または「祝い肴」が発展したものと考えられています。「三」は完全を意味し、全体をまとめる意味にも取られています。これらの食材を使った料理は、重箱に詰めます。

　正式には五段重で、簡略した形が四段重、三段重となっています。生活スタイルが変化し、四段重が多くなったそうです。一の重は「数の子、黒豆、田作り」などの祝い肴、二の重は「きんとん、伊達巻、紅白かまぼこ」などの口取り、三の重は「鉢肴」、あるいは「魚の焼き物、昆布巻き、昆布締め」、四(与)の重は、「甘煮」あるいは「野菜の煮しめ」などが詰められます。現在でも皇居で用意するかまぼこは「白、赤、黄色(ニンジンの色)、紫(小豆の皮の色)、緑(ほうれん草の色)」が用意され、神殿に献上するようです。

　これらの食材の組み合わせは、縁起物とし取り扱われたものばかりです。たとえば、「数の子」はアイヌ語のニシンを意味するカドが訛ったものです。ニシンの卵巣は左右に1つずつ2つあることから、これを二親にたとえ、二親健在の意味に通じ、このことから子宝に恵まれ、子孫繁栄の縁起物として使われます。「黒豆」は黒く日焼けするほど健康で「まめ」に働けるように、黒豆が選ばれています。(大豆アレルギーの人には黒豆がアレルゲンになる人もいるので、食べる時には注意が必要です。)

　「田作り」は、カタクチイワシの稚魚を生のまま干したものにゴマメを乾煎りして甘辛く味つけしたものです。肥料にも使うことから「五万米」

の字を当てて、五穀豊穣を祈って食べます。「ゴボウ」は「たたきごぼう」という名の料理に作って食べます。ゴボウは田夫、すなわち「強い農夫」を意味します。このことから男性の意味にも取られています。ゴボウの根は、地中深く入っていることから家の基礎がしっかり固まるという意味とも捉えられています。「煮しめ」のシイタケは、武士の陣笠の意味、高野豆腐は楯の意味、コンニャクはねじって綱に見立てるなどの意味があります。「昆布」は「よろこぶ」に因んでいます。

北海道では「いずし」、宮城県では「浸し豆」、島根県では「きんかん甘煮」、沖縄県の「田いものからあげ」など地域によっては、その地域の特徴あるおせち料理があります。

「雑煮」はさまざまな素材を雑多に煮込んだ餅料理です。平安時代の宮中の歯固めの儀式に基づいた料理が源となっています。雑煮の具は地域によって特徴があります。また、餅にも角餅、丸餅、あんころ餅などがあり、地域によって違います。雑煮のだし汁は、仙台では干しハゼ、関東は鳥肉、山陰や九州ではアゴだし、京都・大阪は昆布だしなど地域による特徴があります。

家族が揃って、屠蘇を酌み交わし邪気を祓い、雑煮を食べ、おせち料理を食べるのが、普通の日本の家庭の元旦の正月の朝でした。その雑煮やおせち料理は地域や家庭によって違いがあり、郷土料理の特徴ともなっています。

1月7日は「人日の節句」といい、「七草粥」を用意します。春の七草は「セリ、ナズナ、ゴギョウ、ハコベラ、ホトケノザ、スズナ、スズシロ」で、冬の雪の中で年を越した「越年草」です。1月11日の「鏡開き」には、鏡餅を木槌でくだき、油で揚げ、塩味で食べます。お汁粉にもします。小正月（1月15日）には、小豆粥を作る習慣があります。

Q8 47都道府県の特別な正月料理や雑煮にはどのようなものがありますか？

A8 地域により地産地消の意味をもつ食材が使われた雑煮が供されます。

ここでは都道府県ごとに主な雑煮を紹介してみましょう。

・**北海道**：北海道の正月に欠かせない料理には、ニシンとキャベツの塩漬け、サケを白菜やダイコンに挟んだ塩漬物などがあります。最近は家庭で作ることが少なくなり、食品工場で作り、市販されています。また麹で漬けた甘味のあるものも市販されているようです。塩蔵したクジラの脂身を野菜や豆腐、コンニャクなどで煮込んだ「くじら汁」（鍋物）は、松前、江差などの日本海沿岸の漁村で作られます。雑煮には、サケの身肉、卵のイクラを入れる家庭が多いようです。餅の種類は、出身地によってさまざまのようです。丸餅の家庭、角餅（焼き餅）の家庭、餡入り餅の家庭があるようです。

・**青森県**：旧正月に七草粥の代りに用意するのが「粥の汁」。大鍋に焼き干し魚（青森ではダシの材料に焼き干しアジを使う）と昆布からなるダシ汁に野菜、豆腐、コンニャクを入れた味噌仕立ての鍋。雑煮の餅は角餅（焼き餅）です。南部地方では肉・魚・キノコ・野菜でダシをとります。津軽地方の正月料理として、「紅ザケの熟れずし」があります。細切りの昆布・するめ、干しダイコン・干しニンジン、数の子の入った松前漬けが用意されます。

・**岩手県**：三陸地方には「くるみ雑煮」という豪華な雑煮があります。汁の具はニンジン、サケの（卵のイクラ）、セリ、ダイコン、凍み豆腐、アワビなどで、醤油仕立てです。餅は焼いた角餅です。

・**宮城県**：仙台の雑煮の特徴は、仙台湾で漁獲されるハゼの焼き干しで、ダシをとり、澄まし汁です。具はダイコン、ニンジン、ゴボウなどの千切りを茹でた「ひき菜」ですが、セリ、サケの卵（筋子、イクラ）を入れる家庭、ハゼの焼き干しを煮つけて椀の上に載せる家庭もあります。山鳥のキジの肉を入れた「田舎雑煮」を用意する山間の地域、石巻や築館地方では海産物のホヤを入れる「ほや雑煮」を用意する家庭もあります。小正月には、発酵の進んだ酸味のある白菜漬けを入れた汁物を用意します。餅は焼いた角餅を入れます。おせち料理には昆布にしんやカステラ蒲鉾を用意する家庭が多いようです。

・**秋田県**：正月料理にはハタハタは欠かせないようです。その理由はウロコの模様が富士山に似た形からで、秋田県の「祝い魚」となっています。また、ハタハタで作った飯ずしの「はたはたずし」も用意されます。マ

ダイの塩焼き、ブリの照り焼き、コイの甘露煮、ハタハタのしょっつる鍋、ハタハタの田楽も用意されます。雑煮の餅は焼き角餅です。

- 山形県：庄内地区には、北前船が取りもつ京都の文化の影響により、雑煮の餅は丸餅を使う家庭があります。一方、東北圏内に共通している焼き角餅を使っている家庭もあります。善宝寺の檀家では、具に厚揚げ、カラトリ(サトイモのズイキの干したもの)を使い、最後にユキノリ(イワノリ)を載せます。正月料理には干したエイ(カラカイ)とサトイモ、ナスの煮つけが用意されます。

- 福島県：正月料理は会津・中通り・浜通りの各地区により違います。会津地方の正月料理には「にしんの山椒漬け」が用意されます。中通りでは、刻みするめと刻みニンジンを一緒に漬け込んだ「いかにんじん」を用意します。浜通りではマダイの代りにホウボウの塩焼きを用意します。

- 茨城県：雑煮は澄まし汁仕立てで、切り餅(焼き餅)を使います。納豆餅や塩引き餅(塩サケ)を使う家庭もあります。具にはダイコン、ニンジン、サトイモ、シイタケ、青菜、鶏肉、かまぼこを入れます。

- 栃木県：正月は赤飯、豆腐の入った煮しめ、サケの塩引きの粕煮、大根ナマス、数の子、昆布巻き、きんぴら、白いんげんの「きんとん」を用意します。2日は白米のご飯を食べ、雑煮は正月三日が過ぎてから三度の食事の時に食べます。葛生町の正月は耳うどんを用意します。鬼の耳を想像しながら食べれば1年間何事も起こらないと伝えられています。須賀地方の農家では芋の串を用意します。

- 群馬県：雑煮は醤油仕立ての汁を用意します。具には椀いっぱいにダイコン、ニンジン、昆布、豆腐を盛りだくさんに入れます。大きめの角餅を椀に載せ、その上に削り節を載せます。

- 埼玉県：大晦日の晩は、白いご飯と丸干しサンマの焼き物を用意します。正月三日は、毎朝の食事はうどんを、昼は餅を焼いて食べます。夜の食事は、イワシ、煮しめを用意します。正月の祝い膳には、数の子、かす炒り、きんぴら、田作り、焼きイワシ、身欠きにしんの煮つけを用意します。

- 千葉県：匝瑳地域の正月料理で欠かせないのは海藻のツノマタの煮汁の固めたもので、「かいそう」または「けいそう」という料理があります。房総地方の沿岸に近い地域では、焼いたハバノリを雑煮に振りかけます。

下総地域の雑煮は、昆布だしの醤油味の汁に、具は鶏肉、ダイコン、ニンジン、サトイモ、ゴボウ、コンニャク、青菜を入れます。餅は切り餅です。
・東京都：古くから伝わっている「江戸雑煮」は、昆布・かつお節のだし汁を醤油・塩で味つけし、具には鶏肉、サトイモ、ニンジン、シイタケ、かまぼこ、小松菜などを入れます。縁起物として小エビも添えます。餅は焼いた角餅を使います。
・神奈川県：日本各地から移った人が多いので、雑煮の餅は角餅の他に、丸餅の家庭もあります。一般には、ダイコンは丸く厚く切り「おかんだ」といいます。「おかん」は「お神」の意味です。
・新潟県：村上地区の正月は、三面川で獲れるサケから作った塩引きや、サケの身を硬く干したサケの薄切りを酒に浸した「酒びたし」が用意されます。佐渡の両津湾では年越しブリ（寒ブリ）を使います。餅は角餅を使います。
・富山県：雑煮の餅は、関西圏の影響を受けた丸餅を使う地域と東北圏の影響を受けた角餅の地域があります。丸餅を使う山間地区では、ゼンマイ、豆腐、ネギなどの野菜類を多く使うのが特徴です。角餅を使う地域では、だし汁にイワシの摺り身かまぼこ、油揚げ、豆腐、ニンジンを加えます。
・石川県：京都の食文化の影響を受け、丸餅を使います。昆布で取っただし汁を使います。正月にはフナが欠かせず、尾頭つきのフナの白焼きか煮つけを用意します。フナを煮た後の煮汁で、ゴボウ、ニンジン、いものこ、コンニャク、結び昆布の煮物を作ります。ブリの焼き物、甘えびの刺身、タラの昆布締め、ズワイガニの酢の物、タラコの昆布巻き、紅白はんぺん、おたふく豆、栗の甘露煮、べろべろ（寒天と卵の料理）などが用意されます。
・福井県：関西の文化圏の影響を受けているので雑煮の餅は丸餅です。昔から、輪切りの青カブラなどに切れ目を入れて具を挟み、削りかつお節を載せた味噌味の雑煮を作ります。永平寺の影響を受けているためか質素な雑煮を作ります。
・山梨県：雑煮の餅は角餅で、焼かないで使います。具にはダイコン、ニンジン、サトイモ、糸昆布か青のりを使います。かつお節のダシ汁に醤

油仕立ての汁を使います。正月料理にはサトイモ、レンコン、ニンジンなどの煮しめ、きんぴらごぼう、ゆずダイコン、昆布巻き、かまぼこ、黒豆、数の子、ごまめ、羊羹などが用意されます。

- **長野県**：雑煮の餅は角餅で茹でてから使います。北陸の塩ブリが飛騨高山を経て長野へ運ばれ、この塩ブリを雑煮に入れます。具はダイコン、ニンジン、サトイモ、三つ葉で味噌仕立ての汁です。
- **岐阜県**：雑煮の餅は「てっき」といい、焚火のおき火で焼いた角餅が使われます。味つけにはたまり醤油を使います。正月料理にはにしんずし、野菜類の麹漬け、ダイコンのなます、白米、豆腐汁が用意されます。
- **静岡県**：雑煮の餅は、大井川の流域の一部は丸餅ですが、その他はほとんどが角餅です。雑煮の具は海岸に近い地域では京菜を使い、山間部ではサトイモを使います。中間部は小松菜を使います。大井川を境に東側は角餅を焼き、澄まし汁で、西側は焼かずにそのまま澄まし汁に入れて煮ます。富士山麓や北部山間では、雑煮でなく豆腐の田楽やとち餅で正月を過ごす家庭もあります。

 正月料理には、きんぴらごぼう、ダイコンなます、ブダイとダイコンの煮しめ、昆布入りの大豆の煮豆を用意します。伊豆地方では伊勢海老の味噌汁を用意します。
- **愛知県**：正月三日は雑煮と黒豆を食べます。雑煮のだし汁は昆布と削り節で取ります。餅は切り餅で焼かずにそのまま汁に入れます。重箱は四段重が多いようです。鶏肉やゴボウの煮しめ、黒豆、ブリの照り焼き、ナマコの酢の物、サケの新巻などが用意されます。
- **三重県**：雑煮に使う餅の形は、地域により違いが見られます。南勢志摩や伊賀では丸餅を、その他の地域では角餅を使う傾向にあります。ただし、伊賀の阿山町では丸餅を手のひらにのせて押して花弁状にした「花びら餅」を使います。汁については、北勢・伊賀北部・南勢・東紀州ではすまし汁、中勢・伊賀南部では味噌仕立ての傾向にあります。味噌は赤味噌を広く使っています。正月料理に欠かせないものとして干し柿をいれた「なます」があります。
- **滋賀県**：彦根地方の雑煮の具には「打ち豆」（ふやかした大豆を潰して練ったもの）、小餅、サトイモ、ニンジンを使います。湖南地方では尾頭つきの魚の焼き物、田作り、たたきごぼう、黒豆、コンニャクの煮し

めなども用意します。
- **京都府**：「京雑煮」は白味噌仕立てで、丸餅はそのまま汁に入れて煮ます。具は、アワビ、ナマコ、ダイコン、サトイモ、頭芋、昆布、開きごぼうなどを使い、甘めです。
- **大阪府**：雑煮のだし汁は昆布で取り、白味噌仕立てです。元旦は餅は丸餅です。正月二日は水菜と焼き餅を入れた澄まし汁です。正月三日は味噌仕立てで、具には精進のエビ、サトイモ、ニンジン、結び昆布、鏡ダイコンです。供え物には、マダイ(にらみ鯛)、伊勢海老なども用意します。商家のおせち料理は三段重が多いようです。
- **兵庫県**：中国・四国圏の影響を受けた澄まし汁と、近畿圏の影響を受けた白味噌仕立てがあります。元旦は、ダイコン、ネギを入れた味噌仕立ての雑煮を、正月二日は焼きアナゴ、油揚げ、ニンジン、なると(練り製品)、ネギを入れた澄まし汁の雑煮、正月三日は小豆雑煮が用意されます。商家の正月料理は五段重が多いようです。
- **奈良県**：雑煮は、ニンジン、ダイコン、サトイモなどを輪切りにして使います。また、四角の豆腐も使います。奈良の雑煮には「祝いダイコン」の名の輪切りにしたダイコンが欠かせません。輪切りにすることは家庭円満を意味しています。丸餅は1つの膳に5個用意します。1つは焼き、味噌仕立ての汁に入れます。
- **和歌山県**：紀ノ川流域の紀北地方の雑煮は味噌仕立ての汁で、丸餅を使い、具にダイコン、サトイモを入れます。小餅を入れるところもあります。正月用のすしは、紀北地方ではサバ、アジ、サワラの馴れずし、南の南紀ではさえらずし(サンマの馴れずし)が欠かせません。
- **島根県**：雑煮には、アユ雑煮、澄まし雑煮、小豆雑煮があります。餅の形は丸餅です。正月料理としては、数の子、田作り、黒豆、煮しめ(サトイモ、ゴボウ、ダイコン、コンニャク、かまぼこ)が使われます。
- **鳥取県**：小豆雑煮、澄まし汁雑煮、味噌雑煮の3種類があります。正月料理にはシイラの塩漬けで作るすしを作ります。出雲地方では塩漬けしたヒイラギの小魚と新米で作るすしが欠かせません。
- **岡山県**：吉備地区では、ブリの刺身、サメの刺身、数の子、するめ、コンブ、黒豆、煮しめ、菜花の豆腐との和え物が用意されます。雑煮の餅は丸餅です。

- 広島県：雑煮の汁は醤油の澄まし汁で、餅は湯煮した丸餅を使います。備後にははまぐり雑煮、備南から芸南東部にかけてアナゴ雑煮、山陰の出雲で採れる十六島海苔(岩のり)を使った雑煮、太田川流域のアユ雑煮などがあります。
- 山口県：山口県一帯にはカブ雑煮が伝わっています。カブ雑煮はカブとその他の野菜を入れた雑煮です。だしの材料はいりこ、かつお節を使うところが多く、餅は丸餅が使われます。
- 徳島県：雑煮は丸餅の味噌仕立てです。具には、ニンジン、サトイモ、青菜、笹がきごぼう、豆腐を使います。正月料理には、煮しめ、赤飯、マダイの塩焼きです。
- 香川県：白味噌仕立ての汁に餡餅を入れ、具にはダイコン、ニンジンを輪切りにして入れます。
- 愛媛県：南伊那地方では、サメの肉を水でさらして干し魚の雑煮に使います。澄まし汁で、具には、ニンジン、ゴボウ、ダイコン、ほうれん草を使います。新居浜には、丸ごとのサトイモを使った「餅なし雑煮」があります。
- 高知県：四国の雑煮は、通常丸餅を使いますが、土佐雑煮は角餅を使います。餅は焼かずに熱湯に入れて柔らかくします。具はサトイモ、水菜、白菜、ニンニクの葉、豆腐です。正月料理には数の子、黒豆、ダイコンや豆腐を使った煮しめが用意されます。
- 福岡県：雑煮の具は、塩ブリ、博多京菜、サトイモ、シイタケ、かまぼこが使われます。雑煮だしにはあごだし(トビウオの焼き干し)を使った澄まし汁を使います。筑前雑煮、博多雑煮、福岡雑煮などがあります。餅は丸餅で、焼いて使います。
- 佐賀県：雑煮はあごだし汁に淡口醤油を入れて味つけしています。餅は丸餅です。
- 長崎県：島原地方の雑煮は「島原雑煮」または「具雑煮」ともいわれています。たくさんの山海の珍味に丸餅を入れ、煮ながら食べます。長崎の正月料理には出世魚のブリの塩漬け、すなわち塩ブリが欠かせません。また、イワシを食べると、金が出るといわれ、イワシは焼かずに添えられるだけに使われます。野菜の煮しめ、クワイ、黒豆、田作り、ダイコンのなます、塩クジラ(脂身)の湯引きが用意されます。

- 熊本県：正月の祝い膳として羊羹、イワシ、梅干茶が用意されます。雑煮の餅は、丸餅です。具はサトイモ、エビ、京菜などが使われます。
- 大分県：元旦の雑煮はイリコだしを醤油で味つけし、餅(角餅のところと、丸餅のところがある)を入れ、具はしゃくし菜、かまぼこを使います。正月二日は、ぜんざいで餅は使いません。小麦粉で作った団子を入れます。
- 宮崎県：正月料理には、種のある干し柿、数の子、煮しめ、イワシの干物、甘辛く煮た干しだらなどが用意されます。高千穂地方の雑煮も丸餅を使います。具には豆腐や野菜類が多く使われています。
- 鹿児島県：奄美大島では豚を解体し、正月料理に使います。雑煮の餅は丸餅です。一の膳、二の膳、三の膳まで豚肉料理が用意されます。一方、種子島の正月料理は豆腐類、野菜類の揚げ物、カンパチの刺身、数の子、酢の物などが用意されます。商家の正月料理ではイノシシ肉を使います。
- 沖縄県：伝統的には門松を立てたり、鏡餅を用意することはありません。米料理、餅料理、コンブ料理、シークサワーの料理などが多いようです。かまぼこでは白蒲鉾、赤蒲鉾、カステラ蒲鉾を作ります。

Q9 春の年中行事にはどのような料理がありますか？

A9 春の年中行事は立春から始まりますが、立春の前に「節分」があり「豆撒き」が行われます。「節分」は冬の季語ですが、冬の節から春の節に移り、翌日の立春で寒が明けます。日本の豆撒きの風習は、室町時代に始まったと伝えられています。豆撒きには、春の陽気を迎える準備の意味が含まれています。それでは以下で具体的に春の行事と行事食を解説してみます。

解説 ・節分(2月3日)と立春(2月4日)：節分の夕暮れには、魔除けをし、無事に節が変わることを願って、ヒイラギの枝にイワシの頭をさして、枯れた豆殻と一緒に束ねて軒先や玄関におきます。イワシの頭の臭みが、魔除けになるというおまじない的発想によります。この風習から「イワシの頭も信心から」ということわざが生まれています。「節分」の日には「豆撒き」が行われます。豆撒きは、「鬼打ち豆」と称

して煎りたての大豆を撒きます。豆が鬼を追い払うのではなく、豆を撒いて「ばらばら」という豆の落ちる「音」に、鬼を追い払う効果があるといわれています。家の中に撒いた豆を自分の年齢の数だけ食べて、無病息災を願うのも豆撒きの風習の中に含まれています。この時期のイワシは、産卵のために沿岸に近づいてくるので、漁獲量も多く、安価で、産卵前で脂質含有量も多くなってきています。

「福茶」という「鬼打ち豆と梅干しを入れたお茶」を飲むと災厄から逃れることができるという習慣もあります。栃木県、群馬県、埼玉県の県境に近い地方の郷土料理で初午の日につくられる「しもつかれ」は、節分の豆とダイコンのおろし器の「鬼おろし」で粗くおろしたダイコンを使った料理です。「しもつかれ」は栃木県の郷土料理として紹介されることが多いですが、実際にはこの3県の県境近くでつくられます。

関西方面では「恵方巻き」といい太巻きのすしを食べる習慣があります。現在、関東地方のスーパーマーケットやコンビニエンスストア、もち帰りすし店が、立春になると消費者への販売促進を計画しています。食べる時は、その年の恵方に向かって、1本まるごとかぶりつくことから「丸かぶりずし」の別名もあります。

- お水取り(3月1日〜3月14日):奈良東大寺のお水取りのことで、奈良時代から続く修二会(旧暦2月1日から2月14日まで)へのお参りのことです。修行僧は1日の修行が終わると、童子(どうじ)が用意した「げちゃ(重湯のような茶粥)」を食べます。

- 稲荷神社の初午祭り(2月初めの午の日):稲荷大明神は、商売繁盛の神といわれています。本来は農業・穀物の神様であり「稲が成る」に由来します。「稲が成る」が「稲成り」になり、「たくさんの稲の荷物」で「稲荷」になったといわれています。稲荷と狐の結びつきは、農耕を司る御食津神(みけつかみ)を三狐神(けつかみ)に合わせたといわれています。関西では狐を「かつね」といい、油揚げの入ったうどんを「けつねうどん」と発音するところから、稲荷神社と油揚げを結び付けたと推定されています。油揚げにすし飯を詰めた「稲荷ずし」が用意されます。

- 雛祭り(3月3日):中国の五節句の1つで、節日に供える供御(くご)(召し上がりもの)を用意します。祭りは食べ物があって成立するので、祭りの食べ物は重要な要因となっているのです。「菱餅」は宮中の「歯固めの

儀式」に作る白い丸餅に小豆で色を染めたことにルーツがあるようです。菱餅(女性の意味)を重ねて煮ごぼう(男性の意味)を組み合わせ、子孫繁栄、五穀豊穣を祈る意味の菓子といわれています。

　ヨモギを入れた草餅の由来は、ヨモギは薬草で邪気を祓う意味があります。雛祭りに欠かせない「ちらしずし」または「五目ずし」は、おもてなしを意味する家庭的な雛のすしの意味として作られたものです。

　ハマグリの吸い物は、雛祭りに用意されます。この由来はハマグリのような二枚貝は姫を意味しています。二枚貝の貝殻は、両者がきちんと合うことから夫婦円満の意味に使われているのです。ハマグリのうま味成分はコハク酸やアミノ酸類なので、味噌汁の具に使うより澄まし汁の具に使ったほうがハマグリ本来のうま味と風味を味わうことができます。そのまま網焼きにし、貝殻が開いたところで熱々のハマグリの身を、貝に入っている海水の塩味で食べるのが、最も贅沢な食べ方とも思われます。

　「雛あられ」については、次のような伝説があります。昔、「ひなの国見せ」という「雛人形をもって野山や海へ出かけ、お雛様に春の景色を見せる風習」があったそうです。その時のお菓子として「ひなあられ」をもって行ったそうです。ひなあられは、菱餅と同じように白・赤・緑の3つの色をつけます。菱餅と同様に、白色は「大地のエネルギーや子孫繁栄」、赤(桃)色は「生命のエネルギーまたは魔除け」、緑色は「木々のエネルギーまたは萌える大地」の意味としてつけられています。

- 春の彼岸(春分の日)：春の彼岸は春の陽気のスタートを感じます。おはぎや草餅を作り仏に供えます。彼岸料理は、本来は精進料理が中心となります。
- 花見(3月下旬〜4月上旬)：桜の花を見ることは「桜狩り」「観桜」ともいわれています。各自、自慢の料理をもち寄って食べ、飲みながら、参加した人たちの間でコミュニケーションを図るのが目的です。なお、お花見の弁当といえば重箱弁当が好まれます。
- バレンタインデー／ホワイトデー：女性が男性に贈り物をするバレンタインデーに対して、男性が女性に贈り物をする日がホワイトデーです。バレンタインデーにチョコレートを贈る習慣を仕掛けたのが、チョコレートメーカーで、ホワイトデーに飴やクッキーを贈るのも菓子メーカーの仕掛けです。

Q10 夏の行事にはどのような料理を作りますか？

A10 初夏になると、井戸水の中で冷やした夏野菜のおいしさは、電気冷蔵庫で冷やした野菜に比べて一段とおいしかったことを思い出します。夏の行事は、新年や春に比べて派手なところは見られませんが、夏の行事には夏に合う季節の食べ物のおいしさが発見でき、夏は夏の魅力を感じます。それでは以下で具体的に夏の行事と行事食を解説してみます。

解説 ・端午の節句（5月5日）：5月5日の節会は、平安時代から盛大に行われていたようです。5月5日が「端午の節句」という意味は次のように伝えられています。「端」は「初」の意味であり、「午」は「五」に通じるということです。「五月五日は「五」が重なることから「重五の節句」ともいわれています。中国では五の重なるこの日は、物忌み嫌われる日とされ、さわやかな芳香のある菖蒲やヨモギを使って邪気を祓い、毒虫が家に入らぬための祓いの日だったそうです。そこで「菖蒲の節句」ともいわれていたことから、菖蒲湯に入る習慣が生まれたようです。

端午の節句の主役に粽と柏餅を作る由来は、「屈原という王族が川へ身投げした時に、姉が餅を川へ投げた」という中国の故事にあると伝えられています。これ以来、屈原の供養の食べ物として粽を作ったものと伝えられています。「粽（ちまき）」にはうるち米とうるち米粉の中に麴と黒砂糖を入れた「外郎粽（ういろうちまき）」、小豆の入った「羊羹粽」、越後の「笹粽」、鹿児島の「灰汁（あく）粽」などがあり、現在は、季節の菓子として提供されています。「柏餅」は、柏の若い芽がでないと、古い葉が落ちないところから、後継ぎが絶えないように（すなわち子孫繁栄のために）柏餅を食べるといういい伝えにより、うるち米の粉を水で練り蒸した後、小豆や味噌の餡を包み、さらに柏の葉で包み、再び蒸して作ります。今は、柏餅も季節の和菓子となっています。

・氷室の節句（旧暦6月1日）と夏越の祓い（旧暦6月晦日（みそか））：現在は、製氷は家庭では電気冷蔵庫、営業用には製氷機で容易にできますが、かつては冬に湖や池などの天然氷や山の雪を固めて、地下や横穴に貯蔵しました。この貯蔵場所を「氷室（ひむろ）」といいます。旧暦6月1日を「氷室の節句」

として、氷を朝廷や幕府に献上する習わしがありました。現在のように何時でも、何処でも手に入れることのできる時代とは違い、氷は貴重品でありました。これが、一般に広がると、一般の人にとっても夏越の体力を養い、無病息災を祈って氷餅や三角形の氷片の形に似せた「水無月」という和菓子を贈答用に使ったのでした。夏は各地で夏祭りがあります。この目的は「夏越の祓い」で、各神社の神事でありました。

　6月晦日の夏越は、夏の疫病、田畑の虫害、風水害などに関わる疫神を鎮め、お祓いが行われます。東京・浅草の三社祭り、赤坂の山王祭り、神田明神の祭りなどがあります。夏祭りと食べ物の関係は、京都の祇園祭にはハモ料理、サバの棒ずしを作ります。岸和田のだんじり祭り（9月中旬）にはワタリガニの料理を、福岡の小倉祇園太鼓祭りには生湯葉の煮つけ、佐賀の唐津くんち祭りにはマダイの姿焼きやサザエのつぼ焼きなどが用意されます。

- **七夕（7月7日）**：旧暦7月7日の夜、天の川の両岸にいる牽牛星と織女星とが白鳥座の近くにいるカササギの媒介で1年に一度会うという伝説に由来する行事です。七夕には、素麺がつきものです。そのいわれは、次のように伝わっています。中国の伝説上の五帝の子どもが7月7日に水死し、霊魂となって現れ、人々に病害を流行らせたので、子どもの好物であった索餅を作って供えたところ病害が収まったという伝説です。索餅は麺類の原型で素麺と関係づけられました。7月7日に素麺か冷麦のようなめん類を食べると病気にかからないという伝説が日本に伝わったことから、日本の七夕は旧暦の七夕とは日付が異なりますが、伝説は受け継がれているわけです。

- **夏の土用（立秋の直前の18日間）**：土用は立春・立夏・立秋・立冬それぞれの直前18日間をさしますが、夏の土用が最も注目されています。その理由は、1年中で最も暑い時期に当たり、体力が弱ることが多いためと思われます。夏の土用の丑の日は、鰻（ウナギ）を食べる風習があります。体力の消耗しやすい時期なので、多くの人が暑気払いとして体力をつけることを口実に、栄養成分の豊富な鰻の蒲焼を食べます。土用の丑の日にウナギを食べるようになったのは、江戸時代の博学者平賀源内が、鰻屋に商売繁盛の秘策を頼まれた時、「今日は土用の丑の日」というのぼりを立てたところ、たくさんの客が集まったことから、「土用の

丑の日は鰻を食べる」ようになったとの話が残っています。

Q11 秋の行事食にはどのようなものがありますか？

A11 秋は、米やソバなどの穀類の収穫時期であり、サンマや戻りガツオ、サケなど魚介類のおいしい時期なので、五穀豊穣や大漁を祈願する秋祭りが日本各地で行われます。それでは以下で具体的に秋の行事と行事食を解説してみます。

解説
・盆（旧7月15日、現在は8月15日が多い）:「盂蘭盆」「盂蘭盆会」の略称で、仏教では祭りの日です。本来は旧暦の7月15日なのですが、今では新暦の7月15日に盆の行事をする地方と、1か月遅れの8月15日に盆の行事をする地方があります。盆には、その家の仏の精霊を迎えるために、その年の初物、蓮の実、青い（正確には緑～黄緑）リンゴ、ブドウ、素麺、おはぎを仏壇に供えます。また、仏壇や玄関の外にナスやキュウリに、かつては苧殻（皮を剥いた麻の茎）で足をつけ、今は割り箸で足をつけて牛馬に見立てた乗り物、道案内の提灯になる「ほおずき」を供えます。いろいろな食べ物を供え、祖先の精が食べ物に不自由しなよいうに、祖先の冥福を祈ります。苧殻も適当に切って、玄関の外で燃やして、精霊を迎える明かりにもします。

盆の時の料理は、精進料理を用意します。刺身の代りにゴマ豆腐、インゲンの胡麻味噌和え、ナスのシギ焼き（シギ焼きナス）、煮しめ、新さつまいも・新タマネギ・新ゴボウ・桜えびのかき揚げなどを用意します。精霊を迎えるのには初物を用意する風習があるので、野菜類は「新」ものを使います。盆は、一年の中の農事の大事な目安になる日です。たとえば、寒冷地の信州での盆は、秋野菜の種まきに適した季節なのです。

・中秋の名月（旧暦8月15日）:旧暦では、7～9月が秋で、その真中、すなわち最中に当たる8月を中秋といいます。月の運行によって作られている旧暦では、8月15日は「中秋の名月」「十五夜」といわれています。中国では「中秋節」といい、月餅を供え観月の宴を開きます。『延喜式』によれば、「観月の宴」と称して平安貴族が風流を競っていました。江

戸時代には農耕の神事と結びつけ、名月に供えるものや形が明らかになりました。宮中の行事には盛りつけは「七五三」の順であり、これを足すと十五になることから、「十五夜の月」は望ある月と解釈していました。中秋の名月には、収穫したばかりのサトイモ、サツマイモ、枝豆、栗、ブドウなどを供えます。秋に収穫できた感謝の意味で、これらを供えるので「芋名月」の別名もあります。

　秋の七草の萩・尾花・葛・女郎花・藤袴・桔梗・撫子は、神が月から降りる目安になるように、萩は高く、全体が五七調になるように調えたいけばな様にします。葛の根からはデンプンが調製できるので、食べ物としても重要な植物となっています。昔は庭先に向けて、縁側に月見団子を供えたものでした。集合住宅が増え、庭のある家も少なくなり、縁側のある家が建築されない現在では、月見団子を供える場所のない家庭が多くなっています。

- 重陽の節句（9月9日）：五節句の1つで、九月九日と九が重なることから、重九、重陽節といわれます。1年の五節句の中の最後の節句です。この日は菊も供えるので、「菊の節句」ともいいます。古くから、菊は不老不死の霊山、蓬莱の仙境に咲く花で長寿の妙薬とされ、菊の花を浮かべて菊酒を飲んだそうです。宮中では菊酒を飲み、漢詩を詠むなどの風雅な宴を開いたそうです。昔、前の日に菊の花に綿をかぶせて菊の香りや菊のエキスを浸みこませた綿で、からだを拭くと長生きするといわれていたことがあったそうです。

　菊は「菊なます」という酢の物で食べる地域もあり、料理として提供する店もあります。山形や青森では食用菊を栽培し、商品として市販しています。カブを菊に見立てて、切り目を入れて菊のような模様にした「万寿菊あんかけ料理」、豆腐に切れ目を入れて菊のような模様にした「菊豆腐の澄まし汁」などが用意されます。

- 秋の彼岸（秋分の日、9月23日前後7日間）：彼岸は墓参りと「おはぎ」がつきものです。おはぎのもち米は、半搗きにするので「半殺し」、柔らかいから「やわやわ」の別名もあります。「ぼた餅」の名もあります。この名の由来は、ぼってりと大きなおはぎであることにあります。または、牡丹の花にたとえ、丸く大きめに作るので「牡丹餅」の名があるとか、萩に似て細長く作ったのが「お萩」の名の由来といわれています。

・ボジョレー・ヌーヴォ(11月第3木曜日)：日本の行事とは無関係ですが、11月の第3木曜日は、フランスのブルゴーニュ地方のボジョレー地域のブドウ(ガメイ種)で造るワイン(新酒)の解禁日です。フルーティーなワインであることが特徴のようです。

Q12 冬の行事にはどのような和食がありますか？

A12 冬は、冬至に始まり、12月の締めくくりの月すなわち師走で終わります。師走は当て字で正確な語源は明らかでありませんが、諸説があります。「師走」に近い語源は、古くから伝わっている「師馳す」に由来するといわれています。その他、「年が果てる」の意味の「年果つ(としはつ)」が変化したとする説、「四季の果てる月」を意味する「四極(しはつ)」とする説、1年の最後になし終える」の意味の「為果(しはつ)」からという説などがあります。それでは以下で具体的に冬の行事と行事食を解説してみます。

解説
・**冬至**：昼間の時間が最も短い日で、夏至から日の時間が短くなり始め、秋分の日に昼と夜の時間が同じになり、冬至を境に再び日の時間が長くなります。このことから「一陽来復」ともいわれます。冬至には無病息災を願い、ユズ湯に入り、小豆粥やカボチャを食べます。ユズ湯はその香りは邪気を祓う効果が期待されていました。ユズには、ヒビ、アカギレに効き、風邪を防ぐ効果も期待されています。カボチャを食べる理由には、諸説がありますが、野菜類の少ない冬にはビタミン類の重要な供給源となっています。小豆粥を食べることは、小豆に含まれるビタミンB1や皮に含まれるアントシアン系の色素の機能性を経験から知っていたのかもしれません。西洋の11月の行事のハロウィーンでもカボチャが使われます。冬の栄養補給と関係しているとも思われます。

・**お歳暮**：「お歳暮」は1年の締めくくりの意味で、日頃世話になっている人に感謝を表したり、かつて世話になった人への無沙汰の挨拶を形に表したもので、古くから続いている習わしです。今では、百貨店指導の贈り物リストを利用する場合が多くなりましたが、自分の地元の名産品

やふるさと便を利用する人も多くなりました。古くは、年越し用の塩ザケ(塩引き、新巻)、するめ、数の子、塩ブリなど塩蔵品や干物の魚介類でした。これらの塩蔵品や干物の魚介類は、祖先の霊に供えた「御魂祭り」のなごりとされています。お歳暮のお返しとしては、日常品を贈ることが多いようです。お歳暮に百貨店が仲介した「おせち料理」や料理店自慢の「おせち料理」を贈る傾向もみられます。最近は宅配便を利用して送られることが多くなりましたが、本来は持参して挨拶の言葉とともに渡すものです。宅配というシステムを利用する場合は、簡単な挨拶が添えられていれば心が伝わると思うのですが……。

- **大晦日と年越し**：1年の最終日の12月31日を「大晦日」「大つごもり」といいます。夜になると年の境目ということで正月の準備を終わらせてしまいます。かつては、各家庭に神棚があり、神棚にお供えをして、眠らずに年神様を迎え、そこで寝てしまうと、早く老けるとか白髪になるとかいわれたものです。そのためか、NHKの紅白歌合戦を楽しむ家族や、夜中から初詣に出かける人が多くなったと思います。

大晦日に「年越しそば」を食べる風習は、江戸時代中期から始まったようです。江戸時代後期には地方でも食べるようになったようです。ルーツは、鎌倉時代に中国から博多に来ていた貿易商が、年の瀬に貧しい人たちに「そばがき餅」をふるまったところ、商人の運が向いてきたのをきっかけに始まったと伝えられています。

江戸時代の人々がソバを食べるようになった理由は、「そばは長いので身長や寿命が伸びるとか、そばは新陳代謝をよくし体内を清浄にすると信じられたこと」があります。そば切り(麺)を食べる前はそばがきやそば餅に味噌をつけて食べていました。江戸時代初期になって麺状のそばができあがり、江戸時代中期に醤油が普及してから、現在のようなそばの食べ方になりました。

大晦日に用意する料理は地方によってもいろいろあります。大分県の臼杵では「黄飯汁」を用意します。カマスなどを焼いて身をほぐし、ダイコン、ゴボウ、ニンジンなどの細切りと一緒にごま油で軽く炒め、だし汁で煮込み、さらに豆腐をくずして入れ、調味し薬味を加えて食べるものです。長野県では、「年越し膳」といい、尾頭つきの魚がついた料理が用意されます。

香川県では、「年越しうどん」を食べますが、年越しそばに対応して、最近考えられた行事のようです。年越しうどんに対応して、さぬきうどん振興協議会は「年明けうどん」を麺食行事の普及を目的として提唱しています。日本の正月に伝わる食文化とは異なるもので、麺類の業界への経済的貢献として提案されたものです。

Q13　魚の旬はどのようにして決まるのですか？

A13　旬とは、魚だけでなく野菜や果物などの味が最もよくなる出盛りの時期を指します。食べ物の旬には季節感がありましたが、最近のように、魚では養殖漁が出回り、日本とは季節が反対の南半球の海域で漁獲されたものが冷蔵またはチルド、冷凍で日本に運ばれてくるものがあり、魚の出盛り期間と旬との関係を区別しにくいものが多くなりました。野菜や果物の場合も、品種改良、ハウス栽培や輸入野菜・果物が多くなり、野菜や果物の旬と季節の一致しないものが多くなりました。

解説　旬の魚は格別においしいと評価されますが、これまで、多くの魚の旬といわれる時期は、日本の沿岸に近づいてきた時期と産卵期が近づいている魚が多いのです。魚は産卵期に向かって体内に脂質やその他の栄養成分を多量に蓄えます。産卵期には、ほとんどの栄養成分を卵のほうに移すので、卵の栄養成分は質も量も十分に存在します。しかし、産卵の終わった親魚の体内の栄養成分は減少してしまい、食べても食感が悪く、うま味もなくなっています。サケの場合は、遡上した河川で産卵すると一生が終わってしまうものもあります。アユも年魚といわれるように、1年の命で、抱卵し、産卵し、一生が終わる魚もあります。

　魚のうま味は脂質含有量と関係が深く、旬の時期の魚の脂質含有量が増えている時期です。魚の場合は脂質含有量との関係からおいしさを評価できますが、貝類やイカ・タコ類の場合はうま味成分のアミノ酸や糖質の含有量がうま味の評価の目安となります。

旬の魚介類の例

季 節	旬の魚介類
春	サヨリ、タチウオ、ニシン、ハマグリなど
春～夏	アイナメ、イサキ、キビナゴ、ヒラマサ、シャコ
夏	アユ、キス、マアナゴ、エゾバフンウニ、クロアワビ、マホヤ
夏～秋	マアジ、カマス、サケ（シロザケ）、クルマエビ、ケガニ
秋	サンマ、シシャモ、イセエビ、スルメイカ
秋～冬	アカアマダイ、クロマグロ、マコガレイ、マサバ、メバル、ズワイガニ
冬	アンコウ、カサゴ、ヒラメ、マダラ、タラバガニ、マガキ、マナマコ、トラフグ
冬～春	キンメダイ、サワラ、マダイ、トコブシ、ホタテガイ

出典：高橋素子著・成瀬宇平監修『Q&A 食べる魚の全疑問』講談社 ブルーバックス、2003 年

主な魚料理と魚介類

魚料理	魚介類
刺 身	マグロ類、カツオ、マダイ、スズキ、マアジ、サンマ、トラフグ、ヒラメ、カレイ類
焼き魚	サンマ、サバ、サケ、アジ、アユ、ギンダラ、干物
煮 魚	キンメダイ、カレイ、ドンコ、ギンダラ
揚げる	カレイ類、アジ類、サバ
蒸 す	マダイ、エボダイ、サフラ

Q14 野菜の旬はどのようにして決まるのですか？

A14 一般に、野菜の旬は、味が最もよくなる出盛りの期間をいいます。近年のように品種改良が進歩し、栽培法もハウス栽培や水耕栽培など人為的に栽培条件を設定できるようになったため、ほとんどの野菜が周年入手できる時代となり、野菜の出盛り期間と季節感が一致しなくなってきています。

解説 野菜と季節感の結びつきを見つけるならば、地産地消を大切にしている地域の野菜であると思います。また、地域のブランド野菜が注目されてきているので、その中の本当の野菜の旬を見つけることと思われます。近年、都会のスーパーマーケットでも生産地の表示されている野菜が多くなりました。消費者自らの経験から、野菜の旬―季節―生産地を結びつけることも賢い消費者といえるかもしれません。

野菜の種類によっては、旬(おいしい時期)が栽培地によって異なることが多いので、その具体的な例をいくつか紹介します。

主な野菜の旬と、その栽培地の例

野　菜	旬	栽培地
カボチャ	5～9月	宮崎、千葉、神奈川
サヤエンドウ	4～9月	鹿児島、和歌山
キュウリ		
冬春キュウリ	5～8月	宮崎、群馬、埼玉
夏秋キュウリ	5～8月	群馬、岩手
トマト		
冬春トマト	6～9月	熊本、茨城、栃木
夏秋トマト	6～9月	北海道、茨城
ナス		
冬春ナス	6～9月	高知、熊本、福岡
夏秋ナス	6～9月	茨城、栃木、群馬
ダイコン		
秋冬ダイコン	11～3月	宮崎、千葉、神奈川
夏ダイコン	7～8月	北海道
カブ	3～6月、10～12月	千葉、埼玉、青森
ニンジン		
春夏ニンジン	4～7月	千葉、徳島、愛知
冬ニンジン	11～12月	千葉、茨城、愛知
タマネギ		

3章 季節ごとの和食Q&A　73

新タマネギ	4〜6月	北海道、佐賀、兵庫
ジャガイモ		
新じゃがいも	5〜6月	北海道（春植え）、長崎（秋植え）
サツマイモ	9〜11月	鹿児島、茨城、千葉
キャベツ		
春キャベツ	3〜5月	千葉、神奈川、茨城
夏キャベツ	7〜8月	群馬、長野
白菜	11〜3月	茨城、長野（春白菜）、長野（夏白菜）、茨城、愛知（秋冬白菜）
ほうれん草	11〜3月	千葉、埼玉、群馬、茨城（夏物：北海道）
ネギ	11〜2月	千葉、茨城（春ネギ）、茨城（夏ネギ）、埼玉、群馬、茨城（秋ネギ）

Q15 和食に使われる季節を表す代表的な食材にはどのようなものがありますか？

A15 日本料理の特徴は、「四季を味わう料理」ともいわれているように、春夏秋冬の各季節に出回る旬の魚介類や、野菜類を食材として使い、季節感を表現した料理が提供されます。

解説 ①**春の食材**：春には、冬の寒さを乗り越えた動物は活動を始め、植物は芽を吹き出します。その力強い自然の生命力が春の食材にも表れていて、春の食材を活かした日本料理には春らしい若々しさと華やかさが多く見られます。代表的な春の食材には次のようなものがあります。

・魚介類：マダイ、アオヤギ、アカガイ、イイダコ、ウニ、サザエ、サヨリ、サワラ、シロウオ（ハゼ科）、ニシン、ホタテガイ、マス、ミルガイ、ハマグリ、トコブシなど。ただし、ホタテガイ、マスなどは養殖ものもあり、季節感の感じないものもあります。

・野菜・山菜類：インゲンマメ、ウド、オカヒジキ、木の芽、コゴミ、ショウガ（谷中ショウガ）、ソラマメ、タケノコ、タデ、ツクシ、菜の花、ノビル、ハマボウフウ、フキ、フキノトウ、三つ葉、嫁菜、ワラビなど。

②夏の食材：日本料理では、青葉のころにはカツオ、川魚としてはアユを食べないと夏の料理を食べたように思わないほど、季節と食材のつながりを密接に感じています。夏の食材には次のようなものがあげられます。
・魚介類：アイナメ、マアジ、アナゴ、アユ、アワビ、スルメイカ、カツオ、イシガレイ、マコガレイ、キス、クルマエビ、コチ、ゴリ、スズキ、ドジョウ、ハモ、マダコなど。
・野菜・果実・山菜類：アンズ、エダマメ(ダダチャマメ)、オクラ、カボス、サクランボウ、シソ、ジュンサイ、スイカ、スダチ、タマネギ、つる菜、トウガン、ナス、トマト、ピーマン、ハチク(淡竹)、ミョウガ、枇杷など。

③秋の食材：秋は穀物や野菜、果実類の収穫期であり、脂の乗った魚類が日本の近海を回遊する季節です。「嫁に食わすな……」といわれるおいしい食材も多く収穫され、水揚げされます。回遊魚については、地球温暖化の影響によるらしく回流が変わり、漁獲される魚種にもかつてとは違うものもあるようです。秋の食材には次のようなものがあげられます。
・魚介類：イワシ、サケ類、サンマ、カマス、コノシロ、伊勢海老、サバなど。
・穀類・野菜・果実・イモ類：米、ソバ、エノキダケ、柿、梨、ギンナン、クリ、サツマイモ、シメジ、マツタケ、春菊、食用菊、ズイキ、トンブリ、ニンジン、ムカゴ、山芋、ユリ根、レンコン、ブドウなど。

④冬の食材：冬には根菜類や青菜、脂の乗った魚介類や底生魚が目立ちます。冬の食材としては、次のようなものがあげられます。
・魚介類：ブリ、マグロ、タラ、アマダイ、アンコウ、カキ(牡蠣)、ズワイガニ、タラバガニ、シジミ、ナマコ、ヒラメ、トラフグ、ボラ、マナガツオ、ワカサギなど。
・野菜・果実類：ほうれん草、水菜、カブ、ゴボウ、ダイコン、レタス、サラダ菜、ネギ、白菜、ハスイモ、温州みかん、イチゴなど。

4章 家庭で作る和食 Q&A

Q1 お米は研ぐもの? それとも洗うもの?

A1 以前は「研ぐ」といわれていましたが、今は「洗う」といわれています。

解説 「研ぐ」も「洗う」もお米をきれいにすることが目的です。昔は精米道具の精度もよくなかったため糠落ちが悪く、炊き上がったご飯の味もよくなく日もちもしなかったので、なるべく糠をよく取り除くことが必要でした。しかも、糠は油分を多く含むので、水で洗ったくらいではなかなか落ちません。そこで米どうしをこすりつけて磨くことで糠を取り除く「研ぐ」という作業をしていました。また、米の流通も発達しておらず、収穫・精米してから時間もたってしまうため米に糠臭さが移り、ごしごしと研がないと糠臭のあるご飯になってしまいました。

現在、精米として販売されているものは精度の高い精米機にかけたのち、エアシャワーなどに当て、糠を吹き飛ばす作業をしていますので、ほとんど糠はありません。そのため、周りの汚れなどを落とすためにさっと「洗う」ことだけで十分といわれるようになりました。

また、玄米を購入し、家庭用の小型精米機で精米した場合などは、糠が残っている場合があるので研ぐほうがよいでしょう。「研ぐ」も「洗う」も1回目の水洗いが大切。米は乾物なので最初の水を一気に吸水します。できればその水はミネラルウォーターや浄水器にかけた水がお勧めです。そして周りの汚れや糠臭さが米に移らないよう最初の水洗いはなるべくすばやく行い、水を捨てます。「研ぐ」場合はその後、米どうしをこすりつけるようにし、水洗いを繰り返します。「洗う」場合は水の中で米どうしの摩擦がおこらないように静かに水洗いをします。また「研ぎ」過ぎ「洗い」過ぎは最もおいしいとされている糊粉層が取り除かれてしまうので、

お米のおいしさを保つためにも、軽く洗う程度で留めておくようにしておいたほうがよいようです。しかも、「研ぎ」過ぎると米の粒が壊れたり、つぶれたりします。すると、そこからでんぷんが流れ出し、粘りが出てしまいふっくらしたごはんになりません。「白濁した水がなくなるまで研ぐ」のは昔の話です。

鍋でご飯を炊く場合の水加減はどのくらいですか？

A2 米と同量の体積です。

解説 ご飯は炊飯器でしか炊けないと思っている人が多いのに驚きますが、実は鍋のほうが早く炊けますし、しかもコツがわかればおいしくできます。炊飯器は水加減の目盛りがあるので、水量など考えたこともないという人も少なくありません。米は乾燥野菜のようなものなので、鍋炊きでふっくらご飯を炊くには、洗い米を浸漬してしっかりと米に水を吸わせることが大事です。水の温度や室内の温度により多少変わりますが、目安としては夏場30分間・冬場1時間で、米全体は白くなれば吸水完了です。

吸水した米をザルなどにあけ、しっかりと水気を切り、カップなどで体積を計りながら鍋に移し、その米と同量の水を入れます。鍋の中に水を入れたら、炊く前に米が平らになるようにさっと混ぜます。鍋を中火にかけ、鍋の水が沸騰すれば吹きこぼれない程度の火加減にし、そのまま10分間炊きます。水蒸気が出きって弱い湯気になり、鍋底からパチパチと米がはぜる音が聞こえればご飯の中にたまった蒸気を出すために10秒間ほど強火にし、火を止めガスコンロから外します。(炊く米の量が少ない場合や、鍋の種類などによっては、初めの沸騰がわかりにくいことがありますから、注意が必要です。)

コンロから外した鍋とふたの間にキッチンペーパーなどをはさみ、ふたの蒸気が炊けたご飯の上に落ちないようにしながら10分間「蒸らし」ます。ご飯は蒸らして初めて芯までふっくらおいしくなります。蒸らし終えたら、

しゃもじでさっくりと混ぜて中の水分を飛ばします。

　鍋の種類はいろいろありますが、同じ水加減でも土鍋が一番柔らかく、もっちり仕上がります。両手のアルミ鍋は炊飯器に近い仕上がりになり、行平鍋をアルミ箔でふたをして炊いた場合は、あっさりと仕上がります。

 味噌汁の味噌はなぜ最後に入れるのですか？

 味噌の独特の香りを味わうためです。

　解説　味噌汁は煮えばながおいしいといわれていますが、ぐらぐら沸騰させてはいけません。味噌汁だけでなく、汁物自体沸騰させてはいけません。それはだし汁が煮詰まり、嫌な香りが出てくるからです。味噌を入れる前でも具材に火が通ればよいので、ぐらぐらと煮る必要がないのです。煮えばながおいしいということは、味噌の風味が90℃以上になると最も強くなることに関係しています。

　味噌の香りは長時間加熱すると抜けてしまいますし、65℃を超えるとうま味の成分が出なくなってしまうのです。具材が煮えたら、だし汁で溶いた味噌を入れましょう。そのままの味噌を入れると味噌が均一に広がるのに時間がかかり、溶けた味噌に長い時間熱がかかり風味がなくなってしまうのと、味噌の塊が残り、味もバラバラになってしまうのです。そのため、決してそのまま味噌を入れないようにします。

　タイミングは、だしの表面がゆらゆらする程度の温度で具材を煮込み、具に火が通ったら一度火を止めます。そこでだし汁で溶いた味噌を溶き入れ、味噌汁の表面がグラッとゆれたら火を止めることです。この煮立ち始めが「煮ばな」といわれる瞬間です。

　また、「味噌汁は作りたてが一番」といわれるのは、長時間加熱したり、何度も煮返したり、作ってから時間の経過したものは、味噌汁のうま味と舌触り（なめらかさ）に関係する不溶性物質（大豆や米の粒）が、上澄み液と分離してしまい、風味が落ちるからです。粒味噌は、あらかじめすり鉢でするか、味噌こし器でこしながら入れるのも、不溶生物質の粒子を細か

くして、分離する時間を遅らせるためなのです。

　味噌汁は冷めてつめたくなると塩味が強調されてしまい、味噌の風味も感じられなくなってしまいます。味噌汁でちょうどよい温度はおおよそ62〜70℃で、おいしくいただける温度といえます。毎日のように作る味噌汁を温度計で測るわけにはいきませんが、目安として示しておきます。味噌汁が100℃で沸騰するとして、でき上がりの沸騰直前は95℃くらいです。この時火を止め、お玉で味噌汁をすくって汁椀によそう工程だけで10℃は温度が下がります。汁椀に入れてから1分間で75℃まで下がりますので、だいたい味噌汁をよそってから1〜3分以内が一番おいしくいただけるタイミングです。家族が食卓についてから味噌汁をよそうくらいがちょうどよいかもしれません。

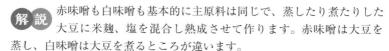

 赤味噌、白味噌など味噌の違いは何ですか？

 主に作り方と発酵に関わる化学反応の違いです。

解説　赤味噌も白味噌も基本的に主原料は同じで、蒸したり煮たりした大豆に米麹、塩を混合し熟成させて作ります。赤味噌は大豆を蒸し、白味噌は大豆を煮るところが違います。

　色の違いは、発酵に際して起こる「メイラード反応」が原因です。「メイラード反応」は別名アミノカルボニル反応といい、原料である大豆などのアミノ酸が糖と反応して褐色に変化する現象です。蒸した大豆の中にはアミノ酸がたくさん残っており、タンパク質が熱変性して酵素により分解が促進されるため、濃い赤味噌になります。

　一方、大豆の浸水時間を短くし、大豆を蒸さずに煮てしまうと茹で汁にアミノ酸が流出し、アミノ酸の含有量が少ない大豆を熱いうちに米麹と塩を混合して桶に詰め、品温が急激に変化しないように保温して1〜2週間熟成すると、熟成の際のメイラード反応が抑えられ、色が淡い白味噌になります。また、味噌の色は、大豆の量や麹の量にも左右されます。大豆の量が多ければ色が濃くなり、麹の量が多ければ反対に白くなります。他に

も、淡色に仕上げるために、原料の大豆は大粒の脱皮したものを用い、麹も着色の少ないものを選びます。また米も精米の際、赤味噌よりも精白度を高くして、糠などの着色物質をできるだけ少なくします。

　赤味噌は長期熟成（1年以上）のため辛口が多く、濃厚なうま味があり、仙台味噌、信州味噌などがあります。メイラード反応で作られる褐色物質はメラノイジンといい、強い抗酸化作用があり、活性酸素を除去する他、腸内を刺激して代謝をアップさせます。赤味噌では、発酵によって性質が変化したイソフラボンや、コレステロールを下げる「サポニン」も、発酵によって吸収されやすくなっているのも特長です。白味噌は短期熟成なので、甘みもあり、含まれる「GABA」は脳の興奮を抑える神経伝達物質です。イライラや不眠を和らげ、ストレス軽減やリラックス効果があります。また、米麹で作られたものが米味噌、麦麹なら麦味噌、豆麹なら豆味噌になります。米味噌より麦味噌のほうがさっぱりしており、豆味噌のほうが熟成に時間がかかるためメラノイジンの量も多く含まれ、しっかりとした味わいがあります。

　なお、赤味噌と混同されやすいものに、「赤だし」があります。赤だしはもともと豆味噌の味噌汁のことでしたが、最近では豆味噌を主体にして、これに米味噌を混合し、甘味料や調味料を加えた調合味噌の商品名になっています。

肉じゃがの肉は牛肉？　それとも豚肉？

A5 西は牛肉、東は豚肉。でも食文化的には牛肉です。

解説　肉じゃがは、もともと海軍大将となる東郷平八郎が英国に留学時代に出会ったビーフシチューを気に入り、帰国後の艦上食として作らせたのが始まりという説が多く見られます。

　ビーフシチューがなぜ肉じゃがになったかというと、ワインもデミグラスソースもない艦上で、ビーフシチューを見たことも食べたこともない料理長が、船にある調味料を使用し、話だけを聞いて試行錯誤して、できあ

がったのが「肉じゃが」といわれています。

　肉じゃがだけでなく、カレーも西日本が牛肉、東日本が豚肉になっています。肉じゃがもカレーも途中までは作り方が一緒なので、身近な肉が使われたのでしょう。福井県・滋賀県・三重県以西の地方では豚肉より牛肉の購入金額が多く、以北では圧倒的に豚肉の購入量が多いことがわかっています。肉全体に関しても関東と関西では大きく違うようです。たとえば関東でいう「肉まん」。関西ではなぜか「豚まん」といいます。これも、関東では「肉」といえば食肉全般、牛肉、豚肉、鶏肉などを指しますが、関西では「肉」といえば牛肉のみを指します。「豚肉」は「豚肉」、「鶏肉」は「かしわ」といいます。

　しかしなぜ、関西では肉といえは牛肉なのでしょうか。これは、関西と関東の食文化の違いにより、もともと関西は豚肉より牛肉が好まれるといわれていますが、松阪牛、神戸牛、近江牛など関西には牛肉のブランドも多く、一戸あたりの牛肉の消費量は関東よりも多いため、身近な食肉といえます。すき焼きももともとは西と東で肉の違いがあったといわれています。ちなみに、日本での牛肉消費量は、1位奈良県、2位京都府、3位大阪府で、一方、豚肉消費量は1位北海道、2位新潟県、3位青森県と、相関関係にも違いがよく表れています。肉の嗜好性の違いは肉じゃがやカレーだけではないようです。

Q6 肉じゃがのジャガイモは男爵？ メークイーン？ それとも別のジャガイモ？

A6 仕上げたい状態に合わせて使い分けましょう。

解説　馬鈴薯（ジャガイモ）は粉質系の男爵と粘質系のメークイーンに分かれます。水分が少ない男爵の特徴は、見た目がゴツゴツしていて、芽の部分の窪みが深いことです。中は白く、でんぷんの量も約15％と多く、ホクホク感があり、煮崩れしやすいじゃがいもです。煮崩れしやすいですが、とろけるように口の中でほぐれるおいしさは男爵ならではのものです。他にも粉吹芋やコロッケ、じゃがバター、フライドポテトな

どに向いています。

　一方、メークイーンは俵型で細長く、芽も浅いために皮がむきやすいという特徴があります。中は黄色で、粘りがあるために煮崩れしづらいじゃがいもです。デンプンが15％ほど含まれる男爵と違い、メークイーンは13〜14％となっています。煮崩れしづらいため、カレーやシチューなど肉じゃが以外の煮込み料理や、さっとお湯に通して歯触りのよい和え物や酢の物にも向きます。

　また、メークイーンは下茹でして切り出しても崩れにくいので、ポテトグラタンなどを滑らかに仕上げるのに最適です。

　近年は新種のジャガイモもずいぶんスーパーマーケットに並ぶようになりました。キタアカリやインカのめざめなどです。キタアカリは別名「黄金男爵」「くりジャガイモ」と呼ばれています。果肉は男爵よりも黄色く、肉質は粉質で、加熱調理するとホクホクした食感が味わえ、甘味が強いのも特徴です。この色や甘さなどからクリジャガイモといわれています。男爵と同じような調理に向いています。

　インカのめざめの果肉は黄色く、肉質はやや粘質できめが細かく、舌ざわりがよいのが特長です。皮を剥いた後の褐変による変色もほとんどなく、加熱調理してもきれいな濃黄色が活かせます。果肉の濃黄色カロチノイド系色素のゼアキサンチンという色素成分が黄肉種で知られるキタアカリの約7倍も含まれているため、強い抗酸化作用があるといわれています。粘質性なので煮崩れしにくく、メークイーン同様に利用できる他、変色しにくいので揚げ物にも向いています。果肉の色を生かして料理のトッピングとしてもよいでしょう。

　どのジャガイモにしてもビタミンC、カリウムを多く含み、芋の中は低カロリー。調理法を選べばダイエットにも効果的です。ただし、ジャガイモには、芽の部分や緑色をした皮の部分にポテトグリコアルカロイド（PGA）が含まれており、これは非常に有毒な成分で、一般的には「ソラニン」といわれています。ソラニンはチャコニンとともにポテトグリコアルカロイドの一種で、今はポテトグリコアルカロイドと呼ばれています。摂取により頭痛や腹痛、嘔吐などの症状があるといわれています。また、重症の場合には脳浮腫を生じたり、小さな子どもだったら死亡する例もまれにあるそうなので、必ずきちんと取り除き、調理しましょう。

Q7 筑前煮・炒り鶏・がめ煮は同じような料理ですが、どう違うのですか？

A7 基本的に同じ料理と思ってかまいません。

解説 最もポピュラーないい方の筑前煮は、もともと福岡県の郷土料理で、がめ煮というもので、すっぽんの肉とあり合わせの材料を煮込んだものといわれています。現在、すっぽんは高価で処理も難しいことから、すっぽんに似た形の鶏もも肉を使うのが一般的になりました。以前からすっぽんは贅沢な素材なので慶事に食べるものとされていました。現在でもがめ煮といえば骨つきの鶏肉を使用することが定義で、筑前煮は骨つきの鶏肉でなくてもかまわないというものです。

筑前とは福岡北部地方の呼称で、学校給食に筑前の郷土料理として「鶏肉を油で煎りつけてから、その他の食材と煮る」と表記されたため筑前煮が煎り鶏として広まったといわれています。

合わせる食材も慶事に食べる料理にふさわしく、謂れをもったものが加えられています。たとえば、ニンジン、コンニャク、レンコン……といった「ん」のつく食材は「運」がつくといわれ、縁起のよいものとされてきました。他にも、サトイモ、ゴボウ、昆布など、めでたい意味のある食材がたっぷり使われていて、どれもが意味をもっています。おせち料理の謂れにもありますが、レンコンは穴が開いていることから「先の見通しがきく」、ゴボウは「細く長く、つつましく生きる」、サトイモは親芋、子芋、孫芋と増えることから、「先祖代々、子孫繁栄の縁起物」で、形は亀甲に見立てて六方にむいて調理します。干しシイタケも六角形に切るなどいろいろとルールがありました。

現在、ずいぶん簡素化されていて、鶏肉と根菜を使用した煮物が筑前煮として認識されているようです。梅の形に向いたニンジン、六方に向いたサトイモと同じ形に切り出した干しシイタケ、乱切りしたゴボウ・レンコンと一口大に切り出した鶏肉を油をひき火にかけて温めた鍋に入れ、鶏肉の表面の色が白っぽくなり、根菜の表面が透き通るようになれば、だし汁を具材がひたひたになるまで注ぎ、みりんや酒、砂糖を加え、食材全体に火が通れば醤油を入れて、水分がなくなるまで煮上げます。

照りが出るように、必ず落しぶたか落としホイルをしてください。煮汁が対流し、おいしそうに仕上がります。筑前煮・炒り鶏・がめ煮、いずれにしても鶏肉と根菜の煮物に間違いありません。発祥の地の呼び方とそれ以外での呼び方というところでしょう。

煮魚をおいしく煮るコツは何ですか？

A8 とにかく汚れと鱗をとることです。

解説 魚はみなさんが思っている以上に汚れています。魚は人に食べられるために生きているのではないので、いろいろな防衛機能があります。まず、魚はぬるぬるした体液のようなものをまとっています。あのぬるぬるは、海水の中の細菌に感染しないために体を保護するものです。海中で魚同士や岩などに接触したら鱗がはがれるなどの怪我をします。その時、細菌の感染を防ぐ働きがあるのがあのぬめりといわれています。海中の汚染物質や細菌は水に溶け込んでいますから、皮膚がむき出しになる病気や怪我は魚にとってとても重大な生命の危機なのです。そのため保護液でわが身を守っているのですが、これがひどく汚れたものなのです。

次は鱗です。魚の下処理に絶対必要なのは、1枚も鱗を残さないことです。鱗は魚の体にびっしりとついており、重なっているところに保護液や細菌、雑菌などが入っており、臭みの原因になります。鱗の役目は外界との塩分調整に大きく関わっているのと、乾燥から守ることです。ですから、煮魚をするために魚を買ってきたら、ぬめりを取り、熱湯に4〜5秒間くぐらせて冷水に落とし、うろこや血合いを取り除き（丸ものの場合は内臓も）、水分をきっちりと拭き去ることが重要です。これがきちんとできていれば、まずいものにはなりません。

きれいに下処理できた魚をゴボウなど香りの強い野菜を引いた上にのせて、酒と水を合わせてひたひた量入れます。そして火にかけ、沸騰すれば火を弱め、少量の砂糖を入れます。その後、お好みの量の醤油を入れて、煮汁が対流するくらいの火加減で、水分が1/3の量になるくらいまで煮

詰めます。臭み消しの意味でショウガを最初から入れる人がいますが、その役割であれば、煮汁の最後に煮詰めるために火を強めたタイミングで入れるのが一番効果的です。また、魚の身をふっくら仕上げたい場合は、みりんを使わず、酒や砂糖で甘みを加えたほうが効果的です。みりんは食材を硬化する作用があり、ふっくら仕上がりません。その代り、煮崩れを防ぐため、デンプン系の芋類の煮物には適しています。

　醤油に関しても、煮汁を対流する煮物には濃口醤油だけで煮上げます。淡口醤油は煮汁を煮詰める料理に使うと塩辛くなり、おいしく仕上がりません。

　煮魚に関してはいろいろ方法があります。①合わせた調味料と魚を一緒に入れて火にかける、②合わせた煮汁を火にかけ、沸騰したら魚を入れる、などといろいろな方法がありますが、どれも大きな違いはありません。大きく変わるのは下処理のでき具合と使う調味料の違いです。青背の魚はやや濃いめの甘目、白身の魚はさっぱりと煮詰めない仕上げに。サバの味噌煮はありますが、タイの味噌煮がないように、魚の特徴に合わせた仕上げも大事です。

Q9 青菜のお浸しをきれいな緑色に作るにはどうすればよいですか？

A9 青菜になるべく早く火を通し、なるべく早く冷やすことです。

解説　青菜の青は「クロロフィル」という、野菜を緑色にしている色素のことです。よく青物野菜を茹でる注意点として、「塩を少し入れるといい」とか、「たっぷりのお湯を沸騰させて茹でる」とかいわれていますが、これは「クロロフィル」が関係しているのです。食塩を入れるのは、ナトリウムイオンという食塩の成分が緑色を保つ効果があるのです。ただし、その効果が表れるのは湯に対して2%の塩を入れる必要があります。塩少々では効果がありません。また、沸騰した湯を使う理由は、茹でる時間を短時間にすることで加熱による色あせを防ぐため、そして、湯をたっぷり使うことで野菜を入れた時の温度が下がるのを防ぐとともに、長

時間の加熱で有機酸という物質が野菜から溶け出て組織がやわらかくなってしまうのを防ぐためです。つまり、野菜のシャキシャキとした歯ざわりを保つ効果もあるのです。

茹で過ぎの青菜はおいしくないものです。実際の茹で方は2Lの湯に40gの塩を入れて再度沸騰したら青菜100gを軸のほうから入れます。再度沸騰すれば裏返し、もう一度沸けば氷水に落とし、粗熱が取れれば水気を絞ります。びっくりするほどの塩の量ですが、実はこの塩は色止めにはさほど重要ではありません。無理に入れなくても青菜の色には大きな変化はありません。重要なのは、どれだけ加熱時間を短くし、火が通ったら早く冷やすかということです。「塩を入れることで沸点が上がる」などと聞きますが、2%程度の塩水が100℃以上になることはありません。沸点が上昇するほどの塩を入れれば塩辛くて料理にはなりません。

また、青菜のお浸しというと、家庭では茹でて水切りして、4cmぐらいのざく切りにしたものを器に盛り付けて、かつお節に醤油、というのが一般的かと思います。しかし、茹でた青菜に醤油をかけただけでは「お浸し」とはいえません。茹でて、水気を絞った青菜を八方だしという「だし汁」に漬けます。そして食べる時に食べやすく切り出して、器に盛りつけ、新たにだし醤油をかけて食すのが本当の「お浸し」です。このように使用する八方だしは、あちらこちらに使えるというところから名前がつきました。八方美人が語源ともいわれています。また、八方だしに浸すことで青菜全体に薄味がつくので、強い調味料をかけなくてもおいしく食べることができます。また調味料も控えられるので減塩にも効果的です。見た目にも体にもよい、青々としたお浸しを作ってください。

ひじきをおいしく作るにはどうすればよいですか？

A10 油で炒めることです。

解説 ひじきは縄文時代から食べられていたといわれる素材で、日本人が大好きなお惣菜の1つです。家庭料理の定番として欠かせな

いものです。ひじき・おから・切干大根の3つはいつの時代でも好まれているメニューです。その中で、ひじきはあまり地方による味の違いがないためか総菜メーカーも作りやすいらしく、スーパーマーケットの総菜コーナーで見かけるだけでなく、最近では袋に入ったものまで出回っています。

ただ、売られているものはどれも甘さが強く、ひじき本来の磯の香りを感じないものが多いようです。ひじきなどの海藻は、低カロリーでダイエットに向くなどといわれていることから、あまり栄養がないように思われていますが、実は栄養の宝庫です。ビタミンAやタンパク質、カルシウムやマグネシウム、鉄分などを含みます。また、血圧の調整に関わるカリウムやおなかの調子を整える食物繊維も豊富に含みます。そんな栄養豊富なひじきをより健康的に作り、日常食として食べていただきたいものです。

ひじきは乾物ですから水戻ししますが、最初にざるなどに入れ、さっと水洗いします。そのあとボウルなどに入れて30分間ほど水に浸します。ひじきは8～10倍に戻るので、重量の10倍の水は必要です。長時間水につけておくと香りや鉄分が抜けてしまうので、戻ったらザルにあけ、しっかりと水を切ります。

その後、鍋に油を入れてひじきを炒めます。ここがポイントです。ひじきは緑黄色野菜の含むβカロチンも多く含むので、油との相性がよく、ひじきにコクを与え食べやすくなります。通常販売されているお惣菜のひじきにもよく油揚げが使われていますが、それも同じ理由です。豚や鶏のひき肉を合わせてあるものも人気ですが、さっぱりとしたひじきに油分とコクを加えているからです。

最近はレンコンやゴボウなどを加えたものもありますが、それは食物繊維を意識した商品です。レンコンやゴボウは不溶性食物繊維が豊富です。ひじきは不溶性食物繊維も水溶性食物繊維も含むので、おなかの調子を整える以外にも、血糖値や血圧の低下も期待できます。

とくに、海藻に含まれるフコイダンは、胃潰瘍や十二指腸潰瘍の原因とされるピロリ菌が胃壁に付着するのを阻止する働きがあるといわれています。また、血液を浄化し、コレステロールを下げる作用や肝機能を高める効果もあるといわれていますので、積極的に食べたいものですが、せっかくの健康効果も甘い濃い味にしては逆効果です。薄味に仕上げてたくさん食べましょう。

Q11 タケノコの下ゆがきに糠と鷹の爪を入れるのはなぜですか？

A11 えぐみ感をなくし、うま味を引き出すためです。

解説 タケノコはチロシンというアミノ酸を含みます（茹で上げた時にタケノコの中にある白い粉）。この成分は、収穫され時間がたつとえぐみ成分ホモゲンチジン酸になります。このホモゲンチジン酸は米糠や重層などアルカリ性の水に溶け出します。また、もう1つのえぐみ成分は、ほうれん草などにも含まれるシュウ酸が原因です。米糠に含まれるカルシウムがこのシュウ酸に作用し、えぐみを感じない成分となります。えぐみを抜くというより、えぐみを感じなくするという理解のほうが正しいかもしれません。

次に、米糠に含まれる脂肪分やアミノ酸がタケノコの繊維を柔らかくし、うま味を引き出す作用があります。シュウ酸は水にさらすと流れ出るのですが、それと同時にタケノコのうま味成分まで流れ出てしまいます。そのためうま味を残しつつ、えぐみを感じないようにするために米糠を入れるのです。米糠がない場合のアク抜きは米のとぎ汁で代用できます。米糠の代りに米のとぎ汁で茹でても下処理できます。こういったアク抜きの原理も、今は科学的に分析できますが、こうして考えると先人の知恵というのは改めてすごいなと感じます。

また収穫直後のタケノコにはえぐみはほとんどありません。とくに小ぶりのタケノコにはえぐみがないので、米糠を入れずに茹でても大丈夫です。

採れたてのタケノコが手に入った場合は、焼きたけのこがお勧めです。タケノコを皮ごとアルミホイルでくるんで焼きます。また、アク抜きをしたタケノコも、焼いて焦げ目をつけると違った味わいが出て楽しめます。タケノコは鮮度が命です。時間がたつとアクやえぐみが強くなり1日たつとえぐみは2〜3倍になるといわれています。

鷹の爪もえぐみを取る働きがあるとされていますが、食品学的には立証されていません。鷹の爪のカプサイシンに防腐効果があるため、保存性を高めるといわれていますが、こちらも真偽のほどはわかりません。なお、皮のまま茹でるのは、皮に含まれる亜硫酸塩という物質が、タケノコの繊

維を柔らかくするためといわれています。結局のところ掘りたてをなるべく早くアルカリ性の水で皮ごと湯がくことが一番おいしく食べられる下処理になります。

Q12 ゴボウの笹がきは以前は水にさらしていたのに、なぜ今はさらさなくなったのですか？

A12 ゴボウを切った時に褐色になる成分がからだによいポリフェノールとわかったからです。

解説 牛蒡はアクの強い野菜で、切るとすぐに真っ黒になってしまいます。以前はそれを防ぐため、水にさらしてそのアクを除きました。しかし、そのアクの正体はクロロゲン酸といわれるポリフェノール、つよい抗酸化効果があります。ポリフェノールが不足すると、体の調子が悪くなったり、シミ、しわ、たるみの原因になるので、積極的に摂取したいものです。ゴボウの場合、皮とアクになる部分にポリフェノールが多いので、皮をむかず、土を洗い流すようにしましょう。また、皮の部分にゴボウ独特の香りがあるので、皮をこそげとらないのはおいしさにもつながります。より効率よくポリフェノールをとりたい場合は、土を洗い流して、ぶつ切りにしたゴボウをレンジにかけてから調理すると、生のまま切り出した時よりポリフェノールが残るといわれています。

他にもゴボウの優れた栄養成分としては、腸の運動を高める不溶性食物繊維である「セルロース・ヘミセルロース・リグニン」と有害成分を吸着し排出する働きのある水溶性食物繊維「イヌリン」の両方を含んでいます。その含有量は、根菜類であるニンジン・レンコンと比べると約2倍、レタスと比べると5倍以上もあります。なかでも、不溶性食物繊維の成分である「リグニン」は、発がん性物質を吸収し排出する働きがあるため、大腸がんの予防に効果的といわれています。食物繊維が不足すると、善玉菌がうまく作られず、腸内環境が悪化し便秘になりやすくなったり、血糖値の上昇や糖尿病に関係するといわれています。

ゴボウのおいしさはやっぱり独特な香りと食感にあります。ゴボウをたわしかスポンジでよく洗い、土を落とし、よく水けを切ったのち、4cm

程度のぶつ切りにし、太いものは4つのまき割り、細いものは半分に切り、大蒜と鷹の爪を油で炒めたところに入れて、全体に油が回るように炒めたのち、醤油・みりんを入れ、煎りつけるように炒めたきんぴらごぼうは、ゴボウのおいしさを存分に味わえる日本の代表的メニューの1つです。

　ゴボウを茹でて芯をくりぬき、中にすり身などを詰め込んで蒸し上げた鋳込みゴボウや、同じように芯をくりぬいて煮含ませた管ごぼうなど、ゴボウのおいしい部分だけを使った伝統料理があることも和食のすばらしさの1つだと思います。ゴボウに含まれるリグニンは、牛肉などに含まれるメチオニンと一緒に摂るとがん予防に対する効果が増すといわれています。ゴボウと牛肉の炒め煮などが人気なのもうなずけます。

豚の角煮を作る時、豚肉をおからで下茹でするのはなぜですか？

A13 おからが茹で汁の濃度を上げ、高い温度を維持できるので、早く豚肉が柔らかくなり、臭いと脂を吸着するからです。

解説　豚の角煮を食べたくても、こってりとした豚バラ肉の脂肪が気になりますね。一般的には、表面を焼いて(焼かない場合も多い)、下ゆでに2時間、煮込みに1時間ぐらいかけます。表面を焼くことで調味料の色が乗りやすく、照りが出ておいしそうに仕上がります。また豚肉の脂が溶け出て、カロリーを下げ、サッパリと食べられるといわれています。

　豚肉は大きめの角切りにし油を敷かないフライパンに入れて弱火にかけます。この時、脂身の部分を下にして入れるのがポイントです。豚肉の脂で脂を溶かし出していきます。肉の全面に焼き色がつくまでじっくりと焼き、脂が出たら鍋に豚肉が隠れるくらいたっぷりの水、おからと焼いた豚肉を入れて火にかけます(水1Lに対しておから1カップ程度)。沸騰するまで強火で、沸いたら吹きこぼれない程度の火加減にし、約2時間茹でて串が抵抗なく通れば茹で上がりです。そしてそのまま冷まし、鍋ごと冷蔵庫に入れてひと晩おき、固まった脂を取り除き、豚肉を取り出してよく洗います。鍋に豚肉と水を入れて火にかけ、沸騰すれば火を弱めて2～3分間茹でて陸上げします。ここまでが下処理です。

次に、鍋に水・酒・豚肉を入れて火にかけます。ここでも豚肉が隠れるくらいたっぷりの水とお酒を入れてください。割合は水7に対して酒1です。沸騰すれば火を弱め、砂糖を入れます。お酒の1/3くらいの量が目安です。再度沸いたら濃口醤油を入れます。醤油はお酒とほぼ同量もしくは少し控えます。ここで落しぶた(紙ぶたかアルミホイル)をして10分間ほど煮込み、ショウガのスライスを入れて煮汁が半量になるまで煮込みます。水分が蒸発して豚肉が見えるようになったら火を強め、煮汁を対流させて照りをつけます。この時、落しぶたがゆらゆらする程度の火加減が理想なので、軽いふたのほうが目安になりやすいです。豚肉に照りがつけば完成です。あしらいにほうれん草の茹でたものや、ジャガイモを茹でてペーストにしたものを添え、溶き辛子をつけて食べるのが定番です。

豚の角煮はじっくり茹でることで、余分な脂が抜け、脂肪組織に残った筋繊維がほどけてコラーゲンたっぷりのゼラチンとして摂取できます。コラーゲンは人にとって重要なタンパク質で、健康な筋肉や肌などの組織作りや骨粗しょう症に役立つといわれています。コラーゲンの吸収を高めるためには、ビタミンCや鉄分を一緒に摂ると効果的といわれています。ほうれん草を添えるのは鉄分、ジャガイモを添えるのはビタミンCの摂取ができるからです。組み合わせには理由があるのです。

鶏の唐揚げにつける粉は小麦粉？それとも片栗粉？

A14 仕上がりの違いにより使い分けましょう。

解説 鶏の唐揚げは大人から子どもまでみんな大好きなメニューで、専門店やコンビニエンスストアでも販売されています。唐揚げ(から揚げ、空揚げ)とは、揚げ油を使用した調理方法のこと、またその調理された料理のことで、食材に小麦粉や片栗粉などを薄くまぶして油で揚げたものです。したがって、魚の唐揚げも、野菜の唐揚げも、鶏以外の肉の唐揚げもすべて唐揚げです。

唐揚げをカラッと揚げるには、衣が大きく関わります。家庭では「唐揚

げ粉」を使う人もいますが、ガーリックパウダーや香料などが入っているので、簡便性は高いものの味が強く、素材の味を感じることができにくいのも特徴です。料理屋などでは米粉や上新粉などパリッと感が出る粉を使用する場合もあります。しかし、一般的に唐揚げに使われる粉は「小麦粉」と「片栗粉」です。小麦粉は小麦から作られたもの、胚乳の部分を粉砕したもので、炭水化物やタンパク質を含みます。このタンパク質の分量で強力粉・中力粉・薄力粉と区分されます。ご存知のようにパンなどは強力粉・うどんなどは中力粉・ケーキや天ぷらなどには薄力粉が使われていますが、含まれるタンパク質を練ることでグルテンが生成し、おいしいパンやコシのあるうどんができ、練らないことでさっくりとした天ぷらやしっとりとしたスポンジケーキなどができるのです。

では、唐揚げの場合、小麦粉と片栗粉の仕上がりの違いは何でしょう。鶏肉に下味をつけて小麦粉をまぶすと、肉に小麦粉がしっかりとなじみ、揚げた時に香ばしいきつね色になります。下味のつけ方もショウガやネギ、にんにくなどや、卵を入れた中に小麦粉を入れる場合もあり、いろいろな方法があるようです。一方、龍田揚げといわれる片栗粉のみで揚げる場合は、肉を醤油・酒に漬け込み、水気を切り、片栗粉を表面につけて揚げるというはっきりとした定義があります。肉に醤油の色が、奈良のもみじで有名な竜田川の景観を思い出させるからだそうで、なんと風流なことでしょう。唐揚げには粉をまぶして揚げるというのが定義ですから、小麦粉でも片栗粉でもかまわないというのが正解のようです。しっとりとした小麦粉とさくっとした片栗粉の両方を使用して揚げると、またおいしさは格別です。

照り焼きを上手に作るにはどうしたらよいですか？

A15 白焼きをしっかりしてください。

しっかりとした甘辛の煮汁が絡まった照り焼きが大好きという人も多いです。ご飯が進む和食の代表的なおかずです。基本的には、

材料に素焼きして七分通り火を通してタレをかけたり、刷毛でタレをぬって仕上げます。タレをつけた後は焦げやすいので、中火にして繰り返しタレを数回塗り、つやを出して仕上げます。タレは醤油・みりん・酒、砂糖やザラメを煮詰めたものです。しかし、ハケで塗りながら焼くのは家庭では簡単ではありませんので、フライパンを使った簡単な照り焼きがお勧めです。

　材料に粉を薄くまぶして、油を敷いたフライパンで焼き色がつくまで焼き、材料に火が通ったらタレを加え、2～3分間かけて裏表に色がついたら、一度材料を取り出してタレだけを煮詰め、材料を戻し、タレをからめて器に盛り付け、粉山椒を振ります。

　照り焼きは外国でも人気で、Teriyakiという料理になっているほどです。こちらはグリルした肉にTeriyakiソースをかけたものが主で、フライパンの中で絡めるような照り焼きとは違うようで、主に肉料理です。

　日本で照り焼きといえば、ブリやメロ（銀ムツ）、鶏もも肉など脂の強い材料との相性がよいのですが、素焼きの段階でしっかり脂をふき取ることで全体にタレが絡み、照りよく仕上がります。冬が旬のブリの照り焼きは出世魚といわれ、縁起がよいので、おせち料理にも入っています。ブリは大型の魚なので傷みも遅く、しっかりした味の照り焼きにすれば保存性も高いため、保存食のおせち料理として使われたともいわれています。どちらにしても、しっかりと下焼きをして、余分な脂を取り除き、甘辛の調味料で煮絡めることがおいしくきれいに仕上げるコツです。糖分が強いので、強火で仕上げると焦げてしまいます。火加減を見て、たれが対流するくらいの火加減がベストです。仕上げに刻んだトマトなどを入れると自然な酸味が加わり、さっぱりと食べることができます。

揚げ物をカラッと揚げるにはどうしたらよいですか？

A16 食材や使う粉の濃度により、カラッと揚がる温度が違うことを知ることです。

揚げ物は揚げたてが一番です。ある意味では刺身より鮮度が大事なのです。油は時間がたつと酸化してしまい、おいしくなくな

るからです。でき立てでもカラッとしないのであれば、①衣が粘ってグルテンが出ている、②油の温度が低い、③たねに火が通ってなく、水分が出てしまう、のが大きな理由です。衣が粘るのは、小麦粉に含まれるグルテンというタンパク質が水分と結合し粘りを作るからです。この時、水に氷などを入れて水温を下げると形成されにくくなります。

　衣を作る時、水を先に入れ粉を振り入れ、粉をかき混ぜないようにさっくりと箸で潰すようにほぐします。泡だて器はいけませんし、粉を先に入れてから水を入れてもいけません。しかも衣を作ったらすぐに揚げましょう。時間が経つとグルテンが形成されます。油の温度は食材により変わります。緑色の野菜などは高温で揚げると茶色になってしまいます。

　低温（150〜160℃）で揚げるのは、青じそやみつばなどの緑色を残したいものや、さつまいもやレンコン、餅などでんぷんを多く含むものです。でんぷん類は中まで火が通りにくいので、低温で長めに揚げることが重要です。

　中温（160〜170℃）で揚げるのは、野菜の天ぷら、唐揚げ、竜田揚げなどです。170℃は、とんかつ、かき揚げの適温です。

　高温（180〜190℃）で揚げるのは、魚介類の天ぷら・魚・野菜のフライなどです。肉や魚などのタンパク質は、長時間加熱すると水分が抜け過ぎて硬くなるため、高温で短時間に揚げます。また中身に火が通ったコロッケや春巻きなども周りがカリッとすればよいので、高温で揚げます。

　揚げ油の中に入れる具材の量も揚げ上がりに大きく関わります。揚げ物をする上で大事なのは、適温を維持することです。油の入った鍋に一度にたくさんの材料を入れてしまうと、急激に温度が下がります。一度下がった温度を再び上げるには時間がかかるので、その結果油切れが悪くなり、油っぽい揚げ物になってしまいます。油表面積の1/3を占めるぐらい、もしくは油の重量の1/10ぐらいを目安にしてください。かき揚げのような表面積の多いものは、油の温度も一気に下げてしまうので、これらは一度に入れる量をとくに控えめにしましょう。

　また家庭で揚げ物がうまく揚げられない理由としては、揚げ油の量がかなり少ないことです。天ぷら鍋のサイズはそう大きくなくてもかまいませんが、「深さ」のある厚めの鍋を使い、油をたっぷり使用してみてください。使い終えた油は漉して冷ましておけば最後まで残さず使えます。光などを遮り、酸化しない工夫をして保管しましょう。

5章
健康食としての和食 Q&A

 玄米がからだによいというのは本当ですか？

A1 よい部分もたくさんありますが、食べ合わせが必要です。

解説 玄米は白米に比べ食物繊維やビタミンB群・マグネシウムなどが明らかに豊富です。血糖値を急速に上げる数値も低く、生活習慣病予防にも効果的といわれていて、完全食品のようですが、問題点も多少あります。

まず、穀物や豆類などは「種」なので、種を増やすために発芽しますが、「酵素抑制物質」というものが含まれていて、一定の条件が満たされないと発芽しないようにプログラムされているのです。これを解除するには「水分」と「一定の温度」が必要です。これは吸水と加熱を意味します。そのため、主食になる米や大豆は「浸漬し、加熱して食べる」わけです。

また玄米には、表皮の部分に「フィチン酸」という物質が含まれています。これは、金属イオンなど有毒な成分を体外に排出する性質があります。また、抗がん作用もあることが確認されていて、毒素を排出してくれる玄米特有の大事な成分だといわれています。しかし、よい部分の反面、鉄やカルシウムなどのミネラルと結合してしまい、有用ミネラルも排出してしまうため、鉄欠乏や骨粗しょう症などを引き起こすともいわれているのです。

ミネラルやビタミン不足は主菜、副菜で摂れば問題ありませんが、とかく玄米主義を主張される人は鉄分やタンパク質を含む主菜や副菜の摂取量が少ない場合が多いので、玄米のフィチン酸の問題というよりは、単純な栄養不足が原因と考えられます。

それならば、ビタミンB群とマグネシウムをたくさん含むおかずを食べればよいのですが、マグネシウムはナッツ類や小麦の表皮などに多く含

まれるため主菜にはなりにくいです。一方、玄米には食物繊維が豊富なのは明らかで、便秘の予防や毒素排出に大きな力があります。

白米にも栄養素は残っていますが、精米時に研磨され減っていて純粋な糖分に近くなっています。精米した段階で、ビタミンB群とマグネシウムも20％になっています。問題なのは、現代人の「マグネシウム」不足の問題だと思います。

マグネシウムはカラダの代謝反応をつかさどる大事なミネラルです。カルシウム、リンと同様に、主に骨作りに大きく関わります。脂肪や糖分の代謝にも必要なわけですから、健康やダイエットに直結します。ところが、この、マグネシウムは「お肉系食品」にはほとんど含まれていないのです。主に、玄米・大豆・野菜・海藻などに含まれますが、摂取量はあまり多くありません。だから、マグネシウムという点を考えてもやはり玄米は健康的な食材といえるでしょう。しかし当然マグネシウムだけではダメなので、副食でカルシウム等のミネラルが必要です。これは白米でも同じことがいえますが、より多くの副菜を摂らなければなりません。

また玄米の摂取では農薬のことを心配する人も多くいますが、玄米はもみ殻に包まれていて、脱穀の段階で表皮は取り除かれてしまうので心配はありません。なかには、農薬がしみ込んでいるのが心配という人もいますが、そういう場合は、減農薬米か無農薬米を買えばよいと思います。日本は農薬の使用基準が他国より厳しく、現在はポジティブリストもありますので心配には及ばないと思います。

さらに、玄米の成分として、フェルラ酸、γ-オリザノールという成分も有名です。どちらも紫外線防止効果や酸化防止効果が高く、化粧品などに多く使われます。コレステロールの調整や皮膚の老化防止や血液循環促進剤としての効果もあります。しかもフェルラ酸の含有量の多い米を食べると認知症予防に効果的ということもいわれています。自律神経失調症や更年期障害のサプリメントとしても多く使われています。

食品学的に優れた玄米ですが、硬くて食べにくいことも事実です。タンパク質や鉄分の豊富なおかずと一緒によく噛めば、唾液がたっぷり出て、消化も促進します。毎日のご飯ですからおいしく健康的に食べたいものです。

Q₂ 青魚の生食(刺身)はなぜからだによいといわれるのですか？

A2 青魚の油が血液の流れをよくし、血栓などを予防するといわれています。

解説 アジ・イワシ・サバ・サンマなど青魚といわれるものは、多価不飽和脂肪酸と呼ばれる油を多く含みます。これらを多く食べると血液中のその油の濃度が高まります。この油の中の1つが血小板を凝集させないEPAと呼ばれる成分で、血液の粘度を下げ、血液を薄くし、血栓をできにくくさせます。青魚を日常的によく食べていると、常に血小板の脂肪酸がEPA主体になっているため、血小板は健康で正常に保たれます。食事でEPAをとらないと、血小板は凝集する油で構成されてしまうので、いつもべたべたくっついて血小板同士を結び付け、塊になります。これが血液の凝固と呼ばれるものです。この塊を溶かすのが魚の油に含まれているEPAやDHAと呼ばれる成分や、ニンニクなどに含まれる硫化アリルという成分なのです。

DHAはしなやかな血管や柔らかい赤血球を作り、EPAは血小板が必要以上に固まるのを防ぎ、血液をサラサラにし、さらにコレステロールや中性脂肪が低減するといわれています。血がサラサラになれば、体のすみずみまで栄養が運ばれます。しかし、DHA、EPAのいずれも熱に弱く、加熱し過ぎると酸化が進んで有害な過酸化脂質になるので、注意が必要です。この過酸化脂質がからだに取り込まれると、私たちの大事な細胞膜を酸化させる活性酸素という、すべての不調の原因とされる成分が作られてしまうのです。

また、マグロやカツオなどは、海の中を猛スピードで泳ぎ続けるため、酸素が欠乏しないように、筋肉に大量の酸素を供給することが必要なので、ミオグロビンを多く含んでいます。そのため、赤身の魚になるといわれています。ミオグロビンには鉄分が豊富に含まれていますので、貧血の人にはよい食べ物といえます。しかし、魚の鮮度にも注意する必要があります。酸化してしまうと、その鉄分も酸化鉄になってしまい、活性酸素の害をもたらすものになってしまいます。白身の魚はミオグロビンをもっていないので、切り身にしておいても、それほどすぐは酸化しませんが、DHAや

EPAといった抗酸化物質は赤身の魚のほうが多くもっています。

　赤身を食べる時に気をつけたいのは、鮮度のよいものを選ぶことです。「カツオのたたき」は、表面をさっとあぶることによって、タンパク質を変質させ、空気に触れても酸化しないようにする調理法で、中へ酸素が入るのを遮断するため、酸化を防ぐことができます。また、この調理法は、魚の皮のところに集まりやすい寄生虫を殺すという効果もあるといわれています。青魚のもつよい部分を効率よく取れるのが刺身なのです。

Q3 和食で、魚の頭などを煮つけた荒焚きなどを食べる理由は何ですか？

A3 身にはない栄養素があるからです。

　魚を3枚におろし、身を取った後の、頭や骨の周りはアラと呼ばれています。アラは振り塩をしたり、霜降りをしたりと下処理を要しますが、カルシウムやコラーゲン、DHAやEPAなどの栄養に富み、うま味も豊富な部分です。アラの部位だけに手ごろな値段で売られており、また大変おいしい食材です。

　目とその周辺は粘膜を保護するビタミンA、目玉はDHAを多く含みます。魚の内臓は骨の製造に関わるビタミンD、皮下脂肪は血中コレステロールを下げ血流をよくするEPAや、脳の成長や発達に関わるDHAを含みます。皮の部分は身よりも多くビタミンAやB群、コラーゲンを豊富に含み、血合い肉は疲労回復に関わるタウリンや鉄分、ビタミンB群、骨にはカルシウムと、身以上にいろいろな栄養素が含まれています。

　煮魚を作って冷めた時にできる煮凝りもコラーゲンです。このコラーゲンは繊維状の硬タンパク質で、細胞と細胞をしっかり結合させ、骨や血管、皮膚などを丈夫に、そして、すこやかにする役目を担っている重要な成分です。つまり、接着剤のような役割をしているのです。コラーゲンは関節、皮膚、腱、血管、内臓、目などに存在しています。人のからだのほとんどは水分で、約60％を占めています。その他の構成成分としてはタンパク質や脂肪、ミネラルなどがあり、タンパク質の割合は約16％を占めます。

そのタンパク質の30〜40％がコラーゲンなのです。弾力のある皮膚は、水分とコラーゲンからできています。だからコラーゲンが不足すると、皮膚はハリやツヤを失い、老化します。髪の毛や爪も皮膚の変形ですから、やはり同様の現象が起こってきます。実は硬い骨もコラーゲンを20％ほど含んでいます。カルシウムで骨を作り、コラーゲンが骨を丈夫にしているのです。コラーゲンが減少すると、骨粗しょう症や変形性関節炎などという症状が起こりやすくなります。意外なことに、目にもコラーゲンは必要なのです。

目には、水晶体というカメラのレンズのように焦点をあわせる働きをするものがあります。そして、水晶体の厚さを調節する毛様体筋があります。この両者にもコラーゲンが含まれているのです。角質が透明なのは、コラーゲン繊維が規則正しく並んでいるからです。老化して、老眼や老人性の白内障になるのは、コラーゲンの減少が原因なのです。

コラーゲンは、常温では水に溶けないのですが、加熱すると分解して溶け出してきます。ですから、効率よくコラーゲンを摂取するためにたくさん含まれている魚の頭や皮、骨の髄を煮込んで食べるのです。しかも魚は、からだによいエイコサペタエン酸（EPA）やドコサヘキサエン酸（DHA）を同時に摂取できるのですから一挙両得です。

Q4 和食はからだによいといわれていますが、本当ですか？

A4 日本型食生活はからだによいといわれています。

平成25年に日本料理が世界無形文化遺産に登録されてから、世界が日本料理に注目し、日本型食生活が健康によいといわれるようになりました。しかし、戦後は一気に食の欧米化が進み、子どもの肥満や生活習慣病の増加など社会問題の原因となっています。

1977年に、米国上院議員マクガバンが米国の医療費高騰の原因は食生活にあるとし、最も理想的な食事は伝統的な日本人の食事であることが明記されたマクガバンレポートを出しました。伝統的な日本の食事というと、

結局は精白しない殻類を主食とした季節の野菜や海草、小さな魚介類といった内容です。このように世界は先に日本料理のよさを見つけ出し、食により健康を獲得するように指針を出しているのに、当の日本人は相変わらず脂の強いジューシーな肉を好み、固いものは避け、咀嚼回数が少なくて食べられるものを好み、簡便な弁当やモバイルフーズでおなかを満たしている人も少なくありません。

人間の歯は「臼歯」、「犬歯」、「切歯」と、食べ物をすりつぶしたり、引き裂いたり、かみ切ったり、いろいろな作業ができ、多様なものが食べられるように作られています。柔らかいものばかり食べるようにはできていません。日本料理のご飯はパンよりも多く噛まなければならず、まして玄米や雑穀米となればなおさらです。ご飯につきものの漬物もしっかり噛まなければ飲み込めません。しっかり噛んでゆっくり食べることで満腹中枢が刺激され、少量で満足感が得られ、食べ過ぎによる健康被害を防止しています。

また発酵食材の多さも日本料理の大きな特徴です。味噌や醤油、日本酒、納豆、糠漬け、かつお節などカビや細菌、酵母などを媒体に腸内環境改善に貢献する食材や、根菜類や海藻類など食物繊維も日常的に豊富に摂ってきました。その結果、日本人のみが有する、海藻をエネルギーとして活用できように変換する腸内細菌があることもわかりました。

油脂を極力使わず、「だしの旨味やさまざまな発酵食品を活用した料理をよく噛んで食べる」ことで、健康を維持できるのです。和食と一概にいっても多種多様な料理があります。一汁三菜で季節のものを多品種少量食べることがよいとされています。

ノーカロリーといわれる海藻やきのこに栄養はあるのですか？

A5 海藻やきのこにも優れた栄養成分が入っています。

海藻やきのこ類はローカロリー（ノーカロリーではありません）でダイエットの強い味方とされていて、まるで栄養がないように

思われている人も少なくないようです。ところが、海藻はたくさんの炭水化物やタンパク質を含んでいます。たっぷり含まれている炭水化物は食物繊維です。

　食物繊維の主な働きは
①胃の中で水分を吸収してふくらむので、満腹感を得られる。
②腸内で善玉菌の栄養となり、腸内の環境を整える。
③水分を吸収して腸のぜん動運動を活発にし、便を柔らかくする。
④血液中のコレステロールを低下させる。
などがあります。他にも骨の成長や筋肉に関わるカルシウムやリン、体内の塩分を排泄するカリウム、味覚を正常に司り、成長ホルモンに関わる亜鉛、甲状腺ホルモンの原料になるヨードなどのミネラルや、肌や粘膜を保護するβカロテン、3大栄養素の代謝に関わるナイアシン、抗酸化ビタミンのビタミンC、骨の健康に関わるビタミンKなど、必須アミノ酸も含む優れた食材です。

　一方、きのこ類も食物繊維、ビタミンB類、ビタミンD2、ミネラルなどの栄養素を豊富に含んだ低カロリー食品といえます。乾シイタケの食物繊維の含有率は40％強で、乾燥重量当たりに換算してもダイコンやネギよりもはるかに多いのが特徴です。きのこ類を食べると便通がよくなり、成人病の予防効果もあるといわれています。また、きのこにもミネラルのカリウムが多いため、塩分の過剰摂取を抑制することが期待できます。この他、タンパク質や脂質が比較的多いのもきのこの特徴といえます。

　シイタケはビタミンD2の宝庫として知られていますが、食用きのこ類の多くはビタミンD2の元になる物質エルゴステロールを含みます。日光を当てるとエルゴステロールはビタミンD2に変わります。たとえば、乾シイタケのD2含量は通常100g当たり20μg（マイクログラム）以下ですが、日光に2時間程度当てるだけで数十倍に跳ね上がる上、一度増えたビタミンD2はなかなか分解せず、冷蔵庫内で保存すれば半年たっても含量はほぼ同じといわれています。

　また、きのこ類には免疫賦活作用や抗腫瘍作用があるとされ、がん予防にも効果的といわれています。カロリーは低く健康効果がたくさんあり、しかもうま味成分豊富なキノコや海藻は、日本のすばらしい財産の1つです。ダイエット目的ではなく栄養成分を目的に摂りましょう。

Q6 和食では畑の肉といわれる大豆をよく使いますが、肉ほど栄養があるのですか？

A6 栄養価の面では、肉より高い数値をもちます。

解説 大豆が「畑の肉」と注目を浴びるきっかけを作ったのは、意外にも日本ではなくドイツです。1885年に行われたウィーン万博で、日本と中国の農産物として出品されたもの中に「大豆」があり、ドイツにはない穀物、大豆の栄養価が高く評価されたのです。とくにドイツ人は大豆のタンパク質の多さに注目して「畑の肉」として栽培を始めましたが、ヨーロッパの土は大豆には合わず、残念ながら栽培は断念されました。しかし「畑の肉」と呼ばれるようになり、世界的に大豆は有名になったのです。

大豆が畑の肉として注目を浴びるのは、とくに「タンパク質」の豊富なところにあります。タンパク質は私たち人間のからだを作り、生きていくためには必要な栄養素です。大豆にはタンパク質が35%も含まれているだけでなく、そのバランスがよいことも最大の理由になるのです。人間の体内で作ることのできない必須アミノ酸が8種類あり、これは食品から摂取しなければなりません。大豆にはこの8種類のアミノ酸がバランスよく、量的にも多く含まれています。以前は大豆のプロテインスコアは56で、肉や卵に比べると相当低い数値でした。なので一時「大豆が畑の肉だなんて本当の肉に気の毒だ」などといわれていました。

プロテインスコアは、純粋に食品のアミノ酸成分を計測するだけで人体に入ってからの消化吸収については加味されていませんでしたが、WHOにより定められた最新の国際基準では、輸入プロテインは米国ではPDCAAS(Protein Digestibility Corrected Amino Acid Score)という基準が使用されています。これは、タンパク質消化吸収率補正アミノ酸スコアといわれ、タンパク質の消化のされやすさを加味して改正されたものだそうです。その数値は満点は1、最低は0で表されます。

PDCAASによれば、1.00 カゼイン(乳タンパク)、1.00 卵、1.00 大豆タンパク、1.00 ホエイ(乳タンパク)、0.92 牛、0.91 大豆、0.78 ヒヨコマメ、0.76 フルーツ、0.73 野菜、0.70 豆類、0.59 シリアル、0.42 全粒粉とされ、

ダイズタンパク質の優良性が再認識されました。栄養学はまだまだ発展途上の学問ですから、最新の情報で大きく評価が変わることがよくあります。やはり大豆は畑の肉ほど栄養価が高いということがわかりました。

味噌汁は塩分が高いので汁は飲まないほうがよいといわれましたが、本当ですか？

A7 味噌はすばらしい食材です。工夫してとりましょう。

解説 「医者に金を払うよりも、味噌屋に払え」——これは江戸時代のことわざです。『本朝食鑑』(1695〔元禄8〕年)によると「味噌はわが国ではむかしから上下四民とも朝夕に用いた」もので、「1日もなくてはならないもの」であり、「大豆の甘、温は気をおだやかにし、腹中をくつろげて血を生かし、百薬の毒を消す。麹の甘、温は胃の中に入って、食及びとどこおりをなくし、消化をよくし閉塞を防ぐ。元気をつけて、血のめぐりをよくする」効果があるとしています。そして、これが味噌に対する認識の礎になりました。

そして、庶民は経験に基づく伝承によって「手前味噌」を醸造し、調味料としてのみならず、保健のための栄養素として、味噌をベースにした食生活を確立したのです。江戸庶民の文化やパワーも、「味噌があってこそ」のものだったといえるでしょう。農家では、どんな飢饉の時にも味噌の仕込みだけは欠かしませんでした。たとえ穀類の収穫が減少しても、味噌があれば飢えをしのぎ、健康を守ることができると信じられており、事実、諸国を治める大名諸侯は味噌作りを奨励していました。

味噌には、米味噌、麦味噌、豆味噌などさまざまな種類があり、いずれも大豆を使う点では共通で、麹で米・麦・豆と分類されています。この主材料である大豆そのものが、良質なタンパク質や脂質、糖分、ビタミン、ミネラルなど栄養豊富な食品である上、そこに発酵という微生物の働きが加わることによって、栄養分は消化吸収しやすい組成に分解されるとともに、栄養価もさらに高まります。牛乳よりもヨーグルトやチーズのほうが栄養価が高いのと同じことです。発酵とは、多種多様な微生物が、多量の

栄養成分を生産し、食品の中に蓄積する工程ともいえるでしょう。

この健康効果の高い味噌の唯一の弱点が塩分量です。味噌は塩分のデメリットより、抗酸化効果をはじめとするメリットのほうが多いのです。味噌汁が塩分が高く、問題があるというのであれば、塩分を排出する効果のあるカリウムを多く含んだ素材を入れて食べればよいのです。一緒に食べるおかずにも取り入れればなおよいでしょう。味噌汁も合わせる食品を工夫すれば、何の問題もなく食べることができるのです。日本の大事な発酵調味料の味噌を再度見直してみるとよいでしょう。

「まごわやさしい」って何ですか？

 まごわやさしい食事とはからだに必要な栄養をバランスよく、からだに負担をかけずに摂取できる理想の食事のことです。

 「まごわやさしい」という言葉は以下の事柄から成り立っているものです。

・ま：大豆・あずきなどの豆類：タンパク質、マグネシウムの摂取
・ご：ゴマ・クルミ・アーモンドなどのナッツ類：不飽和脂肪酸とビタミンEの摂取
・わ：わかめ・昆布・のりなどの海藻類：ヨード・カルシウム・フコイダン・食物繊維・カルシウム・アルギン酸カリウムの摂取
・や：野菜類・根菜類：ビタミン・ミネラル・食物繊維の摂取
・さ：魚類：$\omega 3$脂肪酸・カルシウム・タンパク質・亜鉛・ビタミンB群の摂取
・し：シイタケ・シメジ・マイタケなどときのこ類：βグルカン・食物繊維・ビタミンDなどの摂取
・い：ジャガイモ・さつまいも・サトイモなどの芋類：食物繊維・炭水化物・カリウムの摂取

「まごわやさしい」を食生活に取り入れることで、生活習慣病予防、コレステロール低減、老化予防、皮膚や粘膜の抵抗力強化、疲労回復、骨を丈夫にする、などの効果があるといわれています。これらの食材を毎日の

ように食べてきたからこそ、日本は世界一の長寿国になったといっても過言ではないのです。これらの食材は和食のメリットを凝縮した「健康食材の詰め合わせ」のようなもの。栄養学的に優れているのはもちろん、ご飯によく合い、毎日食べても飽きず、献立の組み合わせがしやすいものばかりです。朝昼晩のメニューに使いやすい便利さも兼ね備えています。たとえば、定番レシピの「ひじきの煮物」は、海藻類(ひじき)、油揚げ(大豆製品)、ニンジンなどの野菜が含まれています。

　他にも、豆腐にごまを加えた「白あえ」など、日本人が食べ続けてきた昔からあるおかずと「まごわやさしい」は切っても切れない関係にあるのです。また、日本歯科医師会も歯を強くする食事として「まごわやさしい」食事を推奨しています。

和食が健康によいといわれる理由は何ですか？

A9 日本人の寿命の長さからです。

解説　日本人女性の平均寿命は世界でナンバーワンです。日本人男性は世界で第5位です。健康や長寿に大きく関わるものは食事です。日本人が長寿なのは日本食を食べているからだとして、和食が世界中から注目が集まっています。2013年には和食が世界無形文化遺産として登録され、優れた長寿食として医学的にも注目を集めているのです。このように世界で評価されている和食が長寿と健康によいとされる理由の根底には、和食特有の一汁三菜という食事パターンが存在します。

　精製度の低い炭水化物と発酵食材の味噌を使った味噌汁、魚を中心とした主菜、野菜や魚を中心とした副菜、そして野菜を中心とした乳酸発酵した漬物という三品からなる和食には、タンパク質、ビタミン、食物繊維などがバランスよく含まれています。1日に1食でもこのようなバランスの取れた一汁三菜の食事を摂ることで、腸内環境がとてもよくなります。

　また、和食に欠かすことのできない食品として、味噌や醤油、酢やみりん・酒などの発酵調味料があげられます。高温多湿の日本ならではの風土

が、このような多彩な発酵食品を生み出しました。消化を促進したり、血行をよくしたりするなどの優れた効果があります。

年齢を重ねることで、活性酸素を除去するための酵素の働きが弱まり、これが老化につながるのですが、これらの発酵食品に含まれる抗酸化物質がそれを補ってくれるのです。また和食には加熱しない料理が多いので、酸化されやすい魚油に含まれる成分などが効果的に体内で働き、老化の遅れにも役立つといわれているのです。魚に含まれる熱に弱いビタミンも刺身で食べることで効率よく摂取できます。

和食の特徴である季節の食材を使用した献立は、健康や長寿につながっています。その食材が最もおいしく栄養価の高い旬に、なるべく加工せずに食べることを和食では重視しています。素材のよいところを最大限に生かした料理が和食なのです。

Q10 新和食といわれるものがあると聞きましたが、どのようなものでしょうか？

A10 肉や少量の油脂を取り入れた和食で、より健康によいものと考えられています。

解説 日本型食生活の評価は、前述の精製度の低い炭水化物を取り、旬の魚の主菜、野菜や魚を含む副菜、発酵漬物、発酵食品でつくる汁の一汁三菜で、江戸時代以前のものがよいといわれていました。長い間、日本の庶民の「ご飯」は玄米が中心で、白米は身分の高い人しか食べられませんでした。状況が変わったのは江戸時代です。流通システムの発展によって、江戸の庶民の食卓に白米が現れ始めました。「江戸には仕事もあって、なにより白米が食べられる！」として、地方から人が集まり始めます。江戸の人口増加の最たる理由は白米、とまでいい切る研究者たちもいたということです。ちなみに「一日三食」の習慣も、玄米などに比べて消化されやすい白米の普及によって生まれたという説もあります。

江戸時代には玄米を精米したため、ビタミンB群が欠乏し、脚気という病気が流行りました。江戸に行くと体調が悪くなる、足元がおぼつかなくなる、怒りっぽくなる、場合によっては寝込んでしまう者が続出しまし

たが、侍たちが故郷へ帰るとケロリと治ったことから「江戸煩い」といわれました。また、戦前の日本は肉を食べる習慣や油をとることが少なく、塩分の高い食事をしていたため血圧が高く、しなやかで柔軟な血管ではないため、50歳くらいで脳卒中に倒れることが多かったといわれています。これはタンパク質と脂質の摂取量の低さが原因とされています。ですから現在、江戸以前の日本型食生活がよいといわれても、当時は平均寿命が50歳前後ですから決して鵜呑みにはできませんが、飽食の時代に生きる人々がリセットのために当時の食生活を真似してみるにはよいかもしれません。

現在は欧米型の食事が一般化され、肉の多食が日常化されているので、脂肪比率も高く、生活習慣病が増える一方になっています。それに対して、日本型食生活という極端に脂肪や油脂の少ない食事に血管をしなやかにするタンパク質や脂肪を少量加えたところ、切れる血管疾病が少なくなりました。ですから、従来の日本型食生活に少量の肉と油を足したもの、つまり「新和食」が循環器系の病気を減らし、現在の長寿を築いてきたとして、より健康によいものとして注目を浴びました。

Q11 食欲がないときでも、朝食ではせめて味噌汁くらいはとるべきでしょうか？

A11 朝ご飯は非常に重要です、起きてから2時間以内に必ず食べてください。特に温かいものをとりましょう。

解説 私たちの体には見えない時計が働いています。起きる時間、寝る時間と習慣性をもっています。これは、体内にセットされた時計があり、それに基づいて体が動かされているということです。この体内時計、すなわち生体リズムの視点から考えられた栄養学を「時間栄養学」といいます。今までは食べたものの総エネルギーが重視されていましたが、時間栄養学の研究により、食べる時刻や、朝・昼・晩の食事の比率で、健康面やダイエットに影響を与えることがわかってきました。

1日は24時間ですが、人間の生体リズムは少し長く、25時間周期でからだの活動を行っています。もし真っ暗な密室で生活すると、私たちは1

日を25時間の周期で活動します。しかし、地球の動きに合わせて1時間のズレを調整し、24時間周期に合わせるしくみが、カラダには備わっているのです。その体内時計をリセットするスイッチが、「太陽の光」と「朝食」です。朝食は内臓の働きを調整する「末端時計遺伝子」に関わります。この遺伝子の指令で内臓が目覚め、1日のエネルギー代謝が活発になります。

朝食を食べないと1日のからだの動きが順調にスタートせず、肥満になりやすい要素が増えていきます。朝食をとるとリセットスイッチが入るので活動指数が高まりますが、そうでないとリセットされないため睡眠時の省エネ状態が続きエネルギーが消費されにくくなります。朝食抜きで、エネルギー源にする材料がないまま活動すると、からだは危険を感じ、次に入ってきた食べ物を貯蓄するように働きます。この防御反応により脂肪を溜め込みやすくなり、肥満の原因になります。しかも、からだに糖が入ってこないと、代りに筋肉を分解してエネルギー源とします。筋肉は熱を生み出す工場なので、筋肉が減っていくと低体温や代謝の悪さの原因となり、その結果太りやすくなってしまうのです。

これは一例に過ぎず、朝食を食べないで起こりうる体の不調は計り知れません。食欲がなくても温かい味噌汁1杯を食べればリセットスイッチは入りますので、朝食の恩恵を受け、一日を活発に過ごしましょう。

Q12 和定食だけで理想的な朝食といえるのでしょうか？

A12 和定食の前に果物をとるのがもっとも理想的な朝食です。

解説 今まで食べる習慣がなかった人はおにぎり1個とか、シリアルなど糖質に偏った食事になりがちですが、それでも十分リセットスイッチが入ります。しかし、欲をいえば末端時計遺伝子をリセットさせるには、糖質だけでなく、筋肉や酵素の材料となるタンパク質をしっかりとることが大切なのです。主食で精製度の低い糖質、主菜でタンパク質、それらを働かせるためのビタミン、ミネラルを含んだ副菜、からだを温める汁物を組み合わせた和定食は理想的な朝食です。朝食の量が多いほど時

計の針を合わせる力が強いこともわかっています。

　しかし、さらに完璧な朝食にするのに最も効果的なものがあるのです。それが果物です。

　ことわざにも「朝のくだものは金、昼は銀。」とあるように、朝食べるのが最も効果的です。その第一の理由には果物の甘みのもとである果糖が関わっています。私たちのからだも脳も、血液中に含まれる糖分をエネルギーに変えて活動しています。この糖分がブドウ糖です。たとえば主食のご飯やパンに含まれるでんぷんは、胃腸でブドウ糖に分解、吸収され、全身の細胞のエネルギーになります。朝ご飯はbreakfastといわれるように断食を解くという意味があり、夕食後から朝までの間に血液中のブドウ糖も減っています。果糖はパンやご飯に含まれるデンプンよりスピーディーにブドウ糖に分解されますから、効率のよいエネルギー源になります。

　日本の果物の代表といえば柿です。酸味はないのですが、ビタミンCやカリウム・食物繊維もかなり豊富に含まれています。しかも、干し柿の食物繊維含有量は果物の中でトップクラスです。さらに、現代人は常にストレスにさらされていて、体内ではストレスに対抗するためのホルモンが盛んに分泌されています。このホルモンを作るための材料として欠かせないのが果物や野菜がもつビタミンCなのです。

　大事な仕事がある朝は、たくさんの果物を食べてビタミンCやミネラル、ブドウ糖を味方にして脳を活性化し、仕事に臨めば思った以上の結果が現れるかもしれません。他にも果物がもたらす効果としてグレープフルーツの香りの効果があります。これは自律神経に作用し、血圧を変化させる力があります。健康のためにグレープフルーツの香りを朝にかぐことが有効です。

　自律神経には活動モードの交感神経と休憩モードの副交感神経があります。朝にグレープフルーツの香りをかぐと腎臓の交感神経の活動が亢進し、副交感神経が抑制されるため、活動モードに切り替わるのです。このようなことからも朝の果物は金といわれているのです。

Q13 昼食は丼物を食べることが多いのですが、どのようなメニューを選ぶのが理想でしょうか？

A13 時間と内臓の動きを考えると12時ころから胃が活発に動き、ピークは14時ころとされているので、タンパク質中心の食事がベストです。

解説 「何をいつ食べるべき？」という疑問に対して内臓の活動時間から考えると、新陳代謝をスムーズにし、細胞を老いさせないためには、代謝を行う臓器を健康で働けるよう保つことが大切で、臓器のリズムに合わせて生活を整えていくことが大事です。カラダは24時間働いているように思いますが、内臓にも活発に活動する時間帯と、動きを最小限にし、休息する時間帯があります。そして、その時間帯は臓器によって異なっています。それぞれの活動時間帯を無視せず、リズムに沿った時間に適した食事を摂ることで、健康面、美容面にもうれしい変化が出てきます。

昼食は朝食から5〜6時間後を目安にします。脂肪の取り込みや蓄積を促す時計遺伝子の働きが弱い時間帯ですから、揚げ物や炒め物など高脂肪の食事をとるには適しています。また、摂取したエネルギーをどんどん消費する代謝が一番活発な時間帯でもありますから、肥満の心配は少なくてすみます。タンパク質の消化をする胃の働きが活発になる時間は12時ころから始まり14時がピークです。

そこで、できればランチタイムは遅めにして胃の働きを助けましょう。この時間は何を食べても比較的問題ないのですが、単品ものより多数の食材がとれる定食がよいでしょう。がっつり系のカツ丼や牛丼も夕飯よりはランチタイムに食べるほうが体への負荷は少なくてすみますが、胃腸の負担を和らげるために千切りキャベツや抗酸化効果のある味噌汁などをサイドメニューとしてとるとよいです。とにかくランチタイムはタンパク質をたっぷり摂ってください。

和食における間食の意味と何時なら間食してもよいですか？

A14 糖質の分解に関わるホルモンであるインスリンの分泌が盛んな16時ころなら甘いものを食べても大丈夫です。

解説 大人であれば習慣的に間食をする必要はないのですが、どうしても間食をとりたいという人に勧める間食の食べ方は以下の通りです。間食をとる上で大切なことは、あくまでも食べ過ぎないように、回数や量をコントロールすることです。そして、もし食事などで栄養素が不足していれば、できればその栄養素を補えるようなものを選びましょう。子どものように一度に食べられる量が限られている場合は、間食は食事の一部と考え、とくに栄養を意識したものを用意してください。

大人の1日の間食の栄養摂取量の目安は、基準値の10％程度。2000kcal摂取の人なら、200kcal程度が目安ということです。市販の菓子を間食とする場合は、袋に記載してある栄養成分表示を参考にしましょう。カロリーを参考に、袋のまま食べるのではなく小皿に適量取り分けて、ダラダラと食べないように意識しましょう。コンビニエンスストアなどに売られている小袋サイズは便利かもしれませんが、思いの他、高カロリーですので、気をつけましょう。

飲み物は、案外「間食」として意識されずにカロリーをとっていることがあります。炭酸飲料や市販のコーヒー、紅茶、スポーツ飲料などは、とくに糖分が多く含まれているものもあるので注意が必要です。間食はとるタイミングが重要です。「おやつ」という言葉は、昔の時刻で日中の「やつどき、すなわち14時ごろ」に由来しています。1日3食が定着する以前（鎌倉時代ごろからと考えられていますが、諸説あります）は1日2食で、労働量の多い農民や兵士は、時に応じて間食を含めて1日3〜4食とり、エネルギー補給していたそうです。

現代人も、残業で遅い時間まで働いている時には、正午に昼食をとった後、帰宅する21時や22時ごろまで何も口にしないのでは、1日の後半の疲労感も増して仕事の効率も上がりません。また、空腹感が募って遅い時間にまとめてたくさん食べすぎて、摂取カロリーが多くなりがちになる心配もあります。

肥満を防ぐという意味では、14〜16時くらいのおやつ時に間食しても脂肪が蓄積しにくいことが「時間栄養学」の分野では考えられています。1日の摂取エネルギーは同じでも、深夜に食べる生活リズムが続けば肥満になりがちです。こういうことからも、残業が多い現代人や塾通いで夕食が遅くなりがちな子どもも含めて、状況に応じて間食を活用したほうが健康維持や能率を上げるためにはよいのではないかと思います。

夕食が遅くなる時には、夕方にエネルギー源になる糖質やタンパク質などをおにぎりなどからとりましょう。おにぎりは糖質の代謝を促進するのりが巻いてあるので、サンドイッチなどより体への負担が軽減されます。帰宅後は、カロリーの低い野菜や大豆加工品、海草類などで、不足しがちな栄養素を補うというように、夕食を2回に分けて食べるような考え方で、間食をとれるとよいでしょう。間食を食事の一部と考えれば食べるものも変わってくるはずです。

Q15 和食は塩分が高いと聞きますが、就寝前は塩分も控えたほうがよいのでしょうか？

A15 夕食の塩分は比較的気にしなくても大丈夫ですが、脂質と糖質を控えたものにしましょう。

解説 夕方から夜は肝臓が休息モードに入っているため、脂質の多い食事は控えましょう。野菜を中心に、タンパク質をプラスした食事にしましょう。なるべく夕食は夜21時前に済ませ、21時以降の飲食やアルコールは控えたほうがよいでしょう。昼食との時間は7時間以上あけないようにしましょう。あき過ぎると体内時計がリセットされてしまって生体リズムが乱れる恐れがあり、また、遅い時間帯の食事は脂肪を合成するホルモンが多く出るので肥満につながります。

この意味でも脂肪や糖質は控え目にし、逆に夜に作られる体組織やホルモンなどの材料になるタンパク質はしっかりとっておきましょう。野菜や海藻類で食物繊維を十分にとっておくと、脂肪や糖質の取り込みを抑えることができます。また、時間栄養学でわかったことに夕食と塩分の関係があります。和食はすばらしい健康食ですが、塩分摂取量だけは世界基準に

ならないほど高いのです。

　減塩が声高に叫ばれている今、塩分制限をされている人には朗報があるのです。それは夕食に限っては塩分をとっても血圧を上げるホルモン、アルドステロンが分泌されないということです。塩分を制限した食事はおいしくないため、食事に対する楽しさが少なくなります。血圧の高い人が朝や昼に塩辛いものを摂ると、腎での再吸収が促されて血圧の上昇を引き起こします。夕方はアルドステロンが低いので、塩辛いものをとっても再吸収とは逆に排出が促されるのです。

　これらのことから、朝と昼は塩分を制限し、夕食では少し制限をゆるやかにしてもよいのではないかということがわかります。食事がおいしいというのは気持ちの上でもとても大切なことです。食事がまずければ制限も続きません。塩分摂取量の多い和食には嬉しい情報です。

Q16 和食はヘルシーなイメージですが、和食なら夕食は何時に食べてもよいのでしょうか？

A16 理想は20時までですが、22時以降は食べないほうがよいでしょう。

解説 同じメニューでも食べる時間でからだへの影響は変わります。昼は交感神経が活発で、夜は副交感神経が優位になります。交感神経が活発だと脂肪が分解・燃焼されやすくなり、反対に副交感神経は、消化・吸収機能を活発にするので、エネルギーをため込む働きが強くなります。つまり、昼は脂肪が分解・燃焼されやすく、夜はエネルギーをため込みやすくなります。

　たとえば同じ量のカレーライスを食べても、昼と夜では夜のほうが脂肪としてからだに貯蓄しやすいということになります。さらに、ここには交感神経と副交感神経の他にBMAL1(ビーマルワン)というものも関わってきます。このBMAL1は体内に刻まれている活動リズムが正常に機能するよう調整するタンパク質の一種です。脂肪を蓄積させる作用があり、時間帯によって増加するため、その時間帯の食事は控えたほうがよいといわれています。BMAL1は昼に少なくなり、夜に増加する性質があり、22時ご

ろになると急激に増加し始め、2〜4時ごろが増加のピークとされ、この時間の飲食は厳禁です。

BMAL1の増減は太陽光と関係があるとされていて、朝日を浴びることで分泌の減少につながると考えらえています。人間は、日中に糖質からエネルギーを産生・補給し、夜間は脂肪酸を消費してエネルギーを作り出しているといわれていますから、普段あまり食事をとることのない深夜帯に食べてしまうと、脂肪が蓄積されやすくなるのは当然のことです。BMAL1が増加を始める22時までに食事をすませるのがよいでしょう。

ヘルシーといわれている和食でも、食事の回数と食べる時間帯は体重の変化に関わりますか？

A17 同じカロリーであれば回数を分けて食べたほうが脂肪になりにくいとされています。

解説 食事の回数を増やすと、こまめに栄養摂取ができるので、栄養不足になる時間をなくすことができます。食事と食事の間隔が長いと空腹感を感じ、体内では活動するためのエネルギーが不足し始めています。欠食などによりエネルギーが不足してしまうと、からだは「エネルギー不足」と認識してしまい、飢餓状態を感じ、その後の食事でエネルギーを蓄えるように働いてしまいます。

しかし、食事と食事の間隔が短い場合には、エネルギーがこまめに補給されるので、体内では「十分にエネルギーが足りている」と認識されます。そして、「短時間で栄養が補給されるから今あるものは脂肪として蓄えなくてもよい」という判断をするようになります。つまり、食べた栄養が消費に回されるようになり、脂肪として蓄積しにくくなるのです。お相撲さんは1日2回しか食事をしていません。それは、エネルギーを脂肪として蓄えやすいようにするためです。

1日1食の場合は朝より夜の1食のほうが太りやすく、同じ量を朝と夜1：1にしたほうが太りにくくなります。朝3：夜1の場合はもっと太りにくい結果が出たといわれています。食事の回数が減れば、食事の回数を増やした場合とは逆で、太りやすい体質を作るからです。前述しましたが、

脂肪を溜め込む作用をもつBMAL1というタンパク質は22時から深夜2時にかけて最も体内に多く存在し、15時ごろに最も少なくなります。

つまり、最も脂肪として蓄積しやすいのが22時から深夜2時にかけてで、最もエネルギーとして消費しやすいのが15時ごろということです。食事を複数回に分ける時は、BMAL1が少ない時間を狙ってなるべく朝・昼の食事を多めにして、夕食を少なめにするとよいでしょう。時間栄養学で最も太りにくい配分は朝2：昼1：夕1で、夕食の脂肪摂取量が少ないほどその結果は明らかになっています。

Q18 油っぽいものを食べると寝つけないことがあるのですが、なぜでしょうか？

A18 基本的に、人間の眠気は「体温が下がるタイミング」に合わせてやってきます。そのため、就寝時間が近づいたら体温を上げないように気をつけるのが安眠の基本原則です。

解説 何らかの理由によって、寝る前になっても体温がなかなか下がらないことがあります。その理由はいくつか考えられますが、食事もその1つです。胃の中に食べ物がたくさん残っていると、胃の消化活動が活発になるため体温が下がりにくくなるのです。

つまり、胃の中に滞留しやすい食べ物は、睡眠を妨げやすい食べ物ということです。

代表的なのは天ぷらなどの「揚げ物」で、胃の中に停滞する時間は4時間以上といわれています。ほとんどの食べ物は2〜3時間くらいで消化されますが、それは単独で食べた場合です。複数のものを一緒に食べれば、消化にはさらに時間がかかります。

完全に食べ物が消化されるまで待つ必要はありませんが、少なくとも就寝時刻の2時間前（できれば3時間前）には食事を終わらせておくのが無難です。また、胃の中にたくさん食べ物が残ったままだと、寝つくことはできたとしても眠りが浅くなります。眠りが浅くなれば、睡眠本来の役割（脳とからだの休息）を果たせなくなり、「たくさん眠ったはずなのに疲れがとれない」という症状につながる可能性も出てきます。

ちなみに、辛いものや温かいものを夕食に食べると、その日はぐっすり眠れるようになるという話があります。こういった食べ物は体温を上げる作用が強いので、一度上がった体温が下降する時に大きな落差が生まれ、その影響で心地よく眠りに入っていけるということです。

牛乳を飲むと眠くなるといいますが、和の食材で熟睡できるものはありますか？

A19 疲労回復効果のあるネギやニラを含むものを食べると熟睡できるようになります。

解説 睡眠不足に効果的な食材としては、脳をリラックスさせるものと眠気を誘うホルモンを分泌するものがあります。まず、脳をリラックスさせるものとして有名なのは牛乳です。ホットミルクを飲むとよく眠ることができて、寝不足を解消するといわれています。カルシウムの不足は精神過敏(いわゆるイライラ)を起こしますので、気持ちを高ぶらせ、寝不足の原因となります。牛乳は、カルシウムがたっぷりと入っているため、寝不足を解消するのには非常にお勧めできる食べ物です。

また、パントテン酸という成分を含む食べ物も寝不足解消には効果的です。具体的には、レバー・たらこ・干し椎茸などがお勧めできます。これらの食べ物をとくに夕食に取ることで脳をリラックスさせ、寝不足解消につなげることができます。眠気を誘うホルモンを分泌するものとしては、まずトリプトファンがあります。これは寝不足を解消する脳内物質であるセロトニンを作るものであり、トリプトファンを多く含む食べ物は寝不足解消のために効果的といわれています。トリプトファンを多く含む食べ物としては、バナナや牛乳、大豆製品などです。これらの食べ物はそれぞれ相性がよいので、一緒に食べることができるメニューを作ることでなお寝不足解消に効果的となります。

次に、ラクチュコピクリンを含む食材も寝不足解消にはお勧めできます。ラクチュコピクリンは、精神を落ち着かせ眠気を誘う物質です。レタスの芯の部分にとくに多く含まれている乳白色の液体です。夕食にはレタスの芯を添えたメニューを作ることで、寝不足解消に役立ちます。さらに、硫

化アリルという物質を含む食べ物も寝不足解消には効果的といえます。硫化アリルは直接には睡眠効果をもたらすものではありませんが、疲労回復効果がある物質です。

寝不足は疲労(とくに精神的な疲労)が蓄積することがストレスとなって生じます。そこで、硫化アリルを含む食べ物をとり、疲労回復したからだで眠りに入ることで、深い眠りを期待することができます。硫化アリルが含まれる食べ物としては、ネギやニラなどがあります。上記の食べ物の中でもとくに牛乳とレタスの芯は寝不足解消にはとくにお勧めできる食べ物です。

Q20 丼物を昼食でとると眠くなる理由は何ですか?

A20 炭水化物の過剰摂取によるものと推察されます。

ご飯を食べたあとに極端に眠くなって起きていられなくなるということをよく聞きます。それは米やパンなどの炭水化物が原因といわれています。近年では炭水化物ダイエットなどの影響で、白米などの食べ過ぎがからだに与える影響についても明らかにされてきています。炭水化物がからだに与える影響の根本にあるのは、血糖値の上昇です。「食後に眠くなるのは血液が消化器官に集まるせいで脳の血流が低下するため」というのも正しいのですが、あまりに極端に眠くなってしまう場合は消化のためだけではありません。

このような場合は、炭水化物を摂ったことで上昇した血糖値を下げようとするからだの働きによって眠くなっているのです。食後に血糖値が下がる原因は米や小麦を含むパンやうどんなど、急速に血糖値を上げる食べ物をたくさんとるからです。炭水化物を食べたのに血糖値が下がって眠くなるとは不思議な感じですが、確かに炭水化物は糖に分解され、体の活動を支える重要なエネルギー源です。脳の唯一のエネルギー源がブドウ糖という話を耳にした人も多いと思います。

ここだけ見れば、炭水化物を食べれば血糖値が上がるはずなのに、なぜ

それで血糖値が下がるのか？　と疑問に思うのは当然です。しかしそこが落とし穴なのです。炭水化物も適度に食事に取り込むのであればよい食生活といえますが、とり過ぎると逆に血糖値が上がり過ぎてしまうのです。そこで、からだは上がり過ぎた血糖値を下げようとします。その働きをするのが馴染みのインスリンです。インスリンとは体内で分泌されるホルモンで、血糖値をコントロールする役割があります。その役割は血糖値を下げることです。

炭水化物の多い食事をとって眠くなるのは、食後に上がり過ぎた血糖値を下げるためにインスリンが分泌され過ぎて急速に血糖値が下がり、脳の活動に必要なブドウ糖の供給量が低下することが原因です。つまり食後に眠くなってしまうのは炭水化物で上がった血糖値に反応したからだがインシュリンを出して血糖値を下げようとするからなのです。ご飯の後に起きていられないほどの眠気に悩まされる人は、ほぼ間違いなくこのようなことがからだの中で起こっているといえます。

そのような人は一度食事の炭水化物の量を見直してみるとよいかもしれません。米を食べ過ぎない、パンや麺を食べ過ぎないことはダイエットや糖尿病の予防にもなりますし、実際に減らしてみるといつもよりからだの調子がよいと感じることもあるかもしれません。血糖値を急速に上げてしまう食品を食事の最初に食べず、野菜などから食べれば急速な血糖値の上昇を抑えることもできます。

6章
和食の味つけと薬味 Q&A

 味つけの「さしすせそ」って何ですか？

 調味料を入れる順番のことです。

解説 「さ：砂糖・酒」「し：塩」「す：酢」「せ：醤油」「そ：味噌」のことです。

まず砂糖を最初に入れるのは、その分子構造が大きいので、甘みは材料になかなか浸透しにくいからです。ただし、材料が柔らかくなってから入れるというのがポイントです。もし塩を先に入れると、塩の分子構造が砂糖より小さいので、塩が先にしみ込み、塩の素材への引き締め作用で、砂糖の浸透を防御してしまいます。あとで砂糖を入れても、なかなか甘くなりませんし、砂糖を分量より多く入れなければならなくなります。砂糖をたくさん使う煮豆などは、一度に入れると浸透圧で豆が硬くなり、皺が寄ってしまうので、何度かに分けて入れます。

次に塩で味つけをするのですが、ポイントは、少し控えめに入れることです。決まった分量であっても、素材のうま味や先に入れた砂糖がどのように味に影響するかはその時その時で違います。必ず少しずつ入れていって、最後のほうで味を調えるのがポイントになります。

塩の次に酢を入れるのですが、酢は火にかけると酸味がとんでしまいますのでやはり一度に全部の量を入れないほうがよいでしょう。料理の種類にもよりますが、少し残しておいて、火を止める直前に酸味を調整するのがポイントです。

醤油は風味を生かすことが大切ですので、仕上げに入れるか数回に分けて入れるのがよいでしょう。料理の最初に入れて、煮詰めると焼けたような香りになる場合がありますが、淡口醤油と濃口醤油では扱いや入れるタ

イミングも違いますのでご注意を。肉じゃがなど煮汁を煮詰めるものは濃口醤油、吸い物などは淡口醤油が向いています。

味噌汁を作る時に、味噌を入れるのは火を止めてからとよくいわれますが、味噌煮込み料理などは別にして、やはり仕上げに入れると、その風味を最大限に生かすことができます。

1つの料理にこれほどの調味料を使うことはまず少ないですが、順番に迷ったら参考にする程度でかまいません。酒や酢はもともとでんぷんからできているので、煮詰めれば甘くなります。酢炊きなどは最初に酢と水を入れて煮詰め、酢が甘みに変わってから足りないと思う甘みを砂糖で足しますし、煮つけのように調味料をすべて合わせて炊く場合もあります。「さしすせそ」はあくまでも考えかたの1つと思ってください

 魚を煮る時、だし汁は使わないのですか？

A2 普通は使いません。

解説 魚を煮る時の基本的手順として、鱗や内臓を取り、よく洗い、水気を取り、熱湯にさっとくぐらせ（霜降り）、水に落とし、落ち切れなかった鱗や汚れを洗い流し、きっちり水気を拭きとるところまでが下準備です。

だしには昆布だし・かつおだし・混合だしなどいろいろな種類がありますが、一般的にいわれているものは昆布とかつおの混合だしです。昆布のアミノ酸であるグルタミン酸と、かつおの核酸成分のイノシン酸が合わさると、うま味成分が単体の時の7～8倍になるといわれています。魚にはかつお節同様イノシン酸が含まれているため水で煮てもおいしくでき上がります。その時に昆布を一緒に入れると、うま味成分が増して、よりおいしくなるというわけです。

とくに白身魚などの場合に昆布・カツオの混合だしで炊いてしまうと、だしのかつお節の血合い部分の生臭さが立ち、あっさりと仕上げたい煮物がくどくしつこいものになってしまいます。

魚の煮方にはいろいろな方法があり、何がよいのかわかりませんが、煮汁を合わせて一度沸騰させたところに霜降りした魚を入れて、落しぶたをして煮汁が半分になるまで煮るという説が強いようです。しかし、霜降りをして表面のタンパク質は固めているので、沸騰した煮汁に魚を入れるのは調理法として危険です。

魚の歩留りは一番よいのですが、家庭では危険を伴うでしょう。鍋に昆布と水・酒・魚を入れて火にかけ、沸騰したら砂糖を入れて、2〜3分炊いてから醤油を入れて、照りをつけたいのなら煮汁を対流させ、しっとりした煮魚が食べたければあまり煮込まず煮上げます。

どちらにしても魚のうま味があるので、だしのうま味は必要ないのです。

みりんと砂糖は、どのように使い分けたらよいのでしょうか？

みりんと砂糖はまったく違うものですから、素材や調理法により使い分けます。

解説 みりんは単に甘いだけでなく、特有のうま味と香りをもっていて、料理に風味を与えます。また、みりんには「本みりん」と「みりん風調味料」とがあります。

本みりんは蒸したもち米、米麹、焼酎もしくは醸造アルコールが主原料です。40〜60日間かけてじっくり糖化・熟成して作ります。この間に米麹の酵素が働き、もち米のデンプンやタンパク質が分解されて、多種類の糖類やアミノ酸などのうま味成分が作り出されます。

みりん風調味料は水あめなどの糖類や米、米麹、酸味料の他、うま味調味料などをブレンドして作ります。

酒税法で「本みりん」は「酒」とみなされ、「みりん風調味料」は酒とみなされないため、販売価格も大きく変わります。本みりんはアルコール分が14％もあり、煮切る必要がありますが、みりん風調味料は1％弱しかアルコール分がないため、煮切る必要がありません。ですからみりんと書かれたものでも使い分けが必要です。

みりんは主として、全体をまろやかに仕上げたい時のかくし味や、照り

をつけたい時に使ってください。また、みりんには繊維を硬くする性質があるため、魚や芋の煮崩れを防いだり、野菜の繊維にシャキシャキ感を残せます。逆に、肉などを柔らかく仕上げたい場合にみりんを多く使うと固くなってしまいます。

一方の砂糖は、化学的にはショ糖と呼ばれ、ブドウ糖と果糖が結合したものです。ブドウ糖と果糖はそれ以上分解されない単糖類で、これが結合したショ糖は二糖類に分類されます。単糖類が数個結合したものをオリゴ糖、単糖類が多数結合したものを多糖類といいます。

甘辛く煮込んだお惣菜や照焼き、三杯酢、すき焼、酢飯など、和食に砂糖はなくてはならない調味料です。さまざまな料理で砂糖が使われるのは、単に甘味をつけるのだけが目的ではありません。甘味には、他のどの味とも調和し、多様な味を作り出す性質があるためです。醤油と砂糖の甘辛い味つけは、砂糖の甘味が塩味の刺激を適度に緩和します。甘味と酸味は、互いの味を緩和させ、穏やかで柔らかい甘さと酸味の味になります。

照焼きなどの調理では、砂糖が加熱によってアメ状になって照りができ、おいしそうな焼き色も生み出します。砂糖は加熱によってその状態が変化し、約105℃で粘性を帯びたシロップ状になり、130℃ぐらいからアメ状になり、さらに150℃ぐらいになると褐色にカラメル化します。照焼きなどでは、醤油に含まれるアミノ酸とメイラード反応を起こして、茶褐色の焼き色と香りが醸し出されます。

料理に大量の砂糖を使用することは煮豆以外あまりないですが、砂糖とみりんを使う目安としては柔らかく仕上げたいものや精進もの(コンニャクや干し椎茸、高野豆腐)は砂糖、煮崩れさせたくない物(芋類や煮魚)はみりんと覚えておけばよいでしょう。

濃口醤油と淡口醤油の使い分けはどうなっていますか？

A4 目安として、煮込み料理は濃口醤油、吸い物や茶碗蒸しなどには淡口醤油を使用します。

解説 日本の醤油生産量の80%が濃口醤油で、淡口醤油の生産量は約13%です。淡口醤油は、関西料理から発達した醤油で、今では全国で生産され、家庭でも濃口醤油と併用されることが多くなってきています。

最も代表的な濃口醤油の塩分量は16%。卓上調味料をはじめとし煮物、焼物、だし、たれなど調理用醤油として使われています。濃口醤油の麹は、大豆または脱脂加工大豆を蒸したものに、ほぼ等量の炒って砕いた小麦を混ぜて作ります。江戸期以来、関東を中心に発達し、香りと色、味のバランスに優れているのが特長です。醤油が発達した当時、江戸は「江戸前」といわれるほど多くの魚が獲れました。それも関西の白身とは異なり「背の青いクセの強い魚」が多かったこともあり、その「臭み消し」の役割として関東では香りの強い醤油が好まれたという背景があります。また香りやうま味の強さと塩分の低さからしっかり煮込んでも塩辛くなり過ぎず、煮詰めた時に大きな味の変化が起こらないため、肉ジャガや煮っ転がしなど煮汁がほぼなくなるまで煮る献立に合います。

淡口醤油は塩分が18〜19%と濃口醤油より高いので、塩分が薄いのではなく色が淡いという視点から淡口と表記されています。料理素材の魚や野菜などのもち味や色合いを生かすのに向いていて、淡(あわ)めの色合いとおとなしい香りが特長になっています。醸造食品である醤油は、発酵・熟成が進むほど色が濃くなり、風味が豊かになります。淡口醤油の色が淡いのは高濃度の食塩で発酵・熟成をおさえ、併せて醸造期間を短くしたため。醸造過程の仕上げには甘酒や水あめを加えるのも特徴で、醤油のうま味も淡い色と同様、控え目に仕上がっています。また香りも薄いため、つけ、かけ用には不向きですが、野菜の煮物や吸い物、うどんつゆなどにはとてもよく合います。

塩分が強く、甘みもあるため、長時間の加熱で大きく味が変化します。淡口醤油で調味したら加熱は最小限に抑えることが重要です。料理色を重視する関西地方から発達した醤油ですから、あえ物や含ませ煮、だし巻き卵など、素材の色を活かした彩りよい盛りつけや色が淡いながらもしっかりとした味つけに淡口醤油は欠かせないものなのです。

Q5 たまり醤油はどのように使うのでしょうか?

A5 濃度が高く、粘性もあるので、しっかりとした色をつけたい煮ものに使います。

解説 たまり醤油はほぼ大豆のみで作られるため、大豆が分解されて生まれるとろりとしたコクとうま味が特長です。「刺身たまり」とも呼ばれるように、すし、刺身などの卓上用に使われる他、加熱するときれいな赤みが出るため、照り焼きなどの調理用や、佃煮、せんべいなどの加工用にも使われます。独自の香りはありますが、他の醤油に比べると香りが穏やかなため、赤ワイン煮込みなどにも隠し味として使います。

たまり醤油は濃口醤油と違い、小麦をほとんど使用せず、ほとんどが大豆からなります。一方、濃口醤油は、大豆と小麦が同じくらいです。大豆は昔から畑の肉と称され、良質なタンパク質を多く含んでいます。醤油のうま味の元となるタンパク質を多く含む大豆を主原料にしていることが、「たまり醤油」のおいしさの秘密です。

「たまり醤油」は、一部の地域で「つけ醤油」「かけ醤油」として使われています。濃口醤油より、うま味が強く、粘度も高いので、少しの量でもしっかりと味がつきます。また、甘い香りが肉や魚の生臭みを抑えるのも特徴です。たまり醤油を使用した代表メニューにタイのあら炊きやコイの飴炊き、サンマの鞍馬煮などがあります。これらの料理は魚の皮目をおいしそうに見せ、コクがあるように仕上げます。

また、塩分の当たりが柔らかくうま味も強いので、他の調味料をたくさん使わずに済みます。甘さもあるのでみりんなどを使用しないで済むため、魚や肉が硬く締まらず、ふんわりと柔らかく仕上がります。たまり醤油はその色目から塩分が強いイメージがあるため、使用量を控える傾向があるので、見た目より塩分を控えることができ、入れ過ぎることもなく失敗が少ないといわれています。減塩も期待できる醤油です。

Q6 蛸の柔らか煮が有名ですが、柔らか煮って他に何がありますか？

A6 固いといわれているものを柔らかく煮るので蛸(たこ)・烏賊(いか)・貝類を煮ます。

解説 タコのようなものは昔から固くて消化が悪く、歯の悪い人には敬遠されていましたが、そんな人々にもおいしく食べてもらおうと考えられたのが柔らか煮です。もちろんどんな素材でもよいわけではなく、柔らか煮がつくれる素材には大きさなどに制約があります。タコなどはぬめりをよくとり、塩でもんで汚れを落とし、ダイコンや麺棒などでよく叩き繊維をつぶしてから足の長いまま鍋に入れて柔らかくなるまで煮ていきます。この時に番茶や炭酸水を入れて煮ると早く柔らかくなるといわれています。

骨ごと食べられるように煮る、鮎の甘露煮や鞍馬煮なども同じように番茶でゆっくりと煮ていきます。この時に鍋のそこに昆布を細く切ったものや竹の皮などを敷きます。これは加熱により魚の皮が鍋底にくっつき、皮のはげるのを防ぐためと、昆布はそのうま味が抽出され、よりおいしくなるといわれるからです。

鶏肉などの柔らか煮は酒をたっぷり使います。酒にも素材を柔らかくする性質があります。番茶や炭酸水・酒などの力を借りて素材を柔らかくする方法の他に、素材の組み合わせで柔らかく煮ることもできます。

高級食材で有名なアワビは非常に固く、食べられる人が限定されてしまいますが、これを柔らかくするには大豆と一緒に煮ます。大豆にアワビを柔らかくする性質があるのです。

また、圧力鍋などを上手に利用して素材を柔らかく煮ることができます。繊維の強いタコやアワビはもちろん、豚の角煮や牛肉の筋煮込みなど短時間で柔らかく仕上がりますが、圧力鍋の難しいところは途中で味を変えられませんから最初の調味が重要です。慣れるまで少し薄味で煮てみるとよいでしょう。

Q7 アクが味を邪魔するといいますが、アクって何ですか？

A7 アクとは、シュウ酸(ホウレンソウ・春菊)、サイカシン(ワラビ・ゼンマイ)、クロロゲン酸(ダイコン・カリフラワー・タケノコ)、カテキン・サポニン・クロロゲン酸(フキ・クワイ)、タンニン(ゴボウ・レンコン・ナス・イモ類)といった成分のことをさします。

解説 アクの成分にはクロロゲン酸、カテキン、サポニン、タンニンなどの抗酸化作用があるポリフェノールや、発がん性があるといわれるサイカシン、カルシウムや鉄分の吸収を悪くしたり結石を作る原因にもなるといわれているシュウ酸などが含まれています。ひと口にアクといっても、天然毒というべき成分と抗酸化成分があります。わかりやすいアクの代表はゴボウを切って水にさらした時に出てくる茶色い成分です。以前はゴボウを真っ白になるまで水さらししてアクをとりましょうといわれていました。現在このアクの正体はクロロゲン酸といわれる強い抗酸化作用のある成分だとわかっています。レンコンやウドにも同じ成分が含まれます。ゴボウやレンコン、ウドを白く仕上げたい場合は酢水に漬けます。これは褐色になるのを防ぐのと、発色方法として使われます。

ナスなどに含まれる色素はアントシアニンといって、これもアクの一種です。この色素はアルカリ性では青色が強く、酸性では赤くなります。ミョウガなどを茹でて酢につけると真っ赤になりますが、これもアントシアニンを含むためです。黒豆の煮汁などにもアントシアニン系の色素が溶解していますので、酢を加えると美しい赤ワイン色になります。野菜では紫キャベツや赤かぶにも含まれます。

また調理の上でもアクは重要な役割があります。ワラビやゼンマイなどが含むサイカシンは、取り除かないとえぐ味が強く食べられません。アク汁という灰アクを使います。これはアルカリ性の炭酸カリウムという物質を含んでおり、繊維を柔らかくする性質があります。ワラビやゼンマイなどの野草類を色よく柔らかく仕上げるために、この灰アクを野草に振りかけて、熱湯を注ぎ、そのまま冷まし、流水で流します。毒をもって毒を制する方法です。からだに悪いアクは一部しかなく、現在アクは人間にとって重要な機能性成分として役立つことがわかってきました。

Q8 隠し味って何ですか？

A8 入れなくても問題ないですが、少量入れることにより味を引き立たせ、おいしくするための調味料のことです。

解説 隠し味による相互効果は、主に「対比効果」です。これは、スイカに塩を振り、甘さを引き出したり、おしるこやあんこに塩を加えて、甘さを強調させる効果です。この場合には甘味が増すうえ、味全体が引き締まる効果もあります。甘味と塩味の関係だけでなく、うま味と塩味の間にも起こります。だし汁だけではうま味が弱いのに、少量の塩を加えると断然うま味が生きてきます。このように塩には「対比効果」を起こしやすい性質があります。

また隠し味は、何を入れたかわからないけれど主役を引き立てる、名バイプレーヤーの役割を果たします。たとえばスタンダードの肉じゃがに少量赤ワインを入れたり、カレーにオイスターソース、ホワイトシチューに白味噌など必ず入れる必要はありませんが、入れると複雑さが加わり、より味わい深くなる手法です。

最近は世界各国の調味料が手に入るので、わからない程度にそれらの調味料を入れると料理の雰囲気が変わります。いろいろ試してみるとおもしろいです。

Q9 おいしそうに照りをつけて煮上げるにはどうしたらよいですか？

A9 ある程度糖分のある煮汁を対流させることで、照りのある煮物ができます。

解説 照り焼きと違い野菜と肉を一緒に炊いた照り煮は肉のうま味が野菜に移り、ご飯のおかずにぴったりです。代表的な照り煮の鶏手羽先と、ダイコンやイカとサトイモなどおいしそうに照りのある煮物は見ただけでも食欲をそそります。食卓に上がった時、照りの有無で料理のイメージはまったく変わります。

煮物の照りは、煮汁に含まれる糖分と仕上げの火加減で大きく変わります。煮物を作るときの主な調味料は酒・みりん・砂糖・醤油ですが、肉や魚にはタンパク質が含まれます。煮物をしていくうちにタンパク質と調味料の糖分が化学反応して、おいしそうな褐色物質が作られます。そして、さらに加熱により水分が蒸発し、糖分の粘性が増します。すると食材に煮汁が絡みやすくなります。その時に粘度のある煮汁が対流し、蒸発しながら具材に触れることで照りがつきます。

そこで重要なのが落しぶたです。落しぶたの役割は鍋の中の水分が蒸発するのを防ぐとともに煮汁から顔を出した具材が乾燥するのも防いだり、鍋の中の空間が少なくなるので熱が有効に使われ、加熱時間を短縮できます。また鍋の中の煮汁が、落しぶたにぶつかって落ちることで煮汁の対流が起きることになります。その対流によって具全体に煮汁がまわるようになり、より短い時間で味を染み込ませ照りが出ます。しかも、上から具材を押さえるので具材が煮汁の中で動くのを防ぎ、煮崩れを抑えます。照りを出したい場合は木の落しぶたより、クッキングペーパーやアルミ箔など煮汁により押し上げられ煮汁の対流がより起こりやすいもののほうがよいでしょう。

どちらにしても、照りを出したい場合はおでんのように煮汁に浸しているのではだめで、火力を上げて強火での煮汁の蒸発が重要なポイントです。

Q10 合わせ酢とは何ですか？また、その酢の使い方はどうなりますか？

A10 二杯酢・三杯酢・甘酢・すし酢・土佐酢が基本です。

解説 「二杯酢」の基本は酢と醤油が同量、「三杯酢」の基本は酢・醤油・みりん、「甘酢」は酢・砂糖・塩少々、「すし酢」は酢・砂糖・塩・昆布、「土佐酢」は酢・淡口醤油・みりん・だし汁から成ります。土佐酢にショウガを入れれば「生姜酢」、山葵を入れて「山葵酢」、三杯酢に鷹の爪を入れてだしで調整すれば「南蛮酢」といろいろな合わせ酢になります。

二杯酢は海藻や魚介類など味がなじみにくいものに合わせます。とくに

タコや貝類などは水っぽく表面がつるっとしていて味も入りにくいので必ず二杯酢を合わせましょう。三杯酢は少し甘みもあるので何にでもよく合います。酢の物だけでなく焼いたり揚げたりした肉や蒸した魚などにかけてもおいしく食べられます。だしで割った土佐酢よりも酢がしっかりしているので、油っぽい料理もさっぱりと食べられます。

合わせ酢にみりんを使う場合は必ず、アルコールを飛ばした煮切りみりんを使います。鍋にみりんを入れて沸騰させ、鍋の中に火が入り、その火が消えるまで沸騰を保ち火が消えればでき上がりです。この作業をしないと合わせ酢自体がアルコール臭く、料理の味を損ないます。また水分も蒸発するので甘さが強くなり、少量でも十分に甘味が出ます。

すし酢は酢に砂糖・塩・昆布を合わせます。関西はそれを火にかけ、砂糖が溶ければ火からおろし、炊き立てのご飯に回しかけ、切るように混ぜ合わせ、すし飯を広げず、布巾をかけて蒸らします。一方、関東のすし飯は酢に砂糖・塩を合わせ、よくかき混ぜて砂糖を溶かします。昆布を入れて炊いたご飯にすし酢を回しかけ、切るように混ぜ、早く粗熱が取れるようにうちわなどで扇ぎながらなるべく早く冷まします。

関西のすし飯は甘いといわれますが、その理由はもともと押しずしや巻きずしなどが中心の上方ずし文化の関西では、砂糖を多く加えることによってすし飯が乾かない特色があるので、握ってすぐ食べる握りずしよりも時間がたってから食べることの多いすし用として砂糖が多用されました。

土佐酢は三杯酢にかつお節を入れて濾したり、だしを加えたものをいいます。三杯酢よりかつおだしの味が広がり、うま味が足されるため、あっさりとした酢の物をより上品に仕上げます。最近では土佐酢をゼラチンで固めた土佐酢ゼリーなども販売されるほど、一般の食卓に根づいています。今は強い酢の味があまり好まれなくなり、甘さを加えてある万能酢のようなものがよく売れています。

Q11 食材の食べごろは鮮度と関係があるのでしょうか？

A11 食材の鮮度がよいからといって、おいしいとは限りません。

解説 生鮮食品は鮮度が命です。しかし、鮮度がよいものほどおいしいとは限りません。野菜・魚・肉それぞれに食べごろがあります。野菜は収穫した後も呼吸をしているため、その作用で甘みが減少し、繊維が硬くなり、食べにくくなります。低温貯蔵などをし、呼吸を抑えることはできますが、時間がたつほどおいしさは失せるので、野菜は収穫したてが一番おいしく食べられます。

魚は魚種によりおいしさが違います。イワシやサバなど近海の回遊魚などは、サバの生き腐れといわれるほど鮮度が大切です。この類の魚はEPAという血液の流れをよくする魚油を含んでいますが、加熱と酸化に弱いため生食で摂るのが一番です。なるべく鮮度のよいものを選びましょう。同じ青魚でもマグロやブリなど遠洋性の回遊魚は、魚体も大きいので鮮度がよすぎるとうま味成分がなく、死後硬直し、熟成が始まるとうま味成分が増しておいしくなります。またタイやヒラメなどの白身魚は活じめをして鮮度のよい状態を保つ工夫がされていますが、しめたばかりの白身魚はコリコリとした食感がおいしく感じますが、うま味成分はマグロなどと同様、死後硬直後に熟成されますので、とれたてがおいしいわけではありません。

では、肉の美味しい食べごろはいつかというと、鶏肉はつぶしたてが一番です。鶏肉は死後硬直している時間が長くても1～2時間ですので、流通の間にうま味が形成され、また鮮度落ちも早いので、鶏肉は鮮度が命です。一方、豚肉や牛肉はからだが大きいため、死後硬直がとかれるのも熟成にも時間がかかります。

最近では、ドライエイジングと呼ばれる、長期熟成を行いうま味を増やす手法が行われています。ドライエイジングは脂肪の少ない赤身肉を柔らかく芳醇な肉質にするための伝統的熟成法です。1～2℃の貯蔵庫で肉に風を当てながら1か月間ほどゆっくりと熟成させます。

一方、日本で古くから行われているウェットエイジングは空気にさらさ

れないように真空パックにして 0〜2℃の貯蔵庫で 1〜2 週間寝かせる手法です。

肉は鮮度がよいものより、腐りかけがおいしいといわれるのは、うま味成分イノシン酸の含有量が熟成により増すためだといわれています。鮮度がよいこととおいしいこととはイコールではないということです。

薄味でおいしく食べるにはどうしたらよいでしょうか？

A12 うま味や酸味、塩分を排泄する食材を一緒に食べましょう。

解説 日本料理が世界無形文化遺産に登録されてから、日本料理は健康食として世界的に注目されました。季節の野菜や果物、魚、発酵食品や海藻・精製度の低い穀物を食べるなどまさに理想的とされる日本食ですが、唯一の問題点は食塩の摂り過ぎだといわれています。

WHO（世界保健機構）は 1 日の塩分摂取量を 5g までとしているのですが、日本ではまだ 11g 程度とられています。日本食には味噌汁・漬物・魚の干物・佃煮といった白いごはんに合う高塩分のおかずが多かったことや、日本人に高血圧患者の多いことなどから、厚生労働省が減塩食を推奨するようなりました。

塩分の摂取量を減らすには薄味に慣れることといわれています。

ではどうすればおいしく薄味で食べられるかというと、まずうま味を強くすることです。塩にはうま味を引き立てる効果がありますが、うま味が薄ければ引き立つまでにある程度の塩分が必要です。しかし、うま味が強ければ少量の塩分で十分おいしく食べることができます。

また、味のバランスは塩味と酸味で調整できます。昔から味加減のことを「塩梅」といいますが、これは「塩」と「梅（酸味）」で決まるという意味です。酸味を上手に使えば、塩が少なくても気になることはないでしょう。

また、味噌汁などある程度の塩味がないとおいしくないものについては、合わせる食材を選びましょう。食塩の中にはナトリウムが含まれ、このミネラルがからだにダメージを与えるといわれています。ですから、このナ

トリウムを上手く排泄することが大切です。それにはカリウムを含む食品を摂取しましょう。カリウムにはナトリウムの排泄を促す作用があり、ナトリウム過剰摂取による血圧上昇を抑える働きがあります。カリウムはいろいろな食品に含まれていますが、塩分摂取量の気になる人は積極的に摂りましょう。カリウムは昆布やわかめなどの海藻類、サトイモやジャガイモなどの芋類、野菜や果物全般に含まれています。

日本型食生活で評価されている発酵食品の多食という面で味噌の摂食は欠かせません。塩分の気になる味噌汁にわかめやジャガイモ、野菜類をたっぷり入れて食べるのは、発酵食の必須と塩分の排泄という非常に理にかなった食べ方だということです。

Q13 調理中に味見をした時と、実際にでき上がった時の料理の味が違うのはなぜですか？

A13 味は温度が下がる時につくからです。また、おいしいと感じる温度があるからです。

解説 よく、カレーは2日目がおいしいとか、おでんはよく煮たほうがよいといいますが、それは一度温度が下がり、食材に味がしみこむからです。とくに水分を煮切る肉じゃがや煮魚などは、煮ている時に味見をすると何となく薄く感じ、醤油を足したらすごく塩辛くなってしまったという場合があると思います。これは煮物の途中は煮汁がたくさんあり、薄く感じても、水分がなくなれば、中に入っている調味料の量は変わりませんので、当然塩辛くなります。水分を飛ばす煮物は薄いくらいが煮上がった時にちょうどよくなります。

また、味と温度には大きな関係があります。よく冷えたビールや熱い味噌汁はおいしいのに、生ぬるくなるとまずく感じます。これは食べ物の主たる味によるものです。

基本味の甘い・塩辛い・酸っぱい・苦い・うまいの5味で、体温くらいの温度の時に最も強く感じるのは甘みとうま味、温度が低いほど強く感じられるのは塩味と苦み、酸味では揮発性成分を含むものは温度が高いと強く感じます。味噌汁は熱いと塩分を感じにくいのですが、冷めると強く感

じるのはこのような理由からです。冷たいバニラアイスはおいしいのですが溶けたら甘くて食べられないのも同様です。

　料理も同様で、作っている最中にちょうどよい塩味にしていますと、冷めて味を含んだ時や煮詰まることも考慮しなければなりません。また、酢の酸味を利用した煮込みなどは温度が高いと酢が揮発してかなり強い酸味を感じますが、酢はもともと穀物や果物を主原料にしているものがほとんどで、揮発した酸味が消えると甘みに変わります。甘みが足りないような感じがして砂糖やみりんなどを加えてしまうと、煮上げた時に大変甘いものになってしまいます。料理には素材の知識と想像力も必要なのです。

関西は味が薄く、関東は味が濃いというのはなぜですか？

A14 長い歴史と文化の違いからです。

解説　味の嗜好は地域によって違います。その中でも関西と関東は好対照といわれています。圧倒的な違いは醤油で、関東では濃口醤油、関西では淡口醤油が使われます。麺類を見ればその違いは一目瞭然で、まったく別の食べ物にしか見えません。淡口醤油は色は薄いのですが濃口醤油より2％も塩分が高く、実は薄味ではないのです。近年では東西の区分がなくなり、関東でも淡口醤油を使い、素材の色を活かしたものも増えてきています。

　しかし、関東料理と関西料理は発生から違い、また関西料理は大阪料理、京料理など地域で特徴があるので、ひとくくりにできないことは事実です。もともと関西と関東では料理の基礎になるだしの取り方が違います。関西のだしはかつお節と昆布で、関東のだしは本節だけでとっていました。この違いで関西のだしはまったりとし、関東のだしはさっぱりとした口当たりになります。これは関西料理がまったりとしたうま味を大事にするのに対し、関東は濃厚でわかりやすい味つけを身上としていたので、昆布を使うと複雑になり、くどくなるからといわれています。

　関東では煮物の味つけを5段階に分け、味の尺度にしていました。江戸

前といわれる東京湾の芝浦あたりでとれた魚をさっと煮る芝煮に始まり、沢煮、小煮物、旨煮、煮染めで、小煮物はその中心でした。旨煮は折詰にする時に都合よいよう工夫された汁気のない乾いた煮もので、関東の煮物を特徴づけるものです。そもそも関東料理は武家料理を踏襲しています。武士は稽古をはじめ汗をかくことが多いため、その食事は塩分や糖分が高いものでした。その味は先にあげました旨煮で、塩分と糖分を効かせた甘辛い乾いた煮ものは濃厚で保存性も効きます。そのため、関西料理と比べ素材の色彩などが犠牲になりますが、これが関東煮物の特徴になっています。

一方、関西料理には大阪料理・京料理とありますが、その2つも大きく違いますので、一概に関西料理とまとめるのは難しいことです。大阪は商家が多く、従業員の食事の世話もしなければならなかったため、いろいろな工夫で食費を節約し、おいしい料理を作りました。船場あたりの商家で作られたサバのアラとダイコンで作る船場汁は節約の知恵から生まれたものです。ウナギのさばき方にも関東・関西で違います。武家料理から発達した関東では切腹を嫌い、背開きにしますが、関西は腹開きと歴史が大きく関わっているのです。

Q15 味噌・醤油のルーツはどこで、いつごろですか？

A15 味噌・醤油のルーツは中国の醤(ひしお)にあり、奈良時代に仏教の伝来とともに日本に導入され、平安中期の『和名抄』(935年以前)には「未醤」、江戸前期の『本朝食鑑』(1695年)に「味噌」が登場します。『大草家料理書』(1590〜1643年)では澄味噌、垂味噌、醤油の名が頻繁に利用されています。

解説 味噌・醤油は日本の食生活の中では古くから重要な役割を果たしているため、現在、味噌・醤油は日本の特有の発酵調味料と思われていますが、実はそのルーツは中国です。事実、日本料理が広く世界各国でも認められるようになり、海外で生活する日本人が多くなると、海外のスーパーマーケットでも味噌・醤油が用意されるようになっています。

味噌・醤油の原型は、中国から伝わったもので、すでに奈良時代の初期の古文書に醤・未醤・豉（「し」ともいう）として記録されていることが伝えられています。「醤」は孔子（紀元前550～紀元前479年)の『論語』や『周礼』（前漢時代（紀元前202～後8年))、『唐令』（7世紀後半～8世紀）にも記載されています。大豆を使った発酵食品の記述は、後漢の『説文解字』（紀元100年頃）に「豉」について記載されています。現在の浜納豆のルーツである豉は、味噌の原型であるといわれています。

醤油のルーツは中国・周の時代の醤であるといわれていますが、この醤の原料は大豆でなく、魚鳥獣の肉にアワの麹と塩を混ぜて発酵させたものだったようです。これを「肉醤」といいます。大豆を使った豆醤が登場したのが紀元100年ごろのようです。これが、現在の日本の醤油のルーツとなっています。近年、使用量は少ないものの地域や料理によって使うこともある魚醤油は東南アジアや中国にありますが、日本独特の文化として存在しています。秋田のはたはたを使った「しょっつる」、石川の「いしる」、香川の「いかなご」などがあります。これらは、『延喜式』（927〔延長5〕年）に記載されています。

Q16 日本の味噌・醤油は、歴史的にはどのような文化的役割を果たしたのですか？

A16 味噌・醤油の利用は、町人や民衆の食文化の発達に貢献したと考えられています。

解説 日本の古代の法典といわれている『大宝律令』（701〔大宝元〕年）の中には、醤院の制が設けられていました。正倉院に保存されている天平2〔730〕年の納税帳には未醤が農家から徴収されていた記録が残されています。奈良朝の木簡では、駿河国正税帳に未醤の記録が残っています。これらのことは、奈良時代以前から未醤が作られていたことを物語っているといえます。平城京跡から出土した木簡に「市未醤」の文字が見いだされていたことは、奈良時代には未醤は広く一般に販売していたことを推定させる証の1つといえます。「味噌」は、古代においては宮廷の官吏の給与の1つであり、上級階級にとって重要な調味料の1つでした。

平安時台初期の禁中の年中儀式や制度などが記載されている『延喜式』（927〔延喜5〕年）に現れている回数は、「醤が91回、未醤が27回」（新人物往来社：『たべもの日本史総覧』、1903年）でした。平安時代初期の調味料としては、味噌は醤油に比べれば重要な調味料ではなかったようです。室町時代には、味噌売りや加工味噌、なめ味噌が登場したようです。また、戦国時代には、味噌は武士の食糧の1つとして重要な役割を果たしました。江戸時代の武士の間では、味噌を中心とした粗食が勧められたとも伝えられています。江戸時代の食用・薬用になる動植物の解説書の『本朝食鑑』（人見必大著、1697〔元禄10〕年）には、味噌の作り方が記載されています。この時代に五斗味噌、糠味噌、径山寺味噌も作られています。

日本の歴史の上で、醤油の文字が現れるのは室町時代末期の『大草家料理書』（1793～1819年、木版で刊行）、『節川集』（室町時代中期）といわれています。すなわち、醤油はこの時代の町人文化の発生期に広まったと推測されています。日本の醤油の発祥の地といわれている紀州の湯浅醤油は1535年に、千葉県の野田醤油は永禄時代（1558～1570年）に醤油を作り始めています。兵庫県の龍野の淡口醤油は、1587年に作り始めています。龍野の醤油は、現在も淡口醤油を国内に広めています。味噌が民衆文化のレベルで伝播したのに対して、醤油は上層階級の文化交流の中で広まったのです。

日本の塩の原料が海水というのは本当ですか？

A17 日本には岩塩はなく、海水から食塩を作ることが発達しました。万葉集に登場する「藻塩」は、海藻に付着した海水を利用した食塩の製造法でした。

解説 食塩は、私たちが生命を維持するために必要なミネラルですが、過剰な摂取は体内の生理現象に悪影響を及ぼし、病気を引き起こす原因ともなっています。生命の維持に必要な食塩は代替物質がなく、外部からとり入れなければならない物質です。世界各国の食塩の原料は岩塩が多いですが、日本には岩塩がなく、食塩含有量が約3%の海水が原料

です。製塩は縄文時代後期にはすでに何らかの方法で行われ、弥生時代になって農耕が発展し、食材の変化も生じて、塩の需要も多くなったと考えられています。後に海での仕事をする集団が形成され、その中に魚を獲るグループや製塩のグループなどの分業が形成されたとも推定されています。万葉集に登場する「藻塩を焼く」というフレーズからは、藻塩焼きという独特の塩作りが行われていたと推測されます。

平安時代中期の『延喜式』（927〔延喜5〕年）によると、この時代には塩と米は商品化されています。初期の塩田は鎌倉時代に作られ、室町時代には揚げ浜式塩田が整い、江戸時代の初期の寛永年間（1624〜1644年）には入浜式塩田が発展しました。江戸時代には、瀬戸内海沿岸の各地に塩田が作られました。海水から食塩を作り、苦汁を焼き固めて食塩と分離するなど、日本独自の塩文化を形成してきました。

古代国家は財政基礎を塩においており、政府の専売局のもとで食塩の製造が管理され、販売されていました。第2次世界大戦後の社会の変化として、1959〔昭和34〕年ごろに専売法が解かれ、各地に食塩の製造会社が設立され、海水から製造する食塩、輸入した食塩を原料として独自の食塩を作るようになりました。現在の主力製塩法は、1952〔昭和27〕年に専売公社（現在の日本たばこ産業株式会社：JT）が導入したイオン交換膜式製塩法ですが、1985〔昭和60〕年に専売法が解除されてから日本たばこ産業株式会社へ移行し、純度が99％以上の食塩が市場に提供されています。

とくに、苦汁の利用は日本独自の技法として発展してきました。古くからの食塩の役割として、調味料だけでなく、醤油・味噌、魚醤、納豆・かまぼこの加工、干物や漬物などの食品の加工・保存にも利用されています。

「塩の道」とはどのような道ですか？

A18 生命に必要は塩は、昔も今も食品の保存に必要不可欠です。昔は日本海や太平洋の沿岸で作った塩は、山間部へ陸路で運びました。

解説　私たちの生命の維持に不可欠の食塩は、古くから重要な交易品でした。生命維持や食品の保存などに不可欠である塩を、その生

産地から消費地へ運ぶ「塩の道」は各地にあったことがよく知られています。たとえば、越後の海岸部と海のない内陸部の信州を結ぶ全長120kmの千国街道を通して、塩だけでなく糸魚川産のヒスイや日本海の海の幸と信州の山の幸との交易が行われていました。物質の交易ばかりでなく、文化や交流も行われていました。海岸と内陸部を結ぶ塩の道は陸路だけでなく、河川や湖沼なども利用したさまざまなルートがありました。

東北地方の代表的な塩の道は、三陸海岸と北上山中を結ぶ道で、内陸部の穀物や鉱物と沿岸部の塩との交易路でもありました。関東地方の塩の道では、現在の千葉県の市川市の行徳地区で作られた「行徳塩」を、江戸川や利根川の水運を利用して内陸部の現在の栃木県の下野国などへ運んでいました。瀬戸内海沿岸の塩は、海路と陸路を経由して日本各地に運ばれていました。各地に届いた塩は、調味料だけでなく、塩干魚、野菜の漬物、味噌・醤油の醸造に使われていたのです。

Q19 日本の食酢のルーツ「いずみ酢」とはどのような酢ですか？

A19 奈良時代に、中国から大阪の「和泉国」へ伝えられた米酢のことです。

解説 日本人の食生活において、味噌、醤油が普及する以前は、米酢や梅酢などの酸性調味料が味つけの主体だったようです。うどんは梅酢で食べたとも伝えられています。日本における酢の製法に関する記録は、『日本書紀』(奈良時代に完成。720〔養老4〕年舎人親王らの撰)の応仁天皇紀に、酒造技術とともに中国から今の大阪府南部の「和泉国」に伝えられたと記載されています。米酢は中国からの伝来もので、和泉国へ伝えられたことから、この酢は「いずみ酢」と呼ばれたとも伝えられています。米酢を導入する前は、梅の実を塩漬けにして得られた梅酢が使われていました。

大化の改新(645年)により国家体制が整うと、官職として酒、甘酒、酢の醸造を司る造酒司が設置され、醸造品は国の管理下におかれるようになりました。平安時代には食酢の種類が増え、米酢、酒酢、梅酢、菖蒲酢(シ

ョウブ、酒、水、酢を混ぜたもの)、果実酢などが使われていました。これらの食酢は、魚、鳥、畜肉などの膾料理や、野菜の塩漬けなどに使われていました。室町時代になり、和え酢という料理法が現れました。酢味噌、ワサビ酢、ショウガ酢味噌、サンショウ酢味噌などが誕生しました。桃山時代までの酢の主産地は和泉国でありました。江戸時代には、酢は東海地方から関東地方にかけてでも作られるようになりました。

Q20 なぜ昆布とカツオが日本のだしの中心となったのですか?

A20 戦国時代には、水または食塩水でカツオを煮て食べるようになりました。この時にできた煮汁を調味料として使うようになっていたからだと思われます。

解説 和食が世界無形文化遺産に登録される理由の1つに、日本料理のうま味の基本となっている「だし」があげられています。今まで、味を形成する成分の位置づけは、はっきりしていなかったのですが、1980年に入ってから"UMAMI"(うま味)が国際語になりました。1998年に米国の学術雑誌『Food Reviews International』の「うま味特集号」で紹介されてから、世界の料理文化の1つとして位置づけられました。

日本料理の伝統は、古代の公家文化から禅宗寺院の精進料理を経て、室町時代に確立されました。奈良時代〜平安時代の料理の基本は、生で食す、日干しにして食す、焼いて食すなど比較的素朴な処理をした料理でしたが、室町時代に入ると温かい煮物が料理に加わるようになりました。精進料理では、一汁一菜や一汁三菜が食膳の基本となっていることから推定できるように、汁物は日本料理では欠かせない1品となっています。おいしい煮物や汁物を作り上げるためには、「だし」は不可欠な調味料であったのです。仏教では、動物性の食材は使われないので、海藻の昆布は精進料理に使われます。奈良時代には、昆布は広布、夷布の名で呼ばれ、蝦夷の「夷」がついていることからわかる通り北海道産の海藻を意味していました。私たちの先人は、昆布を煮出し、栄養成分やうま味成分を引き出す知恵を発見し、昆布を使った昆布巻き、昆布締めなどの料理を生み出しています。ま

た、昆布の水溶液のうま味成分(グルタミン酸)すなわち「だし」は、煮物や汁物の味つけに使われ、現在も継承され、日本料理調味料の基本となっています。

カツオは生食の他に、煮て食べました。煮た時に出る煮汁は、「いろり」といわれ、調味料の一種として使われていたのが、カツオのうま味の発見と思われます。カツオを煮た身肉は日干ししたものが、やや弾力性のある「なまり節」です。戦国時代は、このなまり節は武士の栄養源として戦いに持参したともいわれています。また、縁起をかついで「勝男武士」の文字が当てられたようです。現在のようなかつお節は、なまり節に燻煙を施し、燻煙の香気成分を付加しながら乾燥も促進し、さらにカビ付けという工程により乾燥を促進し、脂肪を分解し、保存中の脂肪による変質をも抑制する効果などが期待される工程を施します。最後の水分含有量が10%以下の最も硬い食品に変身するのです。江戸時代の前期(1674〔延宝2〕年)に、なまり節に燻煙を加え芳香を施す方法を考えたのが、紀州の漁師甚太郎といわれています。カビ付けは、甚太郎の2代目が考案したと伝えられています。かつお節は、漁獲後にカツオの体内に生成したイノシン酸を活かしただしの材料であり、新鮮なカツオの体内のイノシン酸含有量は少ないので、かつお節に変身させ、薄く削ったものをだしの材料にしないと芳香成分もうま味成分も発現しません。

昆布のだしは、寺院など動物性食品を使わない精進料理から生まれ、かつお節のだしは、土佐、紀州、静岡(焼津、伊豆)、房総(千葉)などにおける魚の利用が発端となっています。

和食における食味の表現にはどのような種類がありますか?

A21 和食では、「ふわふわ」「つるつる」「ぐにゃぐにゃ」「ぷりんぷりん」などの擬音語、擬態語で食味を表現することがあります。この擬音語、擬態語のことを、「オノマトペ」といいます。

解説 食品を噛む、飲み込む、手触りなどの物理的評価は、テクスチャー(texture)といいます。このテクスチャーは日本語では「ふわ

ふわ」「つるつる」「さくさく」「とろとろ」などの擬音語または擬態語で表現します。このような擬音語や擬態語は、一般には「オノマトペ」といわれています。日本語の「オノマトペ」の語源はフランス語の「onomatopee」の擬声語の意味です。擬声語とは、擬音語と擬態語の総称です。擬音語とは、物が発する音や声を真似て字句で描写した語句のことで、擬態語は、状態や心情などの音のしないものを音によって表す言葉のことと説明されています。擬音語の例には「ドカーン」「サラサラ」「ワンワン」などがあり、擬態語の例には「ツンツン」「デレデレ」「ニヤニヤ」などがあげられます。

　早川文代氏は食品や料理の食感を表現する「オノマトペ」445語を提示し、この中で半固体から固体を食べた時の「やわらかさ」を表現するオノマトペは109語あると報告しています。食品のテクスチャーの表現に使われるオノマトペに関しては、吉川誠次氏が1964年に、早川文代氏が2005年に整理しています。吉川氏の昭和年代にまとめたオノマトペと早川氏の平成年代にまとめたオノマトペに共通して出現頻度の多いオノマトペは、「どろどろ」「カリカリ」「ほろほろ」「こりこり」であり、これらのオノマトペには、「やわらかさ」か「かたさ」のどちらかを表現する特徴は見られず、どちらにも属さないオノマトペが多い傾向にあるようです。平成年代に出現するオノマトペとしては、「シュワシュワ」や「もちもち」があり、新しいオノマトペは「ぷるぷる」「ふるふる」「ブニョブニュ」などが出現しているそうです。

　「どろどろ」「カリカリ」「ほろほろ」「コリコリ」といった、噛んだり口の中に入れた時に直観的に感じた時の表現は、昭和・平成の両年代に共通した表現です。

　「シュワシュワ」は炭酸飲料の普及と関係ありそうです。「もちもち」は、餅、炊飯など米や小麦粉を原料とした加工品の食感の評価に使われます。

　「ぷるぷる」「ブニョブニョ」は、最近普及している寒天ゲル、海藻由来の多糖類のカラギーナン、キサンタンガム、グアーガムを利用したゲル化剤の性質に由来すると思われます。最近の和食のコース料理の後のデザートには、しっとり感や優しい粘り気を保ちながら、オノマトペの「ぷりんぷりん」「つるつる」など口腔内での食感やのど通りを表現する料理が増えているのは、寒天やカラギーナンなどの海藻由来の多糖類の利用による

と思われます。最近は、天然物由来の多糖類からいろいろな分子量のオリゴ糖が開発され、物性の異なる物質が利用されています。

おいしいと感じる和の料理が柔らかいのはなぜですか？

A22 消化吸収を考えた時、病人によい食事として柔らかいものを作る工夫をしていたことが、現在の和の料理に受け継がれているからだと思います。

解説 江戸の高級料理屋「八百善」の主人の『江戸流行料理通』(1824年)の中に「やわらか煮」という料理が紹介されています。それには生貝、とこぶし類はダイコンでたたき、そのダイコンを小口に切り、生貝やとこぶし類と一緒に一日一夜煮ると紹介しています。現在でも「タコのやわらか煮」は、タコをダイコンでたたいてから小豆を入れて、醤油ベースの調味液で煮る方法があります。

貝原益軒著の『養生訓』(1713年)には、消化し難い硬いダイコンやニンジンなどの野菜類は薄く切ってから煮て、柔らかくするのがよいと記載されています。『養生訓』では、消化によいものは「もろくやわらかな物」であると述べられています。江戸時代の大名や武士は、魚介類、豆腐や煮物のような柔らかい料理を食べていたようです。一方、農民や町民は麦飯に野菜を混ぜた物や小麦粉やソバ粉をこねて作った団子のような硬いものを食べていたようです。

このように、江戸時代から食べ物は柔らかい料理に作り上げることに工夫をこらしていたようです。明治時代に入り、西洋や中国の料理も導入されるようになりますが、これらの外国の料理も柔らかいものが多かったので、消化吸収のよい柔らかい料理が広まったようです。

第2次世界大戦が終わり、欧米風の料理が導入され、脂肪の多い食品や柔らかいものへの志向が目立ったところに、子どもや成人の健康作りには、硬いものを食べて咀嚼回数を増やすことが生活習慣病の予防や脳の活性化に必要であることが明らかになりました。昭和時代の後期から学校給食では噛みごたえのある料理や食材が導入されているようです。学校給食の進

Q23 煮物の味は、昔と今とではどのような違いがありますか?

A23 東京・日本橋の古くからある弁当屋の弁当の煮物の味は塩味または醤油味が強く感じます。江戸時代前期の家庭料理の煮物は酒と味噌で味をつけました。江戸時代の中期の煮物はたまり醤油と味噌で味つけしました。江戸時代の後期になって煮物の味つけに、醤油と味噌の他に、みりんが加わりました。今、江戸・日本橋風弁当の煮物の味は、保存性があり冷えてもおいしく食べられるように醤油の濃い味つけですが、これにはみりんの味がコク味として働いています。

解説 和食の歴史を顧みると、江戸時代前期の料理書『大草家庭料理書』(1590〜1643〔天正18〜寛永20〕年ごろ)に、京都の室町幕府時代に足利将軍家の庖丁人大草三郎左衛門尉公次が和食のレシピを記述し、江戸時代後期になって塙保己一が詳しいレシピ内容を編纂した『群書類従』(古代から江戸時代初期までに成立した史書や文学書1273部が掲載されており、その中の1793〜1819〔寛政5〜文政2〕年の飲食部に掲載されています)や16世紀後半の料理書『庖丁聞書』では、調味料に酒・味噌を使っています。

江戸時代の甘味料は甘葛が使われていましたが、煮物には甘味料を加えていませんでした。『料理物語』(1643〔寛永20〕年)では、調味料としてたまり醤油、味噌、酢、煎り酒が使われていました。この書物の中でも、甘味料はまだ使われていないようでした。『料理綱目調味抄』(嘯夕軒宗堅:1730〔享保15〕年)には、調味料としてだしと醤油、酒が使われ、だし、酒、砂糖を使った煮物も記載されるようになりました。

現在の煮物の甘味料やテリを出すのに欠かせないみりんは、『守貞漫稿』(喜田川季荘守貞著、起稿1837年、30年かけて書き上げたといわれています。別名『近世風俗志』)には、調味料にみりんが使われています。やがて、本膳料理だけでなく、普茶料理や卓袱料理の煮物にはみりんが使われ

るようになりました。

　私たちの先祖も現代人も、甘味のある食べ物や、現代風にいわれているスイーツなどの甘い食べ物を食べると、幸せや楽しみ、あるいは落ち着きを感じます。「甘いものは別腹」は幸せを求めるフレーズと捉えられ、鹿児島の醤油の甘味は客へのもてなしとして工夫されたのがルーツらしいです。

　味つけは地域による違いがあり、味噌や醤油の種類も地域の違いがあります。甘みや塩辛さについても地域による違いがあります。地域で生まれた調味料を使い、地域の味を提供するのは、古くからの地産の味と地域の食文化の特徴を表現しているように思われます。

Q24 薬味に使われる食材にはどのようなものがありますか？

A24 和食で使われる薬味の目的は、料理に添えることで風味や香りを引きたて、食欲増進に寄与し、さらに盛りつけがきれいに見える効果も期待されます。材料にはワサビ、ショウガ、ダイコン、ネギ、ユズ、タデ、シソ（大葉）などが使われます。

解説 和食の「薬味」は、中国の医学用語であり、「薬の性質をもつもの」の意味がありました。中国では「薬膳」といい、中医学（東洋医学）に基づき、季節や体調に合わせて食材を薬のように利用し、食べ物に含まれている成分で健康の維持増進をはかる「医食同源」という考え方によった食事療法があります。和食の薬味も薬膳の考えを取り入れて発達したものと考えられています。日本における「薬味」の利用は、平安時代前期に中国から唐菓子が導入された時に、うどん祖型も導入され、その後、江戸時代初期の寛文年間（1661〜1672年）には、うどんが江戸町民にも人気となり、うどんに「薬味」を使うようになったのが始まりのようです。岡田哲編『たべもの起源事典』（東京堂出版、2003年）には「江戸時代の古典書籍には「薬味として梅干、垂れ味噌汁、鰹の汁、胡椒、大根、醤油汁がよい」との記録がある」と記載されています。平安前期の『和名抄』（935年以前）には、蓼は「魚の臭みを緩和するのに使われ」、『四条流庖丁書』（1489

年)には、「タデは魚の酢のものに合う」と記載されています。江戸時代中期の『和漢三才図絵』(1712年)では、刺身の薬味にワサビを使い、そば切りにワサビを使うと香りがよいとも記載されています。『守貞漫稿』(1853年)には、マグロとコハダ(コノシロ)の握りずしにはワサビを使ったと記載されています。

ワサビは殺菌作用のある成分を含み、ダイコンはデンプンの消化を助けるアミラーゼを含み、ネギやニンニクにはビタミンB1の働きのある成分が存在し、ショウガには体を温める効果が期待できる成分が存在しています。これらの成分は、薬味となる食材をすりおろしたり、千切りしたりすると生成され、それぞれ、食材の種類により独特の香りと味を作り出し、食欲に寄与し、食事を楽しませてくれます。

Q25 和食の薬味と欧米の香辛料にはどのような違いがありますか?

A25 「薬味」は、日本独特の使い方で、料理の彩りとして使われ、料理を引き立てるとともに、香りや辛味が料理の風味のアクセントとなり、時に果皮も、生臭みを抑えて料理をおいしく食べるのに使われています。和食の薬味は生の葉、根、茎などをそのまま使うものもありますが、摺る、細く切るなどの調理を加えて使うものが多いようです。ユズやスダチのように果汁を使うものもあります。また、薬味と同じ働きをするものに、刺身の「つま」や「けん」のように添え物として使うと同時に薬味としても使われるものもあります。

欧米の「香辛料」(スパイス)は、植物の果実、果皮、花蕾(かるい)、樹皮、茎、葉、種子、根、地下茎などを乾燥・粉末化してそれぞれの粉末がもつ特有な香り、辛味、色調を活かして使います。料理や飲食物の香りづけ、臭み消し、味の調和、着色、保存のために使われます。

解説 薬味は、生臭さを消すか緩和する働きのある成分を含み、また料理の外観や食味もより一層向上させる効果のある野草、栽培野菜、種子および果実類です。刺身の盛りつけに使う「つま」や「けん」も刺身の彩りをよくするだけでなく、刺身の風味を向上させるためにも役立って

いるのです。

「つま」と「けん」の違いは、使用目的は同じで、刺身の盛りつけの彩りや刺身を山型や波型に盛りやすいように薬味の千切りを皿に並べて、刺身を盛りつけます。その盛りつけが単調にならないように、すなわち彩りがよくなるように薬味も添えられます。関西での呼び名が「けん」、関東での呼び名が「つま」で、使用目的は両者とも同じですが、関西と関東での呼び方が違うだけです。関東地方の刺身のつまには、ダイコンを「かつらむき」にしてから「せん切り」したものを使うことが多く、関西の「けん」には、キュウリの「せん切り」を使うことが多いようです。

薬味の食材は、大きく分けると、①葉や茎を使うシソ、ネギ類、②ユズやカボスなどのかんきつ類の果皮と果汁、③ダイコンのような根部、④香辛料として使われる種子類を乾燥・粉末化したもの、などとなります。

香辛料は強烈な香りや穏やかな香りをもつ植物、独特の色素をもつ植物、刺激的な辛味などをもつ植物を乾燥・粉末化したもので、スパイスともいわれています。香辛料は、それぞれのスパイスがもつ独特の香り、色素、辛味によって、料理にアクセントとなる風味をつける食材といえます。

全日本スパイス協会では、香辛料を次のように定義しています。「植物体の一部で、植物の果実、果皮、花、蕾、樹皮、茎、葉、種子、根、地下茎などであって、特有の香り、辛味、色調を有し、飲食物に香り付け、消臭、調味、着色等の目的で使用し、風味や美観をそえるものの総称であり、スパイスとハーブに大別されます」。

香辛料のうち、スパイスは、植物の利用部として茎、葉、花を除くものの総称で、ハーブは、香辛料のうち茎、葉、花を利用するものと、利用する植物の部位によって分類されています。

薬味としての野菜類にはどのようなものがありますか？

A26 薬味として利用される野菜には、カイワレダイコン、シソ(青じそ・大葉)、タデ、タマネギ、長ネギ、アサツキ、ワケギ、ミツバ、ミョウガなどがあります。刺身のツマには、大葉(青じそ)、穂じそが使わ

れます。

解説 カイワレダイコンやネギ類の香りや辛味は、刻んだ時に空気に触れて辛味の前駆体が酵素によって分解されて生成されます。香りや辛味の成分のほとんどはイオウを含む物質です。カイワレダイコン、長ネギ、アサツキ、ワケギの辛味は主としてイソチオシアネート類、ミツバの香気成分は、α-ミルセン、β-ピネンの混合物、ミョウガの香り成分は、刻んだ時に空気に触れて酵素が作用して生成するヘキサノール、ピラジン類であることがわかっています。

Q27 薬味としての根菜類にはどのようなものがありますか？

A27 薬味に使われる根菜類(根や茎部)には、ダイコン、ショウガ、ワサビ、タマネギ、ニンニクなどがあります。なお、タマネギは和食には使われませんが、和風洋食のカレーや野菜サラダには欠かせない食材です。

解説 ショウガを除いて、ほとんどの根菜類の辛味や香りは、「すりおろすこと」により、食材に存在しているミロシナーゼなどの酵素が活性化し、辛味成分の前駆体アリル配糖体からアリルイソチオシアネートという辛味成分が生成されます。

タマネギやニンニク類はユリ科に属します。ニンニクの特有の臭みは含硫化合物で、芳香成分はシトラール、ゲラニオール、リナロールなどです。辛味成分の主成分はジアリル-ジサルファイドというアリル化合物です。

タマネギの辛味の主成分は、16種の化合物が検出されています。その中の主成分には、ジ-n-プロピルジサルファイド、メチル-n-プロピルサルファイドが認められています。

ダイコンを煮ると甘くなるのは、アリル化合物が甘味のあるメルカプタンが生成するからだといわれていましたが、最近では、加熱により揮発性辛味成分が揮発してしまうから、もともとダイコンに存在している甘味のあるブドウ糖の甘味を感じるからではないかとの説が有力となっています。

6章 和食の味つけと薬味 Q&A　147

Q28 ダイコンおろしの辛味の成分は何ですか？

A28 ダイコンおろしの辛味成分は、精油成分の辛子油に含まれるアリルイソチオシアネート（イソチオシアネート類）によるものです。ダイコンは、そのまま食べても辛くありませんが、ダイコンを「すりおろし」たり、切ることによりダイコンの細胞が壊れ、ダイコンの細胞の中に存在しているイソチオシアネート類の前駆物質（グルコシノレート、辛子油配糖体）を分解するミロシナーゼという酵素が活性化し、前駆物質から辛味のイソチオシアネート類が生成されます。ダイコンの中のイソチオシアネート前駆物質は、根の先端部ほど多く存在しています。

解説 辛いダイコンおろしを作るには、細胞が壊れ、酸素に触れる部分が大きいほど、ミロシナーゼの働きが活発になるので、細胞を効率よく壊すように「おろす」ことが必要です。そのためには、ダイコンのおろし器とダイコンの接触面では、ダイコンの繊維（細胞膜）を断ち切るようにおろすのがよいといわれています。おろし器に対してダイコンを垂直に立てて、力を入れて、円を描くようにダイコンを回しながらおろすのがよいことになります。

おろしてから酵素ミロシナーゼは酸素に触れて、徐々に活性化し、5分ほど経過するまで酵素は活発に働くので、イソチオシアネート類の量が増え、辛味もピークに達します。その後は、イソチオシアネート類が減少し、辛味も弱く感じるようになります。皮つきのままおろした場合は、皮を剥いてからおろした場合よりも辛味は強く感じます。

Q29 ダイコンおろしはなぜ調理中に辛味が消えるのですか？

A29 辛味を生成する酵素の働きはpHに影響されること、辛味成分は揮発性であることなどが考えられます。

解説 ダイコンおろしは、加熱すると甘くなります。ダイコンを煮ると甘くなるのと同じ原理です。辛味成分のイソチオシアネート類

は揮発性なので、加熱すると揮発し、もともとダイコンに存在しているブドウ糖が残り、その甘味を感じるのです。

イソチオシアネート類の前駆物質から辛味成分のイソチオシアネートを生成するには、ミロシナーゼという酵素が関与します。一般に、酵素の働きは、中性付近(pH6〜7)では活発ですが、酸性(pH4以下)やアルカリ性(pH8以上)では働きません。

ダイコンおろしに食酢を加えると酸性になるので、ミロシナーゼの活性は失われ、イソチオシアネート類は生成されないので辛くありません。ダイコンおろしに醤油を加えた場合、醤油のついたところが辛くないのは、醤油のついた部分だけが酸性になったため、ミロシナーゼの活性が失われたためです。温かい天つゆにダイコンおろしを入れると、ダイコンおろしが温まり、イソチオシアネートが揮発して失われるので、辛味がなく、ダイコンおろしのさっぱりした食感で、油っこい天ぷらをさっぱりと食べさせてくれるのです。

Q30 ショウガの辛味と香りはどのような成分ですか?

A30 ショウガ独特の爽やかな香りは、ガラノラクトンとジンゲロンという成分です。辛味成分はショウガオールとジンゲロールです。いずれの物資もケトン化合物です。

解説 ショウガ科の多年草で、インドでは紀元前300〜500年以前にはすでに保存料や医薬品として使われていました。中国では紀元前500年には栽培されていたといわれています。ヨーロッパには紀元前1世紀ごろに伝わったようです。日本には2〜3世紀に中国から伝わったと伝えられています。

ショウガは栽培方法により、根ショウガ、葉ショウガ、矢ショウガ(軟化ショウガ)に分けられています。根ショウガは地下の塊根部分を食用とするもの、葉ショウガは根茎が小指ほどの大きさまで成長した段階で、葉のついたまま収穫したもので、代表的なものに谷中ショウガがあります。根を甘酢に漬けたものを箸休めに食べたり、根に味噌をつけて食べたりし

ます。矢ショウガは、軟化栽培をし、15cm程度に成長したところで、太陽に当てて茎元が紅色になったころ収穫したもので、筆ショウガ、芽ショウガ、一本ショウガ、軟化ショウガともいいます。「はじかみ」として焼魚に添え、彩をよくし、香りづけとして利用されています。

ショウガの辛味の重要な成分はジンゲロール（$C_{17}H_{26}O_4$）とショウガオール（$C_{17}H_{24}O_3$）です。ショウガオールは新鮮なショウガには存在せず、乾燥や貯蔵などの保存の過程、加熱などの調理過程で生成されます。ジンゲロールの化学構造式はトウガラシのカプサイシン、コショウに含まれるピペリンに近いです。加熱によりジンゲロンに変化し、ショウガ独特の刺激性のある甘い香りをもつようになります。乾燥すると脱水し（ヒドロキシ基を失う）、さらに強い刺激のあるショウガオールに変わります。生のものより乾燥した根ショウガが辛いのはショウガオールが生成されるからです。

ショウガ独特の香り成分のジンゲロン（$C_{11}H_{14}O_3$）はショウガの香りの1つの成分ですが、辛味はありません。新鮮なショウガには存在しませんが、乾燥や保存の過程でジンゲロールからアルドール反応の逆の反応により生成されるのです。

ショウガ特有の爽やかな香りの成分のガラノラクトン（$C_{20}H_{30}O_3$：環状エステルの化合物）は、国産のショウガにのみ存在しています。

Q31 ネギの辛味の成分は何ですか？

A31 ネギは、刻むことにより、ネギの中の加水分解酵素が酸素に触れて活性化して、分子内にイオウを含むアリインに働き、アリインは刺激臭のあるアリシンやその他のスルフィド類（イオウ化合物）に変わります。このスルフィド類がネギ特有の刺激性のある辛味や香りを出します。とくに、二硫化アリル（ジアリルスルフィド）が主成分となっています。

解説 ネギはユリ科に属し、辛味や香りの成分の由来は、基本的にはユリ科のタマネギ、ニンニクなどと同じです。ネギの種類には、根深ネギ（白色の部分の多いもの：葉鞘部の基部に土寄せして軟白栽培したもの。関東地方のネギに多い）、葉ネギ（別名青ネギ。土寄せせずに栽培し、

緑葉部を利用。九条ネギなどの関西のネギに多い)、下仁田ネギ(白色部の直径が5cm前後と柔らかく、肉質が柔らかいのが特徴で、別名上州ねぎ、殿様ネギなどがあります。ネギの仲間には、アサツキ、リーキ(ポロネギ)、赤ネギ、ワケギがあります。ワケギは生理・生態的特性、染色体の核型から、ネギと分球性タマネギとの雑種であることが明らかになっています。

　ネギ特有の強い香りの成分は硫化アリルです。硫化アリルの中でも2個のアリル基がイオウ原子(S)に結合した構造をもつ硫化ジアリル(ジアリルスルフィドとも呼ばれます)です。ワサビ、ニラ、ラッキョウにも含まれています。昔は、風邪に対する民間療法に生のネギや焼いたネギを食べる、喉に当てるなどとして使われました。その理由は、刺激臭や辛味の成分の「硫化アリル」の働きと考えられていました。

　ネギが使われる代表的料理例として、つぎのようなものがあります。

①ネギの小口切りにして使う
・味噌汁：小口に切り、最後に浮かべる
・豚汁やけんちん汁：トッピング
・ところてん：トッピングして酢醤油で
・冷奴：おろしショウガと一緒にトッピング
・カツオのたたき：藁で焼いたカツオの表面におろしショウガとともに載せる
・納豆：辛子やゴマと一緒に混ぜる
・焼肉：タレに混ぜる

②白髭ネギとして使う
・揚げだし豆腐：たっぷりの白髭ネギを飾る
・あんかけ料理：白髭ネギを載せる

③刻みネギとして使う
・焼肉：タレに入れる
・麺類：めん類のタレに混ぜる
・トンカツ：ダイコンおろしと一緒にたれに入れ、和風に
・鍋もの：ダイコンおろしと一緒にタレに入れる
・ハンバーグ：刻み青じそと一緒にハンバーグに載せる

・ラーメン：薬味
・マーボー豆腐：薬味

Q32 ミョウガの爽やかな香りはどのような成分ですか？

A32 テルペン類（イソプレンを構成単位とする炭化水素）の仲間のα-ピネン類です。紅色の成分は水溶性の植物色素のアントシアニンの一種で、マルビジンです。

解説 ミョウガは東アジア（温帯）が原産のショウガ科の多年草です。通常「花ミョウガ」、「ミョウガ」と呼ばれているものが花穂で、内部には3～13個の開花前の蕾が存在しています。これは「花蕾」ともいわれています。一方、若芽を軟白し、弱い光により薄い紅色に着色した部分は「みょうがだけ」といわれています。独特の香りが好まれ、香辛野菜としてそばや素麺、冷奴の薬味として利用されています。天ぷらや酢のもの、吸い物や味噌汁の具にも使われます。独特の香りが食事を楽しませてくれます。香りの主成分はα-ピネン（pinene）は$C_{10}H_{16}$で示される有機化合物モノテルペンの1種です。名称の由来はマツ（pine）にあり、松精油の主成分に似ています。ピネンは、6員環と4員環からなる炭化水素です。分子内には二重結合があり、その位置によって、α-ピネンとβ-ピネンがありますが、ミョウガの香りはα型です。

夏には、小さな蕾をつけたもの、秋には太く身がしまったものが出回ります。夏のものは香りと味を生かした薬味に適しています。秋のものは大きく香りもよいので、1個そのままを活かした天ぷらや酢のものに向いています。

ミョウガの香り成分としてヘキサノール、イソピコカムホンが推測されています。ヘキサノールは酵素的に生成されていることが明らかにされています。ミョウガの香りは青臭く土臭い香りであり、その成分は2-イソプロピル-3-メトキシピラジン、2-第2ブチル-3-メトキシピラジン、2-イソブチル-3-メトキシピラジンであることも明らかになっています。

ミョウガの香気成分のα-ピネン（精油の成分）は、神経の興奮を鎮め、

Q33 ユズ、スダチ、カボスの香りはどのような成分ですか？

A33 酸味が強く、香りの高いかんきつ類のユズ、スダチ、カボスなどは「香酸柑橘」といいます。かんきつ類の香気成分の主成分はテルペン類で、大部分は苦味を有するリモネンです。それぞれの香酸柑橘の香気として、ユズからはユズノン、カボスからはシトロネラル（citronellal）、スダチからはノナノール、デカナール等が明らかになっています。スダチの果皮の香気成分としてリナロール、ユズノンなどが明らかになっています。

- ユズ：出荷される青ユズは未熟のユズです。果皮が緑色で糖度が低く、酸度が高いかんきつ類です。青ユズ、黄ユズはいずれの時期でも有効利用できるのが特徴です。果皮、果汁ともにビタミンCが多く含まれています。果汁を使う場合、果皮をおろし器ですってイカや貝類の刺身に振りかける使い方や、イカの塩辛に振りかける使い方もあります。吸い物にはユズの果皮の切片を入れるという利用法もあります。ユズの香りのユズノンが魚介類の生臭さをマスキングし、生臭さの代りにユズの香りを感じて、おいしく食べられるというわけです。吸い物や茶碗蒸しにユズの果皮の切片を加えた場合、吸い物や茶碗蒸しの温度でユズの香りが揮発し、よい香りとして感じるのです。

- カボス：カボスは未熟な状態のものが出荷されます。カボスの酸味の主体はクエン酸でレモンに比べれば2倍もの量を含んでいます。酸味は、食酢の味に比べるとまろやかです。カボスに含まれるミネラル類は塩味・苦味・甘味などに影響しているようです。果皮の主要な香気成分はリモネーゼで、その他にミルセン、テルピネン、ピネンです。その他にリナロール、デカナール、オクタナール、シトロネロール、ゲラニオールなども香気に関与している成分です。

- スダチ：市販されているスダチは25～50gで、ユズやカボスに比べる

と小さいものです。果汁のクエン酸量は多く、果皮の香りが高いので、小さい果実でも十分な薬味として利用されています。スダチチン、デメトキスダチチンというフラボノイドを含んでいます。果汁の香りの成分は、ノナナール（C_9-アルデヒド）、デカナール（C_{10}-アルデヒド）などの他、C_{11}やC_{12}-アルデヒドも香気成分となっています。果皮の香りはリナロール、ユズノン、4,5-エポキシ-(2E)デカナール、ワインラクトンが寄与しています。

ニンニク特有のにおいの成分は何ですか？

A34 ニンニク特有の臭みは、硫化アリル（diallyl sulfide）です。この物質は、2つのアリル基がイオウ原子（S）に結合した構造をもつスルフィドです。ニンニク内ではアリインとして存在し、摩砕、切断によって酵素アリイナーゼが酸素と接触して活性化し、アリシンとα-アミノアシル酸を生成します。

解説 ニンニクはヒガンバナ科で可食部は球根ですが、葉も葉ニンニクの名の香味野菜として利用されます。球根を乾燥し、粉末にしたのがガーリックパウダーとして多くの料理に利用されています。香気および辛味成分は、すり潰したり、刻んだりすると、加水分解酵素のアリイナーゼの作用によって、生のニンニクに存在しているアリインからアリシン、ならびにアリルジスルフィド類（メチルジスルフィド、ジアリルジスルフィドなど）が生成されます。アリシン（硫化アリル）がニンニク特有の臭気の成分ですから、ニンニクは臭いのです。

ニンニクのある種の細胞には、アリインという無臭の化合物が含まれています。ニンニクの別な細胞には、アリインの加水分解酵素であるアリイナーゼ（アリナーゼともいう）という酵素が含まれています。ニンニクを切ったり擦ったりすると、これらの細胞が壊れ、アリイナーゼとアリインは細胞外に出て互いに接触します。このことにより、アリイナーゼがアリインに作用してアリシンを生成します。アリシンがニンニク特有の臭気を発生します。その臭気成分が硫化アリルなのです。アリシンの殺菌効力は実

験的には証明されていますが、人が食べた場合にはいろいろな食品も混ざっているので、実際にはどの程度の殺菌効力を示すのかははっきりとはわかっていません。

タデの辛味の成分は何ですか？

A35 タデの葉をすり潰した時に生成される辛味の成分はポリゴジアール(別名タデオナール)というアルデヒド化合物です。

解説 タデは、タデ科イヌタデ属の植物で、タデ科に属する植物は約8属に分類されています。すべて草本で、陸地に生育しているものは一年草で、水生のものには地下茎を引く多年草もあります。薬味として利用する部位は葉です。特有の香りと辛味をもち、野生の紅タデが最も辛く、栽培種の青ダテは辛味が弱く感じます。タデの葉をすり潰し、酢で延ばした「タデ酢」は、アユの塩焼きには欠かせない薬味となっています。

タデの辛味のポリゴジアール($C_{15}H_{22}O_2$)はタデオナールとも呼ばれるアルデヒド類の仲間です。タデの汁は非常に辛く、ワサビ、カラシ、トウガラシの辛味とは違い、独特の風味があります。タデ酢にして使うことにより、辛味がまろやかになるので、さっぱりしたアユの塩焼きに添えることにより、引き締まったうま味のある塩焼きを楽しむことができるのです。

辛味成分に強い人や辛味のある食事に常習性のある人は、タデの辛味のポリゴジアールに対してストレスを感じなくなるという実験があるので、辛い食べ物を好む人には、タデの辛味を感じないとも推測されています。

ワサビの辛味はどのような成分ですか？

A36 ワサビの辛さと香りは、ワサビの根茎をおろし器ですりおろした時に、酸素に触れた加水分解酵素ミロシナーゼの作用でからし油配糖体シニグリンが加水分解されて生成するアリルイソチオシアネート

と、少量のブチルイソチオシアネートなどによるものです。

畑ワサビの精油から香気成分として13種類のイソチオシアン酸エステル、4種類のニトリル、5種類のアルコール、1種類のアルデヒドの存在が明らかになっています。ワサビの香りは「グリーンノート」といわれているもので、6-メチルチオヘキシルイソチオシアネート（6-MTITC）という揮発しやすい物質も見つけられています。

解説 ワサビはアブラナ科ワサビ属の植物で、可食部は地下の根茎です。根茎をすりおろしたものを「ワサビ」と呼んでいます。一般に、ワサビは清流の中で栽培されている水ワサビを連想することが多いですが、本来は畑（土）で育つものでした。清流で栽培すると根茎が大きくなることから清流で栽培しています。畑で栽培していると、ワサビの中に存在するアリルイソチオシアネート（辛味の成分）が周囲の土壌へ放出され、その殺菌作用により生育に必要な土壌菌が根茎の周囲で生育できなくなるので、根茎が十分に生育できず、小さい根茎となってしまうのです。

ワサビの辛味成分は、アブラナ科の植物に多く含まれるカラシ油配糖体（グルコシノレート）の一種シニグリンがすりおろされる過程で、細胞内に存在していた加水分解酵素が酸素に触れて活性化し、シニグリンと加水分解酵素が反応し、アリルイソチオシアネート（6-メチルイソヘキシルイソチオシアネート、7-メチルチオブチルイソチオシアネート、8-メチルチオオクチルイソチオシアネートなど）の辛味成分を生成します。すりおろす時に、サメ皮のおろし器を使い、酸素との接触部を多くするために根茎は回すようにします。カラシ油配糖体が加水分解され、辛味成分が生成されると同時に、配糖体に結合していたブドウ糖が遊離するので、甘味のある滑らかな辛味を感じると同時に、爽やかなワサビの6-MTITCを主体とした香りも感じられるのです。

ワサビの中でカラシ油配糖体の存在する部位は表皮と皮層の間です。細胞内ではカラシ油配糖体のブドウ糖の部分は硫酸カリウムとの結合体として存在しています。皮を厚くむくと、辛味のあるワサビをすりおろすことができないのです。また、ワサビの根茎の先端のほうが辛いのは、先端部のほうが表皮と皮層の割合が多いからです。醤油や食酢にすりおろしたワサビを溶かすと辛味が弱くなるのは、食塩やpHにより加水分解酵素の活性が失われるからです。なお、すりおろした直後よりも、5分ほど放置し

ておいたほうが、加水分解酵素が作用している時間も長いので、辛味成分が多く生成され、辛いワサビとなります。

Q37 シソの香りの成分は何ですか？

A37 シソ特有の香りはペリルアルデヒドで、シソの精油の約50％を占めています。アルデヒド基をもつモノテルペン類です。嗅覚神経を刺激し、胃液の分泌を促進させます。

解説 シソはシソ科の植物で、ちりめんじそ、赤じそ、青じそなどの種類があります。赤じそは梅干しを赤色に仕上げるために使われます。薬味としては青じそが多く使われます。いずれも、シソの香りはペリルアルデヒドに由来するものです。香りがあるが辛味もあります。葉や花が香味野菜として刺身のつまや天ぷらなどで利用されています。青じその葉は大葉の名で野菜としても使われています。西日本の一部では「青蘇（せいそ）」と呼んでいます。シソの実は茶漬けなどの風味づけに使われます。

ペリルアルデヒドは、アルデヒド基をもつモノテルペン類で、分子式は$C_{10}H_{14}O$、慣用名は4-メタン-1、8-ジエン-7-アールで示されます。シソから得られる揮発性のペリルアルデヒドを含むオイルは、香りづけの食品添加物として利用されています。

Q38 三つ葉の香りの正体は何ですか？

A38 三つ葉の香りの成分は、クリプトテーネンとミツバエンというものです。クリプトテーネンは、精油の含むβ-ミルセンとβ-ピネンの混合物で、三つ葉の特徴ある香気成分となっています。

解説 三つ葉は、セリ科の植物で、野生種の他に栽培種があります。ほうれん草に匹敵するほどのβ-カロテンやビタミンCを含み、カ

リウム、カルシウム、鉄などのミネラルを豊富に含みます。三つ葉の精油の成分は、モノテルペン類で、その構成成分は β-ミルセンが58％、β-ピネンが35％であり、リモネンも含みます。その他に、セスキテルペン類の β-セリネン、α-セリネン、クバレンなども含んでいます。三つ葉の根はアクが強く組織が硬いので、熱湯で短時間茹でてから、浸し物や酢の物に使われます。

のりの香りの正体は何ですか？

A39 のりの成分は、硫化水素とジメチルサルファイド、メチルメルカプタンです。とくに、ジメチルサルファイドは青のりの香りの成分の1つですが、のりの劣化とともに変化します。

解説 青のりは、主としてアマノリを原料として作ります。現在は、海面で養殖したアマノリを集め、板状にして乾燥させたものです。主成分は、ラミナラン、マンニトール、アルギン酸ですが、香りの成分の主体はジメチルサルファイドです。この香りは海の香りに似ています。

のりは焼くことにより甘味や香りの成分が生成されます。焼くことによって、細胞を包んでいる細胞膜が熱によって変化し、水分とともにうま味と香りの成分が自由に通過できるようになるので、のりのうま味と香りを味わうことができるのです。また、焼くことにより、濃い緑色が発色するのは、のりの色素のクロロフィルの変化によります。

のりを薬味として使う料理には、もりそば、湯豆腐、山かけ、茶漬け、ひつまぶし（ウナギのかば焼き）、焼きそばなどがあります。

かつお節の香りの成分は何ですか？

A40 かつお節のフレーバーは製造過程における燻煙やカビづけによって生成されます。主な成分として、ケトン類、芳香族炭水化物類、

フラン類、ピラジン類、フェノール類が寄与しています。

解説 かつお節は、三枚におろしたカツオの煮熟後、焙乾を繰り返し行い、その後カビづけして日乾し固めます。世界で一番硬い食品といわれていますが、薄く削った状態で利用することが多いです。主として、うま味や香りを活かしただしやふりかけにして使われています。香りは焙乾工程で増加するもので、アセトン、2-ブタンなどのケトン類、ベンゼン、トルエンなどの芳香族炭化水素類、2-メチルフランなどのフラン類、ジメチルピラジンなどのピラジン類、フェノール、グアヤコールなどのフェノール類が確認されています。これらは、焙乾工程で処理される燻煙の成分に由来する成分が多いようです。

Q41 そばに使われる薬味にはどのようなものがありますか？

A41 ダイコン、ネギ、ワサビ、ショウガ、のり、シソ、ごま、七味トウガラシなどがあります。

解説 淡白な味のそばをおいしく食べるために考案されたのが薬味の利用と思われます。薬味の香りによって、風味のあるそばを食べることができ、食欲も増します。

・ダイコン：さっぱりとした口当たりと食欲を増します。
・ネギ：生の刻みネギを使うことにより、刺激臭と辛味のある硫化アリル（アリイン）が食欲を増進させます。また少量ですが、ビタミン B1 の吸収を助けます。
・ワサビ：爽やかな香りと辛味は、食欲増進に拍車をかけます。
・ショウガ：特有の香りと辛味は胃液の分泌を増やし、食欲を増進させます。
・のり：香りが食欲増進の役に立ちます。β-カロテン、ミネラル類、食物繊維を含みます。
・シソ：爽やかな香りは食欲を増進させます。
・ゴマ：ややコクがあるので、そばの薬味よりもうどんの薬味に使われています。

・七味トウガラシ：トウガラシの辛味成分のカプサイシンが食欲増進に役立ち、ミカンの皮の陳皮の香りも食欲増進に寄与しています。

トウガラシの辛味はどのような成分ですか？

A42 トウガラシの辛味の主成分はカプサイシンとジヒドロカプサイシンです。鷹の爪群に属する品種が強い辛味をもっています。生鮮物100gあたり約200mgが含まれています。

解説 トウガラシはナス科の植物です。辛味の強い品種も弱い品種もあります。鷹の爪群の果実部分は小さく、トウガラシの仲間の中で、最も辛い品種です。伏見辛群の果実は大きく、辛味が少ないです。トウガラシは辛味の香辛料としては欠かせません。生鮮野菜として利用する場合と、乾燥させて粉末にし、一味トウガラシや七味トウガラシとして利用する場合があります。

カプサイシンはアルカロイドで、部分構造にバニリン由来のバニリル基をもつので、バニロイド類に分類される場合もあります。カプサイシンの分子式は$C_{18}H_{27}NO_3$で、アルコールには溶けやすいのですが、冷水にはほとんど溶けません。口腔内で辛く感じるのは痛覚で、アミノ酸やイノシン酸、甘味、酸味、塩味などの味覚の感じ方と違いがあります。すなわち、痛覚神経を刺激し、局所刺激作用あるいは辛味を感じることになります。カプサイシンにはワサビなどの辛味アリルイソチオシアネートと比較すると風味がありません。カプサイシンはトウガラシの房室間隔壁に、バニリンアミンに分岐脂肪酸が結合した化合物として存在していると考えられています。

Q43 ゴマの香りはどのような成分ですか？

A43 炒りゴマの香気はサルファー臭といわれ、2-メルカプト-3-ペンタノンであることが明らかになっています。

解説 ゴマはゴマ科の植物の種子を利用したものです。白ゴマ、黒ゴマがありますが、主成分は脂質です。ゴマに含まれるセサモールは焙煎過程でセサミンとなり、抗酸化性が注目されています。白ゴマは黒ゴマに比べて脂質含有量が多いこともわかっています。一般に、白ゴマのほうが香りがよく、コクもあるといわれています。ゴマの香りを十分に引き出すには乾煎りをし、じんわりと熱を加えることがポイントです。

Q44 和食に使われるだしには、どのような食材が使われていますか？

A44 和食に使われる「だし」の基本材料は、昆布とかつお節などの節類を使った「だし」と、昆布や干しシイタケなど植物性の材料を使った精進物の「だし」があります。節類にはソウダガツオやサバを原料としたものがあります。また「焼き干し」としてアジ、トビウオ（あごだし）、カタクチイワシの稚魚を使った煮干があります。

解説 昆布とかつお節などの節類でとる基本だしには、「一番だし」と「二番だし」があります。一番だしは、昆布のだしをとってからそれに削り節を加えて煮出す最初のだしです。香りを大切にするだしで、主に椀物を提供するたびに、沸騰させないで作ります。二番だしは、一番だしをとった後の削り節や昆布に、再び水を加えて煮出して調製します。さらに、料理に合わせて削り節を加えて加熱し、いわゆる「追い鰹」をし、うま味と風味をしっかり加えたものです。使用目的や好みに応じて、基本だしに醤油やみりん、酒などを加えたものは「八方だし」といわれています。「四方八方」に使える便利なだしという意味のあるだしです。

昆布だけを使った「昆布だし」のとり方には、水につけてとる方法と、火にかけて煮出してとる方法があります。煮出してとる昆布だしは、手早

く風味のあるだしがとれます。水に浸して冷蔵庫に入れておいてとる水出しは、昆布のうま味がしっかり出ていて、甘味のある透き通っただしがとれます。

「煮干しだし」は、やや魚のクセのあるだしですが、素材や料理によって昆布と合わせて使う場合もあります。四国地方ではカタクチイワシの煮干しの「かえり煮干し」を使うところが多いようです。味噌汁のだしに使えば、味噌の風味で煮干しの魚のクセが緩和されるので、朝の味噌汁のだしは煮干しに限るという人もいます。

「精進だし」の材料には、昆布を基本に干しシイタケ、大豆、かんぴょうなどの乾物を使います。精進料理は仏教の思想の戒律上、肉や魚などの動物性の食材は使えないからです。法事など仏事の料理に使われます。

①だしに使われる昆布の種類：だしに使われる昆布には次の種類があります。

・真コンブ：上品な甘味とコク、まろやかな澄んだだしがとれます。
・利尻コンブ：透き通ったクセのないだしがとれます。懐石料理の吸い物に向いています。
・羅臼コンブ：濃厚な風味と甘味のある黄色のだしがとれます。煮昆布や炊き合わせの素材としても使われます。
・日高コンブ：だし用よりも煮昆布として使われます。三石コンブともいわれています。

②節類の種類：次のような種類があります。

・かつお節：煮る→燻す→［乾燥→カビづけ］（［］の工程を繰り返す）の長期間の製造工程により、脂肪を含まないイノシン酸やアミノ酸などのうま味成分の多いかつお節を製造します。燻すことによりかつお節特有の風味が生成されます。製造の前処理として、カツオの頭部、内臓を除き、三枚におろします。2つに切ったものを「本節」、背骨を中心に背側の身から作ったものは「雄節」、腹側の身から作ったものは「雌節」といいます。
・まぐろ節：キハダマグロの脂肪の少ない赤身肉を原料として作ります。関東では「めじ節」、関西では「しび節」ともいっています。色が淡く、淡白な味のだしです。関西の高級料理店で椀物に使っているところもあります。

- ソウダ節：マルソウダカツオを原料としたもの。かつお節よりも濃厚なだしがとれます。四国にはソウダ節をビンに入れ、それに醤油を入れた醤油だしをとる商品があります。
- サバ節：脂肪の少ないゴマサバを原料としたもので、関東では麺類のつゆのだしには欠かせない節です。時間をかけて煮立ててだしを調製します。
- イワシ節：マイワシ、ウルメイワシ、カタクチイワシを原料とした節。ウルメイワシ節のだしは、クセが少なく、あっさりしています。カタクチイワシ節のだしは、あっさりしています。マイワシ節のだしは、香りが強く、まろやかなだしです。
- 室節：ムロアジを原料とした節。麺類のだしに向いています。

③**煮干しの種類**：煮干しは小魚を海水で洗い、塩水で煮熟し、乾燥したもので、次のような種類があります。
- カタクチイワシ煮干し：カタクチイワシを原料としたもので、青黒い「青口煮干し」と白い「白口煮干し」があります。
- 平子煮干し：マイワシを原料とした煮干しです。
- ウルメ煮干し：ウルメイワシを原料とした煮干しです。
- かえり煮干し：カタクチイワシの稚魚で作る煮干しです。

④**干しシイタケの種類**：生のシイタケを天日または火力や電気などの乾燥器内で乾燥して作ります。香りの成分はレンチオニン、うま味の成分はグアニル酸(核酸関連物質)です。
- ドンコ(冬菇)：春先の気温の低い時期にゆっくり成長したもので、傘は肉厚で丸形です。
- コウシン(香信)：温かい時期に短期間で成長したもので、傘は大きく、薄いのが特徴です。
- コウゴ(香菇)：冬菇と香信の中間のものです。

7章 各地の郷土料理・伝統食 Q&A

Q1 北海道のお勧め郷土料理は何ですか?

A1 北海道の産物は「蝦夷地三絶」として、石狩のサケ、天塩のシジミ、十勝のフナが有名でした。明治時代に入り漁船や漁法が発達し、沿岸漁業から近海漁業へと広がり、北海道の周囲の海で漁獲される魚介類は、ニシン、サケ、マス、イワシ、サンマ、タラ、ホッケなどの魚類の他にイカ、ウニ、アワビ、昆布、ナマコ、カニ、エビなど水産物の宝庫となりました。現在も北海道の郷土料理は魚介類が主体ですが、畜産業や酪農業、農業も発達し、いろいろな郷土料理が北海道の人々によって工夫されています。

解説 北海道は豊富な魚介類や海藻に恵まれていて、それは北海道の人々にとってはタンパク質やその他の栄養素の大切な供給源でありました。そのなごりは現代にも続いております。また、食材を無駄なく食べる方法として、三平汁や石狩鍋などニシンやサケの他に野菜類もたっぷり使う鍋料理なので、体は温まる上にいろいろな栄養素も摂取できます。

とくに、「石狩鍋」は、十勝鍋、秋味鍋ともいい、生きた秋味と呼ばれる旬のサケを素材にする鍋料理は、北海道でしか経験できないものです。サケは頭も身も使うので、頭や骨からのうま味は、より一層おいしく引き立たせる汁を作り出します。ニンジン、ダイコン、ジャガイモ、ネギなど、どんな野菜類を入れてもよく、醤油仕立て、味噌仕立てにしてもよいですが、酒粕を入れるとコクもあり、田舎風の味かもしれませんが北海道の味といえます。

北海道の肉料理としてジンギスカンが有名です。内地で仕事や勉強をし

〔注〕本章については適宜、「付録4 全国の主な郷土料理」を参照ください。

ている北海道の人々にとっては、北海道に戻ったらジンギスカンと飯ずしを食べずには内地へ戻れないといわれています。昭和の年代には北海道の飯ずしによるボツリヌス中毒が何件かありましたが、食品加工場の設備が整い、環境が衛生的になり、従業員の食品衛生に関する意識も向上したため、衛生的でおいしく、小分けの真空パックされた飯ずしとして流通されています。ダイコンや白菜にサケやニシンの切り身が挟まれ、最終的にはやや甘めの麹漬けにしたものです。ご飯のおかず、酒の肴、茶うけに合います。北海道内の空港で販売されています。

秋に「ふるさと便」で送られる「サンマの糠漬け」は、うま味もあり身肉もとれやすいサンマの加工品です。北海道産の脂質含量のそれほど多くない塩漬けしたサンマを糠漬けしたもので、熟成中にうま味成分も醸し出され、塩味もよく冷凍での保存も可能です。秋に三陸沖で漁獲されたサンマほど脂質含有量は多くなく、焼いた時の煙もそれほど多くないので、集合住宅でも問題なく焼けるものです。

北海道のすし店や日本料理店では、ホッキガイの刺身やすし種が用意されています。生の身は淡紫色ですが、湯通しすると紫色は鮮やかな淡紅色に変わり、同時に甘味が増します。普通、刺身、酢の物、すし種として食べますが、塩焼きも醤油焼きもおいしく食べられます。北海道から福島の沿岸で獲れるバカ貝といわれるもので、かつては、漁獲量が多く、余ったものは茹でて干物にし、おやつに食べたものでした。

サケのちゃんちゃん焼き、鹿肉のバーベキューなどを湖を目の前にした湖のほとりでみんなが仲よく焼きながら食べるのは、アウトドアレジャーの醍醐味ではないでしょうか。

Q2 東北地方のお勧め郷土料理は何ですか？

A2 紀元前2万年ごろは、樺太・北海道・東北は陸続きでつながっていたので、東北地方の食味文化は中国東部、シベリア地方の影響を受けているとの説もあります。その理由として、東北地方で現在栽培されているキビ・ヒエ・アズキ・カブ・ダイコン・ゴボウなどの野菜類は、

中国北東部・シベリア・ヨーロッパが原産地のものが多いことから考えられるとの説があるからです。

解説 海流関係では、東側の沿岸部をベーリング海から南下してくる親潮（千島海峡）と、北上する黒潮の影響で、寒流系と暖流系の海の幸が豊富です。西側はオホーツク海流の影響で寒流系の海の幸が多く見られます。以下に、県ごとに代表的なものを紹介してみましょう。

・**青森県**：観光の目玉になっている「津軽のねぶた祭り」（8月3日）は凶作に見舞われることの多いこの地方のお祓いの祭りなので、賑やかに行われます。春の終わりごろには、ホッケ・アイナメ・ヤリイカ・ウニ・ホッキガイなどが食べごろになります。漁業基地の八戸でなければ食べられないのが新鮮なホッケの刺身です。市場内の店で新鮮なホッケの刺身を経験することを勧めます。ホッケはつけ焼き、煮つけ、たたき、摺り身は澄まし汁の実など、八戸でしか食べられない料理があります。秋には、川を遡上するサケの馴れずしは珍しい逸品です。

十和田湖ではフナ・イワナ・ヒメマスの淡水魚が漁獲されます。とくにヒメマスの刺身は珍しい料理で、揚げ物や燻製は逸品です。

郷土料理のせんべい汁は、B級グルメとしても知られた料理ですが、セットものが土産として出回っているので、珍しいものとは思われなくなってしまったようです。

・**岩手県**：三陸海岸で獲れるウニは、アワビの2枚の殻に挟んで焼くのが正式なウニの浜焼きといわれるものです。焼くことにより甘味も増すので、生うにの苦手な人でも食べられます。同じようなウニ料理で、福島県いわき地方の「ウニの貝焼き」は、ホッキガイの貝殻にウニをこんもりと山形に盛り、蒸し焼きにしたもので、これも生うにが苦手な人に好評です。ウニの漁獲量が少なくなったので、外国産のウニを使ったものもあります。

夏に獲れるホヤについては、特有の臭みについて好き嫌いがはっきりしていますが、ホヤ好きの地元の人は、バケツいっぱい食べるという大げさな話もあり、隣の部屋に居ても、臭みには耐えられないという人もいるそうです。養殖ものも出回っています。ホヤの酢のものは抵抗なく食べられます。

・**宮城県**：松島のカキ種苗は、全国の種カキになっているほど有名ですが、

生カキを食べてノロウイルスによる中毒に感染する人は毎年見られます。最近、カキの旬は冬でなく、産卵期前の3月ごろといわれています。理屈からは産卵期前がおいしいのですが、中毒が心配なので土手鍋や天ぷらをお勧めします。土手鍋は味噌の風味でカキの生臭さがマスキングされるので、熱が通り身がふっくらしたところで食べるのが最高においしいです。天ぷらも、低温で揚げてふっくらとしたものはおいしいです。いずれも熱いうちに食べるのがよいので、猫舌の人には苦手な料理と思います。

- 秋田県：きりたんぽは、秋の収穫を祝う料理です。鶏肉や野菜、マイタケなどのキノコを入れた醤油またはしょっつる仕立ての鍋を食べれば、本物の秋田の郷土料理に出会ったことに感動するでしょう。
- 山形県：芋の子汁（芋煮会）、粥ずし、コンニャク、サクランボ、三五八漬け、ドンガラ漬け、やたら漬け、米沢牛、米沢鯉などがあります。
- 福島県：浜通り、中通り、会津地方で特徴ある郷土料理があります。アユ味噌、従兄弟漬け、ウニの貝焼き、紅葉汁、サンマのみりん干し、にしんずし、ニシンの山椒漬けなどがあります。

関東地方のお勧め郷土料理は何ですか？

関東地方の栃木・群馬・埼玉の各県は小麦の生産地でした。それでは一都七県ごとに代表的なものを以下に紹介してみましょう。

・茨城県：水戸納豆やアンコウ鍋のおいしい県でもありますが、凍み豆腐・凍みコンニャクのような保存食を作るのに適している地域も存在しています。栃木県の「日光湯葉」は、「京湯葉」と同じように有名です。日光には生湯葉を載せたすしもありますが、板前さんが工夫したアイデア料理が最もおいしいです。

北茨城地区と福島県のいわき地区のアンコウ鍋は、肝を溶かした味噌仕立ての「どぶ汁」のほうが醤油味のものより深みのある料理として味わえるでしょう。同時に茹でた肝を砂糖・醤油・食酢などで調味してタレを作り、茹でたアンコウの七つ道具をつけて食べる。これが北茨城か

らいわきにかけておいしく食べられるアンコウ料理です。
- **栃木県**：コンニャク、芋串、落人料理、干瓢、酢豆、日光湯葉、マス料理、ナスのカラシ漬け、たまり漬けなどがあります。
- **群馬県**：磯部せんべい、凍みダイコン、下仁田ネギ、コンニャク、すすり団子、水沢うどん、峠の茶釜、ナマズ料理、フナの甘露煮などがあります。水沢うどん、館林うどんは、群馬県の人にとっての郷土料理として守られています。群馬のうどんの食べ方はきんぴらごぼうやコイ料理を惣菜にして食べるので、一度、うどんを自慢している讃岐うどんや五島うどん（長崎）、氷見うどん（富山）、稲庭うどん（秋田）などと、おいしさや、食べ方を比較しておくのも、食いしん坊のささやかな話題作りになると思います。
- **埼玉県**：埼玉県は小麦粉の生産量が多いので、昼食にはうどん料理を食べる家庭が多いようです。とくに、幅広うどんを野菜といっしょに煮込んだ「おきりこみ」、野菜と煮た鍋料理の「すいとん」は、各家庭でよく食べます。

　川越のサツマイモの栽培は有名です。そのサツマイモを使ったいろいろな菓子も多いようです。

　ウナギの資源が少なくなってから、県内で養殖をしているナマズが注目されています。
- **千葉県**：太平洋で漁獲されたイワシやサンマ、アジの庶民的料理が受け継がれているようです。千葉県の山里に、日本で最初に乳牛を飼育したという場所があるためか、和食ではありませんが、格別な手作りチーズの工房があると聞いています。明治時代に入り、牛乳を飲む習慣も広まり、現在ではチーズ専門店も増え、チーズの蘊蓄を語る人も数多くなっているので、関東ばかりでなく東北、北海道でも自分好みのおいしいチーズを見つけ出すことができれば、同時にもっと豊かな発想の食文化を論ずる人にもめぐり合うことができるかもしれません。

　千葉の安房地区の和田にはクジラが水揚げされ、解体され各地に販売されます。この地区では、醤油タレに赤身を浸してから干した「鯨のたれ」を郷土料理として市販しています。このタレを煮つけて細くちぎり、甘辛く煮た佃煮風の煮物が家庭料理として作られています。鯨のタレのような臭みがなく、惣菜に適しています。

- **東京都**：江戸前の料理(すし、鰻、天ぷら、すき焼きなど)で話題が尽きませんが、浅草や品川、江東区、墨田区には下町風の天ぷら、すき焼き、すしなどの店を発見できるかもしれません。深川の深川飯(アサリ)の店もあり、浅草には古くからの天ぷら、鰻、すき焼きの店が残っています。江戸前料理で忘れられそうなそば屋も、旧東海道に古くからの店があります。築地市場の場内や場外には新鮮な魚を使った小さな店があり、一度は経験しておくべき店もあります。古い江戸前料理と新しい東京の料理が混在しているのが中央区日本橋地区です。古くからある日本橋の弁当店の弁当は、江戸の人々が好きそうな濃い目の味つけのものも発見できます。
- **神奈川県**：小田原は、相模湾の魚を使った小田原独特の甘味と食感をもつかまぼこを作り続けています。魚ときれいな水の豊富さから生まれた小田原蒲鉾です。

Q4 北陸地方のお勧め郷土料理は何ですか？

A4 北陸地方は、海の幸に恵まれ、四季の生活に巧みに調和して、日本の中でも食材の豊かな地域と考えられます。北陸地方は日本海に面し、冬は積雪の中での生活が長く、日常生活は不便ですが、冬から春にかけて海の幸に恵まれ、また発酵や熟成を駆使したすばらしい伝統的な保存食を作り続けています。新潟県から福井県に至る変化の多い海岸線では、岸の近くで暖流と寒流が交錯しているので、棲息している魚種も多く見られます。それでは以下に各県ごとに紹介してみましょう。

- **新潟県**：名産といえば「コシヒカリ」でしょう。米どころが作る「わっぱめし」や「笹団子」、日本酒にも定評があります。また村上では最高級の鮭の塩引きが作られています。越後では平安時代から鮭を税として納めていたそうです。鮭のからだに充分な塩をすり込ませ、熟成させてから屋内に干す丁寧なつくり方はうま味をとても上手く引き出しています。
- **富山県**：氷見の寒ブリのおいしさは高く評価されています。そのアラを

使った「ブリ大根」については、氷見地方の漁師の間では、一度食べると寿命が1年伸びるとまでいわれています。また、太平洋の相模湾の寒ブリと比較した食通は「寒ブリは氷見に限る」とまで評価しています。このブリは、飛騨高山までのブリ街道を通り、飛騨に届けられ、飛騨の正月の祝い魚ともなっています。漁師さんの豪華なブリ大根を食べる機会があれば経験されることを望みます。富山県での結婚の祝いにタイの形のかまぼこを用意します。昆布の消費量が多く、カジキや白身魚の昆布締めはよく食べる地域です。

　北陸地方の「かぶらずし」は、石川県・富山県の馴れずしです。北陸地方の冬の気候は、ゆっくり発酵を進めるための好条件のようです。その年の気温や湿度により、また漬け方の違いにより、同じ味にならないので、作る人の腕自慢となる馴れずしともいわれています。筒切りしたカブ（カブラ）の間に薄く切った塩ブリを挟み、麹を入れながら何段にも重ねて漬け込みます。途中に細きりニンジンやトウガラシ・グリーンピース・川エビなども入れます。1か月ほどで水が上がれば食べごろとなりますが、家庭では食べる日から逆算して仕込みます。地元では、ダイコンを使った「ダイコンずし」が人気のようです。

- **石川県**：金沢の治部煮は、北陸新幹線の開通とともに、さらに人気の郷土料理となってきているようです。金沢らしい料理の1つです。各種野菜、鴨肉（または鶏肉）を材料に、醤油・みりん・だしで調味したタレにゆずやワサビを添え、くずでとろみをつけた上品な煮物は、京料理と違った上品さと優雅さが見られます。さらに、四季により季節感を反映した食材を使い、金沢らしい料理といえます。北陸新幹線の開通に伴い気軽に食べられる店もできたそうです。

- **福井県**：若狭地方のへしこ、石川県加賀地方のフグの筋、こんかいわし、能登や福井のこんか糠漬けなどは、穀倉地帯が産出する米から生まれる糠を利用した伝統的な保存食品で、乳酸発酵を利用したものです。また、若狭に水揚げされる魚介類は、古くから京都の料理の食材として届けていたため、福井は、京都の食文化の影響を受けていました。鮮魚の短期貯蔵と運搬法として工夫された若狭のタイの浜焼きは、尾頭つきの魚の串焼きです。日本の魚の尾頭つきという料理は古くから存在していた伝統料理の1つと思われます。結婚式の祝い魚のタイのおいしさを保つ方

法にもつながる古くからの伝統料理とも推定できます。北陸地方の平野は、背後の山地からの雪解け水の恵みもあり、穀倉地帯です。同時に海産物にも恵まれ、米や海や山の産物の消費地として高い文化生活に根をおろした郷土料理や郷土食が演出されてきています。

 甲信地方のお勧め郷土料理は何ですか？

A5 まず予備知識からですが、食材の種類に強い影響を与える日本の風土は、2つの気象帯に分けられるといわれています。本州中央の糸魚川・諏訪湖・富士川を結ぶ線を境にして東側はシベリア・中国から流れ込んだ針葉樹林型（アジア東北型）、西側は中国南部・東南アジアから流れ込んだ広葉樹林型（アジア南部型）に分けられています。アジア東北型に属する食材は、長野県・山梨県・岐阜県の北部に生育し、アジア南部型に属する食材は静岡県・愛知県・岐阜県の南部に生育しています。それでは以下に各県ごとに紹介してみましょう。

解説 甲信・岐阜地方（長野・山梨・岐阜各県）は高原と盆地のある地域としてのイメージの強い地域です。長野県、山県梨、岐阜県に共通しているものとして川魚があります。植物性のものでは山菜に頼るところがあります。果物では山梨県ではブドウ、モモ、柿などが栽培され、岐阜県では柿、カリンが栽培され、長野県ではリンゴ、ブドウ、ナシが栽培されています。

・**山梨県**：名物料理は「ほうとう」です。薄力粉で作った柔らかいうどんと野菜を入れた汁との煮込みうどんです。必ず、カボチャを入れるのが特徴ですが、ニンジン、ゴボウ、シイタケ、シメジ、ネギなども入れるため、汁は野菜から出たうま味成分が加わり、かけうどんや煮込みうどんとは違ったうま味があります。よく似たものに、山形県のはっと、栃木県の法度汁、群馬県の切込み、大分県の庖丁汁などがあります。寒さの厳しい季節のなによりのご馳走です。山梨県の人々には、遠方からの客をもてなす料理の1つとなっています。

・**長野県**：名物の信州そばは、辛味ダイコンのおろしを入れたそばツユで

食べると、引き締まった味わいがします。そばの前に野沢菜の古漬けで、日本酒を飲むのもオツなものです。

Q6 東海地方のお勧め郷土料理は何ですか？

A6 東海地方は、主として本州中央の糸魚川・諏訪湖・富士川を結ぶ線——フォッサ・マグナを境とし、アジア南部型に属する食材が多く生育しています。それでは以下に各県ごとに紹介してみましょう。

・愛知県：うまいものは食肉用の鶏（名古屋コーチン）といえます。雄の若鶏は、とりすき（かしわのひきずり）がおいしいです。小松菜、水菜、カブ、ダイコン葉などを刻んで入れた愛知の「菜めし」は、素朴な愛知の名物料理です。

・岐阜県：長良川に生育しているコケがアユの餌として適していることから、香魚といわれるほど香りのよいアユが獲れるので、その料理である刺身、塩焼き、雑炊、その他の料理の評判がよいようです。アユの刺身や塩焼き、吸い物、姿ずしなどの料理は、『古事記』『日本書紀』や『大宝律令』に記載されています。美濃田楽は岐阜の素朴な田楽です。茹でたサトイモを串に刺して、囲炉裏の火でじっくり焼いてから好みの味噌タレを付けて再びこんがり焼いたものです。時には、のんびりと囲炉裏で焼くなどの時間が欲しいものです。

・静岡県：北部は富士山と赤石山脈を抱え、南部は太平洋に面し、海岸線も長く、暖流の黒潮に乗ってカツオ、マグロ、マアジ、マイワシなどが回遊してきます。とくに、伊豆半島は温暖で磯魚や深海魚なども棲息しています。伊豆半島の海岸に水揚げされるキンメダイは、刺身、煮つけ、塩焼きにしても絶品です。春から秋にかけて獲れるマアジ、ムロアジはたたきにして食べ、小アジは骨つきのままでたたきにするとおいしいです。田子の浦のアマダイを、静岡を代表する「川根煎茶の鯛茶漬け」にするのは、静岡の地産地消を活かした素朴な味を楽しめます。浜名湖周辺で養殖しているスッポンの胎卵は、澄まし汁の実にするとすばらしくおいしい料理となります。

Q7 近畿地方のお勧め郷土料理は何ですか？

A7 近畿地方では、太平洋を望む志摩半島、日本の建国の歴史が刻まれている伊勢神宮、奈良の食文化、食い倒れの街の「大阪」、宮廷や寺院の影響を受けている京料理、瀬戸内海の海の幸や、海外の料理文化の影響を受けている神戸など、歴史的に意味のある各地域は、それぞれに特徴ある郷土料理を生み出しています。

解説
- **大阪府**：みんなで鍋を囲んで食べる「うどんすき」は庶民的ではありませんが、思ったより値段は高い鍋料理です。「うどんすき」の名は、「うおすき」（すき焼き）から発達した大阪特有のうどんを煮ながら食べる料理です。鶏、焼きアナゴ、エビ、ハマグリ、野菜類などの豊富な具材とうどんを食べます。季節により具材が変わるので、季節感のある料理とも思われます。食い倒れの街の大阪にも高級料理の店はあります。庶民的なたこ焼きやお好み焼きが人気で、粉物文化の街ともいわれています。
- **京都府**：高級老舗料理店が多く、料理の種類もいわゆる上品京風料理を提供します。しかし、庶民的な料理が「おばんざい」です。「おばんざい」は「おかず」のことです。海から遠い京都は、新鮮な魚介類を手に入れにくかったので、日常の生活から考案した料理のことです。ダイコンの煮つけ、揚げだし豆腐、芋棒、オカラ、きんぴらなど庶民的な料理が多いです。京都の家庭料理を勉強するには好適な料理と思われます。
- **兵庫県**：瀬戸内海のマダイ、アナゴの美味しい地域もあれば、丹波や但馬のように牛の生産地もあり、神戸、三田ではおいしい牛肉料理が提供されます。豊岡には魚市場があり、日本海の漁港に水揚げされたものを取り扱っています。冬のズワイガニ料理は格別においしいものです。
- **奈良県**：古くから作られている柿の葉ずし、釣瓶ずしなどアユ、サバなどを使った押しずしスタイルのすしがあります。昼の弁当代りに試食し、平安時代の貴族などの生活を顧みるのはいかがでしょうか。
- **三重県**：紀伊半島の入り口の三重県は、伊勢神宮を中心として郷土料理も発達したように思われます。熊野灘や志摩半島沿岸で漁獲される高価な魚介類は、伊勢神宮の神饌として献上されるものも多くあります。三

重県の名物料理は松阪牛肉の料理があげられます。本当の飼育法は定かではありませんが、但馬・丹波・近江地方の幼牛で脂肪組織と赤身肉の組織が細かく交じった最上級の霜降り肉のステーキ、しゃぶしゃぶ、すき焼きの味を一度は経験しておけば、よそで食べた時と比べるのも勉強となるかもしれません。

- **滋賀県**：滋賀県は日本のすしのルーツである鮒ずしを作っている地域です。臭くて食べられないという人もいれば、日本のチーズと評価する人もいます。うまいかまずいかは別として、歴史のある食べ物として食べてみる価値のある馴れずしです。滋賀県の琵琶湖は鴨が飛来してくる関係で、鴨料理にこだわりをもっている店があるそうです。本当の鴨料理を堪能するのによい地域と考えられます。
- **和歌山県**：紀伊半島に位置する和歌山県には、サバやアユ、アジの馴れずしがあり、好きな人は昼飯にラーメンとともに注文すると聞いています。馴れずしの影響によるか、小鯛の雀すし、サンマずし、縄巻きずし（山芋と魚肉から作る馴れずし）などの馴れずしの種類が多い地域も珍しいです。和歌山では、馴れずしを食べる機会を見つけることを勧めます。

Q8 山陰・中国地方のお勧め郷土料理は何ですか？

A8 日本海に面する山陰地方の漁港には、季節によってアジ、イワシ、サバ、ズワイガニ、スルメイカ、ブリなどが水揚げされます。魚の旬は、漁獲量の多い時期と一致しますので、回遊魚のアジ、イワシ、サバ、ブリの山陰地方での水揚げの時期と旬は、太平洋側の各地域の水揚げ時期とずれています。そのため、思いもよらない時期においしい魚を食べることができ、得をした気持ちになります。

解説 山陰地方の代表的な魚に、トビウオ（アゴ）があります。とくに、トビウオの焼き干しは「アゴだし」の名で、山陰地方だけでなく九州地方でもだし汁に欠かせない材料となっています。正月の雑煮にはアゴだし汁を使い、祝い魚はブリを使います。塩焼きでは、驚くほどおいしい魚ではありませんが、焼き干しアゴを使っただし汁は、かつお節や昆

布のだし汁より深みのあるおいしさがあります。最近は、関東地方でも売られるようになったので、山陰や九州の家庭でなくても、どこの地域の家庭でも利用できるようになりました。山陰のズワイガニの味も、北陸地方で食べるズワイガニと同様に美味しいものです。

- **鳥取県**：沖合ではトビウオの漁獲量が多いですが、「豆腐めし」「こも豆腐」にみられるように江戸時代より豆腐をよく食べる地方として知られているようです。また境港で水揚げされるサバを使ったさばずし、松葉ガニの身肉をぜいたくに使ったかにめしなどもおすすめの逸品です。
- **島根県**：魚介類としては、宍道湖のシジミが有名です。ヤマトシジミは宍道湖の七珍味といわれており、シジミのほかには「スズキ・エビ・ウナギ・アマサギ(ワカサギ)・シラウオ・コイ」があげられ、それぞれ奉書焼き、塩焼き、地焼き(かば焼き)、醤油の付け焼き、澄まし汁、糸造りにして食べます。シジミは味噌汁、シジミ汁、しじみ飯などが美味しいです。
- **岡山県**：岡山県の郷土料理には、岡山藩主池田光政(1609〜1682年)が藩の財政の立て直しのために倹約を実施したのを契機に、庶民レジスタンスとして工夫された「ばらずし」があります。これは、現在は岡山ずし、岡山祭ずしなど山の幸、海の幸を贅沢に使った散らしずしとなっています。本場の贅沢なすしを賞味することを勧めます。
- **広島県**：広島県の名物料理にはカキ料理やアナゴ料理がありますが、木の葉カレイともいわれているデビラガレイの干物の茶漬けはおいしい家庭料理の1つです。デビラガレイの骨まで潰すほど叩いてから焼き、すり鉢で摺り、醤油で味をつけ、味噌やゴマも入れてご飯に載せて茶漬けで食べます。デビラガレイの干物はラーメンのだしの材料にもよいといわれるほど、やさしいだし汁が調製できます。
- **山口県**：中国地方には瀬戸内海の海の幸に恵まれた地域と、日本海と瀬戸内海に面している山口県があります。山口県のお勧め郷土料理にはトラフグ料理があげられます。かつては、下関のトラフグは周防灘、伊予灘、豊後水道、玄界灘で漁獲されたものなので、フグ料理も発達しています。下関は、鮮度のよいトラフグの入手可能な地域なので、フグ料理を満喫することを勧めます。とくに、白子(精巣)の料理(塩焼き、鍋の具)のうま味と食感を味わうと、フグによる中毒を心配して食べた経験のな

かった人でもリピーターになるでしょう。

四国地方のお勧め郷土料理は何ですか？

紀伊水道、太平洋、瀬戸内海、宇和海などの海の幸に恵まれた四国。瀬戸内海の島々は、小豆島や讃岐など麺文化の発達している地域もあります。

- 香川県：小豆島の素麺の作り方は、九州・長崎の五島うどんの発達に影響を及ぼしているとも伝わっています。素麺は奈良県、兵庫県、富山県、五島にもありますが、それぞれの味の特徴を把握しておくのも、友達との話題作りによいと思います。宇和島や南伊予の「鯛麺」は豪華な素麺の料理です。シンプルな素麺の食べ方のヒントが隠されているように思えます。コシの強さに特徴のある讃岐うどんは、博多うどん、伊勢うどんにも見られない特徴です。香川県の食文化を理解するためのテーマとして、興味あるうどんだと思います。香川県の「鯛の浜焼き」は瀬戸内海の5月の贅沢な郷土料理といえます。卵の入ったタイの姿・形の美しさは食べるのがもったいないと感じるかもしれません。
- 高知県：高知県の皿鉢料理の豪華さは、いろいろな料理が盛りつけられていて、どれから食べてよいか迷うほどです。生ものが多いため、新しいうちに食べなければおいしさが失われてしまいます。
- 愛媛県：愛媛県宇和島のかまぼこは、どこでも入手できるものではありませんが、山口、大阪、小田原のかまぼこと味や食感を比較して特徴を把握しておけば、かまぼこ通になるでしょう。
- 徳島県：徳島県のスダチは、阿波地方で栽培されているかんきつ類の一種です。爽やかな酸味と香りは刺身や魚の塩焼きの味を引き立ててくれるので、取り寄せたものか到来ものを積極的に使えば、食事にアクセントを添えることができます。

Q10 九州・沖縄地方のお勧め郷土料理は何ですか？

A10 珍しい魚介類に出合う有明海、荒海に棲息する玄界灘、魚の宝庫の豊後水道、太平洋に浮かぶ奄美諸島、沖縄本島と周辺の島々の魚介類や果物、加工品は、地産地消が注目されてから、都会の百貨店の物産展やアンテナショップでも目立つ食品が多くなりました。人気のある物産展やアンテナショップは、北海道、九州、沖縄をテーマとするといっても過言ではありません。これらの地域の人々の活力が感じ取られます。

解説
- 佐賀県：佐賀の呼子のイカ料理は有名ですが、佐賀県の有明海に面した街道には、佐賀の郷土の物産を販売している街道があり、ここで佐賀の郷土料理を見つけ出すのもおもしろいでしょう。とくに、タイやウニの郷土料理が注目されています。
- 福岡県：Cool Japanや和食ブームにより、各国から注目されているのが博多うどんと九州地方のラーメンです。都会でも食べられますが、それだけ注目されているなら、本場物を食べてみないと世界各国の人々との共通の話題とならなくなってしまいます。ラーメンはさっぱり系の東京ラーメンより脂の多いスープの博多ラーメンのほうが、欧米人には人気があるようです。福岡の郷土料理としては鶏の鍋料理の「水炊き」もお勧め料理です。水菜を使った料理は、日本人好みの食感と思われます。
- 長崎県：中国やヨーロッパの文化の影響を受けている長崎の郷土料理は、日本料理とは違った趣を感じます。一度は経験したい料理は卓袱料理でしょう。いろいろな和風料理、中華料理、洋風料理が丸い卓上に出てくる料理です。タイの吸い物、エビや魚の刺身、豚の角煮、ハモの湯引き、天ぷら（長崎天ぷら）、ヒカド（野菜と牛肉のポルトガル風料理）、揚げ物、南蛮漬けなど、十数種類も料理が出て、普通は8～10人で談笑しながら食べますが、観光客には2人でも食べられるコースがあります。長崎ちゃんぽんという麺料理は、苦学生のために工夫した料理といわれていますが、麺料理でも中華風でもなければ和風でもないのが長崎料理の特徴なのでしょう。
- 熊本県：熊本の郷土料理の馬肉料理は、脂肪組織の「たてがみ」の刺身は特別注文のようです。赤みがかった桜色の赤肉は、刺身でもすし種で

もおいしく食べられますが、地元の人に案内された店なら鮮度のよい馬刺しが食べられます。

- **大分県**：「関サバ、関アジ」という名のブランド魚を開発した地域です。魚のブランド化を最初に考え、実行した地域です。佐賀関の魚市場に隣接する食堂で食べる魚料理が最高においしいです。市内の料理店では、自分の家の池で魚を飼っているので、その間にエネルギーが消耗し、同時にうま味も低下しています。
- **宮崎県**：「冷や汁」は、以前の宮崎県知事も絶賛していました。幼少の時から食べ慣れた郷土料理ですから宮崎県の人にとってご馳走かもしれませんが、食べ慣れていない県外の人や観光客にとってはとまどう味だと思います。おいしく食べるコツは、必ず暑い夏に食べることと、薬味をたっぷり入れることです。宮崎では本場の焼鳥やフライドチキンを堪能することは必須です。
- **鹿児島県**：鹿児島は黒豚の生産地なので、黒豚料理は必ず挑戦すべきでしょう。かつお節の生産地でもあるので、新鮮なかつお節の風味、うま味を確認するとよいでしょう。マグロ節も作っている会社もあります。マグロ節を好んで使う料理人もいます。鹿児島の醤油味は、独特の味なので鹿児島風の豚の角煮の味を確認しておくのも勉強になります。
- **沖縄県**：代表的な沖縄料理のチャンプルー料理は、「混ぜる料理」であることから、自分なりに工夫した料理があるため、種類も多いようです。沖縄の海も魚介類が豊富です。沖縄の「イカ墨の汁」はアオリイカの墨汁を入れた汁です。イカの身、豚肉、かつお節だしを使い、調味は塩だけの料理です。イカ墨のうま味と脂質が、バランスのよい味を作りたててくれるスープです。沖縄料理は豚肉や昆布を材料とした料理が多いですが、郷土料理の「イカ墨の汁」は絶品です。ただし、冷めたものはおいしくありません。

人気の伝統料理は何ですか？

 人気の伝統料理について、健康志向、地産地消志向、伝統を感じ取れる料理の点から以下に解説してみたいと思います。

解説
・健康志向：豆腐や納豆を使った料理が考えられます。豆腐を使ったものでは、沖縄の豆腐チャンプルーはいろいろな豆腐、ニガウリの他にいろいろな食材を利用した料理なので、健康にもよい料理だと思われます。納豆料理は、納豆の栄養成分や機能性成分、納豆菌の健康効果が期待されます。納豆は、単にかき混ぜて醤油で味つけしてご飯にかけて食べるだけでなく、油揚げに詰めた料理、チャーハン、天ぷらなどの応用もできます。

・地産地消志向：魚の干物が魚の保存食として考えられた食品ですが、新鮮な干物は、加工中にうま味も増え、塩との調和がよくとれた食べ物です。魚のタンパク質だけでなく、ミネラル、機能性をもつ脂質やアミノ酸も含み、健康食品としても期待されます。とくに、日本産のマアジの干物、キンメダイの干物、イカなどがあります。

・伝統性を感じる食品：伝統性を感じる食品として、けんちん汁、鍋ものなどが人気があるようです。とくに鍋ものは、食事を中心にして、友人、知人、家族のコミュニケーションがとれるメリットがあります。

食育において、地産地消が注目されるようになって、「農育」という言葉が生まれました。農業体験をし、伝統野菜を見直し、「古きを訪ねて新しきを知る」ためのよい話題となります。

8章
正月料理と節句料理 Q&A

Q1 おせち料理ってそもそも何ですか?

A1 本来は節句のことで五節句に供される料理をいいましたが、そのうち最も重要な正月の祝い膳をおせち料理というようになりました。

解説 おせち料理には祝賀の意味が大きく、本来は蓬莱飾りにあるといわれています。蓬莱飾りとは米を敷いた三方の中央に松竹梅を立てて、周りに橙・ミカン・勝栗・昆布・エビなどを盛りつけ、ユズリハやウラジロなどを飾りました。これを床の間に飾り、年始客に一部を食べてもらいました。これを食べると寿命が延びるといわれていました。

蓬莱飾りは格式が高く、実際に食べるのは重詰め料理でした。重詰めといって、重箱に何段も重ねて積むのは、めでたさを重ねるという意味の縁起をかつぐためだそうです。本来は四段重が正式ですが、地方や家風によって、五段重が基本の場合もありますし、最近は大家族でなくなり簡便に三段重のところが増えています。

何を何段目に入れるかというと、四・五段重の場合は、以下の通りです。
- 一の重:「祝い肴」黒豆、数の子、ごまめなど
- 二の重:「口取り」きんとんやかまぼこなど、甘いものが中心
- 三の重:「焼き物」海の幸など
- 与の重:「煮物」山の幸など(四は忌み数字で使用しない)
- 五の重:五の重は控えの重で、空になっている場合が多いようです。

空になっているのは、現在が満杯(最高)の状態ではなく将来さらに繁栄し、富が増える余地があることを示しているのだとか。

三段重の場合は、次のようになります。

・一の重:「祝い肴(ざかな)」、「口取り」
　　　お屠蘇をくみかわす時に祝う肴を盛り合わせます。黒豆、栗きんとん、昆布巻き、伊達巻、田作り(ごまめ)、かまぼこ、などがそれに当たります。また、お酒が飲めない子どもたちのための甘い料理が中心になります。
・二の重:「酢の物」、「焼き物」
　　　酢の物を盛るのが正式な詰め方です。現在は、おせち料理のなかでもごちそうとされる焼きものも盛るようになりました。なます、酢だこ、数の子、酢れんこん、なると巻き、ブリ・サケの焼き物、たたきごぼう(酢ごぼう)などを盛ります。
・三の重:「煮物」
　　　おせち料理は、季節の野菜の煮しめがその始まりといわれています。三の重には、筑前煮、野菜の煮しめなど季節のおいしい野菜をふんだんに使った煮物を盛ります。

　おせち料理に味の濃いものが多いのは、よく食事を作ってくれる女性に正月三が日は休んでもらおうという意味に加えて、「神様をお迎えした新年に台所を騒がせてはならない」とか「火の神である荒神を怒らせないために、正月に火を使わない」という平安時代後期からの風習のためだそうです。家族の健康への思いと母親への日頃の感謝の表れがおせち料理なのかもしれません。

 関東と関西のおせち料理の違いは何ですか？

A2 祝い肴三種が違います。

解説 正月の祝いに欠かせない3種類の料理で、祝い肴と餅を揃えれば最低限の正月の祝いができるといわれています。逆に、どんなに贅沢な料理を揃えても、祝い肴がないと正月の祝い膳の体裁が整わないそうで、「三つ肴」「三種肴」ともいわれています。関東と関西で少し違うようです。

①関東風の三種肴
- 数の子：数の子は鰊(にしん)の卵で、卵の数が多いことから子孫繁栄を願っています。
- 黒豆：黒には魔よけの力があるとされていたのと、まめ(勤勉)に働き、まめ(健康)に暮らせるようにとの理由です。
- 田作り：田作りは別名ごまめ(五万米)とも呼ばれ、片口イワシの稚魚を干したものを醤油風味の飴炊きにしたもので、田畑の高級肥料として片口イワシが使われていたことから、豊作を願って食べられました。

②関西風の三種肴
- 数の子
- 黒豆
- たたきごぼう：形や色が豊作の時に飛んでくると伝えられている黒い瑞鳥(たんちょう)を連想させることから豊作を願って食べられました。瑞鳥とは、めでたいことの起こる前兆とされる鳥のことです。

　上記以外のおせち料理で食べる主なものの由来を、次に紹介してみましょう。
- エビ：エビは腰が曲がるまで丈夫という長寿の願いが込められ、赤色は魔よけの色ともいわれています。また朱色の晴れやかさから祝い肴に使われました。
- 鯛(タイ)："めでたい"につながるといわれています。
- ブリの焼き物：出世魚であるため、出世するようにと願って食します。
- 昆布(昆布巻き)："よろこぶ"という言葉にかけています。
- トコブシ：節句の神饌の１つ。別名「フクダメ」。福が溜まることを願って食します。
- 紅白かまぼこ：半円形は日の出に似ていることから新しい門出にふさわしいので。紅は魔よけ、白は清浄を表しています。
- 伊達巻き：「伊達」の由来は華やかさや派手さを表す言葉で、伊達政宗の派手好きに由来することの他、諸説があります。巻物の形は書物に似た形から学問や文化を意味し、学問や習い事の成就を願っています。
- 錦たまご：ゆで卵の白身と黄身を分けて裏ごしし、調味してから白と黄の二色(にしき)に重ねて蒸したもの。二色と錦の語呂合わせから命名されたとい

われています。
- 栗きんとん(栗金団)：きんとんは「金団」と書き、その色から黄金に見立てて財産を現し、富を得る縁起物とされています。今年も豊かでありますようにという願いを込めて。
- かちぐり："勝つ"の意味で縁起がよいので。
- 八ツ頭：小芋がたくさんつくことから、子宝、子孫繁栄を願って。また、漢字の八に「末広がり」の意味をかけています。
- 里芋：サトイモは子芋がたくさんつくことから、子宝に恵まれますようにと願って。(八ツ頭を使うとサトイモは使わず、どちらか一方のところが多いようです。)
- 蓮根：孔が空いていることから、遠くが見えるように先見性のある一年を祈願。他にも、レンコンには種が多いことから「多産」という意味もあり、縁起がよいとされています。
- くわい：大きな芽が出ることから「めでたい」、芽が出る、すなわち出世を祈願。
- お多福豆：福がたくさんありますようにという願いを込めて。
- 紅白なます：お祝いの水引きをかたどったものです。平安、平和を願う縁起物です。
- 橙：代々に通じる語呂合わせで、子孫が代々繁栄するようにと願って。

　元旦に食すおせち料理には、それぞれの料理に理由があり、子孫繁栄や豊作、長寿など、さまざまな願いを込めて祈ったものがたくさんあります。正月には、これらひとつひとつの料理に込められた願いをかみしめながらおせち料理を楽しんでみませんか。

雑煮は地方で違うようですが、その違いは何ですか？

A3 餅の形から調味・具材まで多岐にわたります。

解説 家でどんな雑煮を食べているかと聞けば、その人の出身地や土地の特産物まですべてがわかってしまうといわれるほど、雑煮は地方色豊かな郷土料理です。雑煮談義をする時、まず話題になるのが「餅は、丸か四角か。焼くか焼かないのか。」ということではないでしょうか。

餅は昔から祝い事や特別な日に食べる「めでたい」ものでした。具にはニンジンやダイコンなどの定番素材に加えて、東北なら山菜やキノコ、新潟ならサケやイクラ、広島ならカキなど、その土地の特産物が選ばれます。昔は、嫁ぎ先の雑煮をお嫁さんが受け継いでいくことが多かったようですが、核家族化や転勤などの事情から雑煮にも変化が出てきました。そうはいっても郷土料理としての雑煮の地方色は根強く、北海道から沖縄までいろいろなパターンがあります。

まず餅の形ですが、関西地方では丸餅、寒冷地や東京(江戸)周辺は角餅を使う傾向があります。江戸時代、江戸には人口が集中していました。そのため1つずつ手で丸める丸餅より、手っ取り早く数多く作れる角餅が使われたと考えられています。

一方、関西では昔から「円満」の意味をもつ縁起ものの丸餅が使われていました。関ヶ原の合戦の影響で、岐阜県関ヶ原を境に西日本が丸餅で東日本が角餅に分かれたという説もあります。

汁の味つけについては、関西地方の雑煮は白味噌仕立てです。東日本と近畿を除く西日本では圧倒的にすまし汁仕立てです。出雲地方や能登半島の一部などでは小豆汁のお雑煮を食す地域もあります。

珍しいものとしては岩手県の醤油味の汁に焼いた角餅を入れた雑煮です。雑煮に入っている餅は、クルミを擦ったものに砂糖や醤油で味つけした甘いタレにつけて食べます。

香川県では白味噌仕立ての汁にあんころ餅を入れて食べます。ダイコン・ニンジン・サトイモ・青菜など具は家庭によっていろいろです。

徳島県はいりこだしで醤油味の汁に、具は豆腐2丁とサトイモだけの餅のない簡素な雑煮です。

奈良県は味噌仕立ての雑煮には、四角く切った豆腐とコンニャク、輪切りにした野菜と丸餅が入れられています。雑煮に入っている餅は甘いきな粉をつけて食べます。黄色のきな粉には豊作になるようにという願いが込められています。

沖縄県には雑煮の代りに食べられる中身汁とイナムドゥチと呼ばれる汁物があります。中身汁（ナカミジル）とは豚のモツ（内臓・ホルモン）を何度も湯がき、脂を抜いて臭みを取った後に、かつお節のだしとシイタケの戻し汁で、とことん柔らかくなるまで煮込んだあっさりした清汁です。またイナムドゥチは白味噌仕立ての汁物で、豚肉・シイタケ・かまぼこ（沖縄かまぼこ）などが入った具だくさんな濃厚味の甘めなこってり系です。この2種類の汁物はまったく違った味ですが、どちらも沖縄県民が大好きな正月料理には欠かせない汁物といわれています。北海道から沖縄まで本当に違うものです。

Q4 七草粥を食べる理由は何ですか？

A4 中国の風習と日本の習慣から、1月7日に無病息災を願って食べます。

解説 春の七草とは、セリ・ナズナ・オギョウ（ゴギョウ）・ハコベラ・ホトケノザ・スズナ・スズシロの7つをいいます。いずれもアブラナ科・キク科・セリ科・ナデシコ科の植物で強い抗酸化作用があります。デトックス効果も高く、がんに効く野菜に属しています。七草粥を食べる1月7日は人日の節句という五節句の1つです。

人日の節句の由来は、古来中国で「六日年越・七日正月」といって、7日間を1つの節目としていました。元旦は鶏の日、2日は犬の日、3日は猪の日、4日は羊の日、5日は牛の日、6日は馬の日、7日は人の日としてそれぞれを占い、8日に穀を占って新年の運勢を見立てていました。唐の時代になると、7日目の人の日「人日（じんじつ）」に7種類の若菜を入れた七種菜羹という汁物を食べ、無病息災を願う習慣が広まりました。また、1月7日に官吏昇進の試験が行われていたため、その日の朝に七種菜羹を食べることで、立身出世を願うという意味もあったといいます。

また、日本には「若菜摘み（年始に若草を摘んで自然の生命力をいただく）」、「小豆粥（15日に小豆粥を食べる）」の風習と結びついて、室町時代以降に七草粥の形になったといわれています。その後、江戸時代になると「七草の節句（人日の節句）」が「五節句（七草・桃・端午・七夕・重陽の節句）」

の1つに定められ、1日7日に七草粥を食べる習慣が一般化しました。松の内最後の日である7日は正月の酒やご馳走で胃腸も疲れている時期です。消化のよい粥を食べて胃腸を休めるとともに、青菜の不足しがちな冬場に栄養補給するという意味もあるのです。

　七草それぞれの効能は以下の通りです。
・セリ：鉄分を多く含み、食欲を増進させます。
・ナズナ：別称ぺんぺん草。解熱・利尿作用があります。
・ゴギョウ：蓬で草餅の材料。風邪の予防や解熱作用があります。
・ハコベラ：ビタミンAを多く含み、腹痛を抑えます。
・ホトケノザ：別称タビラコ。食物繊維を多く含みます。
・スズナ：蕪のこと。ビタミン類やミネラルを多く含みます。
・スズシロ：ダイコンのこと。消化を助け、風邪の予防や食中毒予防も期待できます。

　一口に七草粥といっても、その中味は昔も今も地域や家庭でさまざまです。七草を全部揃える、ナズナだけは必ず入れる、あり合わせの野菜を使う、餅や小豆を入れるなど、いろいろな食べ方で楽しんでいますが、いずれにせよ無病息災・五穀豊穣を祈願して食べるものとされています。

黒豆に添えてある「ちょろぎ」って何ですか？

A5 シソ科イヌゴマ属の植物の根っこにある「球根」のことです。

解説 ちょろぎは黒豆の脇に添えられた酢漬けの野菜。甘い黒豆を食べた後で口の中をさっぱりとさせる役割があります。不老長寿を願う縁起物で、中国では昔からよく食べられ、長寿の効果が期待できるといわれ、漢字では「長老喜」と書きます。字面からもわかるように、縁起がよいとされ、おせち料理の食材になっているようです。シソ科の野菜なので脳を活性化する効果があるといわれており、ボケ防止にもよいといわれ、古くから漢方薬として重宝されてきました。また、オリゴ糖が多く含まれているため、腸内の善玉菌を増やす働きまであり、正月の食べ過ぎ、

飲み過ぎにはぴったりの食材です。

　日本では、岩手県の青ノ木地区の特産品として親しまれています。巻貝のような形で赤く酢漬けされていますが、もともとは白く、百合根に似た食感でショウガのように少し辛みがあります。アクの強い野菜なので、アク抜きされていないものを使う場合は、水にさらすか熱湯で茹でてしっかりとアクを抜いてから調理しましょう。

　ちょろぎは他にもその形が石蚕(いさご)(トビケラ類の幼虫のこと)の腹を思わせることから「草石蚕」と書かれたり、音から「丁呂木」「丁梠木」と書かれたりします。祝い事の際に食べる場合、縁起をかついで「長老木」、「長老喜」、「長老貴」、「千代呂木」などと書かれることもあります。もともとは中国語の「朝露葱」を日本語読みにしたものではないかといわれています。また、その形からネジ芋、法螺芋と呼ばれることもあります。

　たくさん食べるものではないですが、食べ過ぎるとからだを冷やすといわれているので、冷え性の人や妊婦さんは気をつけましょう

Q6 重箱の料理を美しくおいしそうに盛るコツは何ですか？

A6 それぞれの材料を詰めやすいように美しく切り出すことです。

解説　重箱に詰めるといっても、関東のお重は重詰といい、ぎっしりと隙間なく詰めますから、振り回しても逆さにしても大丈夫というような詰め方です。一方、関西は裏白などを敷き、四隅を開けて盛り込みますが、これはお重に盛るというほうが正しいので、重盛りといいます。どちらも大事なことは、詰め合わせたものの味が互いに混じり合い、匂いなどが移ることには注意をしなければならないという点です。葉蘭や笹の葉などで仕切りを作り、盛り込んでいきます。

　また、盛り込みには昔からいろいろとデザインが工夫されています。重箱を碁盤の目のように区切って詰める市松という方法や、八方という真ん中に中心をおいて放射線状に詰める方法、段々に詰めていく段詰、四隅から詰めていく隅取りなど料理の色が重ならないよう、味が移らないよう工

夫して詰めます。いずれの詰め方でも、美しく仕上げるには料理自体をきれいに、清潔感のあるものにしなければなりません。青いものは青く、白いものは白く、黒いものは黒くです。どの料理をどこに詰めるかで切り方がまったく違います。まず、盛り込む前に何をどこに詰めるかを考えて食材の切り出しをしましょう。料理の基本五味・五色・五法を用い、色彩も味も香りも優れたお重を作るには美的感覚が必要なのです。

重詰だけでなく、器は料理に対しての機能と形態、バランスが大事です。とくに和食は洋食と違い必要とされるところです。和食の器はただ料理をしたものを入れるだけの容器ではありません。ひとつひとつ料理により器を選び、質、形、色彩、デザイン、模様なども料理に合わせて盛りつけます。器が味覚に非常に大きな影響を与えるのが和食なのです。たとえば味噌汁をガラスのコップに入れたり、温かい蒸し物をクリスタルガラスに盛ったりすれば、おいしさも半減してしまいます。

重箱は新しい年を迎える祝い膳です。豪華なものも多いので、中身も器に沿った美しい盛り込みに努めましょう

上巳(桃)の節句には何を食べますか?

A7 上巳の節句は女の子の厄払いを祈願するものです。ちらしずし・はまぐりの吸い物・菱餅・雛あられ・白酒などで祝います。

解説 そもそもひな祭りは、「上巳の節句」ともいわれ、平安時代の京都の風習でした。もともとは貴族階級の女児の「厄除け」と「健康祈願」の祝いとして行われていましたが、江戸時代に入り「おままごとの遊び」と「子どもの無病息災を願う上巳の節句」が結び付けられるようになり、徐々に「女の子のお祭り行事」になったといわれています。その後、江戸時代中期にかけてどんどん盛んになり、人形やひな壇も派手さを増すようになっていきます。また、ひな祭りは「桃の節句」ともいいますが、それは「旧暦の3月3日は桃の花が咲く季節だったから」のようです。今に置き換えますと3月下旬から4月上旬くらいの気候です。

ひな祭りといえばちらしずしですが、その理由は、3月は季節の変わり

目で昔から「体調を崩す人」が多かったようです。そのため、健康を願って「栄養バランスの揃った」具材の数が多く、見た目も鮮やかな「ちらしずし」を食べさせていたようです。また、酢はからだによいのですが、なかなか酢の物を好んで食べる子どもが少ない中、ちらしずしは喜ばれたメニューなのだといわれています。また、使用する具材のエビは「長寿」、レンコンは「見通しのよさ」を表し、縁起がよいとされています。

　はまぐりの吸い物ですが、二枚貝は姫様を意味しています。貝類は「ひな祭り」の時期に一番おいしくなり、とくにはまぐりは2枚の貝がぴったりと合うため、他の貝殻と合うことはありません。その特徴から、はまぐりは「夫婦和合の象徴」とされ、祝いの膳に吸い物として添えられるようになりました。

　「ひな祭り」の時期は、雪が溶けて大地が見え、桃の花が咲く季節だということがわかります。菱餅は、そのような風景を表現しているといわれています。下から緑・白・ピンクとなっており、それぞれ「草萌える大地」「雪の純白」「桃の花」を表しています。

　また、緑の餅は「よもぎ」、白い餅は「ヒシの実」、ピンクの餅は「クチナシ」が入っています。それぞれ「健康効果を促す素材」ですから、健やかな成長を祝うにはピッタリの食べ物だといえます。

　白酒はアルコールを含まない麹の発酵による甘い飲み物です。『おひなさま』の歌にある"少し白酒召されたか。赤いお顔の右大臣"は、白酒ではないものをお飲みになったようです。

　ひな祭りの代表的菓子のひなあられは、餅に砂糖を絡めて炒ったものです。ピンク、緑、黄、白の4色で、それぞれ四季を表しているといわれています。でんぷんが多く健康によいことから「1年中娘が幸せに過ごせるように」という願いが込められています。どの料理も子どもの健康と幸せを願うものなのです。

Q8 端午の節句に柏餅や粽を食べる理由は何ですか？

A8 どちらも男の子の無病息災を願ってのことです。

解説 端午の節句で食べるものといえば柏餅ですか？ 粽ですか？ と尋ねられた時、出身地により答えが分かれるといわれています。平安時代に中国から端午の節句が伝来した時、粽も一緒に伝えられ、全国に広がっていきました。江戸時代に五節句の1つとなった際、江戸では柏餅が定着し、上方は粽が伝承されました。今でも関東では柏餅、関西では粽が親しまれています。

　端午の節句に柏餅を食べるという風習は江戸で生まれたものです。柏餅は、上新粉とくず粉（片栗粉）を混ぜて作った「しんこ餅」に、あんを挟んだものを柏の葉に置き、柏の葉を二つ折りにして包んだお菓子のことです。柏は昔から神聖な木とされ、柏の木に神が宿っていることから「拍手を打つ」という言葉が生まれました。また、新芽が出ないと古い葉が落ちないため「子どもが生まれるまでは親は死なない」、すなわち「家系が途絶えない」という子孫繁栄の意味が込められています。

　また、柏餅には葉の表を外向けに巻いているものと、裏を外に向けて巻いているものがあります。この違いは中身の違いを表しており、小豆あんの時は柏の表を外向けにし、味噌あんなら柏の裏を外向けに巻いてあります。柏餅の葉っぱは一般的には食べません。ただ、食べられるかどうかということならば食べられます。そのため、人によっては食べる人もいます。また柏餅の葉は縁起物として使っているので食べられないともいわれています。桜餅の葉は塩漬けしてありますから、甘い餅と一緒に食べるとむしろおいしかったりしますが、かしわ餅の葉は固いし決しておいしいものではありません。

　柏餅が日本オリジナルの祝い餅である一方、粽は中国の行事とセットで日本へ伝わってきた習慣です。その習慣にはある物語があります。それは中国の戦国時代、紀元前278年のことです。楚の国の高名な詩人、屈原は国王の側近としてつかえ、人々からも慕われていました。しかし、陰謀のため国を追われることになった屈原は、ついに汨羅という川に身を投げて

しまったのです。その日が5月5日。屈原の死を悲しんだ人々は、たくさんの粽を川に投げ入れて弔いました。ところが漢の時代に、里の者が川のほとりで屈原の幽霊に出会います。幽霊曰く、「里の者が毎年供物を捧げてくれるのは有り難いが、残念なことに、私の手許に届く前に蛟龍という悪龍に盗まれてしまう。だから、今度からは蛟龍が苦手にしている楝樹の葉で米を包み、五色の糸で縛ってほしい。」といいました。それ以来、楝樹の葉で米を包み、五色の糸で縛って川へ流したので、無事に屈原のもとへ供物が届いたのでした。これが粽の始まりといわれています。屈原の故事から、中国では五月五日の節句には、節物として粽を作り、親戚や知人に配るという習わしが生まれました。そして、その風習は、病気や災厄を除ける大切な宮中行事、端午の節句となったといわれています。

時が流れて後、中国の三国志の時代、端午の節句は、魏の国により旧暦5月5日に定められ、やがて日本にも伝わってきて、今日に至っています。また、5月は急に暑くなり、昔から病気にかかりやすく、亡くなる人が多かったそうです。そのため、5月を「毒月」と呼び、厄除け・毒除けをする意味で菖蒲やヨモギ・ガジュマロの葉を門に刺し、薬用酒や肉粽を飲食して健康増進を祈願します。健康に生きるための切実な願いが粽に込められているのです。

Q9 七夕には節句料理として何を食べますか？

A9 7月7日はそうめんを食べます。

七夕は笹の節句ともいわれています。平安時代、宮中では七夕に中国から伝わった索餅という菓子を神前に供えた後、厄除けとして食べていたそうです。索餅は和名で「むぎなわ」と呼ばれます。この食べ物は、小麦と米粉を練って、縄のように細くした菓子でした。それが徐々に「索麺」→「素麺」と変化していき、笹の節句に食べる物として残っていきました。もともと、笹の節句というのも、中国から伝わった「織姫彦星伝説」が元になって生まれた宮内の年中行事の1つでした。

「索餅」は、そうめんの原型になったものと紹介しましたが、中国でこの索餅が食べられるようになったのには、ある故事が由来となっています。古代中国の皇帝の息子が7月7日に亡くなり、その息子の亡霊が1本足の鬼となって熱病を流行させました。それを鎮めるために、皇帝の息子の好物であった「索餅」を供え、祟りを鎮めたとされています。

これが起源となって、中国で7月7日には「索餅」を食べる習慣が根づき、日本にも伝わったとされます。

七夕のそうめんの由来については、他の説もあります。七夕は、織姫にちなんで、女の子の針仕事が上手になることを祈る日でもありました。そうめんの麺を糸に見立てて、織姫のように、機織り（着物の布地を織る）や裁縫が上手になることを願ったというものです。

そうめんは一般的ですが、地方により七夕の食べ物も違いがあるようです。長野県では"ほうとう"という食べ物を七夕の日に食べるのが習慣だそうです。"ほうとう"といえば、温かいスープに入っている"うどん"をイメージしますが、長野では甘くしてスウィーツとして食べるのだそうです。長野県では主に月遅れの七夕（8月7日）が行われているそうです。笹の節句ではありますが、笹の料理ではないようです。

Q10 9月9日も節句ですか？　また何を食べますか？

A10 9月9日は重陽の節句です。菊の節句ともいい、菊酒を飲んだり、菊の料理を食べます。栗の節句ともいわれています。

解説 奇数は陽の数として縁起のよいものとされています。その中で9は最も大きい奇数であり、強い「陽」が重なる「重陽の節句」とされています。重陽の節句は、「菊の節句」とも呼ばれていることをご存じでしょうか。今では、この時期を菊の季節というには少しだけ早いですが、旧暦での9月9日はちょうど菊の季節だったので、平安時代の宮中行事では、重陽の節句に「菊見の宴」、「菊合わせ」、「菊被綿」などが行われています。

菊は中国で不老長寿の薬とされ、宮中行事とともに菊酒（菊の花を浸し

た酒)を飲んで邪気を払い、長寿を願ったといわれています。江戸時代、庶民に重陽の節句が広まるようになってからは少し形を変えて、収穫祭とする意味合いの強い行事にもなり、「菊の節句」や「栗の節句」とも呼ばれるようになりました。ということで、重陽の節句の食べ物としては、菊酒と栗、とくに栗ご飯をあげることが多いようです。菊酒を飲んで栗ご飯を食べることで長寿を願い、収穫に感謝しましょうということです。菊酒は、日本酒(燗でも冷でも)に菊の花を浮かべ、菊の香りを移して楽しみます。重陽の節句にまつわる食べ物には、不老長寿を願う気持ちが込められています。

9章
和食のマナー Q&A

Q1 日本人は右利きが多いのに、どうしてご飯が左、汁が右なのですか？

A1 ご飯を大切に扱う心からといわれています。

解説 主食のご飯を左側に置くのは、日本古来からの左側上位という文化から生まれたものです。例としては、天皇より見て西にあたる右側の右大臣より、東側にあたる左側の左大臣のほうが上位ということなどです。仏壇と配膳する側は対面になりますから、配膳する側から見れば逆(右御膳)になりますが、仏様から見てご飯は左、汁物は右になるはずです。

和食といえば一汁三菜が代表的で、懐石料理でも多く見られます。ご飯に加えて、汁物、なます、煮物、焼き物の三品がつくのが一般的でしょうか。その際、一番手前には左にご飯茶碗、右に汁椀が来て、その向こうに煮物、焼き物などのおかずが並べられます。ご飯と汁物、おかずを順番に食べていくと、箸が三角形に動くので三角食べになるというわけです。気に入ったおかずばかり食べていたら、その器と自分の口を直線で結ぶばかりになってしまいます。おかずを食べるあいだにご飯に戻るのは、伝統的な作法です。

それでは、なぜご飯が左にくるかというと、先に書きましたように、日本では左のほうが位が高いとされているためです。古来、米を何より大切にしてきた日本人の「ありがたく頂く」という心が表れています。利便性だけでなく、格を考慮した上で形成された食事のマナーがあることも覚えておきたいものです。

食生活が豊かになったのは喜ばしいことですが、やはり主食のご飯は手前左に置き、これを中心とした食べ方をする伝統は受け継いでいきたいも

のです。ただし、最近、ご飯を左に置くと右手で奥にあるおかずを取ろうとして椀をひっくり返すからご飯が右、椀が左と教えているところがあると聞き、驚きました。陰陽説に基づいた日本料理のマナーが壊れていくのを垣間見たようでした。

Q2 箸を使う時のNGとは何ですか？

A2 たくさんありますが、まずは正しく箸をもつところから始まります。

解説 箸は精神性が高いので、いろいろなNGがあります。主な例を以下にあげてみます。

・こすり箸：割り箸でよく見られることで、箸を割った後に互いの箸で側面をこすりささくれを落とす行為です。これは、和食のマナーとして相応しくありません。
・あげ箸：「いただきます」の一言とともに自分の目線くらいまで食べ物を上げることです。箸でもった食べ物は口の高さより上に上げないのがマナーです。
・突き箸（刺し箸）：よく小さい子が滑りやすい芋などを食べる際に、食べ物に箸を突き刺しますが、大人でこのような行為をするのはNGです。箸ははさんで使う物です。
・涙箸：たっぷりと醤油や汁物に食べ物を浸し、だらだらとこぼしながら口に運ぶ行為です。周りを汚すことにもなり、受け入れられない行為です。
・ねぶり箸：食べ物を口に運んだ後に箸先をなめることです。一緒に食事をする人が不愉快です。
・寄せ箸：少し遠くの料理を取るために器を箸で自分のほうへスッと引き寄せる行為。器を引きずることも問題です。きちんと手でもち上げて近くに寄せましょう。
・握り箸：箸をわしづかみにしたもち方。箸が正しく使えない子どもが芋などをさして食べる時の箸の使われかたです。

- ちぎり箸:箸をナイフとフォークのようにもち替えて食べ物を切る行為で、両手に箸を片方ずつもつ時点でNGです。箸は片手でもつものです。
- 迷い箸:何種類もある料理の上で箸をうろうろさせることです。
- かき箸:器を口につけてかきこむ食べ方です。家庭においては厳格にNGということはできませんが、格式の高い料亭などで和食を楽しむ際に、急いで食べているように見えるその方法は相応しくありません。
- 込み箸:口の中にめいっぱい食べ物を詰め込む様子です。箸で食べ物を押し込むような仕草は決して恰好のいいものではありません。
- そら箸:料理まで箸を近づけておいて取らない行為です。これは、「やっぱりやめた」と料理をけなす行為となります。
- 渡し箸:これは食事の上では一番してはならない行為です。納骨の時、骨壺に骨を入れる際に使われる唯一の箸の使い方が箸渡しなのです。

箸はチョップスティックではなく、箸という心をもって使い方を考えてほしいものです。

Q3 刺身の盛り合わせが出てきたとき、何から食べればよいのでしょうか?

A3 淡白なものから食べてください。

解説 食事は食べる人が楽しんで食べればよいので何から食べるとか、どう食べるといった決まりは基本的にありませんが、食材の性質を考えれば多少の決め事があります。刺身は基本的に、「薄い味のものから濃い味のものへ」順番に食べるのがよいとされています。つまり、白身と赤身がある場合には、白身から食べたほうがよいということです。そのため、造りなどでは味の濃さによって盛り方が決まっていて、必ずではありませんが味が薄い順に左→右→真ん中の順になっていることが多いそうです。

刺身を食べる時には、ワサビは醤油に溶かさず、刺身の上に少量のせていただくようにしましょう。また、刺身につけた醤油がたれるのを防ぐため、醤油の小皿はもち上げて食べます。また、刺身にはあしらいや褄が添

えてありますが、食べ方がよくわからなくて困ってしまうとよく聞きます。一番よくわからないといわれる穂じそは片方の手で茎の部分をもちながら、もう片方の手で箸を使って実をしごいて醤油の中に入れていきます。この醤油に刺身をつけて、穂じそと刺身を一緒にいただくのが正式なマナーだそうです。穂じその上品な風味によって刺身がより一層おいしくなります。

このように、味覚を刺激して食欲を進める香りのある添え物を薬味といいます。これらは解毒や中毒防止に役立ちます。マグロにはワサビの他、辛子などを添えますが、これらは殺菌力の強さから夏場の刺身に添えられました。ダイコンやショウガ、ミョウガ、オオバ（シソ）などがあしらわれているのをよく見ますが、これらも同じ食べることを目的にしてあります。盛りつけの見た目だけではなく、おいしく安全に食べられる工夫がされているので、あしらいもきちんと食べましょう。

また、最近は一口で食べられないような大きさに切って出てくる刺身がありますが、噛みきって食べるお刺身は好ましくありません。一口で食べられる大きさが一番おいしく感じられます。

Q4 汁椀のふたはどうすればよいのでしょうか？

A4 ご飯がふたつきの場合は、ご飯のふたにかぶせてご飯茶碗の左側に置きます。ご飯にふたがない場合や単独で吸い物が出た時は、椀の向こう側か右側に裏返しておきます。

解説 和食では、椀のふたを取った後の置き場所が決まっています。料理の出方にもよりますが、一品ずつ出てくる場合と定食のようにお盆にのせて出される場合で置き方も違います。椀だけが出てきた時は向こう側に、裏返して置きます。その時、ふたの裏側に水滴がたくさんついているので、いったん蓋を縦にして、2秒ぐらい待ち、水滴を椀に落としてから裏返します。ご飯茶碗と汁椀に両方ともふたがある時は、ご飯茶碗のふたを裏返し、汁椀のふたをかぶせてご飯茶碗の左手に置きます。ご飯茶碗のふたと汁椀のふたの形がまったく違う場合は、ご飯茶碗のふたは裏返して左手に、汁椀のふたは裏返して右手に置きます。

その後もふたは使います。蓋は取り皿の役目をします。茶懐石で使う懐紙などがあればよいのですが、なかなかもち合わせている人は少ないと思います。ふたつきの椀を出すお店であれば、ふたを利用することはマナー違反ではありません。しかし、金蒔絵など高価な塗りの椀を出すような店では、取り分け皿も出してくれますので、椀のふたを取り皿に使うような場面はありません。

また、食事が終わった後のふたについても何が正解なのかわからないということをよく聞きます。よく、椀のふたを裏返して身に入れたほうが食事の終わった合図になるなどと聞きますが、これは不正解。食べ終わったら、器を傷つけないよう、ふたの表を上に、つまり運ばれてきた通りに戻すのが正解です。裏返しにふたをするのはありがちですが、器を傷つけるのでマナー違反です。とくに、漆塗りの高級な器を使っている店では嫌がられます。

また、時には椀の中がほぼ真空状態で、ふたが取れない時があります。そんな時は左手で椀を強く握るように押さえて、右手はふたをもって、ふたとの間に隙間ができるようにすると簡単にはずれます。

Q5 天ぷらの盛り合わせは何から食べればよいでしょうか？

A5 温かい状態で提供されたのであれば、一番好きなものから食べてください。残念ながら冷めている場合は手前のものから食べてください。

解説 天ぷらは、ご存じの通り油で揚げた料理ですので、アツアツの温度もご馳走の内です。コースなどで一品ずつ出される場合も、なるべく早く食べるのがおいしさのポイントです。盛り合わせの場合はどんどん冷めていくので、一番好みのものをおいしく食べるために一番先に食べたほうが満足度は高いはずです。

しかし、そうはいっても天ぷらが盛り合わせで出てくる場合、盛り合わせの順番は、あらかた法則があります。そのため、好きなものから食べてはいけないと記されたマナー本もあるほどです。それは、刺身などと同様、

天ぷらも淡白なものから食べられるように配置されているからです。エビやキスなど淡白な味のものが手前に盛られていて、アナゴなどの濃厚な味のものは後ろ側に盛られています。これは単に盛りつけの決まりというだけではなく、淡白な味のものから順番に食べていくことにより天ぷらをおいしく味わうことができるという、食べる人に配慮した盛りつけ方なのです。ただ、油の強い食材が冷めると食べにくいというデメリットもあります。

　また、一口で食べられない大きさのものなどは、箸で切って一口大にして口に入れます。また、箸で切りにくく、歯で噛んで食べる時には、食べかけたものを再びお皿に戻すのはマナー違反です。お皿に戻さずそのまま持ち、食べ切ってしまいましょう。エビのしっぽなど食べられないものは皿の端にまとめておきます。

　天ぷらの盛り合わせに天つゆと塩の両方が添えられている時には、好みのほうを選んで食べることができますが、天つゆは大根おろしなどをそっと混ぜたら、天つゆの器をもち、天ぷらを浸し、天つゆが滴り落ちないように食べましょう。レモンが添えてある場合も、全部に一気に絞りかけるのではなく、食べる直前に絞りましょう。レモン汁も水分ですから、少しでも時間が経つとべたつき、おいしくありません。天つゆにも同じことがいえます。天つゆにくぐらせたらすぐに口に運ぶほうがおいしく食べられます。

Q6 すしは手で食べるのが正式でしょうか？

A6 手で食べても箸を使ってもかまいません。本人がおいしく食べられればよいのです。

解説 すしは、「江戸前の時代から手づかみで食べるもの」といわれます。しかしその一方で、箸でつまんで食べる人もいるわけです。これはどちらが正しいのでしょうか？　その答えは「その人にとって食べやすいのであれば、どちらも正しい」のです。しかし、箸でつまむと崩れてしまったり、手で掴むと手の温度が移ってしまったりと、一長一短です。結局のところ、手でも箸でも「きれいにおいしく食べられればよい」のです。

箸でつまむ時は優しくすしネタとすし飯の両方から挟むようにして食べます。また、手で食べる時はすしをひっくり返すようにしてすしネタを下にして醤油をつけ、舌の上にネタが来るように口に運ぶのが正しい食べ方といわれています。この食べ方は、すし飯に醤油がつかないのですし飯が崩れず、見た目にも美しく食べることができます。それよりも大事なことは握って出されたらすぐに一口でたべるのが一番おいしい食べ方です。一口で食べられないようなすしは握りずしとして不合格です。

せっかく握られたすしのネタをはがして醤油をつけ、すし飯に戻して食べる人がいますが、すし飯の醤油味が立ってしまい、すしネタの味がわからなくなってしまいます。また、1つの握りずしを何度かに分けて食べるのも本来のすし種とすし飯のバランスを考えて握ってくれている職人さんに申し訳ないのです。食べる順番を問題にする人もいますが温度に大きく左右されない食べ物は淡白なものから味の濃厚なものに進むのがおいしく食べるコツといえるでしょう。すし屋さんではとくに知ったかぶりをせず、お店のお勧めを聞いて素直に食べることが得策です。

余談ですが、マグロのトロは現在では高級なネタですが、昔は下衆な食べ物として戦前まで見向きもされなかったのです。昔のすしは酒の肴として軽く食べるものでしたからすし飯は塩と酢を使い、砂糖などの甘みは加えませんでした。すしネタも生ではなく何らかの仕事が施されていましたから、塩分もあったので一度にたくさん食べられるものではありませんでした。現在は新鮮なネタが手に入り、生鮮魚を握るようになり、おなかいっぱい食べるようになりました。そうした変化を受けてすし飯の味つけも食べやすいものになったということです。

丼物は手でもって食べてもかまわないのでしょうか？

手でもって食べるのが正解です。

解説 和食では、西洋料理と違い、器をもって食べるのがマナーとされていますが、どんな器でももち上げるというわけではありません。

もつ器ともたない器の大まかな基準として、手のひらの大きさを基準にすればよいでしょう。

　基本的に手のひらよりも大きな器はもち上げませんが、ご飯の入ったお重や丼は左手でもって食べます。置いたままで顔を近づけて食べるのは不作法なのでやめましょう。もち上げる器は小鉢、小皿。刺身の醤油、天つゆなどが入った小皿です。前菜や煮物の小鉢。飯椀、汁椀。ご飯と汁物の入った器は必ずもって食べます。お重、丼物。ご飯の入ったお重や丼はもって食べます。一方、もち上げない器として平皿、盛り合わせの皿。焼き魚や煮魚、刺身や天ぷらが盛りつけてある皿です。大きな椀や鉢。煮物の大きな椀、人数盛りの大鉢です。大きくて熱い麺類の入った丼などです。牛丼やカツ丼、親子丼などは必ず丼を手でもち、普通のご飯を食べるように箸で食べます。

　よく丼をテーブルに置いたまま背中を丸めて口を器に寄せて食べているシーンを見ます。これは犬食いといい、日本の食文化の上で、「犬のように食事をする」非常に不作法な食べかたとされています。しかも、ファストフードの丼を提供する店でよく見かけるのは、肘をついてテーブルに寄りかかり、足を組み、スマートフォンをいじりながら犬食い状態で食べている姿です。いくらきれいにお化粧して、素敵な洋服を着ていたとしても、食事の作法ができていないと視界から外したくなります。姿勢を正し、正しく箸をもち、美しい所作で食べてほしいものです。

Q8 手皿はマナー違反でしょうか？

A8 はい。マナー違反です。

 そもそも手皿とは、料理を箸で口に運ぶ時に空いたほうの手を小皿のように食べ物の下に添えることです。たしかに上品に見える感じもしますが、和食のマナーとしてやってはいけないことになっていますので、覚えておいたほうがよいかもしれません。大事な席などではとくに注意したほうがよいでしょう。和食は基本的に器を手にもって食すの

がマナーなので、手ではなく小皿で受けるのが正解です。

なぜ手皿はマナー違反かというと、手皿をして手に汁などが垂れて汚してしまったら、おしぼりなどで手を拭く必要が出てきて、余計な洗い物が出てしまいます。本来おしぼりは食べる前に手を拭くためのもので、そのおしぼりを料理の汁などで汚してしまうと、染み抜きが大変になったりして店側に迷惑をかけてしまいます。

また、よくあることですが、手皿をして手のひらに落ちた食べ物を口に運ぶのを見ると、本人はよくてもなんとなく不衛生で口卑しく感じる場合があります。ものを食べる状況にもよりますが、きちんとした食事の場合はマナー違反です。とくに女性に多いので気をつけたいものです。「お料理こぼしちゃいます」とアピールしているようにもとられますので、取り皿や小皿などを使いましょう。

食べ終わった皿は重ねたほうがよい？

A9 重ねません。重ねるのはダメです。

解説 家庭での食事の後片づけの際に器を重ねて運び、シンクに入れて洗う場合でも、茶碗は茶碗と、椀は椀と重ねます。茶碗と椀を重ねて運ぶと傷がついたりする場合がありますが、家庭の場合はそれほど気にすることなく、効率を考えて運びやすい形に整えればよいでしょう。

しかし、日本料理の店などで出される器は、柔らかいものや薄手のものなど、一般人が見てもわからない高価なものが使われています。扱いも難しく、盛りつける食材と器の材質まで考えられています。ですから、むやみやたらに器を重ねてはいけません。一番よくあるのが刺身の皿に醤油を入れた小皿を重ねることです。器を下げやすいように配慮されているのでしょうが、実は大変迷惑なことです。刺身を入れている器が薄い意匠物の器で醤油の入れてある小皿がごつごつした土物などの場合は、いっぺんに傷がついてしまします。一度ついた傷や縁の小さい割れなどを直すには大変な手間やお金がかかります。

今は家庭でも食器洗浄機が普及されていてどんな器でも洗浄機で大丈夫だと思われている人も多いと思いますが、よい器はすべて手洗いで洗わないと器同士の些細な接触でひびが入ったり、細かい割れが生じたり、椀などは変形したり、変色したりします。塗りの椀などは柔らかい布巾で洗剤も使わず、やさしく拭うようにぬるま湯で洗います。それくらい日本料理屋では気を使って器を扱っていますので、店で食事をされたら、器は出された状態に戻しておくのがマナーです。

Q10 抹茶の飲み方がわかりません。最低限のルールはどうなっていますか？

A10 器を大事に扱うことです。

解説 抹茶は茶道につながるため、どうしても儀礼的要素が強くなり、右に回して、左に回してなどルールにこだわり、おいしく飲むことがしにくいのが本当のところではないでしょうか。抹茶をいただく時に知っておいたほうがよい最低のルールは抹茶碗を大事に扱うことです。非常に高価なものが使われていることもあるので、落としたり、傷つけたりしないようにすることです。指輪やネックレス、時計など、ちょっとしたことで傷つける場合もあるので、はずしておいたほうが無難です。

また、いただく時は茶碗の正面をはずして口をつけるのが決まり事です。よく、右に3回、左に2回などといわれていますが、それは器の正面を外すためなのです。茶席であれば専門的な知識や細かいルールが必要ですが、料理屋さんなどで最後に出される抹茶を飲むのにはその程度の知識でかまいません。そしてお茶を飲み終わったら、最初に出された時のようにいったん自分のほうに正面を向けてお茶碗の作りを見て、戻す時に相手のほうに正面が向くように回して返します。

また、抹茶をいただく時にはたいてい菓子が出てきます。まず、先に菓子を全部いただいてから抹茶をいただきます。コーヒーを飲みながらケーキを食べるように、菓子を食べながら抹茶は飲みません。わからなければ「無作法ですので。」といって教えてもらえばよいのです。

よく器を頭の上までもち上げて器の銘を見て「○○さんのですか。」などという人がいらっしゃいますが、それこそ無作法です。器を大事に扱うことも知らず、知ったかぶりをするほうが恥ずかしいので、わからないことは聞いて、マナーを習いましょう。

献立と品書きの違いは何ですか？

A11 順番があるのが献立、ないのが品書きです。

解説 献立とは、1品目は何を出すとか2品目はどうしようかなどと順序を考えて書いたシナリオです。どういう順番で何を食べたらもっとおいしくなるかを考えて料理の筋書きを書くのです。こうした献立に対して、順序なく料理名だけを並べたものが品書きです。客はこの品書きに書かれた料理の中から食べたいものを注文することになります。

バイキング形式やビュッフェ形式の料理も品書きの料理と同じようなものです。こうした形式の料理は自分の好きなものを好きなだけ食べられるというメリットはありますが、料理人が考えて作る献立に流れるような抑揚を楽しむ優雅さはありません。よく学校給食や病院で献立表をみますが、あの献立でも主食・主菜・副菜・汁物などがきちんと考えられて、バランスや食味のよいように配慮されているのです。まして成長期の子どもや病気を患っている人には、その消費エネルギーや摂取制限も加味されています。

献立とは単品の料理のことではなく、1回の食事で食べるものを味の濃淡や前後の食材などを考慮し、同じ食材がかぶらないように、調理法が重ならないように、調味料が同じにならないように、などと工夫しなければならない点がたくさんあります。料理人や栄養士は食材のもつメリットとデメリットを知り、相乗効果や相殺効果、対比効果などを駆使して、より完成度の高い献立を作るように心がけているはずです。

また最近は、レシピといってウェブなどに料理紹介をしているのをよく見ます。レシピとは「（命令を）受け取る」を意味するラテン語の *recipe* に

由来していますが、これはもともと、医者からが薬剤師へ処方箋を命ずるものでした。もともと薬の分量や配合を書いて渡した書面が料理の材料や分量を書いたものに変わっていきました。今では、レシピといえば料理の作り方を書いたものになってしまいました。

10章
和食器と調理道具 Q&A

Q1 夫婦茶碗の大きさの違いに意味はあるのですか?

A1 塗りの椀の場合は男性用は 12cm、女性用は 11.4cm と決まりがあります。

解説 江戸時代に職人文化が急速に発達し、「決まり寸法」という、人体の寸法から道具類の適切な大きさを算出する方法が生み出されました。夫婦茶碗はその代表的産物です。決まり寸法では、茶碗は口径を身長の8%にするとされていて、そこから男性用は 12cm、女性用は 11.4cm と割り出されました。湯飲み茶碗の場合は片手で握るようにもちますから椀よりはずっと小さくて、直径で男性用は 7.9cm 女性用は 7.3cm が標準になっています。一般に握りの寸法といわれているものです。これは湯呑みでなくても、握って当てはまるものなら何でも当てはまる大きさで、茶を入れる茶筒でも 7.9cm より大きいと滑ってしまったり、手に力が入らず開けられなかったりと、人間工学に基づいています。

男性と女性の手の大きさに合わせて器の大きさを決め、器にまで性別があるのは世界中でも日本だけだといわれています。もち手のない日本の器は手で包むようにもつので、熱いものには土ものを使います。番茶など熱湯で煮だす茶には土物。煎茶のように 50℃ くらいで抽出するものには白磁の薄い器を使います。一番おいしく味わえる温度と手へのダメージも考えて作られた日本の器はすばらしいものです。

他にもある「決まり寸法」は箸です。親指と人差し指を直角に広げ、その両指を結んだ長さ(一咫)の 1.5 倍の長さがちょうどよい箸の長さといえます。和食で箸は自分の指代りとされています。道具としての箸に求められるのは、「もちやすさ」、「料理のつまみやすさ」、「丈夫で長もち」の 3 つです。私たち日本人は食器を手にもって食べる習慣があるため、その食

器の手触りにはことの他うるさいといわれています。中でも箸は、手の代りとなる大切な道具ですから、しっかりと吟味してきちんと納得できるものを使いたいものです。

箸のもち方をしつける時、サイズの合わない箸を使っていては正しい使い方やもち方を覚えることはできません。成長に合わせて、手に合う箸を選んであげましょう。また、子ども箸というと合成塗料製のものが多いのですが、箸をかじりがちな子ども達にこそ自然素材で作られた箸を選んであげたいものです。

Q2 陶器と磁器はどう違うのですか?

A2 「土もの」といわれる「陶器」は、陶土と呼ばれる粘土、つまり土が主な原料です。一方、「石もの」といわれる「磁器」は、陶石と呼ばれる岩石が主な原料となります。一般にやきものといわれるのは専門的にいうと陶磁器になります。陶磁器とは陶器と磁器に分かれています。原材料の違いは大雑把にいうと土と石を砕いた粉(水など加えて粘土にして使います)の違いです。だから陶器を土もの、磁器を石ものという場合もあります。

解説 陶器と磁器の大きな違いは、その原料となる粘土の違いです。つまり、陶器はカオリンを含まない粘土(土質)を低温で焼いて作られるのに対し、磁器は石質すなわち長石が主成分を成している磁土を高温で焼いて作るのが大きな特徴です。

陶器の起源は古く原始時代の土器から始まりますが、磁器が発明されたのは比較的遅く、北宋(960～1126年)の景徳皇帝の時代(景徳年間と称す1004～1007年)ころといわれています(その磁器は、近くの「高領山」から採掘し、今ではその観音「カオリン」が磁土そのものの代名詞となっています)。

焼き方の違いもあります。焼成温度は、陶器より磁器のほうが100℃くらい高いのが普通です。陶器は主成分が粘土、磁器は主成分が陶石(とうせき)という石の粉末で、陶石の耐火度が高いのです。陶器は800～1250℃、磁器は

1200〜1400℃（せっ器は1000〜1300℃）で焼成します。

　焼き方には、大きく分けて酸化焼成と還元焼成があります。酸化焼成は、炎に対して空気を多くして青っぽい炎で焼くもので、還元焼成はその反対に空気を少なくして赤黒い炎で焼くものです。陶器は、酸化焼成と還元焼成ともに使って焼成をします。磁器は還元焼成です。酸化焼成すると黄色っぽくなるので、白い生地を見せたい場合普通はやりません。

　陶器を土もの、磁器を石ものというように、陶器は暖かい味わいや表面の素朴な風合いが楽しく、逆に磁器は白くガラスのような滑らかさや硬質さが魅力です。わかりやすい見分け方として、縁を指ではじいてみると陶器は鈍い音がしますが、磁器はピンピンとかカンカンとか金属製の高い音がします。また、日光にかざしてみると、陶器は透けませんが、磁器は若干透けて見えます。わかりやすい陶器と磁器の見分け方ですが、作品をひっくり返して丸い輪の部分（これを高台といいます）が茶色くざらついているのは陶器、白くてなめらかできれいなのは磁器だとだいたい判別できます。ぜひ試してみてください。

 **塗りの椀って何ですか？
また取り扱いは難しいですか？**

A3　漆塗りの施してある椀のことです。漆の性質を知れば扱いはさほど面倒ではありません。

解説　一般的に、塗りの器とは漆塗りの器のことをいいます。漆や漆器は海外で「ジャパン」とも呼ばれ、多くの漆器収集家がいるほどです。漆器というと手入れが難しく取り扱いが面倒なイメージがありますが、漆器独特の性質を知り、日々使っていけば美しい光沢が出て、味わい深い器になっていきます。

　漆器は極度の乾燥や湿気、急激な温度変化を嫌います。また木から作られているため、材質的に陶磁器などより柔らかいことがあげられます。漆塗りの椀やカップに沸騰したてで非常に高温の湯などを入れると塗りが白く変色してしまいます。こうなると元には戻りませんので、一度ぬるま湯などにつけてから入れれば変色は防げます。直火やオーブンはもちろん、

電子レンジも対応不可です。低温のものを入れての使用は問題ありませんが、長時間、冷蔵庫に入れた場合、漆器が乾燥し、ひびなどが発生することがあります。また、水につけたままにしたり、水分のあるものを入れたまま長い間放置すると、漆がはがれてしまう場合があります。漆はもともと強い塗りなので、酢や油ものを入れても問題ないのですが、保存用として長い間入れておくのは塗りを傷めますので注意しましょう。

洗い方は、台所用中性洗剤を使って、やわらかいスポンジで洗います。この時、長く水につけるのはやめましょう。漆は陶器などと比べてやわらかい材質ですから、別の材質のものと一緒に洗うと塗りが傷つくことがありますから、別にして洗ってください。洗い終わったら、自然乾燥でなく柔らかい布でふいてください。食器洗浄機、乾燥機にはかけないでください。洗浄機の洗剤は非常に強いので塗りにはよくありませんし、乾燥機は素材を変形させてしまうことがあります。

漆は紫外線を嫌います。直射日光の当たらない食器棚に収納してください。また、極端な乾燥を嫌がるので、長く使わない場合は、食器棚に少し水の入ったコップなどを置いて乾燥を防ぎましょう。

漆器というと、扱いに制限があるように思われますが、基本的にはあまり気を使わなくても大丈夫です。強いていうなら、電子レンジに入れない、極度に乾燥させない、長時間水につけない、極端に高温のものを入れない（沸騰したての汁物など）、などに注意すれば問題ないようです。

Q4 銚子と徳利の違い、盃とちょこの違いは何ですか？

A4 酒盛りをする際の柄のついた器が銚子で、燗のために徳利ができました。ちょこと違い、盃は主に神饌や神事の御神酒に使われます。

解説 もともと「銚子」とは、あらたまった酒宴や儀式などに用いる、長い柄のついた金属や木製の器のことです。宮廷の祝宴で使われた銚子は1か所に注ぎ口のある片口となっています。大勢で酒盛りをする時など略式では両口のものを用い、左右の口から盃に注いでいました。お雛様の三人官女の一人がもっていて、正月の御神酒や神道の結婚式で三

三九度の時に巫女さんが注ぐ時に使う朱色の酒が入っているものといえばイメージできるのではないでしょうか。金属でできていた銚子は直接火にかけて燗をしていましたが、これではおいしい燗ができないので、徳利を使い湯煎で燗をするようになったのだといわれています。

その徳利はもともと酒だけでなく、醬油や酢などの貯蔵用として使われていて、容量も2〜3升と大きなものでした。江戸時代中ごろから普及し始めた徳利ですが、酒屋に小分けしてもらうためにもって行く徳利は、通称を「通徳利（かよいとっくり）」といい、いっぱいに酒を入れると1升は入る大きさのもので、燗をつけるものではなかったようです。もともと酒を注ぐために使われていたのは銚子が主流だったのですが、そのころ、1〜2合程度の小さな徳利が普及し始め、徳利から直接盃に注いで飲むようになったといわれています。

また、盃（さかずき）は皿に不ずという意味で、食べ物を入れる皿ではなく酒を入れるものという意味で「かわらけ」と呼ばれ、主に神饌や神事の御神酒に使われていました。盃は、中心がくぼんだ皿状・円筒状で、皿部分の下に小さな円筒（高台）がついている形状になったものを指しており、材質も、陶器に限らず、木製、金属製もあり、サイズもいろいろのようです。大きなものでは、大相撲の賜杯（しはい）があります。

ちょこは日本酒を飲む時に用いる陶製の小さな器で、上が開き、下のすぼまった小形の「さかずき」を指し、江戸時代中期以降に用いられた陶製の杯のことといわれています。盃の場合、材質が何でもよいのに対して、ちょこは陶製のものをいうようです。もう1つ、「ぐい呑み」という呼び方のものがありますが、これは「酒器の一種で、ちょこよりは大きく、湯飲みよりは小さい程度の器」を指し、材質は何でもよいようです。

 まな板の取り扱い方と、材質の違いによる管理の仕方はどうなっていますか？

A5 まな板は想像以上に汚れています。とにかく衛生管理をしてください。

解説 本来、まな板は真魚板という漢字があるように魚や肉などの主菜を調理するために用いられる板のことでした。野菜用には蔬菜板があり、従来ははっきりと区別されていました。素材が直接触れるものですから衛生面での注意が必要です。魚肉用と野菜用の2種類を揃えて分けて使いましょう。使用後は熱湯をかけて滅菌し、除菌効果のある洗剤で洗浄します。汚れを洗い流した後はよく乾燥させ、日光消毒をしましょう。まな板は想像以上に汚れているため、水で濡れたまま作業をするとまな板の雑菌が食材に移るので、まな板の上は常に水気のない状態で作業しましょう。

まな板の材質にはプラスチック、木、合成ゴムのものなどがあり、木製のものはイチョウ、キリ、ヤナギ、カツラ、ヒノキ、ホオ、サワラなど適度に固い木材で作られています。木のまな板は水分を吸収するので、食材がまな板にくっつきやすく切りやすい他、包丁の刃当たりが柔らかいため、手などにかかる負担が少なく、食材の臭いがつきにくいのが特長です。

しかも、ヒノキ製のものは防虫、殺菌効果もあるといわれています。イチョウのまな板は脂分を木肌にたっぷり含んでいますので、水分をよくはじき、耐水性に優れています。素材に臭いが移りにくく、耐久性があり軽いので扱いやすいです。木材の中でも抗菌性が高く、弾力性があるため、包丁の刃当たりがよく、包丁を痛めません。手入れは洗剤などを使用し、水か熱湯で洗い流してから、立て掛けて乾燥させましょう。

キリのまな板は材質が柔らかく刃物との相性がとてもよいので、大切な包丁の刃を長もちさせます。キリのまな板はとにかく軽く、まな板の上で切った食材をそのまま鍋や器に移す作業が楽にできます。また、抗菌作用にも優れており、清潔で乾燥するのがとても早く、まな板に適した材質といってよいでしょう。

プラスチック製のものは木製まな板に比べ臭いがつきにくく、汚れも落としやすいので、手入れが簡単です。漂白剤による殺菌も可能で、乾燥も速いです。耐熱抗菌まな板なら食器乾燥機・洗浄器にかけられますから衛生的で楽です。木製まな板のように、使用前に水で湿らす必要がないので、パンやお菓子など、食材を湿らせたくない場合の調理にも便利です。ただし、刃の当たりが強いので、包丁の刃が傷みやすく、手への負担も大きいのが難点です。また、表面の凹凸に柔らかい食材などがこびりつくことが

あり面倒な場合があります。

最近はカッティングボードといい、ガラスのものもあります。傷が付きにくく、汚れも簡単に洗い落とせるので、手入れがかなり楽で清潔です。耐熱強化ガラスを使用しているものがほとんどで、鍋敷きとしても利用できます。ガラスまな板は、カラフルでかわいい形のものも多く、キッチンのアクセントになり、大きい肉のローストなどをそのまま食卓に出し、切り分けるなどの演出にも使えます。ただし、食材により滑りやすいものがあり、調理しにくく、包丁の音がうるさいなどの難点もあります。

合成ゴムのものは弾力がありますので、まな板に傷がつきにくく非常に衛生的です。また、刃当たりがよく包丁を傷めません。食材も滑りにくくて調理しやすく、臭い移りも気になりません。使用後は熱湯消毒しても変形せず安心です。ゴムまな板は吸水性がないので、洗浄後の簡単な拭き取りで水気を取り除けます。汚れにくく黒ずみにくいので、手入れも簡単です。いずれにしても衛生を保つことが重要です。

Q6 和包丁の特徴とその種類は何ですか？

A6 和包丁の特徴は片刃作りになっていることと、刃を含めた金属部分を柄に差し込んで固定する差し込み式になっていることです。種類は大きく分けて4種類です。

解説 和包丁は食材を切るということに重点を置いて作られています。より美しく、より切り口がきれいで、食材を傷めず、おいしく食べられるようにと、和包丁は切れ味と頑丈さを求めて考えられました。片刃なら食材に刃がついていない面をぴったりとくっつけて切ることができます。ですから切り口は非常にきれいです。それに、切り込んだ時、構造上どうしてもやや左に刃が食い込んでいきますので、両刃に比べて刃に食材がくっつきにくく、魚を生で食べる刺身を美しく切ることができるのです。

家庭で和包丁になじみがないのは、魚を卸す、刺身を引く、野菜を切るなど各々の食材や料理、使い方に特化することで、他の包丁にはない使い

やすさを実現した包丁だからです。ですから、実は和包丁にはこれ1本あれば肉、魚、野菜と何でもできるような万能包丁が存在しません。第2次世界大戦の後は、家庭でも肉料理を食べるようになり、和包丁では対応できなくなり、牛刀のような万能包丁が使われるようになりました。それから徐々に一般家庭から和包丁が消えていったといわれています。

もともと和包丁には無数の種類が存在します。代表的なものだけでも、薄刃包丁、出刃包丁、刺身包丁、菜切包丁とあります。同じ出刃包丁の中でもサイズの違いや形の違いから、相出刃、身卸出刃、小出刃、中出刃、大出刃と種類が分かれます。ここからさらに、同じ食材を捌く包丁でも地域によって形と名前に違いがあり、地域独特の食材があればそのための包丁が別にあります。ハモの骨きり包丁やタコひき、ウナギ裂きなどごくごく限定的な用途にしか使わない包丁もたくさんあるので、すべてを数え始めるとキリがありません。それほど、細分化された包丁なのです。

包丁の種類としては和包丁以外に洋包丁、中華包丁等、大きく分かれます。現在、家庭用に一般的に普及しているのは洋包丁で、刃が単一素材で作られていることの多いのが特徴です。衝撃に強く刃と柄が一体型の牛刀、牛刀を小ぶりにしたペティナイフは野菜の皮むきや果物を切るのに使えます。魚・肉・野菜とオールマイティに使える三徳包丁も使用頻度が多いです。家庭で魚を卸すという機会も少ないですが、牛刀と出刃包丁では刺身の味が違います。和食のすばらしさの一部かもしれません。

Q7 調理箸と菜箸は違うのですか？

A7 調理用の箸は、もともと魚を扱う真魚箸と野菜を扱う菜箸の2種類があります。

解説 箸の種類を大きく分けると、食事をするための手もと箸、料理を取り分ける取り箸、料理を作る時に使う調理箸の3つになります。調理用の箸をひとくちに菜箸といっていますが、実は調理用の箸には魚料理用の真魚箸と野菜用の菜箸の2種類があります。

真魚箸は鉄製なので水がしみ込まず、細菌などが繁殖しませんし、洗浄

も簡単で衛生的です。その代り鉄製なので非常に硬く、器に料理を盛りつける際、器を傷つける恐れがあるため、盛り箸といわれていても器に盛る場合は使いません。他の食材や料理に魚の臭いや味が移るのを防ぐために使います。揚げ物を揚げる時に使う温度計のついた鉄製の箸も調理箸になります。

一方、菜箸はアジア特有の調理道具の1つで、通常の箸よりも7cm程長い作りになっています。平均は30cm程度のものがよく扱われており、材質は竹が主流です。食材や料理をつまんだり、混ぜる際に使います。

最近は「トング」を使うことも多いようですが、より細かな食材などを扱う際にはとくに効果を発揮します。ほぼすべての料理で使用し、日本人にとっては欠かせない調理道具といえます。盛りつけにも使用するので、盛り箸ともいわれることがあり、盛り箸は15cm前後のものが主流となっています。木製なので加熱調理では焦げたり焼けたりし、もろくなり割れやすくなるので気をつけましょう。

なぜか菜箸は1膳ごと紐でつながっているため箸が広がりにくいので、紐を切ったほうが使いやすくなります。他にも木製で太さ1cm弱にもなる箸がありますが、これはこね箸といい、天ぷらの衣を合わせる時に使用するものです。

Q8 アルミ鍋、鉄鍋など鍋の種類と使い分けはどうなっていますか?

A8 和食ではアルミニウムの打ち出し鍋がよく使われます。必要に応じて銅鍋・ステンレス鍋・鉄鍋・銀鍋・ホーロー・アルマイト鍋・土鍋なども使い分けます。

解説 鍋は材質により特徴が違います。最も一般的なアルミニウム製の鍋は軽くて、熱伝導がよく、値段もそう高くないので手にしやすいです。しかし、酸に弱いので、耐蝕性を高めるためアルマイト加工が施された鍋も多く見られます。磁性がないため電磁調理器での調理ができません。熱伝導率はよいのですが、油なじみが悪いため、焦げつきやすく、長く煮ると黒く変色しますが、人体に影響のあるものではありません。フ

ッ素樹脂加工されている鍋やフライパンの多くはアルミニウムでできています。一時、アルミニウム鍋で調理をするとアルツハイマーになるという報道がありましたが、これまでアルミニウム製品で健康被害があったという報告は1例もなく、規制している国もありません。WHO（世界保健機関）なども否定する見解を出しています。

　鉄製の鍋は主に中華料理店や西洋料理店などで使用され、親しまれています。その特徴は強い熱や過酷な使用に耐え、価格も安く、寿命が長いことです。また、近年は健康のため鉄分補給という意味合いで、フライパンなどを中心に家庭でも再び使用され始めています。逆に、欠点は錆びることです。手入れを怠るとすぐ錆が出てしまいます。適切な手入れさえしていれば、油が鉄の中に染み込み、使えば使うほど愛着のわく道具でもあります。

　銅は熱伝導に優れており、鍋にまんべんなく熱を伝えることから、アルミニウム製が普及するまでは広く使用されていました。しかし、銅はすぐ変色して黒くなるため、食品衛生法によって、食品に接触する部分は全面スズメッキまたは銀メッキをすることが義務づけられています。熱の伝わりが早いため、低温で焼く薄焼き卵やだし巻き卵などは銅の鍋が最適です。スズメッキされたものは表面が柔らかいため、金属たわしの使用や空焚きは厳禁です。近年、ごくわずかな銅を水に混ぜるだけで、驚くべき殺菌作用を有することが発見されました。これを金属微量作用と呼び、銀や水銀も同様の効果を示すことが発見されています。銅や銀の水さしの水がおいしく感じられるのはこの効果ともいわれています。

　ステンレスの鍋は錆びにくく、酸・アルカリに比較的強く、衝撃にも強いのですが、熱伝導率が低く、重いのが特徴です。一般的に売られているステンレス鍋は電磁調理器で使えます。最近はステンレス多層構造の無水鍋などが栄養素の損失を防ぐなどの理由で注目されています。

　ガラス鍋は鉄鍋と違い溶出物がないため安心です。金属が溶け出す心配がなく、嫌な金属臭もありません。金属アレルギーのある人にも安心です。保存容器として最適です。最近ではIH調理器に対応したものもあり、ガスコンロの直火やオーブン・レンジなどさまざまな熱源に使用できます。

　ホーローはガラス質の釉薬を、鉄に被覆して焼きつけたものです。鉄の強度と、ガラスの光沢・耐食性・耐酸性・非吸着性（臭いがつかない）・耐

摩耗性があります。錆び・腐食に強い器物として広く使われてきていて、食品の長期保管に最適です。ただし、表面がガラスなので衝撃に弱く、重いのが難点です。

Q9 土鍋のメリット、デメリットは何ですか？

A9 熱伝導率の低さに、金属鍋にはないメリットがあります。

解説 土鍋と金属製の鍋でお湯を沸かし、温度の上がり方を比べてみると、土鍋はゆっくり上昇していきます。この性質が根菜類と米をおいしくする理由です。ほっくり蒸した芋は、甘さがおいしさの身上です。根菜類や米が加熱によって甘くなるのは、でんぷんが酵素によって糖に分解されるため。土鍋で調理すると、その酵素が働きやすい温度帯「40～60℃」をゆっくりと時間をかけて通るため、より甘みが増します。また、根菜類は煮始めにゆっくり加熱することで、表面の組織の強度が増すだけでなく、均一に火が入るため、その後グツグツ煮込んでも煮くずれが起こりにくくなります。

土鍋は、金属製の鍋に比べて熱伝導率が悪いため温度はなかなか上がりませんが、いったん上がったら冷めにくいのが特徴です。強火で沸騰させたら、あとは弱火に切り替えても十分な熱量が持続します。さらに、ずっしりと重いふたを利用すれば蒸し煮もできるレパートリーの広い鍋です。

しかし、土鍋は取り扱いが少々面倒でもあります。最初に使用する時は、米を入れておかゆを作り、でんぷんの膜を鍋底に作り、割れ目ができるのを防ぎます。土鍋は急に温度が上がったり、下がったりすると割れやすくなります。から炊きは避け、鍋の中には火にかける前に必ず水分を入れておきます。また、熱い鍋を急に水につけたり、ぬれ布巾の上に置くのも割れる原因になります。土鍋は鍋底が乾燥した状態で火にかけるのが鉄則です。鍋底に水分が残ったまま火にかけると、水分が熱で急に膨張して、ひび割れの原因になります。しっかりと水気をふき取り、よく乾燥させてから使いましょう。

最後に、湿った状態で箱や棚などにしまうと、カビや臭いの原因になります。洗って片づける前によく自然乾燥させておきます。おいしいご飯の炊ける土鍋ですが、手間のかかることがデメリットといえるでしょう。

Q10 ホーロー鍋はどのような料理に向いていますか？

A10 ホーロー鍋には2種類あり、向いている料理が違います。

解説 まずホーロー鍋とは熱伝導のよい鋼にガラスの膜を張った鍋のことで、ガラスの膜を張ることをホーロー加工といいます。ガラス加工されているので、色移りがなく、臭いが残りにくく、非金属のため金属イオンの発生がなく、食材の味を変えず、腐食しにくい(錆びにくい)といったメリットがあります。逆に急激な温度変化と衝撃に弱いのが難点です。

ホーロー鍋には鋳物と銅版、鉄版から作られたものがあります。一般的に高価なものは鋳物、安価なものは銅版、鉄版のものが多いようです。使うホーロー鍋の特徴によって使い勝手もだいぶ違いますから、特徴とメリットをよく理解しないとせっかくの鍋の効果が期待できません。

鋳物ホーロー鍋は、熱の伝わりにムラがなく、長い時間煮込んでも鍋に臭いがつかず、汚れも落としやすいのが特徴です。保温性にも優れていて、じっくり火が通って食材の味をストレートに味わうことができるといいます。鋳物とは鉄やコークスを高熱で溶かして鋳型に入れられて焼かれたもので、それにガラス質を焼きつけたものがホーローです。ふたの密閉率も高く、重いので水分の蒸発が少ないため、少なめの煮汁で煮含めるのがポイントです。熱効率がよいので、ふたをしたまま余熱を利用する場合もあります。逆に、火が通り過ぎるという場合もありますので、その場合はふたを少しずらして様子を見ながら煮ると失敗が少ないです。とろ火で煮たい場合は、焼き網などの上に乗せて煮ると、ごくとろ火で料理ができます。また、ふたがオーブン対応であれば、オーブンで蒸し煮にすると煮詰まったり、焦げついたりする心配がありません。

銅版や鉄版から作られたホーロー鍋は軽いというメリットはあるものの保温性は低いという特徴があるので、煮込むよりも味噌汁やあまり煮込まないスープ、または、ゆで野菜などに向いています。

　もう1つの特徴として、どちらのホーロー鍋も傷つきやすく剥がれやすい素材だということです。購入する時はなるべくホーローが厚塗りになっているもののほうが、発色もよいそうなので、選ぶ時はなるべく厚塗りを強調しているメーカーのものを選んだほうがよいようです。

11章 外国人から見た和食の不思議 Q&A

Q1 「いただきます」「ごちそうさま」は誰に対していっているのですか？

A1 料理になった食材と食事を作ってくださった人に対しての感謝の言葉です。

解説 まずは「いただきます」の語源を紹介します。「いただきます」の「いただく」は、神様にお供えしたものを食べる時や、位の高い人から物を受け取る時に、頂(頭の上)にかかげたことから、「食べる」や「もらう」の謙譲語として「いただく」が使われるようになったことに由来します。やがて、食事を始める時に「いただきます」というようになり、食前の挨拶として定着しました。

食材に関しては、たとえば卵は人間に食べられるために生まれてきたのではありません。鶏になるために生まれてきたのです。他にも、私たちが食べているすべてのものは同じです。種の存続を守るため、一所懸命に生きているのです。自ら動けない植物ですら鳥や動物という媒体を用い、種の存続を狙い、食べられても消化吸収されない状態で別の地域で排泄され、新しい芽を生み出すことができるのです。私たち日本人は米にしろ野菜にしろ生きているものを殺生し、自分の命を永らえているという感覚がありましたから、その命を「いただきます」という意味合いなのです。また食事を作ってくれた人に対しても同じように、その労をねぎらい、ありがたく感じ、感謝して「いただきます」といっているのです。

「ごちそうさま」も同じことです。「ごちそうさま」は「ご馳走様」です。馳走の文字を見ると走り回る意味が込められています。米や野菜などを育てる、運ぶ、料理を作る人たちみんなが準備のために走り回ってくれたから、目の前にあるご飯を食べることができます。その人たちへ「ありがとう」の気持ちを込めていいます。

また余談ですが、似たような言葉で「おかげさま」があります。この言葉は「お元気ですか」「はい、おかげさまで」という挨拶が交わされるとともに安堵する気持ちになれます。意味は「あなたのお力添えで」ということも含まれているでしょうが、もっと深い意味(宗教上の意味)が込められているのです。つまり、「かげ」とは、神仏や先祖の霊のことを意味しているのです。目には見えないものへの感謝の気持ちが込められている言葉なのです。

　日本の食事文化や食生活習慣は、長い歴史の中で、子孫繁栄のために先祖が作り上げたものです。ひとつひとつの意味や理由がわかれば、大切なものとして、また繰り返し子どもたちに受け継いでいくことができます。

Q2 日本人は海藻をよく食べますが、どのようなメリットがあるのですか？

A2 唯一、海藻をエネルギーに変える腸内細菌を日本人だけがもっていることもあり、豊富に含まれているビタミンやミネラルをとれるメリットがあります。

解説 日本人はおにぎりやのり巻が大好きです。それだけでなく普通のご飯のおかずとしてものりを食べますし、わかめの味噌汁やひじきの煮つけ、昆布の佃煮など日常的に海藻を食べます。周りを海に囲まれた日本は魚にも恵まれていますが、多種多様の海藻も豊富にあります。のりを含め海藻は栄養分を豊富に含み、からだによいということがわかっています。とはいえ、のりを体内で消化できないとその栄養素を摂取することができないわけですが、日本人だけは海藻を消化し、エネルギーとして使用できるのです。

　なかでものりは緑黄色野菜といわれるほど栄養豊富で、ビタミンやミネラルが豊富に含まれています。手巻きずしなどに使われるサイズののりを2枚食べるだけで、1日に必要なビタミンA・B1・B2は摂取できるそうです。とくにビタミンAが豊富に含まれており、のり1枚で卵1つ分のビタミンAが摂取できるといわれています。のりを数枚食べるだけでビタミンやミネラルを簡単に摂取できます。

日本食ブーム以前には欧米諸国ではあまり馴染みがなかったのりは見ても食べ物だとわからず、変な紙だと思う人が多かったといわれています。そんな欧米では珍しかったのりですが、実は海外の研究で生のりや海藻を乾燥させて作ったのりは日本人だけしか消化できないということがわかっています。外国人は食べても消化されず、そのまま出てきてしまうため、海外でのりを知っている人は消化に悪い食べ物と認識しているようです。日本人しかもっていない腸内バクテリアがいることが海外の研究でわかったそうです。そして、そのバクテリアに海藻に含まれる多糖類を分解できる遺伝子が含まれていることがわかったということです。つまり、日本人だけが古くから海藻ををを生で食べていたため、海藻に含まれていた多糖類を分解できるバクテリアの遺伝子を自然に体内に取り込んだといわれています。海藻を分解できるバクテリアは、日本人の排泄物からしか検出されなかったそうです。

　ちなみに、のりには乾のり、焼のり、味付のりなど種類がありますが、のりは熱で細胞壁が壊れることで消化吸収がよくなるため、焼のりは外国人でも消化することができるそうです。「韓国のり」は焼のりに塩とごま油を塗った味付のりの一種なので、日本人以外が食べても消化されるようになっています。

Q3 腐っているとしか思えないような納豆を日本人はなぜ食べるのですか？

A3 納豆は納豆菌という微生物により発酵された食品です。日本の高温多湿の気候風土が発酵食品の製造を盛んにし、たくさん作られました。日本人はもともと発酵食品や熟成された食品を食べる習慣があったので、抵抗なく納豆を食べられるのです。

解説 納豆は蒸し大豆に微生物を培養し、発酵させた日本生まれの食品です。平安時代の中期に、はじめて「納豆」という文字の記された書物が登場します。江戸時代になると納豆売りの声が響き渡り、幅広く普及しました。それまでは冬のものであった納豆はその人気から通年商品になっていきました。現在は糸を引く糸引き納豆が主流ですが、これは

枯草菌に属する納豆菌という微生物で発酵させたものです。麹菌で発酵させた塩納豆という糸を引かない納豆もあるのですが、今はあまり見かけなくなりました。

納豆菌は人間と同じように空気呼吸し、生存条件が悪くなると胞子を作って休眠してしまう性質をもっています。高温を好んで乾燥を嫌う性質は、高温多湿の日本の風土と相性がピッタリ。空気中に浮遊し、とくに稲ワラに多く付着しています。藁苞で作られた納豆はまさに日本の風土が生んだ食品なのです。農耕民族である日本人の身近にはいつも稲ワラがあり、日本で納豆が誕生したのはごくごく自然の成り行きといえましょう。しかし、藁苞の天然納豆は自然環境などの影響を受けやすいため、今日のように糸引き納豆が安定的に製造されるようになったのは最近のことです。

納豆特有の粘質性（ネバネバした糸）は納豆のうま味成分になります。納豆の糸はポリグルタミン酸という一種のアミノ酸と、フラクタンという糖質が結びついてできたものです。ポリグルタミン酸は名前の通りうま味成分のグルタミン酸が多数結合したもので、納豆の発酵が進むほどに増加する性質をもっています。そのため、納豆をよく混ぜて糸を引かせれば引かせるほどグルタミン酸が増え、うま味が増していくのです。

納豆菌の繁殖力は非常に強いため、生きた菌がたくさん含まれています。しかも、最も活発に繁殖するのは40~42℃で、生きたまま腸に到達することが容易です。そして強い生命力で腸内に到達してからも生き続け、ビフィズス菌などの善玉菌の増殖を助けて、整腸効果を高めます。また、ビフィズス菌は繁殖過程でさまざまな酵素を生み出し、納豆菌と一緒に免疫力を高めるなどの健康維持に働きます。とくに納豆菌が産生するタンパク質分解酵素は強力で、ダイズタンパク質も変性し、その吸収率は90％近くに達するほど優れた食品なのです。

栄養価が高く、からだによい納豆は朝ごはんのイメージが強いのですが、実は夜に食べたほうがその貢献度が高いのです。人間は寝ている間に昼間に受けたダメージを回復します。骨のリモデリングは夜に行われるので、骨づくりに大きく関わるビタミンKを含む納豆は夜食べるべきなのです。

他にもナットウキナーゼは、夜に活性化するといわれています。ナットウキナーゼという酵素は、食べてから10~12時間近く働くといわれています。血栓は夜できやすいので、夕食で納豆を食べておくと、寝ている間

にナットウキナーゼが血流をよくしてくれるので、その予防効果が高くなります。また、血流がスムーズになることで、肌にも栄養を届けることになります。

また、人間は眠りについて2〜3時間たつと、成長ホルモンを分泌し始めます。これが、肌のゴールデンタイムといわれるものです。納豆にはアルギニンという成分が含まれているのですが、これが成長ホルモンの分泌を促すのです。

この他にも、納豆に含まれるビタミンB2が細胞の再生を促したり、ビタミンB6が皮脂分泌をコントロールしたり、食物繊維が整腸作用を促したり、カリウムがむくみを解消するなど、さまざまな効果が期待できます。毎日夕食に納豆を食べることを、ぜひ習慣化したいものです。

Q4 日本人はとくにそばを食べる時に音を立てますがマナー違反ではないのですか？

A4 基本的に料理を音を立てて食べるのはマナー違反ですが、そばだけは許されています。

解説 そばは薫り高く、すすることで空気と一緒にそばの香りが鼻に抜け、よりおいしく感じるからです。ですから多少の音はマナー違反とはされていません。ただし、音が大きければよいというのは間違いで、周りが驚くほどの音を立てるのはマナー違反です。そばの食べ方にはいろいろと蘊蓄があり、そばをよりおいしく食べるための工夫といわれています。音を立てて食べる習慣はうどんなどにはないので、そばに限ったことなのでしょう。

そばには、つゆをつけて食べる「ざる」や「せいろ」と、つゆがかかって出てくる「かけ」があります。つゆをつけて食べる場合は麺の3分の1までにする、という法則を聞いたことがあるという人も多いと思います。これは、そばそのものの香りを楽しむために、3分の1というのが理想的となっているからです。落語の枕詞などでは「死ぬ前に汁にたっぷりとそばをつけて食べてみたかった」というものもあるほどに、こだわりをもっている人にとってははずせない心情となっているのです。

食べ方としては、そばは基本は噛まないで飲み込むものだともいわれています。江戸っ子なら当然だろうと考える人もいるでしょうが、それはどう考えてもおかしなことです。喉に詰まってしまうというのはもちろんのこと、噛まなければそばのコシも歯ごたえもわかりません。なぜこのようなことが一般的な食べ方として広く知れ渡るようになったのかというと、本来の食べ方として伝承するはずだった「そばすすって途中で噛み切らない」という正しい表現から「噛みきらない」が「噛まない」になってしまったからです。確かに捉えかたによっては、そばとは噛まずして飲むものだと勘違いしてしまう人もいるでしょう。正しくは、途中で噛み切るのはマナーとして見苦しいので、そのため箸に取ったそばはすべて食べるというのがそばの一般的な食べ方となっています。

ざるやせいろを食べ終わるとそば湯が出てきます。そばを茹でた時に使われたお湯です。そば湯には、そばを茹でた時に、そばから出た栄養(打粉とそば内からの栄養)がたくさん含まれているということから健康によいといわれています。そば湯を飲む風習は昔からあり、そばで有名な信州で始まったといわれています。そして、それが江戸にも伝わり、今も出されています。

ソバには、ビタミンB1、ビタミンB2、タンパク質、鉄、カリウム、ルチンなどが含まれていて、これらの栄養が茹でることにより、そば湯に移行します。ですからそばを食べるより、そば湯を飲んだほうがからだにはよいのです。"そば湯"を飲むことで、ソバ本来の栄養をすべて摂取することができるのです。

なぜ日本では生卵が食べられるのですか？

日本の衛生基準と世界の基準が違い、日本では卵を生で食べることを前提として、洗浄や殺菌などの衛生管理を徹底して行っているからです。

卵の殻には、サルモネラ菌が付着していることがあり、生の状態で食べることで中毒症状を起こし、お腹をこわしてしまうこと

もあります。そのため、衛生管理が行き届かなければ生卵は食べられないのです。

　もともと魚と野菜を食べていた日本人は、肉はもちろん卵など食べることはありませんでした。江戸時代になり、卵を採るためにニワトリを飼う人が登場し、卵を食べる習慣が生まれました。それでもまだ卵は高級食材として扱われ、一部の人が贅沢品として食べるものでした。当時は庶民が自由に卵を食べることなどできず、現代のように卵料理が庶民食になったのは、最近のことです。

　そもそも生卵は江戸時代以降に現在のすき焼きのような牛肉を食べる習慣ができ、それに生卵をつけて食べることでそのおいしさが倍増するということで、卵は一部の富裕層に高く評価されました。しかもおいしさはもとより、卵を食べると元気になるという評価になりました。当時は生みたての卵を食べていたのですから流通の心配もありませんが、現在では生まれて食べるまでの時間を考えれば外国の人にとって卵の生食は考えられないと思います。

　実は日本の卵の賞味期限と外国の一般的なスーパーマーケットで販売されている卵の賞味期限が全然違います。日本の卵の賞味期限は10日間前後ですが、外国の卵の賞味期限は1か月間という長い賞味期限なのです。基本的に日本の卵は出荷する時に塩素やオゾンなどを使ったり、高温のお湯に数秒間漬け込むことでサルモネラ菌を防ぐ殺菌消毒をしっかりとしているので、そのまま卵を割って生でも食べることができる安心の卵を出荷することができるのです。

　基本的にサルモネラ菌は鶏のふんから発生するため、卵を生み落とす時にそのサルモネラ菌が卵につく可能性が非常に高く、出荷する卵に対して殺菌消毒をしない外国においては、卵は絶対に生では食べてはいけないという風潮が広がったのです。しかし、最近では生卵のおいしさに気がついた外国の人が、殺菌消毒をしっかりした生食限定の卵をスーパーマーケットで少量ですが売り出しているようです。

　日本人は昔から生卵を使った卵かけごはんをおいしく食べているわけです。殺菌消毒がされていない卵で育った外国人は生卵をかけて食べる日本人を見て非常にクレイジーだと思うのは、出荷される卵の環境が日本と諸外国とではまったく異なるところから来ています。ですから外国の人に生

卵を勧める時には、日本の衛生管理の知識を伝えることで、安心しておいしく生卵を食べてもらえると思います。殺菌しているのでサルモネラ菌の心配もありません。

これを機会に卵かけごはんをおいしく食べてもらいたいものですが、生の卵白の独特のテクスチャーは日本人でもNGな人が多いです。卵をきちんと溶きほぐしてかけましょう。また非加熱の卵白にはアビジンというビタミンHの破壊酵素があり、成長ホルモンの分泌を抑制する作用がありますから、卵かけごはんは卵白抜きが正解です。

Q6 「山かけ」を食べたらかゆくなりました。どうしてですか？

A6 強い消化酵素シュウ酸カルシウムという成分がかゆみを誘発するからです。

解説 山かけに使われる山芋は非常に強い消化酵素があります。和食の食材としては大変ポピュラーで、和菓子にも使用され、種類は非常に多く、芋の中では唯一生食ができるものです。代表的なものは以下の通りです。

- 自然薯（じねんじょ）：日本原産で山野に自生しているものをかつては食べていました。細長く1mにもなって掘り出すのが困難なことから、自生のものは希少でしたが、近年では栽培もされています。粘りが強く、耐寒性をもっています。すりおろして、とろろとしてよく食べられています。
- 大和芋（つくねいも）：粘りが最も強く、水分も少ないため、すりおろしてとろろや山かけとして使われます。握りこぶしのような形をしており、贈答品としても人気があります。風味もよく高級品で、高級料亭や、かまぼこの原料、和菓子の上用饅頭などに使われています。
- イチョウいも（やまといも、手いも）：銀杏の葉のような形をしており、大和芋の次にねばりが強く、アクが少ないため、すりおろして使われます。関東で多く栽培され、関東ではヤマトイモと呼ばれています。
- 長いも：最も生産量が多く、一般的なヤマイモで、水分が多くて粘りが少ないため、細切りにして、サラダや酢の物、煮物に適しています。

・紫山芋：あまり市場には出回っていませんが、沖縄などで栽培されているヤマイモで、紫色をしています。紫色はアントシアニンというポリフェノールで、強い抗酸化作用があります。粘りがあまりないため、生で食べるよりは熱を加えてよく食べられています。

　山芋を手で触るとかゆくなるのは、シュウ酸カルシウムが原因です。酸に弱いため、かゆいところを食酢で洗うとかゆさが収まります。山芋は滋養強壮効果があるといわれています。その理由は、ビタミンB1、ビタミンC、カルシウム、カリウムなどを多く含み、ムチンというネバネバ成分が体内に入ることでタンパク質の吸収を向上させ、疲労回復に大きな役割をもっているからです。ただし、ムチンは熱には弱いので、加熱せず生のまますりおろして食べると効果的です。熱いだし汁をかけるのも禁物です。人肌程度にぬるくしてから加えるようにしましょう。

　つるりとしているので飲み込みやすく、消化にもよいので、胃に優しい食べ物として高齢者にも嬉しい食材です。山芋は女性の美肌や若返りにとても効果があることで知られています。また、食物繊維が豊富なので腸内環境を整え大腸がんや高血圧の予防などの働きもあります。便秘など腸のトラブルに関わりやすい女性には、麦とろご飯にするとさらに効果倍増です。麦米は白米より食物繊維が高く、ダイエットに向いていますので、炭水化物禁止ダイエットの人にもぜひ食べて欲しい一品です。また山芋にはジオスニゲンという若返りホルモンが含まれているため、アルツハイマー病の改善につながるという研究結果も発表されました。

　このように山芋にはからだによい多くの成分が含まれています。歩留りが悪いとか手がかゆくなるとはいえ、「高い健康効果」があることがわかれば食べ方も変わるのではないでしょうか。

Q7 何の味もしないコンニャクを食べる理由は何ですか？

A7 コンニャクはもともとこんにゃく芋からできている食物繊維含有量の高い加工品です。その独特の食感と味のないことから、甘味噌などをかけ、さまざまなバリエーションで食べられています。

味を感じにくく、ざらざらしているコンニャクのおいしさは、外国人にはわかりにくいと思います。白米や豆腐などのように、それ自体あまり強い味をもたない食べ物でも、おいしく食べる工夫を日本人はしてきました。同様に、コンニャクもぷりぷりとした食感に甘味噌をつけて食べたり、濃い味で煎りつけたりと、おいしく食べます。そこまでして食べる理由は、コンニャクに優れた健康効果があるからです。

　コンニャクは食物繊維が豊富で、お腹のすす払いといわれています。その主成分はグルコマンナンという食物繊維です。このグルコマンナンは水に溶ける性質をもつ水溶性食物繊維ですが、これに水酸化カルシウムなどのアルカリ金属類を加えると、その分子を中心にグルコマンナンが集まり、その粒子が大きくなり、不溶性の性質も帯びます。コンニャクはこの粒子の大きくなったグルコマンナンの塊を集め、加熱して固めたもので、水溶性の食物繊維と、不溶性の食物繊維の両方の性質をもっています。

　一般に、水溶性食物繊維はその小さな分子で腸の壁を覆ってしまい、糖を含む栄養の吸収を阻害する性質をもつとされ、不溶性食物繊維は大きな塊として腸を刺激し、その蠕動運動を活発化させるとともに、胆汁と一緒に排出されるコレステロールを絡めとり、その再吸収を防ぐ効果があるといわれています。これにより、腸内の環境を整え、善玉菌の活動を助け、体内酵素精製を促し、健康なからだを作るのを助けるということです。江戸時代の昔から、"コンニャクは体内の土砂おろし"ともいわれ、一部は薬扱いもされてきましたが、これが、コンニャクがダイエットに最適であるといわれる理由です。

　また、コンニャクは固める際、水酸化カルシウム等を使うため、カルシウムを吸収しやすい形で豊富に含んでいます。また、生芋こんにゃくであれば、肌の保湿成分であるセラミドも多く含んでおり、美肌効果も期待できます。いろいろな健康成分をもっているコンニャクですが、コンニャクだけですべての栄養素がとれるわけではありません。バランスのよい食事に注意しましょう。

　また前述したように、コンニャク自体に味がないため、どうしても濃い味つけになってしまいます。そうすると余分にご飯が食べたくなったり、調味料の塩分やカロリーが加算され、ヘルシーな料理になりません。どんな調理を作るのかも重要なポイントです。

Q8 ワサビ(香味野菜)は日本独特のものだそうですが、なぜすしや刺身に必ずついているのですか?

A8 ワサビには魚のおいしさを引き立てる役目と強い殺菌作用があり、食中毒などの予防になるためです。

解説 ワサビは日本に自生する野菜で、刺身など魚を生食する時には必ず添えられます。殺菌効果がありますが、それ以上に魚のおいしさを引き立てる役目があります。日本では香味野菜といわれるものが数多くあります。ワサビをはじめ、ショウガやミョウガ、ネギや山椒など名前をあげればきりがありません。それぞれ特有の香りや辛味成分をもっていて、これを他の食品に添えたり、または調理の時に混ぜたりすることで、口に刺激を与え、食品の味を一段と引き立てるものです。どの香味野菜にも抗菌や殺菌効果があるため、刺身などによく添えられています。

これら香味野菜の辛味は大きく3つに分けられます。ワサビなどのツーンとする辛み。唐辛子のひりひりした辛み。山椒などのしびれるような辛みで、それぞれ辛みの成分も違います。ワサビの辛味成分は「シニグリン」という物質です。シニグリン自体には辛味はありませんが、すりおろしたりして細胞を壊し、シニグリンを空気中の酸素に触れさせると、「ミロシナーゼ」という酵素の作用で「アリルイソチオシアネート」という物質を生じます。このアリルイソチオシアネートがワサビやカラシナの辛味成分です。ワサビはアブラナ科の植物ですが、シニグリンはアブラナ科の野菜に広く含まれている物質です。同じアブラナ科のカラシナ・ダイコンなどの辛味も同じシニグリンです。ワサビにはその含量がとくに多いのです。ワサビには沢わさびと山わさびがあります。沢わさびは緑色のよく見る一般的なものです。一方、山わさびはローストビーフなどに添えられているホースラディッシュで、同じワサビでも形や色がまったく違います。山わさびはどちらかというと辛味大根に似ていて、練りワサビや粉わさびの原料として使われています。水分が少なく、大型なので歩留りも加工品に向いています。

ワサビは平安時代から食べられており、夏に食べるひや汁に蓼の葉やとろろの汁に入れて食べたとの記録が残されています。コイの刺身はわさび酢、タイの刺身は生姜酢、スズキの刺身は蓼酢と当時は決まっていたよう

です。衛生に不安のある時代でしたから、かなり多くの香味野菜を使ったのではないかと考えられます。今は一般的になったそばにワサビも江戸時代ころから食べられるようになったようです。もともと辛み大根を添えていたのですが、ダイコンがない時に添えたワサビがそばつゆのかつお節独特の生臭みを消したことからワサビが添えられるようになったといわれます。ダイコンの代りにワサビというのは考えにくいことです。

日本で唐辛子といえば鷹の爪や七味唐辛子が一般的です。鷹の爪は糠漬けに入れたり、常備菜に入れたりと比較的保存するものに入れることが多いようです。それは鷹の爪にも殺菌効果があるためです。健康効果も高く、体脂肪を燃焼させてからだを温ため、毛穴を広げて発汗を促します。体温を上げてくれるので冬場には効果的ですし、夏場に辛い料理を食べて汗をかけば、水分がからだの熱とともに蒸発し体温を下げます。

カプサイシンは脂肪の分解を促し、肝臓や筋肉内のグリコーゲンの分解を促進します。そのために胃を刺激し、血行をよくするだけでなく、内臓の消化運動までも活発になり食欲を増進してくれます。冬場の運動不足で食欲の落ちる時期、夏バテによる食欲減退にも効果があります。

山椒のしびれるような辛み成分はサンショオールというものです。サンショオールは胃酸の分泌を高めるのでウナギのようなこってりとした料理と相性がよいです。他に「ジテルペン」という香り成分がありますが、これは免疫力を上げ、抗酸化作用を高める働きがあります。もともと山椒のその名は山の香りある実で、胡椒のように辛いというところから名づけられたようです。山椒は英語では「Japanese pepper」になるようで、日本を代表するスパイスといえます。日本料理は香りの料理といいますが、香味野菜が大きな役割を占めているようです。

Q9 日本料理は器に対して盛りつけの量が少ないと思うのですが、なぜですか？

A9 日本料理には余白の美という考え方があるからです。

解説 日本には四季があります。寒い時にはあたたかきよう、暑い時には涼しきようにと料理の盛りつけにも季節を感じます。器も季節に合わせて選びます。料理が人なら器は着物で、真冬に浴衣を着ないのと一緒です。日本料理は見た目の美しさも重視しますので盛りつけが非常に大事なのです。見た目からおいしさを感じさせる必要があります。

盛りつけのポイントは「余白の美」です。見落としがちですが、料理の美しさには器の余白部分の割合が重要になります。夏は器の余白を多めに、冬は少なめにするのが原則で、目安となる料理と器の割合は、夏は6対4、冬は7対3になります。後ろの数字が器の見える割合です。夏は暑苦しくならないように真ん中につんもりと盛ります。逆に冬は寒そうに見えないようにざんぐりと盛ります。とくに小鉢の盛りつけにはこのバランスが発揮され、美しく盛りつけるのは大変難しいものです。

日本料理は盛りつけにもルールがあり、盛り合わせる材料が2種類以上になると、日本料理では三、五、七……と奇数の取り合わせをします。どんなに数が増えても、盛ろうとする器に三角形を描いてみると、盛りつけの構図が決めやすいものです。丸い器の中では、三角形を描き、それぞれの頂点に料理を盛ります。正方形や長方形の器では対角線を引き、その線上と中央に盛ります。変形の器の場合も、やはり三角形を描いて盛ります。この時も余白をを考えることが大事です。

日本料理は、食材が豊富なため、色彩的にも変化に富んだものになります。料理がきれいに見えるという色が赤、黄、青、黒、白の5色で、それぞれに役割があります。赤色と黄色は食欲を増進させるため料理には欠かせない色ですが、多く使い過ぎると料理全体の品位を落としてしまいます。

黒色は全体の色調を引きしめる効果があります。白色は、そのもの自体は冷たい感じがしますが、雑然とした色調の盛りつけに使うと清潔感が出て、暑い時期には涼しさを演出するのに最適です。

最後に青色(緑色)ですが、この色は、炊き合わせに添える木の芽とか、刺身のつまに使う海藻のように、すがすがしさを与え、配色にアクセントをつけるのに多用されます。「青味」という言葉がよく使われますが、この色を上手に用いると料理が上品に見え、いかにもおいしそうな雰囲気が出ます。手前に立てかけるようにしてよく目立つところに配置してください。青空と同じで、人を一番すがすがしい気持ちにさせる色なのです。盛

りつけはある意味で味と同じくらい料理にとっては重要なのです。

どうして日本人はあんなに苦い抹茶を飲むのですか？

A10 テアニンという成分にリラックス効果があり、抹茶はその成分をとても多く含むからです。

解説 高級な茶ほどテアニンが多く含まれています。抹茶には番茶の12倍のテアニンが含まれているのです。テアニンは、茶葉に多く含まれている物質です。それも、ほうじ茶やウーロン茶などの茶色い茶葉よりは緑茶に多く含まれ、とくに抹茶には多く含まれていることがわかっています。日照時間を短くするために茶葉に覆いをかけて生育させると甘みの素のテアニンが苦味の素のタンニンへ変化するのが抑えられ、香りもほのかに甘い抹茶独特の「覆い香」と呼ばれる香りとなり、そしてきれいな緑色を引き出します。

茶の中でも、抹茶は茶葉をすりつぶして粉にし、体内にまるごと取り入れます。湯で煎じて飲む緑茶は水に溶けやすい成分しか摂取することができませんが、抹茶は茶葉をまるごと摂取するので、茶葉に含まれる豊富で良質な栄養素をすべて取り入れることができるのです。

茶の歴史は非常に古く、遣唐使の時代に中国から茶の種子が日本にもってこられたといわれています。当時の茶は、嗜好品ではなく眠気覚ましの薬として使われていました。現在の抹茶の基礎を作ったのは、鎌倉時代の臨済宗僧侶栄西で、2度目となる宋への留学の際、散茶と呼ばれる茶の作り方を日本にもち帰ってきました。そして、栄西は抹茶の製法や喫茶の効用を記した『喫茶養生記』を著しています。『喫茶養生記』は、鎌倉幕府の3代将軍源実朝(1192〜1219年)にも献上され、二日酔いを治す薬として盛んに飲まれる契機になりました。茶の湯の世界では、栄西以降を「抹茶法」が日本で始まった時代としています。

眠気や二日酔いに対する薬だった茶も、室町時代に入ると嗜好品として飲まれるようになりました。室町時代中期になると生活に余裕が生まれ、今の日本料理の原型もでき、生活面でのゆとりが、茶の広まりをもたらし

たのだといわれています。

　こうした時代背景があり、大名たちが客人を招いて抹茶を立て、会席を催す「茶の湯」がいよいよ盛んになっていき、織田信長(1534～1582年)は「名物狩り」の実施により茶器を収集し、茶会を催して富と権力を誇示しました。織田信長や豊臣秀吉に仕えたのが、千利休(1522～1591年)で、茶会は、戦国時代の中で政略上の重要な"結びつき"の手段となっていました。

　茶の湯の発展とともに、茶葉の栽培法にも大きな進歩がありました。「覆(おお)い下(した)栽培(さいばい)」という日本独自の茶の育て方です。茶摘みの2週間ほど前から茶に覆いを被せ、日の光を遮ります。覆い下栽培は、京都の宇治で生まれた方法で、寒かった宇治では、霜よけのため藁の傘を茶に被せていました。そうしてとれた茶がおいしいと評判になり、日本独特の栽培法になったといわれています。この栽培法で作られた茶は甘味のテアニンとグルタミン酸を豊富に含みます。

　日本人はうま味に対して敏感なのでグルタミン酸を多く含む茶が大好きなのです。抹茶は飲むだけでなく、菓子などにアレンジされるほど日本人は抹茶が大好きです。抹茶には政治や文化などがとても深く関わっています。これほど物語のある茶は世界に1つだけでしょう。

付録
1 和食独特の料理名・料理言葉

　和食には、独特の料理名や調理する上での料理言葉があります。それらには、それぞれ深い意味合いや語源があります。主要なものについて紹介します。

〔1〕料理名の分類
- **吸い物・汁物**：潮仕立て、澄まし仕立て、味噌仕立て、糝(みぞれ)仕立て、丸仕立て、薄葛仕立て、擂り流し、沢煮椀、袱紗仕立て、呉汁、露打ち
- **造り**：生寿司(生鮨)、光物、真魚
- **煮物**：吉野煮、白煮(しらに)、水晶煮、筑前煮、瑠璃(るりに)煮、従兄弟(いとこ)煮、旨煮、艶煮(つやに)、桜煮、時雨(しぐれ)煮、芝煮、当座煮、印籠煮、荒炊き(粗炊き)、煮浸し、煮凝り、甘露煮
- **焼き物**：若狭焼き、西京焼き、黄金焼き、法楽(ほうらく)焼き、伝法(でんぼう)焼き、奉書焼き、幽庵(ゆうあん)焼き、利休焼き、杉板焼き、巻繊(けんちん)焼き、兜焼き、鍬(くわ)焼き、雉焼き
- **蒸し物**：酒蒸し、信州蒸し、南禅寺蒸し、芋環(おだまき)蒸し、博多蒸し、真薯(しんじょ)、鼈甲餡、銀餡
- **揚げ物**：揚げだし、磯部揚げ、竜田揚げ、道明寺揚げ、東寺揚げ
- **和え物**：共和え、沼田(ぬた)和え、芥子(辛子)和え、白(しら)和え、胡麻和え
- **珍味・その他**：筏(いかだ)、酒盗(しゅとう)、砧(きぬた)和え、手網巻き、南蛮漬け、松前漬け、滝川豆腐、養老豆腐、擬製豆腐、空也豆腐、飛竜頭(ひりゅうず)、鶏松風(とりまつかぜ)、錦糸卵(きんしたまご)
- **精進料理**：般若湯(はんにゃとう)、赤豆腐、山鯨(やまくじら)、山河豚(やまふぐ)、天蓋(てんがい)、御所車、伏せ鉦(ふせがね)、狸汁、雲仙羹(うんぜんかん)、鯨羹(くじらかん)

〔2〕用語の概説
①吸い物・汁物
- **潮仕立て**：主として白身魚や貝類を煮て、この時に溶出したうま味成分に塩味をつけた汁物。魚としてはマダイ、オコゼ、スズキなどの白身、ハマグリなどの貝類の潮汁があります。塩水で煮た料理は「潮煮」といいます。
- **澄まし仕立て**：コンブとかつお節でとった一番だしを塩と淡口醤油で調

味した汁物。味噌汁や粕汁は、「濁り汁」ともいわれます。
- 味噌仕立て：味噌味で仕立てた汁物。代表的なものは味噌汁です。
- 霙仕立て：大根おろしやすりおろしたカブなどを加えて、雨交じりの雪のように仕上げた吸い物です。
- 丸仕立て：スッポンを使った吸い物のこと。スッポンの生血臭さや泥臭さを和らげるために、多めの酒と水で炊くのが特徴です。別名「スッポン仕立て」ともいいます。
- 薄葛仕立て：仕上げに水溶きの葛を加えてとろみをつけた汁のことです。
- 擂り流し：材料をすり潰して裏ごしし、だし汁で延ばして仕立てた汁物。材料としては魚介類、青豆、豆腐などを使います。
- 沢煮椀：豚の背肉のせん切りを、シイタケやタケノコ、ゴボウ、ウドなどの野菜類のせん切りと合わせて具にした澄まし汁仕立ての椀物。必ず食肉を入れるのがポイントです。
- 袱紗仕立て：同量の赤味噌と白味噌とを合わせて仕立てた汁物のこと。もとは、茶懐石の袱紗（絹布や羽二重などの布地を表裏2枚、正方形に縫い合わせた茶道具）に由来があります。
- 呉汁：水に浸した大豆をすり潰して調製した「呉」を使った汁物。枝豆を使ったものは「青呉汁」といいます。
- 露打ち：夏期に、椀物を提供する時に、椀の上ぶたなどに茶筅を使って一振りの水をかけて涼しさを表現したものです。

②造り
- 生寿司（生鮨）：新鮮な魚介類の刺身そのものや新鮮な魚を塩と食酢で締めたものをいいます。たとえば、サバ、コハダやアジなどの青皮の魚を塩や食酢で締めたものがあります。「生鮨」は、関東では「魚の酢締め」と呼ぶこともあります。
- 光物：すし用の用語で、マアジ、コハダ、イワシ、サヨリ、サバ、サンマなど表皮が青光りしている魚を指します。
- 真魚：食膳に提供する魚のこと。平安時代ごろは、魚も野菜も「菜」と呼び、「真」をつけて魚は「真魚」、野菜は「真菜」と呼びました。まな板の語源も「まな」にあります。

③煮物
- 吉野煮：白身魚や野菜に葛粉をつけて煮た料理。葛餡をかけた煮物も吉

野煮といいます。葛の産地が奈良県吉野であることからこの名がついています。
- 白煮（しらに）：白色の食材を白く煮上げた料理。食材としてユリ根、ウド、長芋が使われます。
- 水晶煮：トウガンや白ウリの煮物は透き通った白色になることから、水晶煮の呼び名があります。
- 筑前煮：鶏肉と野菜類の炒め煮（ごった煮）のこと。野菜にはダイコン、ニンジン、レンコン、タケノコ、シイタケなどが使われます。現在の福岡県が筑前地方といわれていたころの郷土料理に由来します。
- 瑠璃煮（るりに）：材料の色（主に、ナスの色）を活かした煮方の1つ。「瑠璃」はサンスクリット語の「ヴァイドゥーリヤ」で「紫色を帯びた紺色」のことを意味します。「瑠璃茄子」、「色煮茄子」などの料理があります。
- 従兄弟煮（いとこに）：小豆、ゴボウ、サトイモ、ニンジンなどの野菜を中心に、寄せ煮したもの。必ず、大豆やうずら豆のような豆類を使います。名前の由来は、硬い食材から「追々に（順番に）煮る」ことを「甥々に似る」とかけたことによります。
- 旨煮：野菜、魚、鶏肉、乾物などの食材を一度下茹でし、だし、酒、塩、醤油、砂糖などで調味し、煮汁がなくなるまで煮込み、煮汁がなくなったらみりんでテリをつけた煮物。関西の煮しめ（煮染め）が派生して「旨煮」となったといわれています。
- 艶煮（つやに）：砂糖、みりん、水飴を使って煮汁がなくなるまで煮ることにより、独特のツヤをだした煮物のこと。
- 桜煮：タコの煮物は、脚の表皮の色が小豆色がかった桜色になることから「桜煮」といわれています。
- 時雨煮：魚、貝類、鶏肉などにショウガを加え、酒、醤油、砂糖で調味して煮詰めたもので、「生姜煮」ともいわれています。ハマグリ、アサリ、カツオ、マグロなどの時雨煮があります。
- 芝煮：新鮮な魚介類を、だし、酒を中心とし、淡口醤油やみりん（砂糖）を使い薄味に調味した煮物です。
- 当座煮：だしに酒、醤油を加えた煮汁で煮た野菜中心の煮物。
- 印籠煮：カボチャ、ナス、イカなどの内部をくりぬき、その中に肉や野菜などさまざまな食材を詰めて煮たもの。ウリの内部に野菜を詰めた漬

物は「印籠漬け」といわれています。
- 荒炊き（粗炊き）：魚のアラを煮汁でテリがよくなるまで煮上げたものです。
- 煮浸し：食材を煮汁で煮含めた物。一度煮てから、その煮汁に浸しておいて作ることが多いようです。
- 煮凝り：魚や肉の煮汁を冷やして、煮汁の中のゼラチンでゼリー状にしたものです。
- 甘露煮：煮汁に水飴や砂糖を加え、煮汁がなくなりテリがつくまで煮詰めたものです。

④焼き物
- 若狭焼き：干物や塩を振ったウロコのついた魚を焼いたもの。福井県の若狭地方の郷土料理の1つ。
- 西京焼き：西京味噌を使った焼き物。
- 黄金焼き：素焼きや塩焼きした白身魚に、調味液で延ばした卵黄を塗って焼いたもの。卵黄は焦がさないように焼くのがポイント。
- 法楽焼き（ほうらくやき）：焙烙の上に青松葉と塩を敷き、その上に魚介類や野菜を載せ、焙烙のふたをかぶせて蒸し焼きにした焼き物。焙烙蒸しともいいます。
- 伝法焼き（でんぽうやき）：小さな土鍋（焙烙）に刻んだ白ネギを敷き、その上に魚の薄切りを載せて蒸し焼きにしたもの。
- 奉書焼き：昔、将軍や公家が使った上質の和紙（奉書）を利用した焼き物で、魚を包んで焼いたもの。奉書で包むことで、素材の香りが逃げず、風味のよい焼き物ができ上がります。
- 幽庵焼き（ゆうあんやき）（裕庵焼き）：魚の切り身を醤油、みりん、酒を合わせたもの（これを幽庵地（ゆうあんじ）といいます）に漬け込んで焼いたもの。滋賀県の近江堅田（おうみかただ）で活躍していた茶人北村裕庵が創案した料理といわれています。裕庵の号の「幽安」から「幽庵焼き」の名もついたといわれています。
- 利休焼き：安土桃山時代の茶人千利休が、すりゴマに醤油、酒、みりんを合わせた漬け汁に魚介類や鶏肉を漬け込んでから焼いたもの。ゴマの風味のある煮物に「利休煮」、ゴマをまぶして揚げた「利休揚げ」などがある。
- 杉板焼き：2枚の杉板で下ごしらえした食材を挟み天火で焼いたもので、杉板の香りのついた焼き物となります。ダイダイ、スダチ、カボスなど

の搾り汁をかけて食べます。
- 巻繊焼き：ニンジン、ゴボウ、シイタケ、キクラゲ、タケノコなどをせん切りしたものに、崩した豆腐を混ぜて油で炒めたもの（巻繊地）で、魚や鶏肉を包んで焼いたもの。「ケン（巻）」は巻物、「チェン（繊）」は細く切るという意味です。
- 兜焼き：兜は魚の頭部のこと。魚の頭部を焼いたものが「兜焼き」で、煮たものは「兜煮」といいます。
- 鍬焼き：醤油とみりんを合わせた甘辛だれに、肉類をからめて焼いたもの。農業の合間に獲った野鳥や獣の肉をこの甘辛だれをからめて、農機具の鍬の上で焼いたことが、鍬焼きの名の起源といわれています。
- 雉焼き：肉や魚の切り身をみりんと醤油の漬け汁に浸してから焼いたもの。味が雉肉に似ていることからつけられた料理名です。

⑤蒸し物
- 酒蒸し：器に昆布を敷いて貝類や白身魚、鶏肉などを入れ、酒を振りかけて蒸した料理。
- 信州蒸し：軽く塩を振った魚の切り身に茹でたソバを巻いて、包み蒸しにしたもので、だしをかけて食します。信州がソバの名産地であることからつけられた料理名です。
- 南禅寺蒸し：豆腐や豆乳を使った蒸し物。たとえば、豆腐にだしや卵を混ぜ合わせ、ギンナン、生湯葉、鶏肉、魚のすり身などを加えて蒸したもの。京都の南禅寺近くで良質の豆腐が作られることから、この料理名が生まれたといわれています。
- 苧環蒸し：うどん料理の1つ。一般には、うどん入りの茶碗蒸しをさします。器の中のうどんが、糸取りである「苧環」で丸く巻き取った糸に似ていることから、この名がついたといわれています。
- 博多蒸し：いくつかの食材を層状に重ねて蒸した料理。「博多」の名称の由来は「色彩の異なる複数の材料を積み重ねて仕立てた料理」といわれています。切り口が美しい縞模様になり、博多帯に似た模様になることに由来します。
- 真薯：魚のすり身に山芋のすりおろしや卵白、浮粉などを加えてすり合わせたものを「真薯地」といいます。これに具を加えて蒸したものが「真薯」です。

- **鼈甲餡**：醤油ベースの濃い飴色のあんかけ用餡のこと。醤油にだし汁、砂糖、みりんを加えて光沢のある半透明な飴色を出し、葛粉でとろみをつけたものです。仕上りの色を海羅のタイマイの甲羅の色に似せて作るので、この名があります。
- **銀餡**：色を薄く仕立てた餡で、艶のある薄い色の餡が銀色のように見えることからこの名がついたといわれています。

⑥ 揚げ物

- **揚げだし**：水気を絞った豆腐や魚介類、野菜類などに衣をつけずに油で揚げ、かけ汁をかけた料理。揚げた料理にかけ汁をかけることからこの名がついています。素揚げでなく、材料に小麦粉やかたくり粉をつける場合もあります。
- **磯辺揚げ**：焼きのりを衣にした揚げ物。海藻は磯に生息しているので、のりも磯に生息しているイメージからのりを使ったものに「磯辺」（関西）、磯部（関東）の名がつけられています。実際には、浅草のりは磯に生息しているのではなく、浅瀬にヒビを立て養殖しています。
- **竜田揚げ**：鶏肉、サバ、クジラなどの食材をみりんと醤油からなる漬け汁に漬け込み、かたくり粉や葛粉をまぶして揚げたもの。竜田の名は、奈良県の紅葉の名所の竜田川に因んだ名前です。揚げた料理が、竜田川の川面に映る紅葉の赤色に似ていることに由来して名づけたといわれています。
- **道明寺揚げ**：道明寺粉を衣に用いた変り揚げのこと。
- **東寺揚げ**（とうじ）：衣に湯葉を使った揚げ物。食材として白身魚やエビなどが使われています。

⑦ 和え物

- **共和え**：魚介類の身を、その食材の肝臓や卵巣を加えてタレで和えたもの。アワビやアンコウの「共和え」があります。
- **沼田和え**（ぬた）：和え衣に味噌を使ったもの。味噌には、砂糖、食酢、溶きカラシが混ぜられます。食材には、ワカメ、ネギ、ウド、イカなどが使われます。
- **芥子和え**（からし）：溶きカラシを醤油や酢味噌に合わせ、食材を和えたもの。食材としては、小松菜、三つ葉、エビ、イカなどが使われます。
- **白和え**（しら）：豆腐で食材を和えたもの。裏ごしした豆腐を調味し、インゲン

マメ、ニンジン、コンニャク、シイタケなどを和えたものです。豆腐が白色であることからつけられた料理名。
・胡麻和え：ゴマを使った和え物。すり潰したゴマを醤油、砂糖、塩などで調味し、野菜などを和えます。精進料理にはよく使われます。

⑧珍味・その他
・筏（いかだ）：細長い材料を筏のように横に並べた料理（ワカサギのいかだ焼き）をさす場合と、川魚の皮を引く（皮をとる）ことを、「川を引く」にかけた呼び名があります。
・酒盗（しゅとう）：カツオの内臓で作る塩辛。この塩辛を食べると酒を盗んでまで飲みたくなるとの語源があるようです。マグロの内臓の塩辛を酒盗という地域もあるようです。
・砧巻き（きぬたまき）：桂剥きしたダイコンで、材料を巻いた料理。砧とは、織り上げた布を打ち、柔らかくするための木や石台のこと。
・手網巻き：酢で締めた魚介類やキュウリ、卵焼きなどの彩りのよい材料を巻き、すだれの上に並べ、これらを茹で卵の黄身や握りずしのような形にしたオカラを巻いたもので、前菜として作られることが多いようです。
・南蛮漬け：室町時代から江戸時代初期に、長崎を中心として伝わったポルトガルやオランダの南蛮料理が起源となっています。南蛮はネギや赤トウガラシを使った料理の総称です。酢、醤油、砂糖を合わせたものに、ネギや赤トウガラシを入れたものが南蛮漬けの汁で、この中に揚げたり焼いたりした魚や鶏肉を漬け込んだ料理のこと。
・松前漬け：昆布を使った漬物。北海道や東北地方の正月料理には欠かせない漬物で、切りコンブ、するめ、干したニンジンやダイコンを醤油ベースの漬け汁に漬け込んだもの。江戸時代に、北海道の名産品の昆布が北海道の松前藩経由で幕府に送られたことから「松前漬け」の名が定着したといわれています。
・滝川豆腐：裏ごしした豆腐や豆乳に寒天やゼラチンを加え、型に入れて冷やして固め、トコロテン状にしたもの。
・養老豆腐：すりおろした山芋に、だしで煮溶かした寒天を混ぜ、型に流して冷やして固めたもの。仕上げにだしをかけて食します。山芋の白さを白髭を蓄えた老人にかけてこの料理名が生まれたとのこと。

- 擬製豆腐：豆腐を崩し、ニンジン、シイタケ、タケノコ、キクラゲ、ゴボウなどと混ぜて、他の食品に似せて作ったものです。
- 空也豆腐：四角に切った豆腐と野菜、キノコなどを茶碗に入れ、調味液を加えて卵の液を入れて蒸したもの。平安時代中期に、空也上人が創案した料理といわれています。
- 飛竜頭（ひりょうず）：水気を絞った豆腐に山芋のすりおろしたものと刻んだ野菜などを入れて揚げたもので、がんもどきに似ています。油で揚げる時に油に落ちる飛龍頭の生地が、空飛ぶ龍に似ていることが由来とのこと。
- 鶏松風（とりまつかぜ）：和食での「松風」は、焼き物の表面にケシの実を振りかけた料理をいいます。鴨肉や鶏肉の焼いたものに、ケシの実が振られ、賑やかになっている料理のこと。
- 錦糸卵（きんしたまご）：薄焼きした卵を糸状に細く切ったもの。金糸卵とも書きます。

⑨精進料理
- 般若湯（はんにゃとう）：酒のこと。禅寺では酒のことを般若湯と呼びます。
- 赤豆腐：マグロのこと。赤身魚のマグロを大切りにした形が豆腐に似ていることに由来します。
- 山鯨：イノシシの肉のこと。
- 山河豚（やまふぐ）：コンニャクの刺身のこと。コンニャクの薄切りをフグの刺身に見立てた名称。
- 天蓋（てんがい）：タコのこと。仏像の上にかざす「天蓋（傘型の布の飾り）」の形が、タコに似ていることによります。
- 御所車：卵の禅僧の用語。御所車の中に君（黄身）がいるから。
- 伏せ鉦（ふせがね）：アワビの隠語。伏せカネとアワビの貝殻が似ていることによります。
- 狸汁：コンニャク、ゴボウの入った味噌仕立ての汁物です。
- 雲仙羹（うんぜんかん）：とろろや砂糖、卵をすり混ぜた蒸し物で、雲形に切って供します。
- 鯨羹（くじらかん）：葬儀など不祝儀に使われる流しもの。黒と白を染め分けた羹（こし餡に砂糖、すりゴマ、寒天液の組み合わせなど）です。

付録 2 和の暦

●1月

　元旦は、1年の始まりとして、正月の満月の夜、年神を迎えて、旧年の豊作と平穏に感謝し、併せて今年の豊穣と平和を祈念する日でした。ただし、これは旧暦の正月15日に当たり、太陰太陽暦の時代に行われていたことでした。明治6年から日本では太陰太陽暦を廃止し、太陽暦が採用され、現在も使用しています。旧暦の1月が睦月で、現在の新暦では1月と呼びます。睦月の由来は「萌月」「生月」にあるとの説もあります。かつては、賑やかな大晦日があけて次の1月1日(元旦)は「忌日」で、だれにも会わずに静かにお籠りする日でした。玄関を開けて打ち水をし、清々と過ごす日でした。

●2月

　旧暦では如月といいます。絹更月、衣更月と綴ることもあります。由来は、寒さが残っているので、衣をさらに着る月であるから衣更月というとか、草木の芽が張り出す月なので草木張月にあるとの説があります。「節分」は冬の季語ですが、冬の季節から春の季節に移り、翌日の立春で「寒」が明けます。節分の日の夕暮は、ヒイラギの枝にイワシの頭をさし、枯れた豆殻と一緒に束ねて門や軒先に置き、魔除けとし、無事に節の変わりを願う日。季節の変わり目で健康を害することのないように願う意味もあります。

●3月

　旧暦では弥生といいます。名前の由来は弥生時代に関係があるらしく、全国各地に「弥生」の地名があります。弥生の語源は、「弥生」が変化したものといわれています。「弥」は「いよいよ」「ますます」の意味があります。「生」は「生い繁る」の表現から草木が芽吹くことを意味します。3月は、地表が温かくなり、蛇が脱皮する季節の節目を祀る習慣がありました。雛祭りも蛇の脱皮から発想した祭りであったようです。

●4月

　旧暦の呼び名の「卯月」は、卯の花が咲く季節なので、「卯の花月」を

省略したとの説があります。卯月の「う」は「初」、「産」を意味し、1年の循環の最初も意味します。釈迦の誕生日といわれる4月8日は、各寺院で行われる法会が「灌仏会(かんぶつえ)」で、花祭りともいわれます。

●5月
「端午」の由来は、旧暦5月の最初の「午の日、午の刻」に、薬狩りに行った習慣から。この節句の起源は、「綾女(アヤメ)」で、子どもを産む年頃になっても冷えないようにとの願いと、成人前の女性が田植えの際に、邪気を米につけないようにという物忌みとして、ワラや菰、菖蒲が敷かれた小屋にこもることから始まったといわれています。やがて、「武士」が「尚武」(菖蒲)へ転じて、男の子の祭りとなりました。

●6月
旧暦の呼び名の「水無月(みなづき)」の語源の由来は、「水無月」の「無」は「の」、「な」に当たり、「水の月」の意味。旧暦6月は田に水を引く月であることから、水無月というようになったとの説もあります。旧暦6月は梅雨が明けた時期になるため、新暦に当てはめるのは無理なところがあります。旧暦の6月1日は「氷室の節句」。氷を朝廷や幕府に献上する習わしがありました。氷室とは、昔、冬に湖や池にできた天然の氷を切り出して山の雪を固めて作った貯蔵庫に保存した場所のことです。

●7月
旧暦の7月は文月といわれ、現在の新暦(グレゴリオ暦)の7月とは別に用いることが多いです。文月の語源は、7月7日の七夕に、詩歌を詠んで、短冊に書き留めたり、書道の上達を願ったりする行事に因み、「文披月(ふみひらつき)」が転じたとする説があります。陰暦7月が稲穂が膨らむ月であるため「穂含月(ほふみつき)」「含月(ふみづき)」が転じて「ふみつき(文月)」となったとの説もあります。土用は、年4回、立春・立夏・立秋・立冬のそれぞれの前18日を土用といいます。夏の土用が最もよく知られています。それは、立秋の18日前で1年の中で最も暑い時期に当たるからです。半夏生(はんげしょう)には瀬戸内海のマダコがうまくなることから、関西ではマダコを食べます。

● 8月

　旧暦の呼び名が「葉月」。正確な語源は不明です。葉月は、新暦の9月上旬から10月上旬の秋に当たることから、「葉落ち月」が転じて「葉月」となったとの説があります。現在は8月に1か月遅れの盆を行う地域が多くなりました。「盂蘭盆」、「盂蘭盆会」は、仏教の祭り。盆には、精霊を迎えるためにその年の初物のサツマイモ、蓮の実、青いリンゴ、ブドウ、素麺、萩などを仏壇に供えます。

● 9月

　旧暦の「長月」の語源は、新暦の10月上旬から11月上旬に当たり、夜がだんだん長くなる「夜長月」の省略との説があります。雨が多く降る時期ですので、「長雨月」に由来するとの説もあります。中秋の名月を観賞する風習は中国から伝わったもので、奈良・平安時代の貴族は華やかな宴会を開き、月見をしました。この月に月を愛でるのは、秋の澄んでいる空気で月が美しく見えるからです。9月9日の重陽の節句は、九が重なることから重陽節といい、かつては、5節句のなかでも最も重要で最後の節句でした。中国では、菊酒を酌み交わし、長寿と無病息災を祝ったようです。

● 10月

　旧暦の「神無月」の語源は神を祀る月であることから「神の月」との説があります。「無」は「な」、「の」の意味。中世の俗説では「神無月の由来には「神の月」があることから、出雲大社に全国の神が集まって1年の事を話し合うために、出雲意外の神がいなくなる」という説があります。全国すべての神が出雲に出向くわけにはいかないので、出雲大社の御師が全国に広めるための民間語源との説、出雲大社に集まったら留守をする「留守神」という性質の神も存在するのではないかとの説もあります。秋が一層深まり、霜も降り、朝夕めっきり冷える季節です。

● 11月

　旧暦の「霜月」の呼び名の語源は、「霜降り月・霜降月」の略との説があります。神無月の「上な月」に対し「霜月」は「下月」という説もあります。11月初旬の立冬を境に冬の到来を感じるころ。神嘗祭や「亥の子餅」

など恵みに感謝する祭りや風習が多く残っています。亥の日の亥の刻(21〜23時ごろ)に、新穀でついた餅を田の神に捧げ、家族で食べる習慣がありました。

● 12月

　旧暦の「師走」の呼び名の語源については、諸説があります。師匠となる僧が経を読み上げるために東西を馳せる月であるから「師馳す」という言葉が語源という説。「師馳す」が現代の「師走」に転じたとの説もあります。冬至は、昼間の時間が最も短い日。この日を境にまた昼間が長くなることから「一陽来復」ともいわれます。ゆず湯に入ることや、小豆粥やカボチャを食べるのは、いずれも無病息災を願う習慣です。

付録3 和食における調理用語と器

〔1〕調理用語

- **兄／弟**：先に仕込んだ食材を「兄」または「兄貴」、後に仕込んだ新しい食材を「弟」といいます。材料の仕入れを時間的に新しいか古いかで表現する料理人だけの用語と考えられます。

- **あたり**：味加減を表現する時に使われる用語です。「あたり」は「当たり」すなわち「舌が記憶することから、正しい味つけ」を意味します。「塩あたり」は「塩で調味すること」を意味します。「あたりがやわらかい」は「まろやかな味」を意味します。「味見をすること」は「あたりをつける」、「あたりをみる」ともいいます。

- **物相(もっそう)**：押し枠の一種で、主に茶会の点心に用いるご飯の形をとる「抜き型」のこと。物相を使って型を抜いたご飯そのものを物相と呼びます。材質はヒノキ、桜、ステンレスなどの製品があり、形状は末広、ヒョウタン、松、竹、梅、紅葉などがあります。

- **鋳込み(いこみ)／射込み**：太ネギ、長ナス、獅子唐辛子など筒状に近い食材に、他の食材を詰め込んで作る料理のこと。「射込みネギ（太ネギ）」の中をくりぬき、叩いたエビ、魚のすり身、ひき肉などを詰めた料理があります。名の由来は、空洞に材料を詰め込むことを、「矢を射て中に入れる（射込み）」ということにあるようです。

- **霜降り**：魚介類や肉類の下ごしらえに、素材に熱湯をかけるとか、素材に軽く火を通すこと。「霜降り」の名の由来は、素材に熱を加えることにより、その表面が白っぽく、霜が降ったように見えることにあります。

- **洗い**：活きている白身魚を手早く薄造りにし、生のまま氷水で洗って、身を引き締めた料理。冷たい水で洗うことにより、ATPから離れたリンのエネルギーの働きで、筋肉が収縮し、コリコリの歯ごたえとなります。

- **糸作り**：刺身の切り方の1つで、細作りよりもさらに糸のように細く切ること。イカ、サヨリ、キス、コイなどの造りに応用されます。

- **魚／肴(さかな)**：「魚」は水産物の魚類のこと、「肴」は酒の席で提供される料理のこと。肴の語源は「酒菜」であるといわれています。

- **宮島**：ご飯のしゃもじのこと。由来は広島県の宮島がしゃもじの産地で

あることにあるようです。
- 膾／鱠（なます）：魚介類、肉、野菜などを細かく刻み、生のまま食べる料理のこと。古くは魚や肉は細かく刻んで食べました。調味には梅酢などを使ったようです。現在は、生の食材を酢で食べるので「なます」（生鮨、なま酢）といっています。
- 源平（げんぺい）：赤系の料理と白系の料理を盛り合わせたもの。由来は、平家の赤旗、源氏の白旗にあります。
- 吸い口：吸い物や汁物に香りを添え、味を引き立てるための香味料のことです。
- 先付：飲食店で、客が注文した料理が供される前に出す簡単な食べ物。「突き出し」「お通し」ともいわれています。
- 先八寸：料理の最初に出される肴の盛り合わせで、3～5種類の珍味を提供することをいいます。
- 八寸盛り：懐石料理の献立で、八寸角の盆に盛った酒肴が転じて、彩よく盛りつけた酒肴を指しています。もともとは、杉の材質の八寸角の盆に盛りつけたものでした。

〔2〕器

和食においては、器は料理を引き立てる存在として大きな役割を果たしています。器の作者を自慢しながら提供する和食の店もあります。以下では陶磁器の有名な産地とその特色を紹介します。

①陶器
- 美濃焼（岐阜県多治見市、土岐市、瑞浪市など）：起源は、須恵器（すえき）といわれています。茶の湯の流行を背景に生まれたものです。
- 萩焼（山口県萩市、長門市）：文禄・慶長の役（1592年、1596～1598年）で、日本へ連れてこられた朝鮮陶工によって開発されたものです。鉄分の少ない白色粘土、大道土に見島土を混ぜ、柔らかみのある土味をもつものです。
- 唐津焼き（からつやき）（佐賀県唐津市）：かまどで燃やした灰を原料とする釉薬（うわぐすり）を厚くかけられているのが特徴で、地味な色合いのものです。

②磁器
- 久谷焼き（石川県能美市寺井町、加賀市、小松市）：1655～1658年に、加

賀藩の支藩である大聖寺藩が久谷村の山中で焼いた器が始まりです。
- 有田焼(佐賀県西松浦郡有田町、伊万里市)：江戸時代から作られています。有田焼の魅力は、良質の陶石(陶土)から生み出される滑らかな白い磁肌であることです。
- 波佐見焼(長崎県東彼杵郡波佐見町)：江戸時代の前期に大村藩の領地で作られたのが始まりです。

③炻器
- 常滑焼(愛知県常滑市)：江戸時代末期から作られている赤褐色の朱泥急須で馴染みの器です。
- 伊賀焼(三重県伊賀市)：桃山時代から作られている器です。
- 信楽焼(滋賀県光賀市信楽町)：ウワグスリを使わないのが特徴。土肌が赤褐色で、生地土に含まれている長石の粒々が溶けています。
- 備前焼(岡山県備前市伊部、他)：古代に作られた須恵器がルーツらしいです。

④陶磁器
- 瀬戸焼(愛知県瀬戸市)：9世紀ごろから作られているいわゆる「瀬戸もの」のルーツです。
- 京焼(京都府京都市)：多種多様な絵づけや模様が施されている器です。
- 楽焼(京都府京都市)：茶の湯の茶碗として発達したものです。

… 付録

4 全国の主な郷土料理

北海道・東北地方	郷土料理名	郷土料理の概要
北海道	揚げいも	札幌市南区と虻田郡喜茂別町の境の標高835mの中山峠にある道の駅の男爵いもの揚げいも。バターを使ってカラッと揚げてある。
	イカ飯	函館地方の郷土料理で、駅弁も人気がある。ゲソ(下足)と内臓を取り出したイカの胴身に米を詰め込み、爪楊枝で米が飛び出さないように留めた後、醤油ベースのだし汁で炊き上げたもの。
	イモ団子	ジャガイモで作られる家庭的なおやつ料理。
	イカソーメン	新鮮なイカを細く切り、だし汁で食べる刺身。函館の郷土料理。
	石狩鍋	かつて漁師たちが、サケを鍋の具にしていた。これが石狩地方を中心に広まった。別名十勝鍋、秋味鍋といい、寒さの厳しい石狩地方では、体を温める鍋料理として発達した。
	いももち	ジャガイモを茹でて、潰し、かたくり粉または小麦粉と混ぜて団子にする。これを焼くか、揚げるかして、汁物の具にする。焼いたものや揚げたものは、タレをつけて食べる。北海道では開拓当初からジャガイモを主食やおやつで食べていた。そのジャガイモを使った郷土料理。
	ウニ・イクラ丼	北海道の特産物であるウニ・イクラを贅沢に盛り合わせた丼物。
	松前漬け	スルメの細切り、昆布の細切り、数の子(食べやすい大きさに切ったもの)を和えて、醤油、酒、みりん、砂糖などで調味した液体に漬けたもの。昆布のヌルヌルとするめのうま味が酒の肴に合う。正月に作る保存食。短冊に切って干したダイコンやニンジンを加える家庭もある。
	ラムちゃんちゃん焼き	ラム肉と野菜類を混ぜ合わせ、味噌だれを加えて炒めたもの。
	鮭のチャンチャン焼き	小型のサケまたはマスの内臓を除き、鉄板に載せて、野菜類(長ネギ、キャベツ、もやし、ピーマン、ニンジンなど)とともにバターを加えて焼く。白味噌やみりんで調製したタレで味つけする。
	ルイベ	凍結したサケを半解凍時に刺身状に切り分けたもの。サケの刺身である。生のサケには寄生虫がいるので、凍結して寄生虫を殺してから生食するのが基本である。
	わさび葉の醤油漬け	ワサビの葉の醤油漬け。鼻を刺激する香りと醤油味はご飯の惣菜に合う。
	イクラ丼	サケの卵粒の醤油漬けしたイクラをどんぶり飯の上に載せたもので、醤油タレの味とイクラの味が米のご飯によく合う。
	ウチダザリガニ料理	阿寒を中心に棲息するウチダザリガニを茹でた料理。鮮やかな朱色は食欲をそそり、淡白で上品な味。
	カニのてっぽう汁	カニの脚をぶつ切りにした味噌仕立ての汁物。根室のハナサキガニのてっぽう汁は名物である。
	鮭の昆布巻き	棒状に切ったサケを昆布で巻いて、酒、ショウガ、砂糖、醤油、みりんの調味液で柔らかく煮込んだもの。身欠きにしん、マダラ、シシャモを昆布で巻いたものもある。
	塩焼きそば	オホーツク海に面した地域で流行している塩味の焼きそば。ホタテガイ、タマネギを集めて作ったあんかけ風のものをかけたもの。
	にしん漬け	身欠きにしん、キャベツ、ダイコン、ニンジン、赤トウガラシを麹と塩味の漬け床に漬けたもの。サケを使ったものもある。飯鮨(いずし)の一種。
	ワカサギの天ぷら	秋から冬の旬のワカサギの天ぷらは、お茶漬けの具にした天ぷら。

付録4 全国の主な郷土料理

	江別そば	旭川方面の江丹別そばは極寒の地で栽培しているソバを石臼で挽いてソバ粉を作る。寒いところで栽培しているソバのためか、温かいそば料理。
	ジンギスカン	羊肉と野菜をジンギスカン専用の鍋で焼いてタレをつけて食べる。ジンギスカン鍋の名は1926〔大正15〕年に命名されている。北海道だけでなく、岩手県、山形県、東京都、長野県にもジンギスカン鍋の店はある。
青森県	あかはたもち	アカハタは1～5月に岩場でとれる海藻で、これを蒸してモチ状にしたもの。作る人が減少し、懐かしく貴重な食べ物。海藻なので食物繊維が多く含まれる。
	いかそうめん	生イカ（主としてスルメイカ）を麺のように細長く切ったもので、ワサビ醤油かショウガ醤油をつけて食べる。北海道の函館でも有名な料理である。
	イカのすし	マイカの脚と内臓を除き、茹で、これに酢で味つけした野菜やマイカの脚を詰めたすし。下北半島の祝いの時に作る郷土料理である。
	イカ飯	マイカの内臓、脚（ゲソ）を除き、胴身の中にもち米やニンジン、干しシイタケなどを詰め、醤油味の調味液で煮込んだもの。風味豊かなイカが丸ごと味わえる。北海道の「森のイカ飯」は駅弁としてよく知られているが、青森県では、イカ飯はイカの胴にもち米やうるち米を詰めて、醤油ベースの調味液で煮込んだもの。
	イカの鉄砲焼き	南部地方には「イカのポッポ焼き」がある。内臓とゲソを除いたイカの胴身に、豆腐、ニンジン、刻みネギを詰めて蒸したもの。輪切りにして食べる。
	イチゴ煮	八戸市とその周辺の太平洋沿岸に伝わる郷土料理。八戸に水揚げされるウニとアワビ（ツブ貝を使う場合もある）を入れた吸い物。赤みの強いウニの生殖巣の塊が野イチゴの果実のように見えることから、この名がついた。
	ウグイ汁	宇曽利湖に棲息しているウグイの身や小骨をすり鉢ですってすり身にし、つみれ団子を作る。これを凍み豆腐とともに澄まし汁にする。
	うに飯	ご飯の上に蒸したウニを載せたもの。行事や来客のもてなしに作る。ウニの香りが食欲をそそる。
	塩蔵キュウリの醤油漬け	保存食として用意してある塩蔵の野菜や山菜を煮つけた料理。バリバリとした食感の料理。
	海藻ラーメン	海藻を麺に練り込んだラーメン。
	貝焼き味噌	ホタテガイの貝殻に味噌と鶏卵を混ぜたものを入れて、焼いたもの。味噌と鶏卵の混合物の中にはホタテガイの貝柱、豆腐、カレイの身、松藻、イワノリなども混ぜる。とくに津軽地方が名物。
	かしわみそ	1930〔昭和5〕年に柏木農学校の校長先生が考案した味噌と鶏肉を煮詰めて作ったもの。鶏肉のことを「かしわ」ということと学校名の柏木を兼ねて名づけた料理。
	きのこのしおから	保存食のキノコの塩漬けと昆布、唐辛子を混ぜて醤油味に仕立てたもので、ご飯のおかずにされている。
	きりたんぽ	杉の棒につぶしたうるち米のご飯をちくわのように巻きつけて焼いたもの。味噌をつけるか、鶏がらのだしで煮込んだもの。
	けの汁	小正月（1月16日）に仏に供えるもの。大鍋にダイコン、その他の野菜、山菜を細かく刻んで味噌味で仕上げた汁。
	けんちん	小正月や人の寄合いに作る吸い物。ダイコン、ニンジン、ゴボウだけを入れた味噌仕立ての汁ものであったが、現在はキノコ、ワラビ、フキ、豆腐を加えて、大鍋で煮込む料理。

	子あえ	下味をつけて煮込んだダイコン、ニンジンなどをタラの子(精巣、つまり白子)であえたもの。白い粉がふいたように仕上げる。冠婚葬祭や会食時に作る。
	こごり豆	煎った大豆を水に漬けておき、ふやかし、これにザラメや砂糖を加え、もち米を加えて蒸したもので、農閑期のおやつとして作られている。
	小鯛のすし	箱ずしや押しずしに、酢漬けの小ダイを使う。
	桜鍋	十和田市、五戸町を中心とした上北地方の馬肉の鍋料理。
	鮭の飯寿司	盆や正月に作るサケの馴れずしの一種。
	笹餅	鯨餅風のあんを混ぜた餅を、笹で包んだ郷土料理。笹の殺菌効果、笹を紐で縛らない包み方が特徴で、保存性がある。
	しじみ汁	旧市瀬村特産の「十三湖」のシジミを入れた汁で、長年家庭料理として受け継がれている。貝のうま味を活かすため塩で味つけし、味噌は生臭さを消す程度に加えるしじみ汁である。
	しとぎもち	米粉に熱湯を加えて耳たぶほどの柔らかさの生地を団子状にしたものを「しとねねた」といい、これであんを包み、神饌として神棚に供えた後に、囲炉裏の熱灰をかけて焼いたもの。両面に少し焦げ色がつく程度に焼いて食する。
	自然薯そば	自然薯をつなぎに使ったソバ粉100％のそば。
	じゃっぱ汁	津軽地方の郷土料理で、冬にマダラを一尾丸ごと使った鍋料理。「じゃっぱ」とは、青森地方の方言では「残り物」を意味する。マダラのエラ、中骨、内臓、頭などふだんは捨てる部分を使った赤味噌や酒粕仕立ての大鍋で作る料理。年末にマダラを買い、正月料理として用意する。
	縄文のまほろば鍋	青森県畜産試験場で開発した地鶏「青森シャモロック」の肉と山菜で作る鍋料理。味つけは味噌仕立ても醤油仕立てもある。
	しょっつる鍋	本来はハタハタでつくる魚醤油のしょっつるとハタハタの身肉、豆腐、野菜で作る鍋料理であった。現在は、ハタハタ以外の魚を使った魚醤油とハタハタの他にマダラなどを材料とし、豆腐、長ネギも使う鍋料理。
	すしこ	もち米、キュウリ、キャベツを使った漬物で、赤じそも加えるので鮮やかな赤色に染まっている。毎日食べるので、もち米から糖質を取り入れることができる。
	せんべい汁	昆布でとっただし汁に野菜を入れ、醤油で味を整えた後に、南部せんべいを入れて煮る。青森県の県南地方の郷土料理。
	津軽漬け	数の子、するめ、ダイコン、昆布を醤油味のタレに漬け込んだもの。昆布の粘りのある漬物。
	そばかっけ	「かっけ」とは、そば切りやうどんを作った時に出る麺の不要部分の麺をいう。この部分を三角形に切り、豆腐などと一緒に煮込んだ鍋料理。
	つつけ(かっけ)	「つつけ」とはソバ粉を使ったほうとう(幅広のうどん)のこと。かつては主食としていた。
	つるこまんじゅう	八戸の名物菓子。南部藩の紋章「向かい鶴」に因んで命名した。八戸の櫛引八幡宮のそばで販売している。
	なべこだんご	小豆の皮はそのまま活かした「汁粉」風のものに、小さいサイズの小麦粉の団子を入れたもの。
	生そば	津軽そばのこと。ソバ粉を湯で練り上げたそば生地を冷水に浸し、これにすり潰した大豆(またはしぼり汁)を加えて、再び練り上げ、麺の生地とし、麺切りを行う。

	ねりこみ	野菜の煮物に葛を入れて練り込むようにして作った津軽地方の精進料理。正月料理、冠婚葬祭などの人寄せの時に作る。砂糖をたっぷり入れて甘く仕立てている。
	のりかすもち	ジャガイモ、米粉を混ぜて水を加え、餅のようにし、油を敷いたフライパンで焼いたもの。米粉を作る時の砕け米を「糊かす」ということから、この名がつけられている。
	ハトムギかりんとう	原料に、小麦粉、ハトムギを使ったかりんとう。甘味は控えめであるが、よく噛むとほんのりした甘味を感じる。
	馬肉の味噌煮込み	馬のホルモン(内臓)の味噌煮込み。
	はりはり漬け	切り干し大根を使った漬物。噛むとハリハリと音がすることから、この名がある。
	ひっつみ	具だくさんの青森、岩手に伝わる汁。小麦粉の生地を引っ張って入れることから、ひっつみの名がある。
	ブルーベリーアイス	中泊地方の特産物。大粒のブルーベリーが4粒入っているアイスクリーム。
	ブルーベリーのおもち	生クリーム大福とブルーベリーの餅があり、白あんで作る和菓子。
	紅こもち	黒砂糖と白砂糖を使い、ホルスタインのような黒と白のまだら模様の餅。月遅れの端午の節句に食べる。
	干し餅	餅を干した保存食。年中行事にも使う。
	ほたて貝味噌焼き	ホタテガイの貝殻を鍋代りにし、卵を味噌で煮込んだ郷土料理。
	ほっけのすし	ホッケの干物をもどして押しずしにしたもの。春に漬けて冬に食べる保存食。津軽内陸部の郷土料理。
	マタギ飯	岩木山地方のマタギ飯で、お浸し、和え物、油炒めなどで食べる。
	ミズの一本漬け	山菜のミズの漬物で、お浸し、和え物、油炒めなどで食べる。
岩手県	小豆はっと	あまり甘くない汁粉の中に平たいうどんを入れたもので、昔は盆のご馳走であった。「はっと」とは麺類のことで、冷たくなった「はっと」は食感がよい。
	いちご煮	ウニとアワビをだし汁に入れた澄まし汁。磯の香りが漂う三陸ならではの郷土料理。もともとは漁師の料理であった。
	いものこ汁	岩手風のイモ煮。秋に作る郷土料理。サトイモ、鶏のもも肉、ゴボウ、マイタケ、木綿豆腐を具材として煮込み、刻んだ長ネギを加える。汁は好みにより味噌仕立てや醤油仕立てに仕上げる。
	うちわもち	ソバ粉にもち米を混ぜて、熱湯を加えて練り、これを串につけて平たく延ばして茹で上げる。これを、じゅうね(えごま)を炒って香ばしくなるまですり、味噌味に仕上げたタレをつけて食する。
	えのはなご飯	「えのはな」とは香茸(はくろう)という鳶色の大型キノコのこと。これを乾燥すると香りがよくなる。乾燥したこのキノコを水で戻して米に加えて炊き込んだご飯。香茸、ニンジン、油揚げなどのせん切りを醤油味で煮込み、炊き込みご飯の具とする。
	えびもち	岩手県南部の沼エビを丸ごと炒り、塩と酒で調味したものに、つきたての餅をつけて食する。エビは加熱により赤くなるので、縁起ものとして祝い事のときに作り、食する。
	お茶もち	水田地帯で古くから伝えられている米粉で作った串団子。串につけた餅は、団扇状に平たく延ばし、クルミ醤油をつけて食する。団扇状から「うちわもち」となり「うじゃもち」となり、「お茶もち」となる。

かますもち		県北の畑作地帯の穀物を入れるかます（むしろ）の形をした小麦粉で作ったおやつの1つ。「かまやき」ともいわれている。小麦粉を熱湯でこねた生地で「黒砂糖、クルミ、味噌を混ぜたあん」または「砂糖と味噌のあん」で包み、茹で上げたもの。
がんづき		気仙沼地方の冠婚葬祭の引き出物や農繁期のおやつとして親しまれている郷土料理。小麦粉と卵を混ぜて茹でた生地を丸めたもの「がんづき」で、「M」字にゴマをあしらうと、満月を背にして飛んでいる雁（ガン）に似ていることから「がんづき」の名がついている。
菊の花くるみ和え		秋の代表的郷土料理。食用菊の花びらを湯がいて水気を切り、これに下味をつけたニンジン、シイタケ、糸コンニャクを加え、クルミや塩、みりんで調味したもので和えたものである。
きじそば		そばの汁はキジ肉からとっただしを使い、肉も残しておいて具とする。
きゃばもち		「きゃば」とは、柏の葉のこと。小麦粉に重層、黒砂糖、クルミを混ぜ、水を加えてこね、柏の葉に包んでふたつきのホットプレートで香ばしく焼いたおやつ。
きりせんしょ		きりせんしょは、クルミと黒砂糖の入った饅頭で、子どものおやつとなっている。粉はもち米を臼でひいたものを使う。作り方、味つけ、形はそれぞれの家庭で異なる。
金婚漬け		ウリの種を抜いて塩漬けし、この中にニンジンとゴボウを、シソの葉や昆布で巻いて入れる。これを味噌漬けにしたものである。漬かるほどにおいしくなることから「金婚漬け」の名がつけられた。
くるみ雑煮		三陸沿岸の宮古地方の正月や冠婚葬祭に作る郷土料理。煮干しでとっただし汁にダイコンやニンジンのせん切り、ささがきごぼう、サケ、凍み豆腐を入れた醤油味の雑煮。最後にイクラを載せる。餅は焼いた切り餅を使い、クルミと砂糖で作った「くるみだれ」をつけて食べる。
けぇの汁		大師講の日（11月24日）の神様への供物、小正月の料理として作る汁物。ニンジン、ゴボウ、シイタケ、ワラビ、ゼンマイ、焼き豆腐、コンニャク、ジャガイモを細かく切り、これに茹でたささげ豆を加えてだし汁で煮つける。味つけは醤油で整える。最後にユリ根を加える。
氷頭なます		サケの頭の軟骨を氷頭（ひず）といい、これを薄切りにしてダイコンと酢の物にしたもの。正月の酢の物として、酒の肴として好まれる一品。
糀なんばん味噌		青唐辛子・麹・醤油をそれぞれ1升の割合で漬け込んだもの。この割合から一升漬け、三升漬けともいわれている。
さんまのすり身汁		新鮮なサンマのすり身を味噌などの調味料を入れた汁に加えたもの。
しだみだんご		「しだみ」とは、ドングリのこと。昔は、しだみ（ドングリ）は救荒食品として、乾燥して保存食にした。ドングリの殻をむき、灰水で渋味やアクを除きながら、1日かけて柔らかく煮る。黒砂糖を加えて練り上げてあんを作る。このあんを入れた団子。
そばかっけ		ソバ粉を熱湯と水でこね、薄く延ばして三角形に切る。鍋にダイコン、ネギ、季節の野菜、豆腐、ソバ粉の三角形の生地を入れて煮込む。これを、ニンニクの入った味噌仕立てのタレをつけて食べる。
豆腐田楽		手作り豆腐を1.5cmの厚さに切り、串にさして焼く。すりおろしたニンニクを混ぜた味噌味のタレをつけて焼いて食する。
どんこなます		ドンコは三陸地方のエゾアイナメに対する方言。内臓を除いた田野畑村の正月に用意する郷土料理。

	どんこ汁	冬の脂肪含有量の多い時のドンコを味噌汁の具として利用。ダイコン、ニンジン、ジャガイモも入れる。肝臓を入れて静かに煮込んだ料理もある。
	納豆汁	雪国の西和賀地方の郷土料理で、煮干しのだし汁にキノコ、ワラビ、高菜漬け、ニンジン、油揚げなどを小さく切って加えた味噌仕立ての汁物。この味噌汁で、味噌と納豆を加えてすり鉢でよく摺ってからもとの味噌汁に戻し、最後に豆腐とネギを入れて煮立たせる。
	生麩味噌漬け	小麦の栽培地で、小麦グルテンで生麩を作り、これを味噌漬けする。弾力のある生麩の味噌漬けができ、からし醤油で食べたり煮しめの食材に使う。
	煮しめ	手作りの焼き豆腐、ワラビ、フキ、ニンジン、ゴボウ、シイタケなどをじっくり煮込んだ煮しめ。行事食として供する。
	ぬっぺい汁	のっぺい汁(濃餅汁)ともいわれている。津和地方ではサトイモ、豆腐、ナメコを使った醤油味の汁をつくり、遠野地方はすりおろしたヤマイモをおろしダイコンで延ばし、これに豆腐やナメコを入れた醤油仕立ての汁。薬味にセリ、さらしネギ、もみのりなどを加える。
	ばっけ味噌	「ばっけ」とは、フキノトウのこと。初春のフキノトウを茹でて細かく刻み、味噌、醤油、みりんなどを加えて炒めたもの。ほろ苦味があり、香り高いいつけ味噌。酒の肴、ご飯の友によい。
	ひっつみ	小麦粉を水で練り、しばらく置いて粘りをだいた生地は、引きちぎって醤油味の汁に入れる。引きちぎる操作は、引っ摘み汁に入れることから、「ひっつみ」の名がある。「すいとん」「つみれ」「とってなげ」ともいう。
	ひなまんじゅう	3月3日のおひなさまの日に供える菓子。花まんじゅう、花だんごともいわれている。うるち米粉ともち米粉の皮に食紅などで色をつけ、竹串、箸、挟みで花や果物、動物の形をかたどった菓子。
	ふすべもち	冠婚葬祭や年中行事のもてなし料理の1つ。皮つきのゴボウをすりおろし、油で炒めて、水と鶏ひき肉を加え、醤油と酒で味つけし、最後に鷹の爪を加えたものに、つきたて餅をちぎって入れる。「辛い」ことを「ふすべる」といったことから、この料理名がつけられた。
	へっちょこだんご	もろこし粉やきびの粉の団子を、小豆の汁に入れたもの。「へっちょこ」の名の由来は、団子が煮えやすいように、真ん中にくぼみをつける。それがヘソに似ていることにある。農作業や庭仕事の時に、へっちょこ(苦労)したことをねぎらう意味もある。
	まめぶ	久慈市で、昔から冠婚葬祭のご馳走として用意されたもの。今は一年中行事食として作られている。小さく切ったニンジン、ゴボウ、かんぴょう、干しシメジ、焼き豆腐、油揚げを入れた汁に、小麦粉の親指大の団子と黒砂糖、クルミを入れたもの。団子は、かたくり粉で丸めて入れるので、粘りが出る。
	みずのこぶの漬け	山菜のミズナの茎につく赤い実(ミズのこぶ)とその他の山菜やキノコを味噌漬けにしたもの。醤油に漬けたものは、「深山漬け」といわれ、人気である。
	みそばっけもち	地場産のフキノトウとクルミを、味噌を合わせて焼いたもの。
	ミョウガの葉焼き	小麦粉、重曹、黒砂糖、クルミ、味噌に水を加えて練り、これをミョウガの葉ではさんで鉄板で焼いたもの。
	もち料理	正月、節句などの年中行事のもてなしには、餅を供する。ずんだもち、ふすべもちなどがある。
	紅葉漬け	サケの身肉と腹子の醤油漬け。同じものが福島県にもある。いずれも海岸に近いところで作る。

	柳ばっと	そばの団子を、野菜類たっぷりの汁で煮込んだもの。ソバ粉を柳の葉の形にする。
	雪納豆	わらずとに柔らかく煮た大豆を詰め、雪を1mほど掘った中に3日ほど保管し、納豆菌の繁殖により作った納豆。
	わんこそば	朱塗りの小さな椀に盛りつけたそばがわんこそばである。岩手の山村に古くから伝わる郷土料理で、田植え、稲刈り、祭り、婚礼などの行事に集まった人々への振る舞いが始まりと伝えられている。一度に大勢の分を作ることができないから、現在のような少しずつ分けて食べる作法が生まれたらしい。
宮城県	あざら	古くから気仙沼地方で秘伝として継承される白菜の古漬けとメヌケのアラを具にした粕汁。ぶつ切りにしたメヌケのあら煮に、酸味のある白菜の古漬けを入れ、塩、醤油で味を整え、酒粕を加えてとろ火でゆっくり煮たものである。
	油麩炒り煮しめ	県北の元吉・豊米地方の盆に作る郷土料理。盆になると油麩が出回るので、これを利用した煮しめ。1.5cmほどの厚さに切って、砂糖、酒で煮つけてから、さらに少量の醤油で煮つける。
	いか人参	乾燥しているスルメとニンジンを細切りし、醤油、みりん、日本酒で調味したもので、晩秋から冬にかけて各家庭で作る保存食。酒の肴、ご飯のおかずに利用されている。
	イナゴの佃煮	かつては、稲刈りの後にはイナゴの捕獲が可能であった。農薬を使うようになってからイナゴの佃煮を作るほどの数の捕獲は難しくなった。それでも、米どころではイナゴの佃煮を作っている。沸騰した湯の中にイナゴを入れ、赤くなるまで茹でる。茹でたイナゴの羽と脚を除き、水洗いし、醤油、砂糖を入れて、とろ火で汁がなくなるまで煮込む。
	イノハナご飯	イノハナは、コウタケ、シシタケ、ススタケともいわれているナラの雑木に群生するキノコ。黒っぽい色をし、大きな針をもち、グロテスクな形をしている。香りがよいので、キノコご飯に使う。
	おくずかけ	白石市名物の「白石うーめん」に、水溶きかたくり粉を加えてとろみをつけた「あんかけ料理」。盆や彼岸に供する精進料理である。
	おぼろ汁	椀の中に、手でつぶしたおぼろ豆腐を浮かせた汁。精進料理の1つで、江戸時代末期に関西の僧侶によって宮城県の寺院に伝えられたといわれている。
	カキ飯	松島湾で養殖している新鮮なカキを使ったカキご飯。カキに醤油、砂糖、みりん、塩を加えて煮て、その煮汁ととこぶだしでご飯を炊き上げた後で、そのご飯に煮上げたカキ、みじん切りの三つ葉を加えたもの。
	カキ料理	カキの食べ方には、生のカキにレモン汁をかけて食べる他、天ぷら、フライ、カキ鍋(土手鍋)、燻製、佃煮など多種多様の方法がある。宮城産のカキは広島産カキと比べると小ぶりであるが、味がよい。
	からみ餅	食べやすい大きさに切った餅を、軽く水を切ったダイコンおろしに入れてからめ、醤油をかけて食べる。
	くじらの味噌焼き	現在の石巻市の漁港近くの鮎川町に水揚げされたクジラは、いろいろな食べ方があるが、保存食として作られたのが味噌焼きである。薄く切ったクジラの肉に塩をふり、1日間乾燥させてから、醤油・味噌に数日漬けてから網焼きで食す。

ごろんべ餅	栗原地方のドジョウを使った鍋料理。料理名の「ごろんべ」の由来は、昔、ごろべえという人が好んでこのドジョウ鍋を作ったことによるとか。ドジョウにゴボウ、ニンジンなどの野菜を加えてから酒粕を入れてゆっくり煮て、塩と砂糖で味を整えたもの。
サケのあら汁	母川に近づいたサケを使う。サケは三枚におろし、骨や頭の部分を使うあら汁(酒粕と味噌の仕立てか、醤油の仕立て)で、サケの身肉も骨も無駄なく使う。
笹かまぼこ料理	白身魚を原料とするので、味は淡白である。生のものをワサビ醤油をつけて食べることが多い。煮物にも使う。
笹まき	端午の節句には、青笹で笹かまぼこを包んで、武者人形の前に供える。子どもの日に作るので、子どもの成長を祈るもの。青笹の保存作用が期待されて、10日は保存できる。
じゅうねん汁	「じゅうねん」はエゴマのこと。仙北の小牛田地方で、よくすり潰し、油がにじみ出て滑らかになる。これを味噌汁に入れたもの。冬場によく作る。
ずんだばっと	茹でた枝豆をつぶし、これに小麦粉を混ぜて湯を加えて団子状に作る。だし汁と野菜の入った汁に枝豆のすいとんを入れたもの。
ずんだ餅	米どころ宮城県は、笹巻き餅、くるみ餅、納豆餅、しょうが餅、ごま餅などの餅は、年中行事には欠かせない食べ物である。青大豆のすり潰したものをからめた餅(ずんだ餅)も正月には欠かせない料理である。
せり漬物	古くからセリの栽培が行われ、春に収穫したセリを塩漬けし、正月の雑煮のトッピングに使う。
仙台雑煮	仙台雑煮は、地域的に仙台湾の魚介類が豊富なことから、魚介類を使った豪華な正月料理が多かったようである。松島湾で漁獲されるハゼを焼き干ししたのがだしになっている。
仙台白菜漬け	日清戦争中に出征した人々が台湾から仙台白菜の品種を買ってきたことにより普及した。以後、松島湾内の島で採種が行われ、県内各地で栽培されるようになった。
凍み餅	寒さを応用して、凍み餅が作られていた。昔は寒中に作り、春の田植え時のおやつに利用した。
ドンコ汁	口の大きいグロテスクな魚で、冬の初めがおいしい。これを、内臓を除かずぶつ切りにして、ダイコン、ニンジン、ゴボウなどと煮る。醤油味、味噌味のいずれでもよい。
長ナス漬け	仙台の伝統野菜で、果肉の長いナス。伊達藩の時代から作られている野菜。柔らかくて上品なうま味がある。一方、漬物としてもよい品種なので、漬物が仙台名物になっている。
ばっけみそ	春が近づくと芽が出てくるフキノトウ(ばっけという)と味噌を混ぜたもので、酒の肴、ご飯のおかずに合う。フキノトウのほんのりした苦味が独特な味の決め手となっている。
はっと汁	小麦粉に水を加えて耳たぶほどの硬さにする。しばらく放置し、熟成を進める。熟成が終わったら、指先で延ばしながら団子状にし、お湯で茹でる。団子は、醤油仕立ての汁に入れてから食する。
はらこ飯	成熟したサケの卵巣を取り出してイクラを作る。このイクラをご飯に載せたのが「はらこ飯」である。成熟したサケの中でも採卵、孵化にはふ化場付近で漁獲したものを使う。

	ふすべ餅	「ふすべる」は「こんがり焼く」の意味。すりおろしたダイコンと、ゴボウを、細かく刻んだドジョウとともに炒め、水を入れて煮込む。味噌、トウガラシで調味した汁に餅を入れる。
	ほっきご飯	ホッキガイの季節には、人が集まり、ホッキガイのむき身、ニンジン、その他の野菜を細かく切り、醤油、砂糖で味をつけて混ぜご飯の具にする。
	ホヤの酢の物	三陸特産のホヤは刺身、酢の物、塩辛などで食べる。鮮度のよいものは、独特のよい香りがあるが、鮮度低下に伴い臭みが出る。
	ホヤ雑煮	ホヤのだしとホヤの身を使った雑煮。正月には石巻・志津川方面で作る。味つけは醤油。
	松葉汁	ダイコンのひき菜を水煮し、柔らかくなったらサンマのすり身を入れ、浮き上がったら味噌で味を整えた汁物。
	マンボウの酢味噌	6〜9月に三陸の漁港にはマンボウが水揚げされる。漁獲数は数えられるくらい少ない。気仙沼地方では、マンボウの身を割いて、小さくし、水洗いを十分行い、酢味噌で食べる。
	蒸しホヤ	鮮度が低下しないうちに、加熱して保管するか、塩蔵して蒸す。いずれも、すぐに使わない魚である。
	メブカ漬け	ワカメの刈り取った後のコブのような部位。気仙沼地方では、メカブのひらひらした部分を一口サイズにそぎ切り、湯通しし、鮮やかな緑色になったら、ニンニク醤油で食べる。
秋田県	石焼料理	男鹿地方の漁師料理の原型といわれている。獲れたての魚介類や野菜類を海岸の岩のくぼみに入れ、熱した石を入れて温めた料理。昔は人のからだを温めるために熱した石を使用したといわれている。現在は、杉の桶を容器とし、この中に食材を入れ、熱した石を入れる。
	いぶりがっこ	秋田の代表的なたくあんである。かつては、囲炉裏端にダイコンを吊るし、囲炉裏の火の煙で燻製と乾燥を行い、このダイコンを米糠と塩で漬物にしたもの。燻製には、ナラやサクラの焚火を使用している。
	いもの子汁	秋に収穫したサトイモ、山菜を入れた鍋料理。収穫の祝いやなべっこ遠足で作られる。味噌仕立ても醤油仕立てもある。
	鯉の甘煮	かつては、内陸地方の郷土料理では、コイは重要なタンパク質供給源であった。正月には甘煮を用意した。
	かすべからぎゃ煮	かすべはエイのこと。甘辛く煮たものは、冠婚葬祭や祭りで用意される。
	きりたんぽ鍋	昔、猟師はご飯を腐らせない方法として、ご飯をつぶし、棒にくるみ、焼いて携行食糧として山中へ運び、山菜と一緒に煮込んで食べた。これがきりたんぽ鍋の原型である。ご飯の潰したものを棒にくるんだものがきりたんぽである。
	くじらかやき	塩蔵したクジラの脂肪層の味噌汁で、くじら汁ともいう。夏に作る郷土料理である。脂肪と塩分の多い味噌汁のため、疲労回復に利用した。
	じゅんさい鍋	三種町山本地区の沼にはジュンサイが棲息していることで知られている。鶏肉との相性がよく、鶏肉との鍋に使われる。ジュンサイは、澄まし汁の具や酢の物として利用されることが多い。
	しょっつる鍋	秋田のハタハタから作った魚醤油は、秋田では調味料として使われている。鍋の調味料にも使われる。ホタテガイの貝殻を鍋に仕立て、これに白身魚の身肉、野菜類を入れ、しょっつる(ハタハタの魚醤油)で煮た鍋である。

	だまこもち	秋田の沿岸北部の郷土料理。秋の収穫がひと段落したところで、「庭あらい」という行事に、「だまこもち」を食べる。だまこもちは、新米のご飯をつぶして丸めたものである。お手玉（だまこ）になぞらえて「だまこ」と呼ばれるようになったとの説がある。行事ごとにだまこもちを入れた鍋を作る。
	納豆汁	正月やハレの日に納豆の入った味噌汁を作る。現在は正月2日も納豆汁を食べる。納豆汁は秋田の冬の寒さでも冷めにくく、からだを温める汁物として作られる。
	ハタハタずし	秋田県の県の魚であるハタハタを使った飯寿司。漬け込む時間の短い切りずし、長期間にわたって食べる一匹ずしがある。
	花ずし	県南地区の郷土料理。ナスに塩、麹の花を重ねて作る。
	松皮餅	由利本庄市鳥海、矢島地区に伝わる赤松の皮を利用した餅。餅の生地に松皮からの抽出液を加えてピンク色の餅に仕上げる。
	笹巻き	うるち米をつぶしたものを笹の葉で巻いて煮込んだものである。保存性がある。もともとは、端午の節句や田植えの後に食べる。
山形県	青菜漬	アブラナ科の青菜を塩に漬けたもの。葉は幅広く肉厚だが柔らかい野菜。山形県には明治時代に導入され、内陸地で栽培している。9月上旬には種をまき、11月末に、雪が積もる前に収穫を終える秋に旬の野菜。
	あんかけうどん	酒田地方の祭りには、必ず用意される郷土料理。うどんにタラやサケの切り身とスライスしたゆで卵を載せ、甘めのクズあんかけ、おろしショウガを載せる。
	いなご佃煮	かつては重要なタンパク質供給源で、各家庭で作っていた。現在は、数多く捕獲できないので、地域の土産としてのみ流通しているほど少ない。
	稲花餅（いがもち）	蔵王温泉の郷土料理。あんを餅でくるみ、その上に黄色に着色したもち米を2、3粒のせ、これを蒸したもの。
	芋がら（いもの茎）の煮物	サトイモの一種の「からどり」の葉柄を干したものが「芋がら」である。この芋がらの煮物。
	いもの子汁（いも煮）	山形市から最上川流域一帯では、冬にはサトイモの貯蔵が難しいので、稲の収穫時期までには食べつくしてしまうという風習がある。親しい人たちがサトイモの入った鍋を囲みながら団欒する郷土料理。いも煮会ともいっている。ニシン・干ダラ・米沢牛肉・鶏肉・ダイコン・ニンジン・ネギ・キノコ・葉菜・セリ・コンニャク・豆腐などから好みの食材を選んで作る煮物。味噌味や醤油味のいずれかがある。
	尾花沢かぶの漬物	尾花沢市特産の牛房野（ごぼうの）かぶを使った漬物。塩漬け、甘酢漬け、味噌漬けがある。このカブは赤色のダイコンのように長い形をしている。
	おみ漬け	余った野菜を細かく切って、塩漬けしたもの。豊臣秀吉の時代に近江商人によって山形へ伝えられたものなので、「近江漬け」と呼んだ。これが「おみ漬け」となったといわれている。
	かいもち	ソバ粉に沸騰した湯を加えて練り、一口大に分けたものを茹で、つけ汁をかけて食べる。おろしダイコンと納豆のつけ汁またはクルミだれがある。山形県にはいくつかの蕎麦街道があり、その中の村山市近くには「かいもち」の店が多い。大きな鍋のまま供され、鍋からかいもちを掬って、タレをかける。
	カラカエ煮（カラゲ煮）	「カラゲ」とは魚のエイのヒレを乾燥した「カスベ」のこと。カラゲは水に2～3日間浸して戻してから、丸1日醤油仕立ての調味液で煮つける。カラカエ煮は婚礼など祝い事に供される郷土料理。

	くきな煮	青菜漬を醤油で味つけしてから煮つけたもの。冬の家庭料理で打ち豆と一緒に煮たもので、味つけにトウガラシを加える場合もある。
	くじう餅	江戸時代から米を材料として作られている郷土料理。海から離れた最上・北村山地区の人々が海の幸としてクジラをイメージして考案した菓子。うるち米ともち米を4日間水に浸してから1日乾燥して粉にし、この粉と砂糖を合わせて、クジラの脂肪層をイメージして作る。クジラの脂肪層に似ていることから「くじら餅」の名がつけられた。
	鯉のうま煮	昔から、コイは内陸部の貴重なタンパク質供給源であったことから、米沢地区ではコイの養殖が行われ、上杉鷹山の指示で米沢藩の領民に行きわたるように配慮した。コイの泥臭さを除いて、醤油と砂糖でうま煮を作り、貴重なタンパク質供給源としていた。
	麩料理	山形では、麩を芋煮や煮しめ、天ぷらの食材として利用している。
	笹巻き	端午の節句に、子どもの成長を祝う行事食として作る。粽はもち米やうるち米で作った餅を笹の葉で巻いたものであるが、地域により巻き方が違う。三角巻きや竹の子巻きがある。
	しそ巻き	各家庭独自の砂糖味噌にクルミやゴマを混ぜたものを、シソの葉で巻いてから揚げたもの。
	しみ大根煮	20cmほどの長さに切ったダイコンは縦半分に切り、水煮してから水にさらし、雪の上で凍らせ、凍ったダイコンは軒下に吊るし、凍(し)みダイコンを作る。しみダイコンはぬるま湯で戻し、一口大に切り、ジャガイモと一緒に醤油味で煮つけたもの。
	だし	ミョウガ・キュウリ・ナス・ショウガなどの夏野菜を細かく刻んで混ぜたものが「だし」といわれ、醤油とかつお節で味つけし、温かいご飯のおかずや酒の肴にする。
	玉こんにゃく	平安時代前期の880〔貞観2〕年に、唐から帰朝した円仁(えんじん:慈覚大師)が創建した宝珠山立石寺付近で作る丸形のコンニャクを、串に4個刺して煮込んだ田楽が、山形の玉こんにゃくの始まりで、現在はお祭りの食べ物として残っている。
	凍(し)みもち	凍みもちとは、もち米を粥状に炊き固めた餅を短冊に薄く切り、軒下に吊るして干したもの。春一番が吹くころまで干し続け、保存食としている。油で揚げ、醤油と砂糖から作った秘伝のタレで食べる。
	月山筍の味噌汁 (たけのこ汁)	月山の麓で採れる2cmほどのタケノコは「月山筍」として珍重されている。1本のまま下茹でしないで味噌汁の具とした。天ぷらにも利用されている。
	とんがら汁 (寒鱈汁)	寒鱈の身のぶつ切り、内臓、頭などすべて鍋に入れ、ネギと一緒に味噌仕立てで煮込んだ鍋料理。白子(オスの精巣、肝臓から出るうま味がよりおいしい鍋料理を作り上げている。食べる直前に、岩のりを入れ、その磯の香りもこの鍋のおいしさを倍増させている。
	なす干しの煮物	夏に収穫したナスを薄切りし、天日で乾燥し、「ナス」と「成す」にかけて、正月には水で戻して料理に使用する。
	なた巻き	もち米粉とうるち米粉に砂糖を加えてこねて、これを笹の葉でくるみ、蒸したもの。
	納豆汁	味噌汁に納豆を入れたもの。体が温まる汁である。
	ひっぱりうどん	うどんの入っている鍋から、うどんを引っ張るようにして、各自の納豆の入った丼に取り分けて食べる。山形の夕食の準備が間に合わない時に、簡単な夕食としたこともある。

	冷や汁	季節の野菜に、乾燥した野菜を戻して煮たものを冷ましてから汁ごと和えたお浸し。米沢藩に伝わる非常時の料理だった。正月の野菜料理にも使われた。
	ひょう干しの煮物	夏の野草の「すべりひゆ」は保存食として乾燥しておき、正月には水で戻し、打ち豆、油揚げ、ちくわ、ニンジンとともに煮つける。無病息災を祈願し、家内安全の願いを込め、「ひょっと」してよいことがあるようにと縁起物として利用する。
	むきそば	殻つきのソバを茹でて、実を取り出し、だし汁をかけて食べる。酒田地方の名物で、明治時代に精進料理の材料として伝わったもの。
	もうそう汁	採りたての孟宗竹のタケノコを油揚げや厚揚げとともに、酒粕の汁で煮たもの。
	雪菜のふすべ漬け	雪菜は、雪の中で育った軟白野菜のこと。米沢地方の郷土料理で、しゃきしゃきした食感の漬物。
	粥ずし	酒田地方に伝わる馴れずし。サジで掬って食べる。固めに炊いたご飯に、新酒・米麹・塩を混ぜ合わせたすし飯。数の子・ニンジン・ゴボウ・エンドウ・トウモロコシ・筋子・ユズ・トウガラシ・昆布の具を用意する。すし桶に笹の葉を敷き、すし飯と具を何段にも重ねていき、最後に笹の葉をかぶせ発酵させたもの。
	塩引きすし	ぶんぬきすしともいう。塩をしたベニザケの薄い切り身とすし飯を重ねて熟成させた馴れずし。
	三五八漬け (さごはち漬け)	ダイコン・麹・蒸し米を［塩：麹：蒸し米＝３：５：８］の漬け床に漬け込む漬物。漬け床の材料の比から三五八漬けといわれる。
	やたら漬け	矢タラ漬けまたは矢多羅漬けとも書く。ダイコン・ゴボウ・ニンジン・レンコン・キュウリ・ナス・キャベツ・ミョウガ・シソの実をいったん塩漬けにしてから細かく刻んで１年間味噌漬けし、醤油・砂糖・塩で調味したもので、江戸時代から伝えられている野菜の漬物である。
福島県	あんこうのどぶ汁	もともとは、常磐沖で漁獲されるアンコウを使った鍋で、肝臓はつぶして鍋汁の中に溶かし、味噌仕立ての鍋である（どぶ汁といっている）。具はアンコウの７つ道具（キモ［肝臓］・トモ［尾びれ］・ヌノ［卵巣］・エラ［卵巣］・水袋［胃袋］・柳肉［ほほ肉］・皮）であり、野菜類ではダイコンを入れる。肝臓はつぶして汁の中に溶かすので、具は肝臓以外の６種類となる。
	いかにんじん	もともとは、晩秋から冬にかけての保存食として発達してきた。現在は、正月の惣菜として各家庭で作られている。細切りしたするめとニンジンを醤油やだし汁、みりんなどで作られた調味液に漬け込んだものである。これに細切りした昆布を加え、松前漬けとして正月料理ともしている。
	えご(いご)	乾燥したエゴノリを羊羹のように硬く仕上げたものである。山間部に根づいた海の幸である。冠婚葬祭の時に供される一品である。
	凍(し)み餅	福島県内の農家では、正月に食べきれなかった餅で凍み餅を、保存食として作る。おやつに焼いたり、揚げたりする。
	こづゆ	小吸い物が変化して「こづゆ」というようになった。会津地方、郡山を中心とする中通り地区で、冠婚葬祭に作る料理である。もともとは、江戸時代から明治時代にかけて会津地方の武家料理として発達したもの。だしには乾燥した貝柱を使ったものやするめを使ったものがある。豆麩・ギンナン・サトイモ・ニンジン・シイタケ・キクラゲ・インゲンなどをだし汁で煮込み、醤油で調味した汁物である。

	ざくざく汁	具がたくさんある汁物と煮物の中間食。具材が多いため食べるとざくざくするので、この名がある。田作り(煮干し)でとっただし汁にダイコン、ニンジン、サトイモ、ゴボウ、糸こんにゃく、キクラゲ、豆麩、ちくわなどを入れて煮たもの。味つけは醤油仕立てである。
	笹団子	あんの入ったヨモギ団子を数枚の笹の葉で包んだもの。スゲまたはイグサを紐として縛る。笹の殺菌効果を期待した保存食で、端午の節句に子どもの成長を祈り、作る。
	そば団子汁	ソバ粉の団子(ソバ粉と小麦粉)と鶏肉、根菜類からなる具だくさんの汁もの。主食の場合は団子を多く入れる。
	だいこん煮	イカ、タコ、豚肉、鶏肉などのいずれかの食材と昆布、ダイコンの煮物。
	高遠そば	福島県大内宿の名物そば。会津の初代藩主保科正之が、少年時代に過ごした高遠のそばを食したことに由来するらしい。弾力のあるソバで、冷たいだし汁とダイコンおろし、かつお節の削り節をかけて食べる。箸の代りに長ネギで食べるという珍しい食べ方が有名。
	裁ちそば	南会津地方の檜枝岐村のそばは、ソバ粉(100%)に湯を加えて練り、さらに延ばして麺帯を作る。麺帯は丸く作り、これを数枚重ねて3mm幅の麺とするのが特徴。何枚も重ねて切るから「裁ちそば」という。
	つと豆腐	「つと」とは、「わらを束ねて、その中に食品を包んであるもの」(昔の納豆の包まれているわらつとのこと)の意味。豆腐を細長く切って、わらで包み、塩を入れた湯で20分間煮て作る。普通の豆腐に比べると日もちがよい。
	角巻(ちまき)	端午の節句に作る粽を三角形に巻いたもの。米を笹で三角形に包み茹でる。
	田楽	会津を代表する郷土料理。生揚げ、サトイモ、コンニャク、餅などを竹串に刺し、各家庭の独自のタレ味噌をつけて炭火で炙ったもの。昔は、囲炉裏の火だねの回りに串を立てて炙ったものである。
	田楽にしん	古くは、北海道で作られる身欠きにしんは、北前船で新潟で降ろされ、陸路で会津へ届けられた。したがって、海から遠く離れている会津地方は、新潟から運ばれる海の幸は大切なタンパク質供給源であった。この身欠きにしんを水で戻して、郷土料理のにしんの山椒漬けの材料となったが、串に刺して炙る田楽の材料としても使われている。
	なた漬け	生のダイコンは厚めにざっくりと乱切りをし、つけ汁の味が浸みやすいようにした。荒い切り口からは醤油、みりん、だし汁からなる調味液に漬け込む。
	栃もち	山で収穫した栃の実を天日乾燥し、その後でたっぷりの熱湯で皮が剥きやすくなるまで浸す。皮を剥いた栗が水の浸漬時間がきたら(木灰汁に皮を剥いで浸してアク抜きをする(約8時間)。アク抜きの終わったもち米は、流水で木灰を除き、小さく丸め、その上に栃の実を載せて蒸す。蒸し上がった栃もちは、砂糖ときな粉を混ぜた粉か小豆のあんをつけて食べる。
	にしんの山椒漬け	ニシン鉢という専用の会津本郷焼きの角鉢に山椒を敷き、その上に身欠きにしんを重ね、醤油・酢・みりん・砂糖・酒を加え、1～2週間重石を載せて漬け込む。漬け上がったら、そのままでも、焼いても食べられる。正月料理として作ることがある。
	はっと	山形県の郷土料理にもある小麦粉を使った麺である。尾瀬に近いところでは、ソバ粉に湯を加えて、平たく延ばし、そば切りをしないで太い麺のようにする。

付録4　全国の主な郷土料理

	郷土料理名	郷土料理の概要
	はらこめし	かつては、サケが遡上した阿武隈川の漁師が、塩味で煮たサケの身とイクラをご飯の上にのせて食べた。現在は、福島県ではサケが水揚げされる相馬周辺の漁港で漁師の家で食べる量しか作らない。宮城県の道の駅(浜の駅)で観光用に作っている。
	ひき菜炒り	ダイコンとニンジンを炒め、それを砂糖・醤油・みりんなどで味をつけたもの。簡単なご飯のおかずとして作る。
	冷やだれ	冷やしたゴマだれにうどんをつけて食べる。福島のうどんの食べ方の一種。
	棒鱈煮	棒ダラを水に2～3日間浸して柔らかくし、これを醤油・砂糖などで煮上げた料理。正月や祭りのご馳走として作った。
	まゆだんご	柳の枝に繭の形をした餅やご飯を多数つけたもので、繭の生産を祈願して小正月に飾る縁起物。
	焼き麩の煮物	焼き麩においしい煮汁を浸み込ませたもので、ゴボウ、ニンジンなどの煮物と一緒に作る。
	山都そば	古くから会津の山都地区に伝わるそば。この地区はソバの栽培に適していることからソバの栽培が発達し、麺としてのそばも発達しているところである。
	山人料理 (やまーど料理)	檜枝岐の山林で働く人たちから生まれた料理。キノコ・山菜・サンショウウオなどの山河の幸を使った季節の料理で、煮物、揚げ物、漬物、汁物などがある。
	わっぱ飯	炊き上げたご飯をわっぱに入れて、サケ(塩ザケ)やイクラを載せて蒸した料理。素材の味を活かした料理。
	紅葉汁	サケ漁の最盛期には、ニンジン・サトイモ・豆腐・ネギ・油揚げを入れ、味噌仕立てに仕上げる汁物。
	紅葉漬け	サケを塩と麹で塩辛のように漬け込んだもの。

関東地方	郷土料理名	郷土料理の概要
茨城県	あんこう鍋	北茨城の漁師の日常の食べ物であったが、現在は観光客相手の鍋料理として広まっている。かつては、常磐沖から北茨城沖で漁獲されていたアンコウは、現在は生息数が少なく高級魚となり、日本各地で水揚げされたアンコウが北茨城の魚市場に入荷し、それを利用している店もあるようだ。鍋の具は肝、胃袋、皮、身肉などの7つ道具といわれる部位と季節の野菜である。汁の味つけは醤油(割り下)、味噌がある。この地区の冬の味覚として喜ばれている。
	アンコウのとも酢	北茨城や常磐の漁師料理である。アンコウの7つ道具のうち、肝臓以外は茹でて別皿にとっておく。肝臓は茹でて味噌、砂糖、みりん、食酢などの調味料を加え、甘酸っぱい味噌だれを作る。食べやすい大きさに切り分けた7つ道具と味噌だれを和える。北茨城から常磐の漁師料理であるが、町場の家庭でも作る。
	いわしのさつま揚げ	北茨城地方はイワシの水揚げ量が多く、生食はもちろんのこと丸干し、煮干しなどの加工品の生産量も多い。漁師の家ばかりでなく漁港を擁している町では、夏の終わりごろからイワシのすり身をつみれにし、澄まし汁や味噌汁に入れた素朴な料理は、立派なタンパク質やカルシウムの供給源であった。

	いわしの卵の花漬け	北茨城地区の漁港のイワシの水揚げ量が多いので、鮮度のよいイワシの一部は三枚におろして酢締めし、食酢を湿らしたおからに漬け込み、冷蔵庫に保存したものである。
	うなぎのちらしずし	かつては、利根川の天然ウナギは秋から冬にかけて、産卵のために海へ下る。これを下りウナギといっている。江戸時代からこの時期のウナギのおいしさの評価は高かった。水戸・潮来(いたこ)・古河(こが)では、昔から利根川のウナギのかば焼きが供されていた。茨城県も千葉県も、利根川のウナギに「坂東太郎」の名をつけ、特別においしいウナギのかば焼きとして供されている。散らしずしの具に、ウナギのかば焼き、芋がら、ショウガ、のりなどを散らしたものである。
	栗入り五目がんも	笠間市では、祝い事や人寄せの時には、がんもどきを煮てもてなす風習がある。がんもどきには地域特産の栗とおからを入れ、タンパク質や食物繊維含量の多いものである。
	けんちん汁	農作物の収穫が終わり、ひと段落ついた時や祭りのご馳走にはけんちん汁を作る。具材は、野菜でも肉でもたくさん用意し、寒い日の栄養補給に役立つ料理である。
	鯉こく	古くから湖沼や河川周辺で生活している人にとっては、淡水産の魚や川エビなどは貴重な栄養成分の供給源であった。フナやコイの料理は正月や祝いの膳に欠かせなかった。結婚式に、鯉こくを振舞った。妊婦にコイを食べさせることが縁起のよい習慣と捉えていたからである。
	鯉の甘煮	5月の節句には男の子のかずが強く育つようにと鯉のぼりを立てて祝い、平安時代から室町時代にかけてはコイは格式高い魚とされるなど、古くから縁起のよい魚とされてきていることから、縁起物としてコイ料理が供されてきている。コイの頭部に近い部分(カマの部分)は甘煮にし、尾に近いほうは洗い(刺身)で供している。頭と残った部分はダイコン、ワケギとともの味噌仕立ての「鯉こく」で供する。コイは川魚特有の臭みが気になるので、鯉こくのように味噌を使い、甘煮や甘露煮のように醤油仕立てでも濃い味に仕上げる料理が発達したと思われる。
	鮭の炊き込みご飯	かつては、那珂川にもサケが遡上した。那珂川に近い水戸市吉沼町では産卵のために遡上するサケが漁獲された。稲刈りが終わったあとの祝宴にはサケ料理が欠かせなかった。その時の料理の1つである。
	ごさい漬	鹿島灘地域の郷土料理で、サンマやイワシの内臓を除いたものとスライスしたダイコンの塩漬けである。乳酸発酵による酸味のある漬物で、正月用の保存食品である。
	呉汁	大豆を水に浸して柔らかくし、これをすり潰したものが「呉(ご)」である。呉を味噌汁に混ぜ、味噌のタンパク質に呉のタンパク質が加わるので、タンパク質供給源となっている。
	さんま鍋	サンマと季節の野菜の鍋料理。醤油仕立て、味噌仕立てがある。
	塩サケの押しずし	正月用にもらった塩ザケで作る押しずしで、正月に食べる。ユズの皮を削って載せるか、ユズの搾り汁をかける。サケの生臭みが緩和され、身もしまり、おいしい。
	すだれ麩のゴマ酢和え	金沢で作られるすだれ麩は煮物に使う。すだれ麩を水で戻し、若芽、キュウリなどと和えた料理で、葬儀の時に供する料理。
	すみつかれ	すむつかりともいう。北関東一帯に伝わる稲荷信仰の煮物。塩ザケの頭、煎り大豆、粗くおろしたダイコン、食酢の組み合わせで作る正月用の料理。
	ぜんまいめし	味つけしたゼンマイを入れた混ぜご飯。山の仕事に持参した弁当。

付録4 全国の主な郷土料理 263

	そばがきすいとん	大豆をすり潰した呉汁にそばがき(ソバ粉を練って団子のようにしたもの)を入れた味噌汁。
	そぼろ納豆	切り干し大根と納豆を醤油に入れて熟成させたもの。素朴であるが奥深い味があり、ご飯にも酒の肴にもよい。
	つとどうふ	常陸大宮地区の郷土料理で、豆腐は熱いうちにわらづとに入れ、硬くなるまで縛って熟成させる。熟成したら取り出し、食べやすい大きさにスライスして供する。
	バイタ焼き	船乗りが船の櫂に叩いたサンマ、味噌、刻みネギの混ぜたものを載せて焼いたもの。
	フナのたたき汁	霞ヶ浦沿岸の郷土料理。フナは小骨が多いので、出刃包丁で叩き、さらにすり身にしてつみれを作り、味噌汁に入れる。
	むかご飯	山芋の葉のつけ根にできる「むかご」を混ぜたご飯。
	焼き餅	残った飯の有効利用として作られた。ご飯にゴマやカボチャを混ぜて焼いた飯。
	山芋の磯部揚げ	擦りおろした山芋をのりで包んでから油で揚げたもの。
	よどのすり身	霞ヶ浦でとれるヨドという魚をすり身団子にして味噌汁に入れる。
	レンコンのおろし揚げ	茨城県はレンコンを栽培しているところである。すりおろしたレンコンにヒジキやチーズ、ひき肉などを混ぜて油で揚げたもの。
	レンコンの丸煮	霞ヶ浦沿岸の正月料理で、適当なサイズに切ったレンコンに衣をつけて油で揚げたもの。スライスして供する。
	レンコンのかば焼き	霞ヶ浦沿岸の料理。レンコンにのりを載せて揚げたもの。
	レンコンとワカサギの酢漬け	小美玉市の郷土料理。レンコンのスライスとから揚げしたワカサギの酢漬け。
栃木県	アイソの田楽	アイソは川魚のウグイの産卵期の魚の呼び名。炭火や焚火で焼き、生焼けの時に調味した味噌を塗りながらしっかり焼く。フナの産卵期のものもアイソという。
	鮎の塩焼き	那珂川をはじめとし、アユは釣りの他に、「アユやな」をかけておいてやなに上がったアユを捕獲するという漁法もある。生きているアユは化粧塩をして炭火や焚火で塩焼きする。一般にはタデ酢で食する。
	鮎飯	釣り上げたアユは、素焼きして米と一緒に炊き込む。アユの香りを楽しめるご飯である。
	いとこ煮	カボチャ、レンコン、サトイモ、ダイコン、ゴボウなど硬い野菜とともに小豆と大豆と煮る。硬いものからおい(甥)おい(甥)と入れて煮ることから、「いとこ煮」と呼ばれている。小豆と大豆は従兄の関係にあるから「いとこ煮」というとの説もある。
	芋串	栃木県の北部では正月料理として用意される。囲炉裏の火の回りに串に刺した芋を並べ、遠火でじっくり焼く。調味料は味噌をベースとした甘味のあるものが合う。
	栃木県のかんぴょう料理	栃木県のかんぴょうは、江戸時代中期に近江から導入した夕顔が原料である。のり巻、昆布巻きの紐、かんぴょうのアチャラ漬け、かんぴょうの白和えなどがある。
	しもつかれ	サケの頭、大豆、野菜などと酢との組み合わせで作る正月料理である。すむつかれ、すみつかれなどいろいろな呼び名がある。2月の初午には、赤飯とともにわらづとに入れて稲荷神社に供える。

	すいとん	はっと汁（法度汁）ともいい、県内各地で作られている。すいとんは、小麦粉を耳たぶより少し柔らかめに練り、手で握って汁の中に落す。浮き上がればでき上がりである。味噌味の仕立てにし、刻みネギを散らすとよい。
	ちたけそば	チタケとは、平地の雑木林に生えているタケノコ。このチタケとナスの煮つけで、醤油、みりん、砂糖で調味したもの。そばと一緒に食べるのがしきたりである。
	ネギぬた	春先になると柔らかいネギを使ったネギぬたが供される。
	耳うどん	佐野市仙波地区の郷土料理で、正月三が日に悪魔の耳になぞらえて「耳うどん」を食べる。耳のような形のうどんで、三が日これを食べれば無病息災で1年間過ごせるという願いを込めて食べる。
	湯波（ゆば）料理	栃木の日光ゆばは、「湯波」と書き、京都のゆばは「湯葉」とかく。生ゆばとして、乾燥ゆばとして、それぞれ料理が工夫されている。日光には、ゆばを載せた握りずしもある。
群馬県	おっきりこみ	手打ちの太麺を野菜がたっぷり入った汁に入れて煮込む。煮ている間に麺の小麦粉（打ち粉に使った粉）が溶け出してきて、汁にとろみがつくので、独特の風味を味わえる煮込みうどんのようなもの。群馬県の人は他の県の人と比べるとうどんの利用が多い。その中でも、おっきりこみは群馬県を代表する郷土料理である。
	やきもち（おやき）	小麦粉と味噌、刻んだ野菜を混ぜて焼いたもので、おやつとして利用するもの。野菜にはネギ、シソ、フキノトウなどを使う。
	鏑（かぶら）汁	鏑の名は、地元の鏑川に因んだ名前。地元でとれるコンニャク、シイタケ、サトイモなどの季節の野菜をたくさん入れた汁。形は繭をイメージした団子状のもの。
	かみなり重	ナマズの天重のこと。奥平温泉の「遊神の湯」で提供しているもの。
	小魚の甘露煮	邑楽・館林地域の郷土料理で、湖沼から水揚げした淡水魚の料理の中で、冬の代表的料理が甘露煮である。
	こしね汁	地元で生産しているコンニャク、シイタケ、ネギのそれぞれの頭文字をとったのが、料理名の由来。これらの材料と豚肉や油揚げも加えた味噌仕立ての汁もの。具材が多いので多種多様な栄養成分が摂取できる。学校給食にも利用され、冬は赤味噌、夏は白味噌を使うなど味に変化をつけて供している。
	ひっぱたき（コンニャク料理）	下仁田のコンニャクは有名である。地元のコンニャクを取り入れたいろいろな料理を提案している。その1つの「ひっぱたき」は、茹でたコンニャクに各家庭や店の自慢の味噌仕立てのタレをつけた味噌田楽である。茹でたコンニャクを布巾で包み叩きつけて水切りをすることから「ひっぱたき」の名がある。
	下仁田ネギコロッケ	甘楽富岡地区で生産される下仁田ネギを入れたコロッケで、各家庭で自慢のコロッケを作っている。
	白和え	古くからおふくろの味として、また季節の味覚として作る白和えで、夏はしらたき、秋は柿、冬は干し椎など、季節の食材を入れて作る。豆腐に入れるゴマは炒ってから丁寧にする。醤油、砂糖、塩で調味する。
	すみつかれ	栃木県や茨城県の「すみつかれ」あるいは「しもつかれ」と同じ料理。2月の最初の午の日に、節分の残りの大豆と粗くおろしたダイコンとニンジン、サケの頭や油揚げを加えて煮たもの。
	すいとん（だんご汁）	水を加えておふくろの味のある硬さに練った小麦粉を、ダイコン、ニンジン、白菜、ネギ、豚肉、油揚げなどの入った醤油に仕立てた汁の中に団子のようにちぎって入れて煮た汁。

付録4 全国の主な郷土料理

	手作りうどん	小麦の生産量の多い群馬県は、独自の小麦粉を製造し、多くの家庭で手作りうどんを作る。麺つゆにゴマ、天ぷら、きんぴらごぼうを加えるか、うどんのおかずとして食べる。
	ねぎぬた	甘楽富岡地区の下仁田ネギを利用した郷土料理。下仁田ネギをぶつ切りにし、茹でる。これに白味噌、砂糖、酢、溶き辛子を和え、これにイカやマグロを混ぜて食べる。
	のっぺい汁	地元の旬の野菜(サトイモ、ダイコン、ニンジン、ゴボウ、シイタケ)やコンニャクを入れて煮た醤油仕立ての汁。秋の実りに感謝して行われる秋祭りに作り、赤飯、煮しめとともに食べる。
	花インゲンの煮豆	標高の比較的高い畑で栽培される花インゲンの、じっくり煮込んだ煮豆は、西吾妻・片品地域の正月料理である。
	マイタケご飯	甘楽富岡地区の特産であるマイタケは、秋から冬の季節の食材として家庭でも学校給食でも利用されている。マイタケを具にした混ぜご飯は、子どもにも、大人も喜ばれている。
	水沢うどん・館林うどん	小麦の生産量の多い、群馬県には水沢・館林の知名度のあるうどんがある。群馬県の小麦から調製した国内産の小麦粉は、水を加えてこねてできた生地は1日かけて熟成させ、グルテンを形成させて適度な弾力性のある風味あるうどんを供している。シソの葉やゴマなどの薬味で、冷やしたうどんを食べるのが、群馬県産のうどんの食べ方。水沢寺の門前にあるうどん店は400年もの歴史があるとのことである。
	みそまんじゅう	味噌づけ饅頭ともいわれている。饅頭の名がついているが、味噌だれつきの串焼き団子である。酒饅頭を応用した団子なので饅頭の名がついたといわれている。沼田地方の郷土料理で、小麦粉に濁り酒を入れて、発酵させた生地を団子状にしたものである。
埼玉県	田舎うどん	小麦の栽培により小麦粉が豊富にあったので、日常の様々な場面で自家製のうどんを作っている。
	いも料理	川越の地質はサツマイモの栽培に適した関東ローム層のおかげでサツマイモの産地となり、第10代将軍徳川家治(在職1760〜1786年)が「川越いも」と命名した。普通に、茹でる、ふかす、焼くなどの加熱調理の他に、いろいろなサツマイモ加工品をつくり、サツマイモの料理が埼玉県の郷土料理となっている。
	うなぎ	利根川の浦和周辺でとれるウナギは「旅うなぎ」といわれ、味のよいことで知られている。浦和のウナギの知名度が上がったのは、1923〔大正12〕年の関東大震災以後である。
	えびし	秩父地方の伝統的な保存食。かんきつ類の皮、木の実などさまざまの食材を混ぜた「ゆべし」のようなもの。「ゆべし」がなまって「いべし」、そして「えびし」になったといわれている。
	黄金めし	昔、秩父では銅がとれた。その銅を都へ運ぶための旅路での食べ物としてアワ、ヒエ、キビ、クリなどが用意された。これらを、時の偉い人がみて「黄金に輝く食べ物」と呼んでから、黄金めしとなったと伝えられている。
	おっきりこみ(煮ぼうとう)	小麦粉で作る幅広の麺を味噌か醤油ベースの汁で煮込んだ麺。具には季節の野菜を使用している。
	おなめ	秩父周辺の伝統食で、いわゆる金山寺味噌のことである。おいしいので箸までなめてしまうことから「おなめ」の名がある。

	かてめし	米が貴重だったころ、ご飯の量を増やすため野菜の煮物を混ぜたご飯。節句や七夕などの行事食として、また来客のもてなし料理として用意した郷土料理である。
	しゃく菜漬	しゃく菜は秩父地方の特産の野菜である。収穫後塩漬けにし、おやつやご飯のおかずに利用されている。
	つみっこ	すいとんのこと。鍋には季節の野菜をたくさん入れ、その中に水で粘りを出した小麦粉の団子を入れる。醤油仕立ての汁物である。
	たらし焼き	野良しごとのおやつで、小麦粉に味噌や野菜を加えてから水で溶き、鉄板でこんがりと焼いたもの。
	炭酸饅頭	農作業の時間をみて作ることのできる饅頭。小麦粉に重曹を入れて、水を加えてこねてから作る単純な饅頭。
	忠七飯	炊きたてのご飯に、刻みのり、ワサビ、ユズ、ネギを載せ、熱いだし汁をかけた茶漬けのようなもの。ヤマゴボウの味噌漬けと浜納豆を添える。
	つきこんにゃく	秩父市浦山地区に伝わるコンニャク。コンニャク芋を臼に入れてつく。細かくなったら凝固剤にアク(灰)を使う。
	つっとこ	秩父地方の伝統食で、大きな葉でもち米や小豆を包んだ弁当のこと。
	栃もち	栃の実を入れて作る餅。栃餅は正月につく習慣がある。
	中津川いも田楽	赤色気味の柔らかい中津川いもの田楽。タレとして甘辛く調味したエゴマ味噌を作る。このタレをつけながら焼いたおやつ。
	ナマズ料理	埼玉県の元荒川と中川が合流する越谷・吉川周辺でとれるナマズの料理。天ぷらやかば焼きが多い。
	ねぎぬた	深谷ネギの白色部を使ったぬた。
	ねじ	昔から8月16日の送り盆に用意するうどんの一種。うどんを小豆で和えたもので、らせん状になることから「ねじ」の名があると伝えられている。
	のごんぼうもち	東秩父地方のオヤマボクチ(ヨモギに似たもの)を茹でて餅の中に混ぜたもの。
	のらぼう菜	アブラナ科で菜の花に似た「のらぼう菜」のお浸し。
	冷や汁	秩父とその周辺の夏の家庭料理。ご飯にかけ汁をかけたもの。
	冷や汁うどん	夏場の家庭料理。氷を入れた冷たいうどんを、ごま味噌風味のタレをつけて食べる。
千葉県	いわしのさんが	イワシの焼きなますともいう。イワシを丸ごとたたきにして、シソ、ショウガ、ネギ、タマネギ、砂糖、味噌を混ぜ、アワビの貝殻に詰め、経木にはさむか、木の葉に包み網焼きしたもの。銚子を中心とする九十九里一帯の郷土料理。「さんが」の名の由来は、「さむかわ」(千葉市寒川)がなまって「さんが」というようになったと伝えられている。
	いわしのすりみ汁	イワシのつみれともいう。2枚、3枚、背開きしたイワシを骨のついたままたたき、ショウガ、サンショウ、フキノトウに味噌を入れ、つなぎに小麦粉かかたくり粉・卵を混ぜ合わせて、すり鉢で擦り身を作る。これを、団子状にして澄まし汁や味噌汁に入れたもの。
	いわしのなめろう	手開きした新鮮なイワシの頭、尾、皮を除き、ショウガ、ネギなどの薬味と味噌を混ぜてたたいたもの。手開きした後に酢水にくぐらせると、殺菌効果が期待できる。
	その他のいわし料理	ごま漬け、南蛮漬け、鹿の子揚げ、みりん干し、甘辛煮、角煮、輪切り汁、いわしのホロホロ、酢味噌和え、いわし鍋、いわしのゴマ漬けなどがある。

	かつおめし	水揚げしてすぐのカツオを米と一緒に豪快に醤油で煮たもの。刻んだのり、ネギなどを薬味として加える。もともとは漁師の船上の料理である。
	塩辛こうこう	塩漬けしたダイコンの間にサンマを載せて押して1週間ほど漬け込んだもの。
	太巻きすし	古くから冠婚葬祭には、太巻きずしを作る。別名祭りずしともいい、切り口が花、動物などの絵が出てくるように具材やのりの使い方を工夫したものである。弁当などにも応用されている。
	まご茶	カツオやアジの刺身をつけ汁に漬けて、ご飯に載せ、ネギを加えて熱湯を注いで食べる。漁師が船の上で食べる料理。
	水なます	イワシのなめろうと同じであるが、味噌を多めに加え、団子にして鉢に入れ、氷水を入れたもの。冷たい味噌汁のようなもの。
	落花生味噌	炒った落花生と味噌を混ぜたものであるが、味噌は砂糖やみりんで調味して使う。
東京都	アシタバ料理	アシタバはせり科に属し、伊豆七島に棲息する。成長が早いことから日常の惣菜に利用されている。お浸し、味噌汁の具、天ぷら、炊き込みご飯などに使われている。大島での名物料理にはアシタバの天ぷらがある。
	おでん	日本の食文化の中に登場する料理である。江戸時代初期の元禄年間(1688～1704年)に、コンニャクの田楽が現れた。このおでんが醤油味の汁で煮込んだものであった。これが、今日のおでんの始まりといわれている。このおでんは、関西方面では「関東煮(かんとうだき)」といっている。
	ちゃんこ料理	相撲社会の寄せ鍋といえる。魚介類、肉類、ネギ、シイタケ、その他の野菜や練り製品など食べやすい大きさに切って鍋に入れて煮込んだ料理である。ちゃんこ鍋の語源は、中国から伝えられた長崎の鍋料理のサンコ鍋がなまったものであるとの説がある。相撲の社会のチャンコは力士がつくる手料理のすべてを指している。
	どじょう料理	江戸っ子が昔から好んで食べた料理といわれている。泥くささがあるので、泥抜きが必要である。ドジョウ鍋、柳川、どじょう汁などがある。庶民的な料理となったのは江戸時代である。
	深川丼(飯)	江戸時代に忙しい漁師が考えた船の上での昼飯であった。アサリを具とした味噌汁を白いご飯にかけて食べた。具はアサリの他に油揚げ、ネギである。埋め立てられる前の深川は、隅田川の河口でアサリが簡単に獲れたので「深川丼(飯)」の名がある。
	べっこうずし	八丈島の郷土料理。地魚を醤油、酒、砂糖などで下味をつけて、ワサビの代りに練りからしで食べる握りずし。醤油をつけた刺身の色が鼈甲(べっこう)色だったことから付いた名。主な魚は、シマアジ、トビウオ、カツオなど八丈島周辺の海域で漁獲されるものを使う。
	祭りずし	甲州街道の宿場町では、祭りの時には稲荷ずしを食べたようである。
	もんじゃ焼き	東京風のお好み焼きのうち、非常にゆるい生地を鉄板に流して作るお好み焼きである。生地を鉄板に文字を書くように流すことから文字焼きが転じて「もんじゃ焼き」の名となった。
	うなぎのかば焼き	かつて、隅田川で漁獲したウナギの料理が現れた。かば焼きが現れるのは江戸時代中期である。かば焼きを広めるために博物学者平賀源内が宣伝したという話はよく知られていることである。うな丼は文化年間(1804～1817年)に現れている。

	郷土料理名	郷土料理の概要
	親子丼	鶏肉に溶き卵をかけて加熱し、硬くならないうちに炊きたてのご飯にのせたもので、江戸時台中期の1761〔宝暦10〕年ごろに、東京・人形町の「玉ひで」が提供している。現在も盛況である。
	すき焼き	東京の郷土料理であると同時に日本を代表する料理である。野外で農機具の鋤の上で焼いた料理だからすき焼きというと伝えられているが、もともとは魚類を鋤で焼いていた。後に肉料理へと変わった。
	佃煮	東京の佃煮は、1590〔天正18〕年に豊臣秀吉の命を受けて、徳川家康が江戸に入国したころ、大坂から江戸・日本橋へ移ってきた人々が、江戸沿岸のシラウオや雑魚の塩煮を作り販売したことから佃煮へと発展していった。
	天ぷら	江戸の天ぷらは、長崎の天ぷらのように小麦粉やかたくり粉からなる衣には味をつけず、薄い衣をつけるのが特徴であった。天ぷらの種は江戸前の魚介類を使うのが基本であった。
神奈川県	イノシシ料理	東丹沢七沢温泉の宿で、観光客に提供する他、足柄上郡など丹沢周辺の部落では、祭りなど人寄せの日にはイノシシ鍋を振る舞う。イノシシの肉にネギや白菜、コンニャク、豆腐を入れた味噌仕立ての鍋である。
	大山豆腐料理	丹沢系の大山阿夫利神社への途中には豆腐料理の店がある。丹沢山系の水源の清流を利用した豆腐は、江戸時代から人気があった。
	かんこ焼き	江戸時代から津久井に伝わる郷土料理。津久井で収穫された小麦を加工した小麦粉を、津久井の清流で溶いて作った生地で、津久井産の山菜をたっぷりと包んだものを焼き上げたものである。
	牛鍋	すき焼きが関東で広まる前に、1862〔文久2〕年に横浜で牛鍋が誕生した。この頃は、書生や論壇者が牛鍋を食べて議論を続けた。牛鍋は、牛肉の煮込み料理であった。関東のすき焼きは、牛鍋のスタイルを継承しているので、すき焼きも煮込み料理のようになっている。
	けんちん汁	禅僧が中国から導入した普茶料理の1つである。豆もやしをゴマ油で炒め、塩・醤油で味つけした「巻織(ケンチェン)」を汁物にしたところから巻織汁(けんちんじる)というようになったと伝えられている。鎌倉市の建長寺の修行僧の食事の中の汁物なので「けんちん汁」というようになったとの説もある。いずれにしても、いろいろな野菜(とくに根菜類)を煮込んだ醤油仕立ての汁である。
	酒饅頭	麹と冷や飯で作った生地とし、小豆あんを包み、平たい形にして発酵させて作る饅頭。相模原では小麦粉で作る生地を利用した酒饅頭である。
	タニシ料理	飯山温泉の名物料理で、田圃のタニシを使った田楽や卵とじである。
	生しらす丼としらす丼	もともとは漁師料理であった。熱々のご飯に生シラスを載せ、醤油をかけて食べる。鎌倉から茅ヶ崎周辺の食堂では釜揚げしたシラスの丼を提供する。
	のらぼう草のお浸し	川崎市の郊外では、のらぼう(アブラナ科)を栽培している。これはお浸しで食べる。
	へらへらだんご	小麦粉と白玉粉を原料として作る団子に、小豆あんをからめたもので、佐島の祭りに作る郷土料理。

北陸地方	郷土料理名	郷土料理の概要
新潟県	油揚げ	大きな油揚げ。焼いた油揚げにネギ、ショウガなどの薬味を載せて食する。栃尾の油揚げは有名である。丸大豆を原料とし、守門岳の伏流水を使い、天然の苦汁で凝固させたものを、油で揚げる。

鮎の石焼	佐渡の名物である。佐渡のアユの解禁は8月である。羽茂川(はもちがわ)の河原では、河原の石を熱しておき、釣ったアユは、この石の上に載せて焼く料理。
あんぼ	米の粉をこねて季節の野菜・山菜、小豆をあんの具にする。かつては、冬の朝食として利用された。
いぶしダイコン	小ぶりのダイコンを囲炉裏の上に吊るし、1週間ほど燻煙でいぶす。これを糠漬けにしたものである。
えごねり(イゴネリ)	日本海沿岸に自生するエゴ(イギス科)という紅藻類を、煮詰めてから冷やして固め、そばのように細く刻み、酢味噌、胡麻和え、ショウガ醤油、ワサビ醤油などをつけて食べる。エゴ練りは佐渡独特の郷土料理で、春から夏にかけて採れる。
おこわだんご	燕市、新潟市などで売られている郷土料理。小豆の餡をおこわで包んだもの。醤油おこわで包んだものもある。
かんずり	肉厚の唐辛子を、冬の雪原にさらした後、麹、ユズ、塩と混合し、3年間熟成させた調味料。
菊の花の酢の物	山形や青森でも食用の菊の花はあり、山形に隣接している新潟にもある。食用菊は、お浸し、酢の物などで食べる。
ぎばさ煮	ギバサは褐藻類に属する「アカモク」のこと。新潟県の沿岸に生育する代表的海藻。酢の物などで食べる。ミネラル類や食物繊維の供給源として期待されている。
けんさ焼き	米どころ新潟の農家では米に対する感謝の気持ちの表現として、残りの冷や飯を小さく握り、表面がキツネ色になるまで焼き、おろしショウガを混ぜた味噌を塗りつけ、もう一度焼いて食べる。「けんさ」とは「献残」のことで、献上した後の残りのご飯を利用した小千谷地方の郷土料理。
けんちょん汁	けんちん汁に似ている。秋に獲れた野菜、キノコの他に、練り製品や豆腐などいろいろな食材を具にした醤油仕立ての汁。
塩引き	12月に三面川に遡上したサケの塩蔵品。腹を裂いて、内臓を除き、腹開きした部分や表皮に塩を塗りつけてから、1週間むしろで包んで熟成させる。1週間後水洗いしてから再び塩を塗り、むしろで包んで熟成させる。でき上がるまで手間と時間をかけているので、新巻に比べれば高値である。江戸時代から新潟の村上藩の収入源として貴重な「塩引き」であった。
鮭の酒びたし	古くから新潟県村上地方に伝わる珍味。保存食である硬い塩引きを薄く切り、これに日本酒を注いで柔らかくして食べる。酒の肴に利用されている。
三角粽	蒸かしたもち米を笹の葉で巻いた保存食。昔は農作業の合間に食べていた。きな粉をつけて食べたが、現在は小豆のあんを包んだもち米の団子を笹の葉で包んでいるものが流通している。
ずいきの酢の物	ヤツガシラの茎は乾燥して保存食となっている。これを水戻しし、酢の物にしたものである。さっぱりした食味である。
スケトの沖汁	本来は、佐渡沖で漁獲したスケトウダラをぶつ切りにして、塩味または味噌仕立ての漁師の船上での料理だった。
ぜんまいの油炒め	トウガラシの辛味を利かせ、ゼンマイを甘辛く炒めたもの。
ぜんまいの煮物	ゼンマイを身欠きにし、シイタケ、コンニャク、焼き豆腐と一緒に煮たもの。
雑煮	新潟の雑煮の具は、サケ、鶏肉、野菜類をたっぷり入れるのが特徴。イクラを載せるところもある。角餅で焼いてから汁に入れる。

	田楽	食材を串に刺して、囲炉裏で焼いて味噌だれをつけて食べる。サトイモや豆腐、川魚などが使われる。食材を串に刺した格好が、田圃で片足で立っているように見えることから「高足の舞」といわれた。
	ナスの種類と料理	新潟はいろいろな種類のナスが栽培されている。丸ナス、長ナス、鉛筆ナス、十全ナス、水ナス、漬けナス、巾着ナスなどがある。これらのナスは漬物、油炒め、焼きナス、煮物などの料理に利用している。
	煮菜	秋に漬けた野沢菜、タイ菜などを油揚げや大豆とともに煮たもの。
	煮なます	おろしたダイコンと打ち豆を砂糖と酢で柔らかく煮たもの。
	のっぺい汁	たっぷりの野菜を煮る。サトイモによるとろみが出るところまで煮る。温かいままでも冷やしてもおいしく食べられる。
	ハリハリ漬け	ダイコンを拍子木のように切り、天日に干す。これを三杯酢に漬けたもの。
	へぎそば	ふのりを使ったそば。盛りつけは、食べやすい料理に区分けし、石垣の模様のように盛りつける。
	棒だらの煮つけ	棒だらを砂糖と醤油で半日かけて骨も食べられるように柔らかく煮たもの。
	ぼた餅	うるち米ともち米を混ぜて炊き、食べやすい大きさに、俵状にまるめ、これを小豆の餡で包んだもの。
	わっぱ煮	流木を薪にして、小石を焼き、獲りたての魚を焼く、磯料理である。
	わっぱ飯	炊きあがった飯をわっぱににいれ、その上に惣菜類をのせて蒸す料理。
	鯛の黒干し	粟島の郷土料理。定置網で獲ったマダイの内臓を除き、腹部に横棒を入れて広げ、乾燥後、薪の火でマダイの腹が黒くなるまで乾燥したもの。アク抜きをしてから味噌煮にする。
	鯛の子の塩辛	柏崎の名物で、マダイの卵に麹を入れて熟成させたもの。大正のころから作られている。
富山県	たら汁	日本海に面する富山県の東端、新潟との県境に位置する朝日町の郷土料理。タラをぶつ切りにし、頭、肝臓、白子(精巣)などすべてを入れた味噌仕立ての鍋で野趣あふれる一品。もともとは、漁に出た夫の帰りを待つ女房たちが、浜辺で作った朝食であった。主に、スケトウダラを使った料理である。
	あいまぜ	塩漬けダイコンとダイコン葉を利用した冬の煮込み風味の和え物。ダイコンは千切り、葉は細かく切り、水に入れてひと煮立ちさせて塩分を除き、酒粕・味噌・七味・だし昆布を加えた煮物。
	赤かぶ料理	くき桶に葉のついたままのカブを塩に漬け込んだものは1年中利用している。漬物の塩出しをしてから汁の実に使う他、煮つけの材料にも使う。
	赤まま	小豆を入れたもち米を蒸したものが赤ままで、米の色も赤いので結婚式など祝いの膳に供する。
	鮎の甘露煮	アユ釣りなどで有名な地域では、よく作られている。富山のアユの甘露煮は、素焼きして緑茶の葉と合わせ、調味料(酒・醤油・砂糖など)で煮込んで作る。
	鮎の馴れずし	塩をしたアユ、ダイコン、ニンジンは一晩冷蔵庫で熟成させる。ご飯・麹・塩を混ぜて漬け床を作り、これを2つに分ける。容器に麹の漬け床の1部を平らに置き、その上にアユと野菜類を載せる。その上に残りの漬け床をかぶせて、冷蔵庫で1週間熟成させたもの。
	イカのもち米煮	スルメイカの内臓と脚を除き、胴の中にもち米を入れて醤油・酒・みりん・水で煮たもの。

付録4 全国の主な郷土料理

	いかの黒作り	イカの墨も入れた塩辛。黒色のイカの塩辛である。これに対して肝臓を使った塩辛は赤作り、イカの身肉を塩漬けした塩辛は白作りという。
	いかの鉄砲焼き	富山湾で3月に獲れるヤリイカは、卵がぎっしり詰まっている。これを醤油で味をつけながら焼いたもの。3月しか食べられないもの。
	いちじくの甘煮・醤油煮	完熟する前のイチジクの皮を剥き、砂糖・塩で煮たものが甘煮、皮つきのままのイチジクを熱湯に通し、砂糖・醤油・みりんで煮たのが醤油煮。
	いとこ煮	浄土真宗の報恩講の仏事の後に出す報恩講の料理の1つ。小豆は柔らかく煮る。別に煮たダイコン・ニンジン・サトイモ・ゴボウ・油揚げ・コンニャクを煮て、でき上がったところに、柔らかくなった小豆を加え、醤油と塩で味を付けたもの。小豆は親鸞聖人の好物だったので使うようである。
	いもおはぎ	米の代りにサトイモを入れて米を炊き、サトイモご飯を作り、これを丸めて、きな粉をつけるか、小豆あんでくるんで食べる。米の少ない時の代用食であった。
	いわしのぬた	イワシの身肉を食酢に漬けてから細く切り、みじん切りしたタマネギ、大根おろし、味噌、食酢、砂糖を混ぜた調味液に入れて混ぜたもの。
	えびの煮物	エビを水・酒・醤油・みりん・塩で煮て、いったんエビを取り出しておく。煮汁で干しシイタケ・ニンジン・サヤインゲン・タケノコを煮詰める。盛りつけ時に、エビと野菜を一緒にする。
	お酢わい	薄揚げとヒジキを軽く煮て、砂糖・塩・醤油で甘辛く味つけする。これにせん切りしたダイコンとニンジンを加えて食酢・砂糖・塩で味を整えたもの。
	おせずし	盆の時期に作る押しずし。酢飯を押しずしの型に入れ、その上に細かく切ったクルミや海藻を載せ、さらに酢に漬けておいた焼魚(サバなど)を載せて、さらにその上にすし飯を載せて押し蓋をして作る押しずし。すし飯と具の重ね方は、3段の層になるように重ねる。
	柿の葉ずし	柿の葉は甘酢に一晩漬けておく。押しずしの枠にすし飯を入れ、塩サバ、下煮したシイタケ、ゴボウ、細きりしたミョウガの酢漬け、ショウガ、ニンジンを並べて押し、適当な大きさに切って、柿の葉で包んだもの。
	かずみ野おにぎり	米に親いも(かしらという)を入れて炊き、調味したカブ、干しズイキ、鶏肉を混ぜてむすびにしたもの。
	かっちり	皮つきの小さなジャガイモをまるごと砂糖・塩・醤油で煮て、つやが出たら水を切り、ゴマ、ピーナッツの粉末、エゴマなどをまぶしたもの。
	カニの味噌汁	小さな雌のベニズワイガニの味噌汁。
	かぶす汁	湯にワタリガニ、魚を入れて煮立たせ、アクを除いてから味噌を入れ、刻みネギを散らしたもの。
	かぶらごき	カブラとカブラの葉をそれぞれ茹でて、ダイコンおろしで和え、醤油で食べる。
	かぶらずし	富山、金沢の正月に欠かせない。カブの切込みに薄切りのブリ、サバ、サケなどを挟み、甘酒で漬けたもの。
	かぶらのやちゃら	かぶら・ニンジン・ナガイモ・糸コンニャク・きくらげ(または昆布)、みかん(缶詰)を食酢・砂糖・塩で和えたもの。
	かぼちゃと小豆のいとこ煮	カボチャをだし汁で煮て、小豆を加え、砂糖・みりん・醤油・塩で煮含めたもの。
	昆布巻きかまぼこ	かまぼこを昆布で巻いたもの。切り口が渦巻き状になっている。かまぼこに昆布のうま味が浸透し、食感もよい。

	昆布締め魚	富山には、白身の魚だけでなく、カジキも昆布締めしたものが流通している。魚のサクが昆布で挟んだ形で流通している。
	かもうり(冬瓜)のあんかけ	かもうりは冬瓜(トウガン)のこと。トウガンの皮を剥き、切って、だし汁・醤油・砂糖などの調味液で煮る。煮汁はとっておき、残りの調味料を加えて濃い目にし、鶏のひき肉をほぐしながら入れ、水溶き片栗粉でとろみをつけて、ショウガ汁を入れる。トウガンを温めて、鶏肉のあんをかけたもの。
	きびおこわ	もち米とイナキビを一緒に蒸し、砂糖と醤油で煮た黒豆と混ぜた「おこわ」である。
	金糸うりの粕漬け	金糸うりを塩漬けしてから、酒粕に砂糖と焼酎を入れた粕床に漬けたもの。
	くさぎと打ち豆の煮つけ	氷見の山間部での冠婚葬祭に欠かせない郷土料理。くさぎは香りのある山菜で、その新芽を使う。くさぎと打ち豆を一緒に煮つけたもの。
	げんげの澄まし汁	げんげは日本海の深海魚で、表面が寒天のようなゼリー状のもので覆われている魚。白身の魚で、昆布ダシ汁にゲンゲを入れて塩・醤油で味を整えた澄まし汁。
	鯉料理	もてなし料理でコイの洗い、鯉こく、コイの竜田揚げなどが供される。
	五箇山豆腐(田楽)	五箇山地方では、正月や祭り、報恩講、その他の祝い事の時には、手作り豆腐が提供される。五箇山豆腐は十文字に縛ってもち歩いても崩れないほど硬い。田楽にして食べることが多い。
	呉汁	大豆を水に浸し、潰したものが呉汁である。煮立っただし汁に入れ、味噌で味を整え、豆腐を入れて食べる。
	昆布巻き	身欠きにしん、サケなどを水に浸して柔らかくなった昆布で巻き、かんぴょうで巻いて、醤油でゆっくり煮る。正月に欠かせない料理で、富山だけでなく各地で作る。富山県の昆布の消費量が多いのは、江戸時代に北前船で運ばれた昆布が富山で下ろされ、昆布の商売が繁盛したからである。
	五平餅	米を固めに炊き、すりこぎで潰し、小判形に形どり、竹串に刺して炭火で焼いて、甘味の味噌だれをつけた五平餅は、各地で作られた。富山の味噌だれは、エゴマをすって味噌だれに入れたものである。
	駒方漬け	もぎたての野菜を、地酒の酒粕で漬け込んだもの。
	五目大豆	大豆を煮て、ゴボウ・レンコン・シイタケ・ニンジン・コンニャク・昆布を加え、砂糖・酒・醤油・みりんの調味液で煮たもの。
	ごんだもち	うるち米のくず米粉を湯でこねて、もち米と一緒に蒸す。蒸したものはつき、延ばして、切り分けて干す。粥に入れたり、焼いて食べる。
	鮭のあんかけ	塩ゆでしたサケに醤油・砂糖・水溶きかたくり粉をかけ、刻みネギを散らす。
	笹巻き	もち米にグリーンピースと塩を混ぜ、笹の葉に包み、スゲで十文字に縛り、たっぷりの水で煮る。
	里芋料理	サトイモ・ダイコン・イカの煮物、サトイモのおやき、サトイモのおやきごま和え、サトイモの田楽などがある。
	さばの寿司類	さばの笹すし(笹にすし飯を載せ、塩さば・ショウガ・レモン・山椒の葉の順に載せ、笹の葉で包み、重石を載せて一晩熟成させる。 さば寿司(さばの馴れずしに似たもの)。
	白えび料理	富山湾特産のシロエビ(正確にはシラエビ)は刺身、すし種、から揚げ、かき揚げなどの料理がある。

	白ごわい	もち米を蒸したこわ飯には、祝い事には小豆を入れて赤色のこわ飯を作り、法事には黒豆を入れて白い米の色を残すこわ飯を作る。
	じんだ	昔は報恩講の膳に供した一品。ワラビ、ニンジン、ゴボウ、シイタケを小さく切り、甘辛く煮て、挽いた大豆の中に入れたもの。
	ゼンマイの白和え	ゼンマイを食べやすい長さに切り、だし汁、醤油、砂糖、みりんで煮る。さらに、ニンジンを加えて煮てから木綿豆腐を加えて白和えとする。
	そばつまんこ	ソバ粉に熱湯を加えて練り、1口大の団子にして、ぜんまい、ニンジン、甘えびなどの入っている汁に入れたもの。
	たけのこ料理	たけのこご飯、たけのこの土佐煮など。
	だご	米の粉で作る団子を「だご」といっている。あんやきな粉で食べる。
	だんご入りきのこ汁	米の粉に熱湯を加えこねながら細長い棒状に延ばし、適当にちぎり丸めて団子にし、いったん冷や水に取る。だし汁に、この団子とゴボウ、白菜、ニンジン、サトイモを入れて煮る。醤油仕立ての味に整える。
	粽	端午の節句には、粽を作る。
	つぼ煮	江戸時代から立山山麓の信仰登山者のために出されたもの。サトイモや油揚げを壺に似ている器に入れて煮たもの。
	つる豆の胡麻和え	つる豆を茹でたゴマ、味噌、砂糖で和えたもの。
	てんころ料理	ちぼいもを皮つきのまま茹でて、揚げたもの。味噌、砂糖で和えて食べる。
	どっこきゅうり料理	1kgもあるどっこキュウリのあんかけ料理。粕に酢と砂糖を加えたもので和える。
	なまぐさ漬け	ダイコンを棒ダラ、コマイ、白菜などの漬物と、干しコマイ・棒ダラ・塩ザケ・リンゴ・ユズを混ぜたものとを混ぜ合わせたもの。
	茄子と素麺の煮物	夏に食べる郷土料理。ナスの煮物に素麺を加えたもの。
	にざい	昆布だし汁でダイコン、ニンジン、ゴボウで煮たものに、サトイモ、油揚げ、小豆を煮たものを混ぜて、砂糖と醤油で味つけしたもの。
	のっぺい汁	報恩講の膳に供するダイコン、サトイモ、ニンジン、コンニャク、栗、ギンナンなどの煮物。
	バイ貝の煮つけ	熱湯で茹でてアクを除いてから水・酒・醤油・みりんの調味液で煮る。
	初午だんご	もち粉の生地、ソバ粉と小麦粉を混ぜた生地をだし汁で煮て、醤油仕立てにしたものを繭の形にした団子。
	ふき料理	アクを除いたキャラブキは、醤油・砂糖・みりん・トウガラシで煮る。フキは砂糖煮にする。
	ぶり料理	ぶりダイコン、ぶりの照り焼き。
	棒鱈の甘露煮	乾燥してある棒ダラは、米のとぎ汁でもどしてから砂糖・醤油・水で甘露煮に仕上げる。
	古里煮(いりこく)	漬物のダイコン、またはたくあんの薄切りを茹でて塩抜きし、これに醤油・砂糖・みりんを加えて、から炒りしたもの。
	ホタルイカ料理	刺身、脚のそうめん、姿煮、釜揚げ、辛子酢の物、燻製、飴炊き(佃煮)、沖作り、塩辛。
	鱒ずし	わっぱに入ったマスの押しずしは、1717〔享保2〕年に神通川のマスを使って作られたのが最初であると伝えられている。
	水だんご	上新粉とかたくり粉に湯を加え、棒状にしてから団子にし、蒸して作る。冷やして食べる。

	みそかんば	炊きたてのご飯をすり潰し、小判形に握って棒につけ、遠火の強火でやいてから味噌や醤油、砂糖で作るタレをつけて食べる。
	三日だんご	産後3日目に、産婦に食べさせる団子汁。
	みょうが料理	みょうがすし、みょうが田楽。
	焼きつけ	よもぎ餅をこんがり焼いて、練り味噌をつけ、ゴマをまぶしたもの。
	古たくさんの粕煮	塩抜きしたたくあんを味噌煮、または粕煮したもの。
	よもぎ餅・よもぎ団子	種まきや稲の苗が育つようにと願って、春にヨモギを入れた餅や団子を作る。
	にしんの麹漬け	塩水で戻した身欠きにしんを、麹・米糠・味噌・醤油・ザラメ・みりんの漬け床で漬けたもの。
石川県	加賀料理	粋と華麗、気品に満ちた品々が、酒の進むにつれて流れるように供される酒席の料理。綿密で優雅な蒔絵を施した漆器や、華麗で格調高い久谷焼きの器に盛りつけられた料理が供される。加賀藩主前田家の時代から受け継がれ、もてなしの極みともいえる茶の湯の伝統によって磨きかけられた美意識が、素材を活かし、洗練された料理が演出された料理といえよう。
	ごり料理	カジカ科の川魚のゴリは、金沢の冬の保存食の佃煮として知られている。酒の肴にも茶うけにも親しまれている。近年、漁獲量が減少し、貴重な食材となっている。鮮度のよいゴリは白味噌仕立ての汁やから揚げにして、淡白な味を賞味できる。
	治部煮	もともとは鴨肉を使った料理であるが、現在は鶏肉を使用することが多い。鴨肉にすだれ麩、シメジ、シイタケ、セリ、ほうれん草などの食材を醤油、砂糖、酒を合わせただし汁でゆっくり煮たものである。鴨肉や鶏肉は小麦粉をからめて煮るので、煮ている間にとろみが生じ、肉のうま味を逃がさないことと、冷めにくいのが特徴の料理である。
	鯛の唐蒸し	背開きしたマダイに、ゴボウ、ニンジン、タケノコ、レンコン、すだれ麩を油で炒め、ギンナン、キクラゲ、レンコン、ニンジン、麻の実を混ぜ、醤油、みりん、砂糖、酒で調味したものを詰め、蒸籠で蒸し上げたもので、婚礼には雌雄2尾を腹合わせに九谷焼の大皿に盛り、供する。
	ふぐの糠漬け	ふぐの筋（すじ）ともいう。能登半島沖で獲れるゴマフグ、サバフグ、シマフグなどの卵巣を濃い食塩に漬けてから、糠に2〜3年間漬けたものである。明治時代の中期ころから作られている能登の珍味である。(財)石川県予防医学協会による「毒性検査」により安全性が確かめられたものが流通している。糠漬けのスライスを筋といっている。
	あざみの打ち豆	塩漬けしたあざみの豆を水に浸して塩抜きし、木槌でたたいて、さらに賽の目に切り、硬い豆腐と味噌味で煮て食べる。
	いとこ煮	報恩講の膳で、小豆とダイコンを煮て、味噌で味つけしたもの。
	甘えび	日本海の深海に棲息しているホッコクアカエビは、甘いので甘えびといわれている。すし種、刺身などの生食に適している。身肉に粘りがあり、加熱すると身が縮む。
	あんころもち	餅を小豆餡で包んだもの。餡が餅の衣になっていることから「餡衣（あんころ）餅」といわれる。おはぎや牡丹餅（ぼたもち）は同じもの。
	いしる料理	能登の魚醤油で、イワシやイカの内臓を塩漬けしてできるもの。内臓の酵素によりタンパク質が消化・分解してできた分解物をろ過して得た汁を煮詰めたもの。能登地方の鍋の調味料や煮つけの調味料に使われた。能登の「いしる貝焼き」は郷土料理。

	いわしの卯の花漬け	イワシを手開きしてから酢でしめし、そのイワシの腹部に味つけしたオカラを詰めたもの。
	小木の鱈料理	小木の正月料理の1つ。茹でたタラの真子の料理。
	押しずし	加賀の押しずしは、一口大のすし飯にすし種(食酢で処理した魚介類の切り身)を載せ、笹の葉で包んで味を馴染ませたいわゆる笹ずし。一般には、サケ、マス、シイラなどをすし種とし、秋祭りには欠かせない。
	加賀野菜	加賀野菜には、加賀太キュウリ、金時草(きんじそう)、へた紫ナス、加賀レンコンなどがあり、それぞれを使った料理には「蓮蒸し」、「金時草のお浸し」などがある。
	柿の葉ずし	柿の葉の上にすし飯を載せ、針ショウガ、青藻、ごま、桜えびなどを載せて、柿の葉をかぶせて作る押しずし。
	固豆腐の料理	冬の常備食として作る豆腐。固めに作った豆腐に重石を載せて硬くした豆腐。
	かぶらずし	石川・富山地方で作る馴れずし。石川・富山の正月には欠かせない保存食。
	「かもり」と厚揚げの煮物	「かもり」はトウガンの地方名。皮を剥いて、ふろふき、田楽、くずあんかけ料理などがある。淡白なので、油のある厚揚げとの料理はよく合う。
	からし菜の和え物	魚・貝・鶏肉・野菜などを採り合わせ、和え物にした料理。
	こうなご酢醤油	3月下旬に獲れるコウナゴは、塩茹でしてから酢醤油で食べる。
	小松うどん	300年ほど前、松尾芭蕉が加賀地方を訪れた時に、芭蕉がほめたうどん。
	ころ柿	干し柿が特産。
	こんかいわし(イワシの糠漬け)	能登沖で漁獲されるマイワシの内臓を除き塩漬けした後、米糠、麹、唐辛子を挟みながら何段にも重ねて漬け込む。石川県を中心とする北陸地方の保存食で、厳しい冬の間のタンパク質供給源となっている。
	山菜料理	白山山麓の郷土料理。ウド、ワラビ、ゼンマイ、コゴミなどを酢の物、味噌和え、煮物などで食べる。
	すべり料理(いさざ料理)	ハゼ科のスベリという魚の料理。生きたまま醤油と食酢をつけて食べる「おどり食い」が知られている。石川県の美川地区では「スベリ」、穴水地区では「イサザ」の名で知られている魚。
	ズワイガニ料理(コウバコガニ)	日本海の冬の高級カニのズワイガニが漁獲される。雄がズワイガニ、雌は香箱蟹(コウバコガニ)と呼んでいる。小型のコウバコガニは、内部に「うちこ」、殻の外にはみ出ている「そとこ」をもつ。茹でて二杯酢、三杯酢で食べることが多い。
	ゼンマイ料理	山で摘んだゼンマイは、茹でてから春の日差しのもとで干す。その後、ワラの灰で丹念にもみ、縮させる。油揚げと煮る料理、魚の煮汁で味をつけて食べる。
	だいこんずし	かぶらずしと同じようにダイコンにサケやブリをはさみ、麹に漬けたものである。地元の人はかぶらずしよりダイコンずしを好んでいる。
	ドジョウのかば焼き	金沢独特の郷土料理。捌いたドジョウを蒸さないで、濃い目のタレをつけたかば焼き。弁当の惣菜にも利用する。近江町市場でも売っている。
	なすそうめん	夏旬のナス料理と冷たいそうめんの組み合わせで、さっぱりした家庭料理。
	ナスのオランダ煮とそうめんの煮物	ナスを揚げて煮たものがオランダ煮。これとそうめんを組み合わせた家庭料理。
	なれずし	川魚を塩と飯に漬け、乳酸発酵させた馴れずし。保存食として作る地域もある。

	にしんなすび	海から遠い地域で作るニシンの漬物。
	能登のカキ料理	岩ガキは、生食より炭火で焼いたものが勧められている。
	淡竹（はちく）の煮物	春のタケノコには孟宗タケノコと淡竹タケノコがある。とくにとりたての淡竹タケノコの煮物が勧められている。
	葉わさびのせんな漬	深い山の清流に自生するワサビの茎の醤油漬け。辛味が酒の肴にもご飯の惣菜にもよい。
	ぶりダイコン	富山と同じく寒ブリがおいしい。寒ブリのアラとダイコンの煮つけ。
	麩料理	石川県は麩が有名な地域で、全国に流通している。生麩、焼き麩、吸い物や味噌汁用の加工品がある。
	別所のタケノコ	加賀野菜の１つで、春に別所地区で穫れるタケノコはエグミもなく「若竹煮」に適しているとの評判である。
	ほおばまま	稲穂が一面に黄金色の豊作を願い、ご飯にきな粉をまぶした家庭料理。
	ぼら茶漬け	能登半島の穴水湾でとれるボラを使った茶漬け。全国的に珍しい茶漬けである。
	ゲンゲの吸い物	北陸から山陰にかけての日本海で漁獲される深海魚ゲンゲ（ノロゲンゲ）の吸い物。
	めぎすの浜炒り	加賀市の漁師料理。メギス（ニギス）を漁船の上で塩水で煮炒りした料理。
	べろべろ	金沢の祭りの料理。寒天を溶かし、醤油・砂糖で調味してから卵を流し込み、縞模様を浮き立たせたもの。
福井県	芋あべかわ	芋を餅に見立てた安倍川。
	うの華	おからの料理。福井は永平寺の影響で、精進料理が普及しているので、豆腐料理の流れとして生まれた料理。
	越前ガニの鍋	福井ではズワイガニを越前ガニといい、茹でたものも酢醤油などで食べるが、鍋料理も勧めている。
	越前そば	福井のもりそばの食べ方は、薬味にたっぷりの辛いダイコンおろしを添える。
	おおびら	鶏肉、ちくわ、ダイコン、ニンジン、ゴボウ、シイタケ、コンニャクなどを大鍋に入れて、醤油仕立てで作る鍋。
	魚介汁	福井沖で獲れる魚介類を煮込んだ汁物。
	小鯛のささ漬け	６月ごろに若狭湾で獲れるタイを塩干ししてから三枚におろし、木樽に酢と塩で漬けた保存食。
	浜焼き鯛	６月ごろに獲れるタイの内臓を取り、塩焼きして保存できるように工夫したもの。
	里芋のころ煮	大野芋といわれるサトイモの煮物。煮崩れせず特別においしい。
	鯛のまま	三国町の漁師の料理。タイの身肉は刺身にし、粗はぶつ切りにして味噌汁や番茶をかけて食べる。
	茶飯	仏事の通夜に供する。茶飯には炒った大豆を入れる。大豆は醤油と番茶で煮て、炊き上がったご飯と混ぜる。
	殿様料理	第６代勝山藩主の小笠原長教公一行が、1792〔寛政４〕年に勝山の酒屋に立ち寄った時の料理で、マツタケ、ウド、イワタケ、クワイ、タイ、アワビ、アユなどを材料にした料理といわれている。
	にしんのすし	北前船で敦賀に運ばれた身欠きにしんを使った料理がルーツ。にしんのすしは「敦賀祭り」のご馳走であったとのこと。

付録4 全国の主な郷土料理　277

	郷土料理名	郷土料理の概要
	ぬた	サバ街道で知られる若狭のサバを使ったぬた。
	ぼっかけ汁	炊きたてのご飯に、ゴボウやコンニャクなどの入った熱い汁をかけたご飯。
	マスずし	九頭竜川で獲れるマスを塩漬けし、アブラギリの葉で酢飯と塩マスを包んだもの。
	めかぶとろろ	昆布の芽かぶのとろろ昆布。
	焼きサバ	田植えが終わった農民が用意した焼きサバ。浜で焼いて日もちをよくしたもの。
	鮭の馴れずし	新巻サケを三枚におろし、麹に漬けた馴れずし。保存食となっている。
	すこ	ズイキを乾煎りして煮たもの。
	ほおば飯	田植えが終わるとご馳走として「ほうば飯」を作る。熱いご飯にきな粉をまぶして「ほう葉」で巻いて重石で押して作る。
	焼き油揚げ	福井は大豆製品が発達している。大きな油揚げもその1つである。
	へしこ漬け	イワシ、スケトウダラ、フグ、サバ、ニシン、イカ、コウナゴを糠と塩で重石をかけて漬けたものがヘシコ漬けである。とくに、サバのヘシコはよく利用されている。酒の肴、茶漬けなどで食べる。

甲信地方	郷土料理名	郷土料理の概要
山梨県	小豆ぼうとう	生めん(ほうとう)を汁粉の中に入れた古くからの郷土料理。北杜市の三輪神社では、毎年7月30日に開かれる「若神子のドンドン火祭り」で、「小豆ぼうとう」が参詣の人々に振るまわれる。
	鮎の甘露煮	山梨県内の清流で獲れたアユを醤油と砂糖で時間をかけて骨まで柔らかく煮上げたもの。
	鮎の塩焼き	県内の清流で獲れたアユの塩焼き。
	おしゃかこごり	毎年4月8日の釈迦の誕生日に作る行事食。こごりは大豆やあられを混ぜて作るごつごつした団子のこと。
	かぼちゃほうとう	ほうとうの中で基本的なものが「かぼちゃほうとう」。
	笹もち	もち米を丁寧につき上げて作る餅で、小豆あんで食べる。
	せいだの味噌煮（せいだのたまじ）	上野原市桐原地区に伝わる皮つきジャガイモの味噌仕立ての料理。江戸時代のころから作っている。
	とうもろこし饅頭	米粉にトウモロコシ、ヤマトイモを混ぜて作る饅頭。
	煮貝	江戸時代に、駿河湾でとれたアワビを煮つけ、甲府まで馬で運んでくることにより熟成しておいしいアワビとなったのが煮貝である。
	干し柿	干し柿は保存食として作られたが、甘味成分、ビタミン類、ミネラル類の供給源でもあった。
	巻きすし	ハレの日の代表的料理。すしの具はズイキ、厚焼き卵、干しシイタケ、おぼろ、ゴボウなど。
	めまき	「布巻」と書く。富士河口浅間神社の祭り「稚児の舞」で作られる郷土料理。河口湖で獲れるワカサギを焼いて芯にし、荒布昆布で三角形に整え幾重にも巻き、爪楊枝で刺しとめ、弱火で焼いたもの。
	やごめ	うるち米またはもち米を煮て、煎った大豆と塩を入れて炊いたもの。
	おねり	米の代替食ジャガイモやカボチャを煮込み、その中にトウモロコシ粉を加えて練り、味噌、醤油などで味をつけたもの。
	うどんめし	煮込みうどんの中に、冷や飯を混ぜて煮たもの。

長野県	おしぼりうどん	長野県埴科郡坂城町地域の郷土料理。辛味の強いねずみダイコンをすりおろし、これを搾った汁に信州味噌を溶かした麺つゆでうどんを食べる。
	おやき	長野県一帯の郷土料理。小麦粉をこねてまるめて饅頭の皮をつくり、あんとして野菜、山菜を炒めたものを味噌や醤油で味つけしたものを包み、焼いたり蒸したりしたもの。
	くるみおはぎ	東御市はクルミの生産量が多く、特産のクルミに醤油と砂糖を加えて作ったクルミだれで包んだおはぎ。
	鯉こく	佐久を中心にコイの養殖が盛んである。コイを輪切りにし、信州味噌で煮込んだもの。
	鯉料理	水質のよい信州ではコイの養殖が盛んなので、コイの洗い、鯉こく、コイの甘露煮などのコイ料理は家庭でも行うし、甘露煮は物産展などでも販売している。
	五平餅	五平餅を作っている山間の町は多い。長野県では南部地方の郷土料理として存在している。うるち米を炊いてつぶし、竹の棒に固めつけて焼いたものである。味噌や醤油のタレ、これらのタレにクルミや季節の木の芽などを混ぜたりする。
	笹ずし(謙信ずし)	戦国時代から伝わる押しずし。かつて、信越国境の富倉地区の人々が保存食として謙信に贈ったのが始まりとか。笹の上に酢飯を置き、ゼンマイ、シイタケ、鬼グルミ、ダイコンの味噌漬けの油炒めなど季節の具を載せて包んだ押しずし。現在は、祝い事がある時に作っている。
	すんき漬け	木曾地方で作る漬物。かぶ菜を乳酸発酵により作る漬物。すんき漬けを細かく刻んで、汁そばの上に載せて、独特の酸味でそばを食べるのが「すんきそば」。
	野沢菜	アブラナ科の野沢菜を、塩漬けにしたもの。飴の色古漬けもおいしい。ご飯の惣菜、茶うけなどに利用されている。
	ざざむし	ざざむし、サナギ、イナゴ、蜂の子などは醤油と砂糖で佃煮のようにして食べる。重要なタンパク質供給源だった。
	馬肉料理	伊那・佐久・諏訪・松本地区では馬肉の料理を好んで食べている。馬刺しは生姜醤油で、馬肉の燻製、桜鍋(味噌仕立て)などの料理がある。
	ワカサギの利休煮	諏訪湖のワカサギの佃煮。ゴマが振ってある。利休焼き、利休揚げなどもある。

東海地方	郷土料理名	郷土料理の概要
岐阜県	赤かぶの漬物	古くから飛騨地域では、赤紫色の丸カブ「八賀カブ」が栽培されていた。1918〔大正7〕年に、八賀カブの産地であった旧丹羽川村で、八賀カブの突然変異の紅色のカブが発見された。それが現在の「飛騨紅カブ」で、このカブの塩漬けが、飛騨名物の赤かぶの漬物である。赤かぶの漬物には、甘酢漬け、糠漬けがあり、新鮮なものは味噌汁の実にも使われる。
	飛騨の漬物	飛騨地方独特の漬物に、ナス・キュウリ・ミョウガ・キノコ・菊芋の塩漬けがある。赤かぶの千枚漬けもある。
	鮎の塩焼き	木曽川、長良川など豊富な河川に恵まれている。とくに、長良川の水質は、アユの生育に適し、餌となる苔の生育にも適しているために、アユ漁が盛んである。鵜飼によるアユ漁は有名である。
	鮎料理	塩焼き、瀬越し(生食)、甘露煮、アユの姿ずしなどがある。

	伊深しぐれ	小麦からできているものにショウガを入れて甘辛く煮たもので、一見肉かハマグリの時雨煮のように見える精進料理の1つ。
	イナゴの佃煮	イナゴの佃煮は、重要なタンパク質供給源だった。
	いももち	加子母の家庭料理。丁寧に洗った米とサトイモに少々の塩を加えて炊き上げ、擂りこぎでつぶして丸めたもの。
	いもきゃもち	高山市高根町地域の伝統食。茹でたジャガイモにソバ粉を混ぜ、とろ火で練り上げたものを焼き上げたもの。
	円空コロッケ・円ちゃん棒	円空コロッケは、関市・美濃市の特産の円空サトイモで作ったコロッケのこと。円ちゃん棒は、円空サトイモと「みのにしき」という岐阜産の米を混ぜて練り、棒状にしたもの。
	からすみ	東美濃地方に伝わる和菓子で、米粉と砂糖で作ったもの。桃の節句には各家庭で作る。
	川魚料理	関市板取地区は板取川で獲れるイワナなど新鮮な川魚の料理(刺身、塩焼き、から揚げ、煮物など)を郷土料理として提供する店が多い。
	元祖伊吹薬草弁当	現在の揖斐川町春日地区では、家庭で薬草を栽培し、薬草を使った弁当で、地域活性化のために頑張っている。
	栗きんとん・栗おこわ	栗の生産量が多いので、家庭料理として栗きんとんを作る。栗おこわはもてなし料理として作る。
	桑の木豆おこわ	現在の山県市(旧美山町)は、古くからインゲンマメの栽培が盛んである。また、この地域は養蚕が盛んなので桑の木が栽培されている。この桑の木の根元でインゲンマメを栽培することから「桑の木豆」の名がある。
	けいちゃん	「けいちゃん」は「鶏」に由来する名。味噌漬けした鶏肉をキャベツなどの野菜と焼いて食べるご馳走。益田、飛騨、郡上地域の鶏料理。
	鯉の洗い	清流の多い岐阜県内では鯉料理はもてなし料理として作る。「洗い」とは刺身を冷水で洗ってから冷やしたものをさす。
	五平餅	五平餅の由来は、仙人が炭焼きや山仕事をする際に、山神に供え、平穏無事を祈った行事食にあると伝えられていることからか、五平餅を作る山間の集落は多い。
	こも豆腐の煮つけ	豆腐をワラできつく巻き、それを煮たもの。もともとは保存食であったが、飛騨では人の集まる時に作る郷土料理である。
	ころ煮	小さなジャガイモを皮ごと甘辛く煮たもの。
	在郷(ざいご)料理	飛騨古川に伝わる報恩講料理。朴(ほお)の葉に山里のご馳走を並べたものが主体となる。もてなしの料理であるから珍しい料理が多い。
	三作味噌	恵那市上矢作町の手作り味噌。
	しな漬け	赤かぶを主材とし、ナス、キュウリ、ミョウガ、キノコなどを合わせて漬け込むもの。ほぼ1か月間で紅色に染まる。
	じゃがいものゴマ和え	茹でたジャガイモとエゴマの和え物。
	しょうけめし	山菜をたっぷり入れた炊き込みご飯。
	タケノコ料理	タケノコの季節には、ちらしずし、炊き込みご飯、サラダ、炒め物、煮物、和え物にタケノコを使う。
	だんご汁	芋名月には、サトイモ、インゲンの汁に、小麦粉と米粉で作った団子を落とす。キビ、アワ、コキビなどを米の代りに使用している。
	漬物ステーキ	朴(ほお)の葉の上で漬物を焼き、生卵を混ぜて食べる飛騨地方限定の郷土料理。

	とうがん汁	トウガンを濃い目のだし汁で作った汁物。トウガンは柔らかくなるまで煮るのがコツ。
	どぶ汁(すりたて汁)	大豆をひき豆乳を作り、これを沸騰した湯の中に入れて、浮かして煮る独特のもの。アワが浮き上がり、あふれでないように水を加えてかき混ぜたもので、これを醤油味で食べる。
	ナスの味噌	ナスは油で炒め、ダシ・砂糖・味噌を加えて炒め煮する家庭料理である。シシトウを加えて辛味を加えたものも人気である。
	鮎馴れずし	鮎(アユ)を食塩と米飯で乳酸発酵させた保存食。
	箱ずし	東海地方にも蜂の子が、重要なタンパク質供給源のところもある。秋の祭りには箱ずしを作り、その中に醤油で佃煮のように煮た蜂の子を入れた。
	煮たくもじ	「くもじ」は平安時代の宮中では「漬物」の意味で使っていた。紅カブを長く漬け過ぎて「ひね漬け」といわれる紅カブは煮て食べた。このことから「煮たくもじ」といった。
	蜂屋柿	美濃加茂市特産の高級干し柿は「堂上蜂屋柿(どうじょうはちやがき)」といい、平安時代中期に、美濃国の国司に献上し、高い評価を得たものであった。現在も贈り物として利用されている干し柿である。
	美女もち	飛騨あさひ名産。うるち米を炊いて練り棒状の形にし、焼いたり、煮たりして食べる。食べ方は醤油をつけてフライパンで焼いて食べる。
	ヒルガニアンホワイト(カマンベールチーズ)	朝、搾りたてのジャージー牛の牛乳から作ったチーズ。
	ぶりの照り焼き	昔、富山の氷見に水揚げされた寒ブリは塩ブリに加工し、歩荷(ぽっか)に背負われて飛騨へ運ばれた。さらに、峠を越えて信州へと運ばれたので、信州では「飛騨ぶり」と呼んでいた。飛騨高山では、富山から届いた寒ブリは、正月用の魚であった。
	へぼ五平	「へぼ」とは、クロスズメバチのことで、これをすり潰して味噌に混ぜて、五平餅にぬり、焼いたもの。
	へぼ飯	クロスズメバチといわれる「へぼ」を入れて炊いたご飯を「へぼ飯」という。
	朴葉(ほおば)ずし	春の終わりから夏にかけて、朴葉がとれる。かつては、すし飯を朴葉で包んだものを、農作業の弁当に用意した。
	朴葉(ほおば)もち	つきたての餅を緑色の朴葉で包んだもの。
	朴葉(ほおば)みそ	朴葉の枯れ葉の上に厚めに味噌を塗りつけ、おろしショウガ、刻みネギ、シイタケ、ミョウガを混ぜて炭火で焼いて、香りをかぎながら食べる。土産などでも売られている。
	みょうがぼち	岐阜市や北方町にある小麦とソラマメで作る和菓子。
	よもぎうどん	うどんにヨモギの新芽や新しい葉を練り込んだもの。
	れんこん蒲焼丼	のりの上にレンコンのすり身を載せて油で揚げたものにタレをかけ、かば焼きのイメージで丼にしたもの。
	わらび汁粉	ワラビの粉で作った団子を入れた汁粉。
	わらびのお浸し	ワラビの浸しで、そのほろ苦味を楽しむ。
	ダイコンすし	正月用のご馳走。ダイコンとニンジンを短冊形に薄く切り、薄塩に4~5日間漬けてから、米麹、塩マス、塩サケを混ぜ、桶に漬け込む。20日間ほど漬け込むと食べられる。

静岡県	あしたばの胡麻和え	伊豆半島では、アシタバは成長が早いので、獲りたてのものを毎朝、惣菜だけでなく健康食としても利用している。アクが多いので、熱湯でアク抜きしてからお浸しやゴマ和えで作る家庭料理である。
	鮎の甘露煮	大きな河川では、アユが獲れるので、アユ料理を提供する店は多い。また保存食としてアユと子もちアユの2種類の甘露煮を作っている。
	あわびの踊り焼き	陶板の上で生きたアワビを焼く贅沢で野趣あふれる料理。
	伊勢海老の姿造り	伊豆の下田、松崎など岩礁の多い地域では、伊勢海老を捕獲し、生きたまま姿造りにする。
	いのこぼたもち	10月の終わりごろ、仏に供えるぼたもちを「いのこぼたもち」(別名「いのこもち」)という。「いのこ」は「亥の子」の意味で、イノシシの子どもがたくさんいることを想定し、たくさんのぼたもちとサトイモと一緒に、無病息災、子孫繁栄を願って供える。
	いのしし鍋	伊豆の山々は野生のイノシシが多く生息している。かつては、食用のために捕獲していたが、最近は駆除も兼ねて捕獲したイノシシが鍋料理の材料として利用されている。
	いるかの味噌煮	外洋で捕獲したイルカの肉をゴボウと炒め、醤油や味噌などで調味した煮つけ。家庭料理の一つである。
	うなぎ丼	かつては、浜名湖周辺にはウナギの養殖場があり、ウナギの生産量も多かった。現在は、生産量は減少しているが、お祭りには客へのもてなし料理としてうなぎ丼を提供している。いわゆる蒲焼を飯の上に載せるのではなく、醤油味で煮込んだウナギをご飯の上に載せたものである。
	うなぎ蒲焼	かつては、浜松にはうなぎ蒲焼を提供してくれる店が多く、うなぎの蒲焼を食べずには浜松を去ることができないほどであった。
	がわ料理	鮮度のよい魚をたたきにし、これを水に入れ、漬物・シソ・梅干・ショウガ・野菜などの具を入れた後、味噌を入れて溶き、氷を入れたもの。御前崎の郷土料理。
	きびなごの刺身	松崎で獲れるキビナゴの刺身。キビナゴの刺身は鹿児島の名物料理であるが、12月から翌年4月にかけて伊豆の松崎でも地引網で漁獲される。
	キンメダイの煮つけ	伊豆の下田の深海ではキンメダイが漁獲される。刺身、煮つけ、塩焼きなどを、漁港近くの店では自慢の料理として提供している。干物は名物土産でもある。とくに、一尾丸ごとの煮つけは、食べた後のアラに熱湯をかけ、煮汁も骨についている残りの身肉を食べる作法は、通の食べ方である。
	五目おにぎり	鶏肉、ゴボウ、タケノコ、ニンジン、シイタケなどの味つけしたものを入れた炊き込みご飯の握りは、ハレの日の握りともなる。
	コンニャクのクルミ和え	細長く切ったコンニャクを、甘辛く炒めておく。水に浸しておいた大豆は、軽く湯がく。湯がいた大豆はすり鉢に入れて、すり潰し、これに甘辛く煮たコンニャクを加えて和える。
	桜えび料理	春に駿河湾で漁獲される桜えびは、この地だけの特産物である。興津、油井、蒲原では水揚げした桜えびは浜で干してピンク色になったものをかき揚げにして、めん類やご飯の惣菜にしている。鮮度のよいものは、酢醤油、おろし和え、生は塩辛、釜揚げ、素干し、煮干しもある。
	サンマずし	西伊豆町の安良里港の名物料理。秋のサンマの最盛期のころ、サンマを塩と酢で締めて、押しずしにしたもの。

	静岡おでん	黒はんぺんを入れたおでんとして有名である。濃口醤油と牛すじ肉のだしのおでん汁にサバやイワシで作った黒はんぺん、その他の具を竹串に刺して煮込む。食べる時には、イワシの削り節、かつお節、青のりからなる「だし粉」をかけるのが特徴。
	しそのおにぎり	塩漬けしたおにぎりにシソを巻くだけの簡単なおにぎり。香りと味のマッチがよい。
	スッポン料理	浜松近郊のウナギの養殖池でのウナギの養殖が行われなくなった後に、スッポンの養殖が行われるようになった。そのスッポンの料理が有名となる。
	田子すし	伊豆の田子地区のすしが、田子すしというものである。シイタケ、かんぴょう、油揚げなどのタネをすし飯の間にサンドイッチのようにはさみ、それを山みょうがの葉を上下に置いて押した箱ずし。
	つみくさ料理	奥山方広寺近くの自然休養村の野草を使った料理。
	とろろ汁	東海道の丸子の宿付近の自然薯をすりおろした名物料理。江戸時代初期ごろから旅人向けの名物料理であった。
	なんか揚げ	魚肉のすり身と野菜を混ぜて、コロッケのようにまとめて揚げたもの。「なんか」はどんな材料を使ってもよいことにある。
	ニアイナマス（焼きなます）	三枚におろしたカツオを軽く火であぶり、ぶつ切りにして塩で味つけしたもので、初漁を祝う料理である。現在は、毎年、5月の第3日曜日に行われる岩地温泉大漁祭りで振るまわれる。
	富士宮やきそば	B級グルメで有名。やきそばのトッピングに肉の代りに肉カス（ラードを絞った後の豚の脂身）を使い、サバ、イワシの削り節をかける。
	弁天鍋	南伊豆の松崎にある弁天島から名を取った味噌風味の鍋。伊勢海老、サザエ、ワタリガニ、トコブシなどの近海の幸を使った鍋。
	まご茶づけ	漁師が漁の合間に食べたもの。醤油につけたカツオやマグロの切り身を飯の上に載せ、茶をかけて食べる。
	カツオはらも焼き	カツオの内臓を包んでいる三角形の部分の塩焼き。
愛知県	アラメと落花生の煮物	海藻のアラメを細く切り、一晩水に浸して柔らかくした落花生との煮物。味つけは砂糖、醤油。アラメはワカメのように幅広の海藻で、日本の沿岸各地に生育しているが、ワカメほど利用されない。
	アラメ巻き	昆布の代りに正月のおせち料理に使う。焼き干しハゼをアラメで巻いて醤油味で煮つけたもの。一年中、温かく包まれて暮らせるようにと願って作る正月料理である。
	あんかけスパ	油で炒めたスパゲッティに、辛味のあるとろみのあんをかけたもの。
	イナまんじゅう	ボラの幼魚のイナの内臓を取り除き、その中に八丁味噌で調味した甘味噌を詰めて焼いたもの。ボラは木曽川の特産物で、成長に伴い呼び名が変わる出世魚なので、行事の時には、将来を希望して作る料理。
	ういろう	名古屋名物の米の粉の菓子。米粉に砂糖を加えて蒸して作る。
	大つごものご馳走	渥美半島地方に伝わる、大晦日に作り正月中食べる料理。ダイコン、ニンジン、サトイモ、ちくわ、こも豆腐、糸こぶ、飛竜頭（ひりょうず）を入れて煮込んだもので、正月中は温め直して食べる。
	かきご飯	渥美半島で獲れるカキは、身が大きくおいしいことで知られている。今でも海に潜って獲る人は多いようである。釜に米と味つけしたカキ、サトイモ、カキの煮汁を入れた炊き込みご飯は、渥美半島の漁師料理として人気である。
	からすみ	米粉に砂糖を入れた独特の形をした菓子で、雛祭りに作り、ひな壇に供える。

	かりもりの粕漬け	「かりもり」は、古くから尾張地方で栽培しているシロウリの品種。古くから各家庭でカリモリの粕漬けを作り、互いに自慢したらしい。
	きしめん	名古屋独特の平たい麺である。名前の由来は、キジの肉を具にしたところから「きじめん」が「きしめん」になったとか、紀州めんがきしめんになったとか、練った小麦粉を平たくのばし囲碁の丸い碁石の形に打ち抜いたところから碁石を意味する「碁子」から「碁子麺（きしめん）」になったなどの諸説がある。一般的には、油揚げ、かつお節（削り節）をかけ、青菜を添えるが、冬は鍋焼きうどん風にして食べる。
	ギンナンおこわ	フライパンで焦げ目がつくまでギンナンを炒り、実を取り出し、もち米とうち米の混ぜたものに入れて、蒸篭で蒸し上げる。
	いわしのおから漬け	渥美半島の郷土料理。イワシに塩を振って1夜置く。みりん、砂糖、食酢を合わせて火にかけ、沸騰したらおからを入れ、加熱する。容器にイワシ、おから、赤トウガラシを入れて、3～4日間漬ける。
	じょじょ切り	もち米の代用に小麦粉を使ったうどんのような細長いものを入れた汁粉。小麦粉を練って細長くして適当に切って汁粉に入れたもの。田植えや稲刈りなどの農作業がひと段落したところで食べるもの。
	田楽	1.5cmほどの厚さに切った豆腐（木綿豆腐のように硬い豆腐）を串に刺し、軽く焼いて味噌だれをつけて食べる。かつては、東海道の吉田宿（豊橋の旧名）の名物料理であった。
	手羽先から揚げ	名古屋名物である。手羽先をから揚げしてタレを塗り、塩・胡椒・白ごまなどを振りかけて供する。
	とち餅	とちの実を皮がむけるようになるまで水に浸す。皮を剥いたら、木灰でアクを抜く。アクの抜けたとちの実ともち米を一緒についたもの。富山村の郷土料理。
	鶏飯	鶏の脂身を鍋に入れて火にかけ、脂がでたら鶏肉、ゴボウ、ニンジンなどの材料、醤油、砂糖などの調味料を入れて煮る。炊き上がったご飯に味つけした鶏肉や野菜を入れて混ぜる。
	名古屋コーチン鍋	明治維新以後、旧尾張藩が自活のために飼養したのが名古屋コーチン。以後、地鶏の品種改良を重ね、現在の赤みを帯びた肉質の鶏ができた。この肉や地元の食材を使った赤味噌仕立ての鍋。
	ナマズの蒲焼	津島周辺で獲れるナマズ料理の1つ。
	なめし（菜めし）	東三河地方の料理。ダイコンの葉の刻んだものを炊きたてのご飯に混ぜたものである。田楽とセットで郷土料理になっている。
	ひつまぶし	名古屋地方のウナギの蒲焼の食べ方。蒲焼は関東の蒲焼に比べて、少し硬い。適宜に切った蒲焼がご飯に載って提供される。小さな器に分けて、いろいろな食べ方をする。
	飛竜頭（ひりょうず）	豆腐をつぶし、野菜やギンナンを入れ、かたくり粉をまぶし、さらに卵、具材を入れ、調味して油で揚げたもの。がんもどきに似ている。法事や葬儀などで、精進料理の1つとして供される。
	へぼ飯	「へぼ」とは蜂のこと。砂糖、醤油、酒で味をつけた蜂を、炊き上がったご飯に混ぜる。
	みそおでん	豆味噌をだし、砂糖、酒、みりんで延ばし、おでんの上にかけたもの。
	味噌煮込みうどん	尾張地方で食べる煮込みうどん。土鍋できしめんや具を入れ、赤味噌仕立てで煮込んだもの。
	モロコの押しずし	淡水魚のモロコを醤油やみりんで煮込み、これを具にした押しずし。

	郷土料理名	郷土料理の概要
	焼き大アサリ	三河湾、伊勢湾で獲れる大アサリを網の上で焼いて食べる。
	レンコンの煮和え	レンコン、ダイコン、ニンジン、油揚げなどを油で炒めてから、酢と砂糖を加え、煮汁がなくなるまで煮上げたもの。
	わがのから揚げ	ワガはユメカサゴのこと。この魚のから揚げ。
	割り干しダイコンの醤油漬け	水で戻した切り干し大根に、ニンジン、ショウガ、昆布、すりゴマを醤油、酢、砂糖、みりん、ごま油からなる調味料と混ぜ合わせ、3日間以上漬けたもの。

近畿地方	郷土料理名	郷土料理の概要
三重県	てこねずし	三重県や和歌山県の漁師の船上でのカツオ料理の一つ。現在は家庭でも、すし店でも作っている。すし飯に釣り上げたカツオの刺身を載せ、醤油をかけて食べていたが、現在は醤油ベースの調味料に漬けたカツオの刺身とすし飯を混ぜて作ることが多い。
	あいまぜ	切り干しダイコン・ニンジン・レンコン・コンニャク・シイタケ・サトイモの茎などの食材を醤油で煮て、甘酢で和えて千切りショウガとゴマをかけたもので、人の集まる祭りや法事に作る。
	アオサ汁	魚で取っただしで作った味噌汁に乾燥したアオサを入れたもの。
	あまごずし	清流に棲息するアマゴの身肉をすし種にした握りずしがあまごずしである。津市の清流にはアマゴが棲息し、その美しい姿から「川魚の女王」といわれている。
	海女の火場焼き	志摩半島の浜では、海女が生きている伊勢海老、アワビ、その他の魚介類を炭火で焼いてくれる。浜で鉄板の上に新鮮な魚介類を並べて焼くので、魚介類のバーベキューともいえる。
	あらめ巻き	昆布の仲間のアラメで、イワシ、サンマ、タチウオなど季節の魚を巻いて、醤油味で煮る。答志、菅島、神島などの離島の他、多度地方でも作る。
	あわび飯	国崎地区のアワビは、伊勢神宮に奉納される貴重なアワビである。地元では、刺身の他に、アワビを入れた炊き込みご飯でも食べる。
	伊勢うどん	昔、お伊勢参りの旅人が食べたうどんである。太くて柔らかいのが特徴。汁はたまり醤油に加えて黒い麺つゆであるのも特徴。
	伊勢たくあん	伊勢たくあんは、太くて長く、皮の厚い御園ダイコンを材料としたたくあんで、明治時代の終わりごろから個人的に作った漬物から始めたと伝えられている。
	いわしずし	酢漬けのイワシの握りずしで、津市を中心に祭りの時に作る。
	うなぎ料理	津市はうなぎ料理の店が多いといわれている。
	大敷き汁	漁師料理で、定置網で漁獲した魚の味噌汁。定置網を大敷きということからこの名がある。
	おさすり	東紀州(御浜町)地域では、子どもの日の1か月遅れの6月5日に、子どもの日を祝う日としている。女の子の祝いに、上新粉の生地で餡を包み、いばらの葉に包んで蒸した「おさすり」というものを作る。
	押しずし(箱ずし)	北勢地域の郷土料理。春と秋の祭り親戚一同が集まって「箱ずし」で会食する。

	かいずの干物	カイズはクロダイの幼魚名。新鮮なカイズを背開きし、たまり醤油にくぐらせ、天日で干したもの。10月から11月にかけて鳥羽地方で作られ、じっくり焼いて食べる。
	カキ飯	的矢湾で養殖している的矢カキは、紫外線で殺菌した衛生上安心できるカキで知られている。大粒で色が白く、ポン酢をつけた生食もおいしいが、味つけしたカキとその煮汁を入れた炊き込みご飯も逸品である。
	梶賀のあぶり	尾鷲市梶賀浦に昔から伝わる郷土料理。5～6月に獲れるアブリという小魚の燻製。
	かつお茶漬け	新鮮なカツオの切り身を醤油に漬けておき、これをご飯の上に載せ熱い茶をかけて食べる漁師町の家庭料理。
	カマスの姿ずし	東紀州の紀北町地域では、10月10日の八幡祭りは「カマス祭り」ともいわれるように、カマスの姿ずしを作る。
	からすみ	東紀州地方で、ボラの漁獲量の多い10～11月には、ボラの卵巣を塩漬けして、陰干しした「からすみ」を作る。この地方のカラスミもよく知られている。
	きじ鍋	紀和町の郷土料理。鶏肉より淡白な味のキジ肉の鍋料理。具には野菜類も使い、ご飯のおかずとして食べる。
	きんこ	一般には「きんこ」とはナマコの乾燥品をいうが、三重地方の海女がいうキンコは干し芋（サツマイモ）のこと。形、色がナマコに似ていることにある。
	キュウリの冷や汁	温かい麦飯にキュウリの入った冷や汁をかけ、たくあん漬けを添えて食べる。キュウリの食感と味噌のうま味、ゴマの風味が食欲を誘う。
	くき漬け	東紀州地方で、古くから作られているヤツガシラの茎の漬物。薄く切って、生節をかけて食べる。
	桑名のはまぐり料理	伊勢湾に面する桑名は、ハマグリの生産地として古くから知られている。祝いの席には、ハマグリ料理が供される。
	コイ料理	江戸時代中期の1716～1735年（享保年間）から伝統を守り続けられているコイ料理。活き作り、塩焼き、甘露煮、洗い（酢味噌で食べる）、から揚げ、照り焼き、鯉こく、丸揚げなどが提供されている。
	コウナゴの釜揚げ	コウナゴ（イカナゴのこと）の釜揚げ。チリメンジャコの名でも売られている。
	魚ご飯	桑名市の長島町は木曽川が流入する地域であり、栄養豊富な水域なので、釣り場として有名な漁師町である。サバにニンジン、シイタケ、コンニャクなどを細かく切って加えた炊き込みご飯を作る。米が貴重だったころに、カサを増やすために考案された料理である。
	魚なます	御浜町は熊野灘で獲れた魚を、慶弔時の酒の肴として、サバ、サンマ、シビを使った「なます」を作る。祝い事には赤色のニンジン、仏事には白いダイコンの細切りを使う。近年はツナ缶詰を使うこともある。
	さざえのつぼ焼き	明治時代の以前から二見海岸の夫婦岩を訪ねる参拝客や観光客相手に、参道にさざえのつぼ焼きの店が並んだ。
	サメのたれ	サメのたれはサメの干物のことで、身肉は白く柔らかく弾力があり、伊勢の家庭では日常からご飯のおかずや弁当のおかずに利用している。酒の肴としても利用している。
	さんまずし	サンマを背開きし、食酢と砂糖の調味液に漬け込み、酢飯の上に載せた姿ずし。

	サンマの丸干し	熊野灘のサンマの身肉の脂肪含有量が少ないので、干物にも適している。すなわち、脂肪の酸化が起こらないからである。食べ方としては、焼いても煮てもよいが、焼き干しにしてダシの材料にも使われる。
	鹿刺し	鮮度のよい鹿の肉の刺身はおろしショウガで食べる。野生のシカ肉には寄生虫の存在も考えられるので、生食は避けたほうがよい。
	しし鍋	野生のイノシシの鍋。味噌味が多い。味噌味のほうが野生動物の臭みをマスキングすることができる。
	じぶ	紀北地方の魚のすき焼き。この地方の風物詩である。
	僧兵鍋	湯の山温泉の中心地にある天台宗の寺院「三岳寺」の僧侶のスタミナ鍋物。豚骨でとっただし汁の中にダイコン・ニンジン・レンコン・コンニャク・ゴボウ・ニンニク・サトイモ・タケノコ・シイタケ・タマネギ・イノシシ肉などを、味噌仕立てで煮込んだ鍋。
	鯛飯	焼いたタイを載せた炊き込みご飯。東紀州ではめでたい時に必ず作る彩豊かなタイの身を使った押しずしもある。
	蛸飯	鳥羽地方の家庭料理。生のタコを使う場合、干したタコを使う場合がある。
	豆腐の田楽	山に囲まれた伊賀地方の郷土料理。
	なばなのおひたし	伊勢地方のなたねの葉のお浸し。
	なべ餅	大紀町、大台町ではめでたい時に作る。鍋の中でつき合わせるので「鍋餅」の名がある。鍋の中でよもぎ餅を作り、あんこをくるみ、きな粉を漬けた餅。
	なまこの酢の物	ナマコの料理の1つ。
	なめろう	魚のたたきを日本酒・味噌からなる調味料をつけて食べる。
	ひじきの煮物	伊勢志摩特産のヒジキの煮物。伊勢志摩のヒジキは伊勢ヒジキといわれる。
	ふき俵	豆ご飯をフキの葉で包んだもの。田植えの時期に行う農耕の神事。
	べっこうずし	伊勢地方の郷土料理。イサキやブリの切り身を醤油・砂糖・酒からなるもので調味し、かたくり粉でとろみをつけた調味液に一晩漬けておくと、表面がべっこう色になる。握りずしや散らしずしの種にする。
	マンボウ料理	東紀州地方ではマンボウの刺身や酢味噌和えで食べる。
	めばりずし	高菜(塩漬け、二杯酢、三杯酢に浸したもの)で、温かいご飯を包んだもの。家庭では、葉や茎を刻んですし飯に入れるものもある。
	あじの姿ずし	紀州地方の握りずし。すし飯とすし種のアジの間に、ショウガや青じそをはさんだ握りずし。
	養肝(ようかん)漬け	上野藩主の保存食。伊賀上野地方のシロウリの種とワタを除き、ショウガ・シソの実を細かく刻んだものとの味噌漬け。
滋賀県	赤かぶの糠漬け	滋賀県では、古くから万木カブや筑摩赤丸かぶなどが栽培されている。冬が到来するとこれらの赤かぶを干し、それを米糠と塩を合わせた糠床で漬ける。米糠は、滋賀県産の米の精米の時に出るものが使われる。
	赤こんにゃく	近江八幡周辺には赤いコンニャクが多く見られる。織田信長が派手好きだったため、赤コンニャクを作るようになったと伝えられている。赤色は、最初はとうきびを加熱した煎じ汁から作ったといわれているが、その後食紅が使われ、現在は、食品添加物の三二化鉄を使っている。煮物などに使う。
	尼子そば	もともとは島根県のそばであるが、地域間交流の結果、滋賀県・湖東地域に広まったそば。ルーツは、島根県安来市は「尼子氏」ゆかりの地であるとのこと。

	料理名	説明
	アメノイオご飯	アメノイオは和名「ビワマス」という海には下らないマス。新米の収穫時期に、ビワマスは産卵のために川を上るので、これを獲り、秋祭りに欠かせないマス料理に使う。料理には、塩焼き、刺身などがある。
	鮎料理	琵琶湖のアユは刺身、塩焼き、甘露煮、昆布巻き、酢の物、時雨煮、天ぷらなどの料理がある。コアユは佃煮にもする。
	イカのユズ味噌和え	イカをユズ味噌で和えたもの。
	えび豆	琵琶湖で獲れる小エビと大豆を一緒に煮たもの。
	おこうのじゃこ煮	たくあんと煮干しを一緒に煮込んだもので、質素倹約から考えられた料理。
	かも鍋	冬にシベリア地方から琵琶湖に鴨が飛来し、琵琶湖の鴨猟（モチバエヌとかナガシモチと呼ばれる捕獲の仕方）が始まる。この季節の鴨は脂が乗っておいしい。鴨猟は室町時代から続いている。かも料理には、かも鍋、かも刺し、狩場焼き、鉄板焼き、酒蒸し、鴨汁、鴨雑炊などがある。
	さばそうめん	焼きサバを醤油、砂糖などで甘辛く煮て、その煮汁に素麺を入れてからめた料理。滋賀は焼きサバを作るところから生まれた料理。
	しじみ料理	琵琶湖はセタシジミの棲息する水域。瀬田川で採れるセタシジミは、夏の土用シジミ、冬の寒シジミが最もおいしい。セタシジミの炊き込みご飯も絶品である。
	丁字麩のからし和え	丁字麩は水戻しして、柔らかくなったら辛子で和える。その他、煮物に使う。
	トウガラシの佃煮物	葉トウガラシの佃煮。
	ハチク・マタケの煮物	タケノコの煮物。滋賀県はタケノコが採れる。
	日野菜漬	近江蒲生野で生まれたといわれる日野菜の漬物。現在は全国各地で作られている。
	ふなずし	日本の馴れずしのルーツといわれる琵琶湖産のゲンゴロウブナを使った馴れずし。塩漬けしたゲンゴロウブナをご飯とともに漬け込んだ押しずしで、乳酸発酵によりうま味、匂いが生成されている。
	ふな味噌	琵琶湖のゲンゴロウブナを、骨が柔らかくなるまで醤油で煮込み、味噌・みりん・砂糖・ユズを入れて煮詰めて固めたもの。
	湖魚料理	琵琶湖で獲れる「湖魚」といわれるフナ・アユ・コイ・モロコ・ハス・ウグイなどの魚の古くから伝わる料理と、保存食など。
	もろこうま煮	モロコは琵琶湖に棲息する淡水魚で、煮つけたもの。
	じゅんじゅん	滋賀県の湖北地方のすき焼き風に味つけした鍋料理。
京都府	小豆飯	ハレの日には、丹波大納言を使った小豆飯で祝う。
	鮎の塩焼き	6月1日がアユの解禁日。鴨川、保津川の清流で釣り上げるアユの塩焼きは古都・京都の味であり、京都の老舗の代表的料理である。
	いとこ汁	長岡京市の特産物のナス・カボチャ・小豆を醤油と味噌で味つけした汁物。長岡京市に伝わる8月13日の行事の際、おしゃらいさん（精霊）に供えるための行事食であった。「いとこ」の名は、材料のカボチャ、ナス、小豆の順に「追い追い」（甥・甥）入れていくことに由来する。
	いも棒	京都の代表的な庶民料理。宮家に仕えた平野権太夫が九州からもち帰った唐いも（とういも）と北前船で運ばれた北海道棒だらを煮つけたところ相性のよい料理ができ、これが京都の名物料理として受け継がれている。

	うずみ豆腐	「うずみ」は「うずもれる」の意味。豆腐がご飯の中に埋もれている状態の炊きたてのご飯。
	鰻茶漬け	宇治田原町の郷土料理。ウナギ蒲焼の茶漬け。
	おばんざい	京都の日常のおかずのこと。宮中の有職(ゆうそく)料理、寺院の精進料理、茶の湯の懐石料理が混ざり合い、江戸時代中期ごろから庶民に広まった、日常の暮らしの惣菜。野菜、塩サバ、身欠きにしん、削り節、干物、乾物などの料理。
	丸十のっぺい汁	丸十はサツマイモのこと。サツマイモ、豚肉、キノコなどを使ったのっぺい汁。
	懐石料理	本来は、茶会の際に会の主催者である亭主が来客をもてなす料理。
	賀茂ナスの田楽	京都の伝統的丸ナスの味噌ダレをつけた田楽。
	アマダイの塩焼き	アマダイ(ぐじ)は京都の焼魚には欠かせない魚。
	かやくご飯	ゴボウやニンジン、その他の野菜を加えた炊き込みご飯。
	川床料理	夏には、鴨川などの渓流の川岸には特別に組み立てた川床を作り、川の幸、山の幸を使った料理を提供する。
	木の芽和え	春を感じさせる料理。
	京漬物	千枚漬け、しば漬け、すぐき漬けなど京都の野菜の漬物で、独特のおいしさがある。
	黒豆煮	おせち料理に欠かせない料理の1つで、大粒の丹波大豆の煮物。
	笹巻きちまき	端午の節句や半夏生(夏至から11日目にあたる日)に食べるうるち米ともち米からなる細長い団子。
	さばずし さばの棒ずし	サバを使った棒ずしは、夏祭りには作る。京都のサバを使ったすしには、蒸しすし、押しすし、棒ずしがある。
	タケノコ料理	京都はタケノコの生産地である。京都のタケノコの料理には、「若竹煮」、「木の芽和え」の他、白味噌と赤味噌で調製した味噌ダレをつけた田楽などがある。
	丹波のばらずし	丹波の秋の収穫を祝い、かんぴょう、ゴボウ、魚のおぼろ、錦糸卵、シイタケ、サンショウの葉を使ったばらずし。
	ちりめん山椒	ちりめんじゃこと山椒の実を使った佃煮風のもの。
	納豆餅	丹波山間地の正月三日の祝いの餅として、雑煮の代りに納豆餅を作る。のし餅には納豆を広げ、柏餅のように2つに折り曲げたもの。
	南禅寺の豆腐料理	京都は豆腐作りに水質が適していることが、豆腐料理が発達した理由である。
	にしんなす	身欠きにしんとナスの炊き合わせ。
	花菜のからし和え	花菜と辛子の和え物。
	京雑煮	白味噌仕立ての雑煮。丸餅は焼かないで、別の鍋で炊いておく。具はアワビ、ナマコ、ダイコン、親芋、子芋、開きごぼうなど。
大阪府	うどんすき	昭和初期に、大阪の老舗料理店がすき焼きの残りの汁にうどんを入れたところから考案したうどん料理。大平鍋で煮立てただしの利いた汁の中に、鶏肉、魚介類、野菜類を入れて、うどんも入れて煮込んで食べる料理。具材は15〜16種類を用意する。
	おじやうどん	おじやとは雑炊のこと。「じゃ」は煮える音を表した女房言葉。すなわち、雑炊入りのうどんをいう。昆布・かつお節で取っただし汁に鍋焼きうどん風にサケ・エビ・シイタケ・卵などの具だくさんとうどんを入れた雑炊である。

	おだまき蒸し	うどんに、サワラ、ウナギ、アナゴなどの魚類、三つ葉、ユリ根、ギンナンなどの植物性の具材、かまぼこなどを入れた茶碗蒸し風のうどん料理。年末から正月にかけて祝い事の料理として作る。
	かちんうどん	「かちん」とは「搗飯（かちいい）」を意味する女房言葉。昆布・かつお節で取っただし汁に、揚げた餅を載せ、みりんで溶いたかき玉仕立てのもの。
	きつねうどん	ケツネうどん、信田うどんともいう。1869〔明治2〕年ごろに、うどんに油揚げを載せたものがルーツ。油抜きした油揚げを甘辛く煮た大きな油揚げを載せるのが特徴。
	大阪ずし	瀬戸内海のハモ、マダイ、サバなどをすし飯の上に載せた押しずし。箱ずし、バッテラ、巻きずし、蒸しずし、散らしずし、雀ずしなど多種多様のすしがある。大阪ずしの特徴はすし飯が作った日よりも1～2日経ってからがおいしいことである。
	くるみ餅	堺市の名物で、クルミが入っているのではなく、餡を餅で包むから「くるみ餅」の名が生まれた。
	魚すき	沖の魚を使うところから沖すきともいわれる。もともとは農機具の鋤の上で焼いた料理で大阪が発祥の地。明治時代以降になり、牛肉のすき焼きが広まると、鍋料理へと変わる。
	てっさ	フグの刺身。フグ毒に当たると命を落とすところから、大阪ではフグを鉄砲といい、フグの刺身だから「てっさ」といわれている。
	お好み焼き	水と卵で溶いた小麦粉に小さく切ったキャベツ、肉、イカなどを入れ、鉄板で平たく両面を焼き上げたもの。ソース、ケチャップ、マヨネーズの他、店独特のソースをかけて食べる。庶民の粉物料理。
	たこ焼き	半円形の窪みのある鉄板に、小麦粉を水または卵で溶いたタコ焼生地を入れて、さらにタコの小片を入れて球形に焼き上げたもの。
	関東煮（かんとうだき）	関東風のおでんのこと。「煮る」ことを関西では「炊く」ということから「かんとうだき」といわれている。煮込みおでんのことを指している。
兵庫県	明石の玉子焼き	だしの利いたたこ焼きで、ふわふわしていて、特別のだしをつけて食べる。明石焼きともいう。
	イカナゴの釘煮	春先になるとイカナゴの漁獲量が多くなる。明石を中心に瀬戸内海に面した漁港のある街では、イカナゴを手早く醤油・砂糖で佃煮のように煮上げる。できたものは、まっすぐであったり、曲がったり、釘の形に似ているのでくぎ煮といわれている。
	お好み焼き	水と卵で溶いた小麦粉に、小さく切ったキャベツ、肉、魚介などを入れ、鉄板で平たく焼く。ソースやマヨネーズで味をつけて食べる。
	かつめし	加古川市周辺だけの食べ物である。平皿に、炊きたてのご飯を盛り、その上にビーフカツレツをのせ、デミグラスソース風のタレをかけたもので、箸で食べる。
	黒豆煮	丹波地方の大粒の黒豆を醤油・砂糖などで煮上げたもので、正月には欠かせない一品ではあるが、年間を通して利用されている。
	出石そば	江戸時代中期の1706〔宝永3〕年に信州上田藩の仙石政明が国替えの時に信州から連れてきたそば職人により、出石地方にそばが普及するようになった。透き通るような白い出石焼きの小皿に少量ずつ盛って供される。

	兵庫の魚料理	瀬戸内海側には淡路島、家島諸島を擁している播磨灘と日本海側の山陰地方は、魚介類の水揚げが多い地域であるが、魚種が異なる。播磨灘のほうはマダイ、アナゴ、タコ、カレイ、ヒラメ、サワラなどが水揚げされるが、山陰地方は松葉ガニ、ハタハタ、深海魚のノロゲンゲなどが水揚げされる。
	牡丹鍋	丹波の山間にはイノシシが棲息し、猟師料理が食べられる。
	松葉ガニ	ズワイガニは山陰地方では松葉ガニの名で流通している。鍋、塩ゆでの二杯酢や三杯酢などがある。
	ばち汁	タマネギ、シイタケ、ニンジンなどを入れた汁に素麺の端の部分(ばち)を入れたスープ。素麺の生産地播州地方の家庭料理。
奈良県	飛鳥鍋	孝徳天皇(597〜654年)の時代に中国から牛乳が伝えられた。その後、飛鳥の僧侶が栄養補給のために牛乳で鶏肉を煮て食べたことが、飛鳥鍋のルーツらしい。現在は豆腐、季節の野菜を具とし、寒さにも耐えられるようなスタミナ食となっているとのことである。
	鮎のうま煮	吉野川などで獲れるアユを下煮して臭みを除いて、醤油、砂糖、酒などの調味料を使って、辛過ぎず甘過ぎないうま煮としたもの。
	いのこ餅	春の彼岸や旧暦の10月の亥の日に、もち米にサトイモを加えて作る餅。
	イノシシ鍋	奈良の山間に棲息している野生のイノシシの鍋料理。
	梅干し	奈良県も梅干しの生産量は和歌山県や群馬県に次いで多い。梅農家は6月になると梅干し作りに忙しい。
	柿の白和え	奈良地方は柿の木が多い。大和の年中行事によると秋には柿の料理が登場する。その1つが「白和え」である。
	柿の葉ずし	6月の柔らかい柿の若葉と熊野灘で漁獲された塩サバを組み合わせたのが「柿の葉ずし」である。
	つるべずし(釣瓶すし)	弥助ずし、アユの姿ずし、吉野ずしともいう。大和下市の名物料理。平安時代中期の『延喜式』927〔延喜5〕年にも登場している。吉野川の渓流で6〜7月に獲れたアユを塩漬けしてから布巾で締めたすし。
	朴(ほお)の葉ずし	吉野川上流一帯では、塩サバを朴の葉に包んだ押しずしを作る。
	かき餅入り茶粥	大和の茶粥の1つ。サツマイモやかき餅を入れたさらっとした茶粥。
	きな粉雑煮	雑煮の餅は、あべかわ餅のようにきな粉をつけて食べる。椀の中にはヤツガシラ、豆腐、コンニャクなどが入れられる。餅は丸餅、ダイコン、ニンジンは輪切りにする。きな粉の黄色は、米の豊作を祈願する意味。
	串こんにゃく	こんにゃく芋は3〜4年かけて育て、祭りや正月に、刺身こんにゃく、煮物、白和え、田楽、おでん、すき焼きに利用する。
	ごま豆腐	古くから吉野葛で作るゴマ豆腐。吉野煮、吉野仕立て、吉野打ちなどの吉野葛を使った料理がある。
	半夏生餅(小麦餅)	夏至から数えて11日目の「半夏生(はんげしょう)」には、小麦の収穫が終わり、田植えも一段落するので、つぶし小麦を入れた餅をついて、骨休みに食べる。
	鹿肉の大和煮	奈良の山間で捕獲した鹿肉の大和煮。7〜10月に捕獲が盛んになる。その他に、イノシシや熊なども捕獲される。
	生姜の佃煮	ショウガは古くから栽培されていた。昭和時代初期から明日香地方でのショウガの栽培が盛んになり、佃煮を作るようになった。
	粽	端午の節句には粽を用意する。
	とう菜ずし	奥吉野では春にとう菜(高菜、春真菜)が出てくる。これを塩漬けにし、ご飯を包んだもの。「めはりずし」ともいう。

	七色お和え	盆に供える惣菜。ミョウガ、サトイモ、インゲン、ニンジン、ナス、ズイキ、カボチャ、三度豆など、夏の野菜を茹でて、ゴマと味噌で和えたもの。
	奈良茶飯	米と炒った大豆を茶で炊いたもの。東大寺や興福寺など寺領でできた茶を煎じて使った。
	奈良漬け	白ウリ、キュウリ、未熟なスイカなどの野菜を塩漬けし、何度も新しい酒粕に漬け換えて作る。最初は、上流階級の保存食だった。
	春まな煮びたし	大和真菜といわれる伝統野菜の煮びたし。
	焼き鮎	吉野川や飛鳥川のアユは万葉集にも詠まれているほど古くから有名なアユ。塩焼きして食べるが、三輪素麺を添いものにした料理もある。
	大和の茶粥	茶粥は米の使用量を節約するために作られた料理である。
	大和のつるし柿	柿の木の多い奈良の名物の1つ。
和歌山県	鮎ずし	清流古座川にはアユの他、手長エビ、ウナギ、ズガニなどが獲れる。アユは肉ずし、せごし(刺身)、味噌煮、塩焼き、甘露煮、あぶりアユ、アユ雑炊などがある。
	いがみの煮つけ	イガミとはブダイのこと。ブダイの煮つけ。正月には必ず用意する料理。
	イタドリ煮物	紀南の春に採集できる山菜のイタドリの煮つけ。年中保存するには、塩漬けしておいて、塩抜きしてから煮物、和え物などに利用する。
	いももち	熊野灘沿岸の背後の山々で作られるサツマイモの料理。芋餅、うけじゃ、芋入りご飯など。
	うずみ	平井地区の珍しい膳。
	うち豆腐入り雑煮	大豆を乾燥したうち豆を味噌汁、鍋もの、雑煮に入れたもの。
	うつぼ料理	南紀串本で食べられるウツボ料理。佃煮風の煮込み、開き干しの焼き物。
	梅ご飯	青じそ、梅を入れたご飯の握り。
	梅びしお	裏ごしした梅に砂糖を加えて煮込んだもの。
	柿のジャム	柿をジャムに加工したもの。
	おさすり(えびつ)	端午の節句には「おさすり」(餅のようなもの)と「粽」を神棚や仏壇に供える。
	柿の漬物	柿漬けダイコン、柿の粕漬けなどがある。伊都地方の特産物。
	柿の葉ずし	塩サバを載せたすし飯を柿の若葉で包んだもの。
	柏の葉ずし	シイタケやニンジンなどの細切りの煮つけと切り昆布の細かく刻んだもの、酢締めした魚などをすし飯に混ぜた後、柏の葉で包んだすし。
	かまくら漬け	有田地方の郷土料理で、馴れずしを食べる時の漬物。
	紀州のすし	祭りには馴れずしを作る。サンマやアユをシダの葉を敷き詰めた上に漬に、酢を使わずに、柔らかく炊いたご飯を包んで自然発酵させた馴れずし。
	クエ鍋	日高町では、冬にクエの鍋料理を作る。
	こけらずし	和歌山市松江地区に伝わる秋祭りで食する、すし飯と具を何段にも重ねた箱ずし。具にはエビや魚、おぼろを使う。
	ごま豆腐	真言宗・高野山の精進料理の1つ。最近は、デパートなどでも市販されている。
	サバの炊き込みご飯	サバ、ブリ、サンマ、カキ、貝柱などを具にした炊き込みご飯。
	さえらのてっぽう	秋から冬に紀伊半島の沖で漁獲されるサンマの押しずし。「さえら」とはサンマのこと。とくに、ハレの日に作る。

	サトイモの茎漬け	サトイモの茎の漬物。
	さんますし	熊野灘に回遊してきた脂肪含有量の少ないサンマの姿ずし。ハレの日や正月用に作る。
	じゃこずし	じゃこを煮つけてすしの種とした。
	ずいきの煮物	サトイモの茎(ズイキ)の煮つけ。
	高菜ずし	高菜の葉で包んだすしで、めはりずしともいう。すし飯をのりの握りのように高菜で包んだもの。
	タチウオずし	タチウオの水揚げ量の多い有田市のほうでは、タチウオを使った料理や握りずしを作る。
	豆腐焼き	12月13日は豆腐講があり、豆腐の田楽を食べながら1年の締めくくりを話す。
	ほうらく焼き	ほうらく鍋にタイやイサキなどを入れて蒸し焼きにした料理。
	あんとくめ	春に「あんとくめ」という海藻がとれるので、乾燥して保存しておく。
	めはりずし	熊野地方の塩漬けした高菜ですし飯を包んだもの。

中国地方	郷土料理名	郷土料理の概要
島根県	出雲そば	出雲そばは、甘皮を挽き込んだソバ粉に、少量のつなぎ(小麦粉)を入れて作る割子そばで、黒みがあり太くて短いのが特徴。小さく浅い朱塗りの円形の器に盛って供される。そばを盛った器は数段に重ねて供される。それぞれの器のそばは、各種の薬味で食べる。
	芋煮	津和野に古くから伝わる郷土料理の1つで、笹山地区で穫れる小ぶりのサトイモと小鯛の炙った身をほぐし一緒に煮たもの。
	うずめずし	竹皮で包んだすし飯にニンジンや山菜が載った素朴なすし。島根県西部の石見地方の山間の地域の郷土料理。
	押しずし	島根県では雛祭り、結婚式、法事などの行事には押しずしは欠かせない。代表的なものに、太田市の箱ずし、米子のサバ、炙りサバ、カニ、マス、アジ、黒昆布などの押しずしがある。
	かたら餅(かしわ餅)	サルトリイバラのことを島根地方では「かたら」といい、柏の葉の代りにサルトリイバラの葉で巻いた柏餅風のもの。出雲地方の端午の節句には用意する。
	角すし	すし飯の中に煮豆、ゴボウ、ニンジン、シイタケなどの具がきれいに混ざっている押しずし。石見地方や江津地方の郷土料理。
	呉汁	もともとは山間の地域の大豆の呉汁。
	笹巻き	もち米の粉に少量のうるち米の粉を混ぜ、棒状の形にし、笹の葉で包んだもの。5月の節句に作る。
	サバのいり焼き	漁業の盛んな地域の郷土料理。甘辛い煮汁で煮つけたもの。
	三瓶そば	三瓶高原で栽培されるソバで作るそば切り。お祭り、年越し、節分、その他の祝い事にはそば切りを作る。
	しじみ汁	宍道湖のシジミ汁のシジミの種類はヤマトシジミ。1年中獲れるが、土用のものが最もおいしい。味噌汁、澄まし汁、しじみ飯、佃煮がある。
	宍道湖の7つの珍味	アマザキ(ワカサギ)、ウナギ、コイ、シジミ、シラウオ、スズキ、エビである。

付録4　全国の主な郷土料理　293

	スズキの奉書焼き	宍道湖の漁師が、松江藩主松平不昧公に贈ったものが、焚火で焼いたスズキを奉書に包んだものだったことから、スズキを奉書に包んで蒸し焼きにする料理が、有名になった。
	白魚の澄まし汁	冬に宍道湖で獲れるシラウオの澄まし汁。シラウオ、高菜、卵を使った澄まし汁。
	島根県の雑煮	冬に岩場に生える岩のりを入れた雑煮。
	とんばら漬け	頓原町に伝わる保存食で、ダイコン、キュウリ、ナス、シソの実、ウリ、ワラビを醤油に漬けたもの。細かく刻んで利用する。
	マイタケご飯	マイタケは飯南町の特産物。マイタケを入れた炊き込みご飯のこと。
	メロン粕漬け	アムスメロンの摘果した未熟の果実の粕漬け。
	ぼてぼて茶	乾燥した茶の花を番茶に入れてかき混ぜて泡を立てる。この中におこわ、煮豆、刻んだ高野豆腐、漬物を入れたもの。
	ワニの刺身	ワニはサメのこと。日本海で獲れたサメの刺身。広島県から伝わった食文化。
	コイの糸作り	四条流庖丁の伝統を受け継いだ「コイの糸造り」（三枚におろしたコイの身を細長くうどん状に切る）は、コイの真子（卵巣）をまぶして食べる。
	ごじ	ごじとはハゼのこと。宍道湖のハゼは、焼き物、煮物、天ぷらで食する。
鳥取県	あご野焼き	「あご」とはトビウオのこと。野焼きは、ちくわのこと。黒みのあるちくわで、硬い食感をもつちくわである。あごの焼き干しは、山陰地方、九州地方のだしの材料として使われる。
	味おこわ	祭りに作る米料理。山間部では山の幸、海岸部ではアカガイを混ぜる。
	小豆汁の雑煮	小豆は慶事の赤飯や餅に混ぜている。小豆雑煮は、茹でた小豆を砂糖で甘く味をつけ、それに餅を入れる。新年の祝いに用意する。
	いがいめし	青谷町夏泊で採れたイガイをむき身にして味つけしたご飯。盆のもてなし料理。
	いかめし	日本海で獲れるイカ料理。はらみいか、いかずしともいわれる。イカの胴の中にもち米を入れて醤油味で煮つけたもの。なお、イカの水揚地ならどこでも作られている。
	イギス	イギスは天草の一種。初夏に海岸に流れてくるイギスは精進料理に使われる。
	いただき	「いただき」は、油揚げに包み込まれた炊き込みご飯。鳥取県の西部の郷土料理。
	いもぼた	弓ヶ浜半島で栽培しているサツマイモとサトイモから作る間食用のぼた餅。
	いわし団子	弓ヶ浜半島の境港をはじめとし、4～5月は各地の漁港にイワシが水揚げされる。水揚げされたイワシで作る「いわし団子」。
	大山おこわ	昔から修験者の道場として知られている鳥取県の大山は、修験者のために作られた山菜を使った精進料理が発達している。大山おこわは、その1つである。
	大山そば	大山寺の僧侶基好上人が、大山の広い裾野を利用してソバを栽培している。
	雑煮（小豆雑煮）	小豆は赤、餅は白の組み合わせで、紅白のめでたい雑煮を意味する。
	柿の葉ずし	中国山脈の八頭郡や伯耆地方の山間部の郷土料理。明治時代ごろから盆の精進料理、おもてなし料理として作られた。
	かにめし	日本海で獲れた松葉ガニのメスのセイコガニの外子、内子をはずし、身肉だけを入れた豪快な炊き込みご飯。
	松葉ガニ	冬においしいズワイガニを、山陰では松葉ガニといっている。

	くれ和え（呉和え）	山間では、枝豆を塩漬けにして保存しておく。祭りには枝豆とキノコを和えた野菜料理を作る。鳥取県西部の郷土料理で、サトイモも入れる。
	かに汁	日本海で獲れるセイコガニ（松葉ガニ、すなわちズワイガニのメス）の身肉の味噌汁。
	こも豆腐	こも（粗く編んだむしろ）で包んだ豆腐は、水分が抜けて固くワラの模様がついている。祭りや正月に、また冠婚葬祭に、この豆腐を使った料理を作る。
	さばずし	日本海に面する鳥取県の海に近い地域の家庭では、必ず保存食としてさばずしを作り、正月のご馳走とする。
	砂丘の長芋刺身	砂丘で栽培された「砂丘長芋」は、水分が多く、すっきりしているので、刺身のようにスライスして生食する。
	鶏肉のしゃぶしゃぶ	現在のように食肉の流通量が多くない時代は、各家庭で飼養していた鶏は貴重な食肉だった。祭りや正月には、各家庭で鶏を処理し、鶏料理を供した。その中の料理の1つにしゃぶしゃぶがある。
	精進料理	大山で修行した僧侶は山麓で採れた山菜で作った精進料理を提供した。ナガイモと豆腐、のりからは「ウナギ」に模した料理を提供するなどの工夫もされていた。
	松露料理	ショウロ（ショウロ科のキノコ）の料理は、鳥取県の名物で、焼き松露、煮物、吸い物、酢の物、茶碗蒸しなどの多種多様の料理に使われる。
	豆腐めし	葬儀の料理の手伝いをした女性が、賄いが終わった後に食べていた。豆腐にダイコンや葉物を加えて煮た料理。
	とうがらし味噌	1828〔文政11〕年5月に勝見集落というところで大火があり、焼け残った薬師堂に村人が集まってトウガラシ味噌を作り「願」をかけ、保存食として村の復興に尽くしたことに始まるといわれている。ゴマ・味噌・赤トウガラシを混ぜた風味のなめ味噌である。
	とち餅	トチの実を米に混ぜてついたのが「とち餅」で、鳥取県の山間部では作る。鳥取県の三朝温泉名物には「とち飯」、「とち麺」がある。地元のトチの実をもち米とともに蒸して杵でつき、大納言小豆で作った餡を包んだ菓子もある。
	トチの実入りのかきもち	トチの実を入れた餅を薄く切って乾燥させたもの。黒豆、ニンジン、よもぎなどを入れたかき餅もある。
	ののこ（ののこめし）	鳥取県西部の弓ヶ浜地方に伝わる油揚げで包んだご飯。油揚げは冬に着る半纏に見立て、これを布子（ぬのこ）ということが、なまって「ののこ」になったとのこと。今は「いただき」といい、大山詣でのお供にもって行く。
	日野郡のそば	日野郡は、霊峰大山や中国山地から湧き出る水が、特別においしい「日野郡のそば」を作り出しているといわれている。
	みどり豆腐	青大豆を原料として作る豆腐。
	焼きサバの煮つけ	焼いたサバの身をほぐし、野菜と一緒に砂糖・醤油・味噌で甘辛く煮たもの。
	ラッキョウの甘酢漬け	掘りたての鳥取砂丘ラッキョウをカメ壺で塩漬けしてから甘酢漬けをする。
岡山県	あみだいこん	アミエビ、ダイコン、ショウガ、砂糖、酒、醤油で煮込んだもので、瀬戸内海に秋が訪れるとともに作る郷土料理。アミエビは備前アミ、備前の漬けアミともいわれ、児島湾では秋から翌年の2月まで獲れる、古くからの名物。

付録4 全国の主な郷土料理 295

	岡山ずし	「ばらずし」、「まつりずし」、「ちらしずし」ともいわれ、岡山では祭りや祝い事、来客のもてなしに作る。もともとは、岡山藩主池田光政公（1609～1682〔慶長14～天和2〕年）が、庶民は「一汁一菜」にして節約令を出した結果、節約の料理として生まれたもの。
	こけらずし	10月9日の秋祭りの行事食として中和村の各家庭に伝えられたもの。こけらずしの名前の由来は、すしの形が手斧（ちょうな）で木を削った削りくずの「こけら」に似ていることに由来する。
	サバずし	岡山県北部で作られる秋祭りのご馳走。山間部では塩で締めたサバを沿岸部から取り寄せ、サバの押しずしを作り、秋祭りを祝った。
	サワラの麹漬け	菖蒲の節句、お祭り、船降ろしの時期の初夏には、サワラが獲れる。サワラの渡し網漁が行われ、漁業の安全を願ったサワラのこうこずしを作る。こうこはたくあんのことで、すしに添える。
	シジミ汁	岡山県の高梁川で獲れるシジミの味噌汁。
	鯛の浜焼き	300年ほど前に塩田の製塩の後の利用のために作られた。マダイにできたての熱い塩をかぶせて蒸し焼きにしたもの。
	とどめせ	炊き込みご飯に、後から食酢を入れたすし飯で、岡山のちらしずしに使う。
	蒜山（ひるぜん）おこわ	もち米に山菜、鶏肉、栗などを混ぜて、蒸したもの。
	フナ飯	岡山市藤田地区の干拓地ではフナが獲れる。このフナを入れてフナ飯を炊く。
	ままかり	隣の家にご飯を借りにいくほど何杯でも食事が食べられるほどおいしい魚。
	祭りずし	祭りずしはばらずしのようなものだが、サワラを欠かすことができない。
	むらすずめ	つぶ餡を包んだ菓子で、稲穂に群がる雀に似ているからとのこと。
広島県	あなご飯	瀬戸内海での漁獲量の多いアナゴは、広島県の尾道から宮島にかけての漁獲量はとくに多く、宮島口の名物として「あなご飯」がある。背開きして串に刺し、タレをつけて照り焼きにしたものである。
	あずま	広島県の海岸部では、小魚を使った押しずしで、山間部では卯の花ずしと呼んでいる。秋祭りや正月に供するご馳走。
	イノシシ肉の料理	広島県の山間の野生のイノシシは、地元の野菜も一緒に利用したイノシシ鍋やしゃぶしゃぶなどの料理として供している。
	エゴマパン	東広島市福富町の「しゃくなげ館」の主力産品。
	かき料理	広島県の瀬戸内海の広島湾は、カキの養殖の盛んなところである。天分年間（1532～1554年）に養殖が始まったと伝えられている。生食、天ぷら、フライ、土手鍋、寄せ鍋などの料理がある。
	神石牛	神石周辺では、古くから黒毛和種を飼育し、ブランド牛の1つとして「神石牛」が知られている。
	コイワシ料理	冬から春先に獲れるイワシはナンマエといわれ、刺身で食べるのが広島名物となっている。
	こんにゃく	神石郡はコンニャクの産地である。真っ白いコンニャクは関東でも流通している。こんにゃくラーメンも作っている。刺身として、魚の刺身に添えられている。
	細工かまぼこ	冠婚葬祭の引き出物に、タイや水引の形にした細工かまぼこが作られていた。最近は少なくなっている。
	山菜てんぷら	広島県の山間には多種多様の山菜がある。その食べ方の1つが天ぷらである。

	さんばい	田の神様を「さんばい」と呼んでいる。田植えが終わるころ、最後の水田での花田植えという行事に参加した人々に弁当が配られる。この催しを「さんばい」という。
	水軍鍋	瀬戸内海の村上水軍にあやかった鍋と思われる。魚介類と海藻をたっぷり入れた鍋である。
	鯛ちくわ	4～5月に、鞆の浦や仙酔島周辺に近寄るおいしいマダイであることはよく知られている。このマダイを原料としたちくわで、味・食感とも抜群によい。
	鯛麺	素麺を波に見立てて盛りつけ、その中央に飛び跳ねているように焼き上げたマダイを載せたものが、鯛麺である。結婚式、その他のめでたい時の名物料理である。
	たこ飯	瀬戸内海の地ダコを使った炊き込みご飯。古くから三原市や明石市の「たこ飯」は作られていた。
	タコ料理	1988年に、三原市の女性たちが地域活性化のために8月8日を「タコの日」と決め、タコ料理やタコに関係する特産物の提供に乗り出し、現在はタコ料理は三原市の郷土料理となっている。
	粽	子どもの日には、笹の葉で包み、い草で巻きつけて粽を作って祝う。
	トマトジャム	神石高原町はトマトの産地で、その加工品の工場を作り、地域活性化に努力している。加工品の1つがトマトジャムである。
	広島風お好み焼き	小麦粉の生地を延ばして焼いた上に、千切りキャベツ、中華麺、薄い玉子焼きを重ねたもので、特別のソースをかけて食べる。
	美酒鍋	鶏肉・豚肉・野菜を主な具にし、日本酒と塩胡椒で味つけしたシンプルな鍋。酒造りに取り組む職人が、仕事の合間に作って食べる鍋。
	野菜さんべい	ニンジン、サツマイモ、ジャガイモ、シイタケ、カボチャなどの四季折々の野菜を練り込んだせんべい。
	山ふぐ	薄くスライスしたコンニャクを盛りつけたコンニャクの刺身。
	ワニ料理	三次地方の秋から冬にかけてのサメの料理。刺身、酢味噌和え、吸い物、湯引き、煮物、煮凝り、焼き物、ちり鍋などがある。
	広島県の魚料理	コイワシは天ぷらが多く、マイワシは塩焼きが多い。チヌは刺身・塩焼きが多く、マダイは刺身が多い。焼き物はサンマ、マアジ、マサバ、スルメイカが多い。
山口県	あんこずし	山口県の岩国、柳井、徳山地方では、祭りにはすし飯の真中に「あん」(野菜を調理した具)を入れた押しずしを作る。米が貴重な時代にカサを増やすために考案された押しずし。
	いとこ煮	甘く煮た小豆を吸い物の材料(コンニャク、ゴボウ、シイタケ、かまぼこ)と合わせて味わうもの。この中に小さな紅白の白玉も入れる。祝い事の時の料理だが、学校給食でも供されている。
	岩国ずし	岩国の殿様ずしともいわれている。江戸時代の岩国藩主吉川氏の影響でできた豪華な押しずしといわれている。大きな箱にすし飯を敷き、具を載せて最高5段の押しずしとする。サワラをみじん切りにしてすし飯に混ぜるのも特徴。
	岩国茶がゆ	経済状態の悪かった岩国藩が節約のために考案した食事。岩国茶がゆを食べるようになって400年以上もの歴史があり、番茶独特の味わいが人気となっている。

	うに飯	ウニ飯は萩名物の料理。春から夏の産卵期には、椀だね、から揚などでも食べる。
	うに料理	下関のウニは、評判のよいおいしいものである。舌触りの滑らかさ、香りが特別である。炊き込みご飯、ウニのすき焼きなどがある。加工品では塩うに、粒うになどがある、生うにはワサビ醤油で食べるか、うに茶漬けもよい。
	おおひら（大平）	野菜をたくさん入れた汁物。野菜には、サトイモ、レンコン、ニンジン、ゴボウなどを使い、コンニャク、山菜、鶏肉を加えて煮込んだ汁物。岩国地方の郷土料理で、おおひらとレンコンの酢のものもある。藩政時代から祝い事の席にはおおひら、押しずし、酢の物が欠かせないものとなっている。
	おばいけ（尾羽毛）	クジラの身と尾の間の部位を尾羽毛（おばいけ）という。今は黒い皮つきの脂肪層のことをいう。薄く切って米糠をまぶし、熱湯を通すと、スポンジ状のものができる。これを刺身、酢味噌和え、味噌汁の具などにする。
	笠戸ひらめずし	下松市笠戸島のヒラメは、「笠戸ヒラメ」のブランド名で知られている。刺身、煮つけ、昆布締めなどいろいろな料理に使われる。
	瓦そば	瓦で焼いたり、肉と炒めたりする。焼きながら食べるとカリカリするのがよい。
	クルマエビのフルコース料理	山口県の秋穂や下松は、クルマエビの養殖のパイオニアの地である。生食、塩ゆで、塩焼き、天ぷら、フライなど様々な料理がある。
	ししなべ	野生のいのしし鍋で、通常は白味噌仕立てで食べる。豊田町は醤油仕立てで食べる。
	シロウオ料理	山口市内料亭で味わえる料理。酢醤油、おどり食い、卵とじ、煮つけなどがある。
	そばねっつり	だし汁で煮込んだ野菜の中に、ソバ粉の団子を入れたもの。
	鯛ずし	大島町の特産物「橋香酢」とタイを合わせて考案した押しずし。
	ふぐ料理	下関はフグ（トラフグ）の集散地として有名である。周防灘、伊予灘、豊後水道、玄界灘のトラフグが水揚げされる。刺身、湯引き、煮凝り、ちり鍋、フグ雑炊、ひれ酒、白子酒、白子料理、干物など多種多様の料理がある。
	天神ハモ料理	山口県はハモの水揚げ量が多いので、ハモ料理も盛んである。
	煮菜	漬けた菜っ葉を煮込んだ料理。塩出ししてから煮込み料理に使う。
	ゆうれいずし	吉郎地区は海から離れており、魚介類が手に入りにくいので、すし飯だけの「白ずし」がもてなし料理であった。
	とりめし	地場産の長州どりを使った炊き込みご飯。
	ちしゃなます	明治時代から路地栽培しているカギチシャ（別名乳草）の酢味噌和え。
	夏みかんずし	すし飯の合わせ酢に夏みかんの果汁を加えた押しずし。すし飯には、果実、果皮を加える。
	ほうかむり	地元で獲れたイワシやサワラをミンチし、昆布で巻いて、口をかんぴょうで巾着の形に縛って、甘辛く煮つけた料理。
	すり流し汁	関門地方に伝えられる料理。エソ、アゴなどの白身魚のすり身に、熱い味噌汁を加え、すり鉢で混ぜ、再び味噌汁に戻して、薬味を添えて食べる。
	そばたま汁	ニンジン、サトイモ、カブを鯨肉と煮込み、大豆をすり潰して味噌で調味したもの。

四国地方	郷土料理名	郷土料理の概要
徳島県	あじの押しずし	県南地方では、新築祝いにアジの押しずしを作る。理由はアジの尾のほうにあるゼイゴという鱗を、この地域ではゼニ(銭と結びつけている)ということかららしい。
	アメゴのひらら焼き	アメゴはビワマス、サクラマスの幼魚の名。ひらら焼きとは、石焼のことで、熱した石に味噌を塗り、砂糖、酒で調味し、アメゴを味噌焼きにしたもの。
	祖谷(いや)そば	祖谷は吉野川上流の景勝地で、地元で栽培・収穫された祖谷そばは太目のつなぎを使わないそば。この地域では祝い事には必ず祖谷そばが振るまわれる。そば汁のだしはイリコで取り、薄めの醤油味である。
	渦潮兜鍋	タイの頭部(かぶとの部分)を野菜などとともに鍋に入れて、煮ながら食べる。スダチ醤油を小鉢に入れ、針ショウガを添え、これをつけて食べる。
	おでんぶ	「おれんぶ」ともいう。金時豆や黒豆などの豆類とダイコンやゴボウなどの根菜類を一緒に煮込んだ五目煮豆の料理。正月のおせち料理や、新築の建前の祝い事の時に作る。
	こけらずし	古くからの海部地域の郷土料理。八幡神社の潮祭りのだんじりは、このすしを食べないと引っ張る力が出ないということから、力ずしともいわれている。酢漬けした地魚をはさんだ押しずし。
	雑穀もち	徳島県の山間部では、昭和初期にはタカキビ、コキビ、栗などを混ぜた雑穀餅を作った。
	タケノコご飯	県南地方には、タケノコの特産地があり、昔から堀りたての柔らかいタケノコを使った家庭料理が多い。ワカメとの炊き合わせ、炊き込みご飯などがある。
	タチウオの握りずし	タチウオが獲れるので、タチウオ料理(刺身、煮つけ、塩焼き、バター焼き、から揚げなど)がある。さっぱりしたタチウオの味を活かしたタチウオの握りずしは、この地の名物である。
	たらいうどん	冠婚葬祭など人が集まる時や来客のもてなし料理として「たらいうどん」がある。たらいのような器にうどんが入っていて、麺つゆにつけて食べる。
	でこまわし	食材を串に刺し、囲炉裏に立て、囲炉裏の火で焼いて食べる田楽である。淡路島で盛んであった人形浄瑠璃が人形をぐるぐる回すことに真似て、田楽をぐるぐる回しながら焼いた。
	とくしまワカメ・夢巣立ち	鳴門ワカメ、手延べそうめん、スダチ、レンコンを使った料理で、歯ごたえがよく、スダチ入りゴマ風ソースでさっぱりした味で食べる料理。
	冷やしそうめん	徳島県の素麺は、他の地域の素麺に比べてやや太く、弾力性があって、滑らかな食感である。かつお節、いりこ、干しえびで調製したつけ汁をつけて食べる。
	ひらら焼き	「ひらら」は平らな石のこと。かまどでこの石を焼いて熱くし、この上で魚や野菜などの食材を焼く。来客があった場合のもてなし料理として用意される。
	ふしめん味噌汁・吸い物	ふしめんとは、半田そうめんを作る際、引っ張った時にできる平たい部分で、素麺製造時の副産物である。ふしめんは素麺より弾力性が強いられ、味噌汁に入れる。
	ぼうせの姿ずし	ボウセはエボダイまたはシズのこと。これの姿ずし。場所により塩サバを使うところもある。

	よしこの	鳴門金時、鳴門ワカメ、スダチ、阿波鶏のささ身、かたくり粉、酢、砂糖で作る料理。
	ようかん	県南地方の餅菓子で、もち米の粉とうるち米の粉を合わせて作る。形は木型で取る。
香川県	あおさ雑炊	アオサ、だし汁、ニンジン、シイタケ、醤油、みりん、味噌、餅などから作る。
	石切りずし	小豆島の石切り職人に振るまった箱ずし。
	いもたこ	瀬戸内海で獲れるタコと地元のサトイモの煮つけ。
	いりこ飯	カタクチイワシを茹でたのがイリコ。イリコを入れた炊き込みご飯。
	打ち込み汁	農家で作る野菜たっぷりの煮込みうどん。
	うどん(鉄鍋)	鉄鍋にだし汁を入れ、茹でたての麺を入れ、その上にネギ、生卵、かまぼこなどを載せたうどん。
	うどん(しっぽく)	数種類の野菜とともに煮込んで食べるうどん。秋から冬にかけて食べる。
	押し抜きずし(カンカンずし・ほったらずし)	サワラの旬のころ(春)に、すし飯の上にサワラを載せて作る押しずし。嫁が実家へこの押しずしをもって帰る習わしがある。具の魚を塩と酢で強くしめて作る押しずしで、保存食としても役立つ。
	切り干し大根の煮物	冬に作った切り干し大根は、煮物、はりはり漬け、汁の実などに利用する。
	黒豆の五目煮	正月の祝い事の料理。まめまめしく働くの意味で作る。
	こんにゃくの白和え	節分に、1年の砂おろしの意味でこんにゃく料理を作る。
	あじの三杯	夏祭りの酒の肴に作る料理。焼いたアジを三杯酢に浸したもの。
	魚の姿ずし	小豆島では、夏から秋にかけてアジの姿ずしを作る。
	さつま	西讃を中心に作られる祝い事のために焼いたタイ料理。タイは身をほぐし、すり鉢でよくすり、味噌を加え、冷たいだし汁で延ばし、熱々のご飯にかけて食べる。かつては、焼いたボラを使った。
	サワラの押し抜きずし	サワラが主役の押しずし。花型、四角形、扇形などの種類がある。
	しっぽくそば	讃岐でも冬至にはそばを食べる。具のたっぷりかかったしっぽくそばの具は、ダイコン、ニンジン、サトイモ、ゴボウ、油揚げ、豆腐などを一度に煮込み、茹でたそばの上にかける。
	しょうゆ豆	ほうろくで香ばしく煎ったそら豆を、砂糖と唐辛子を混ぜた醤油で煮込んだもの。
	ずいきのぬた	サトイモの葉柄(ズイキ)を柔らかくし、エグ味をぬいたもののぬた。秋祭りのころに作る。
	あんもち雑煮	正月の雑煮。煮干しのだし汁に米麹を多く入れ、塩分控えめにした雑煮。
	たい飯	王越地区の郷土料理で、干しタコや野菜を入れたたい飯。
	鯛の浜焼き	5月ごろに獲れる桜鯛に、かつては坂出周辺で作られた塩田の塩を使い、海岸に塩釜を備えつけて蒸し焼きにしたマダイであった。マダイのうま味が逃げないで、身肉の中に閉じ込められたものである。
	たくあんのきんぴら	漬けたたくあんが余った場合に、細く切ったたくあんをサラダ油で炒め、常備食品としてきんぴらにした。
	ちしゃもみ	春のもてなし料理として、チシャにイリコの小さいものやチリメンジャコを入れて、酢味噌あえにしたもの。
	てっぱい	農繁期が終わってひと段落したころ、フナを白味噌や砂糖、酢などと和えたもの。

	どじょう汁	田植えの前後に、ドジョウを獲り、野菜や太目のうどんと煮たもの。
	なすそうめん	小豆島のそうめんと、ナスなどの身近な野菜を組み合わせた麺料理。
	ふしめん	小豆島の素麺作りの副産物の「ふしめん」を吸い物などに入れた料理。
	まんばのけんちゃん	まんばとは高菜の一種。細切りしたまんばを油で炒め、豆腐を入れてさらに炒めた卓袱料理。
	わけぎ和え	農家の春先の和え物。
愛媛県	アマゴの甘露煮	卵から育てたアマゴを炭火で焼いて乾燥させ、蜂蜜、醤油、みりんなどでゆっくり煮込んだもの。
	アメノウオの土手焼き	山で生活していた木地師という職業の人達が、熱く焼いた平石でアメノウオを焼いて食べたといわれている。
	いぎす豆腐	今治地方の海岸で採れるイギスという海藻を煮てできる葛状のものに、大豆粉、エビ、ニンジン、ゴボウ、シイタケなどを入れて固めたもの。
	いよずし	もぶりずしともいう。松山に古くからある散らしずし。具材には、芝エビ、タケノコ、フキ、ウド、サヤインゲンなどが使われる。
	いもたき	初秋に月を見ながら河川敷で大鍋を囲み、懇親する行事で供される。サトイモ、厚揚げ、鶏肉、その他の具を入れた鍋。
	かじか料理	川魚のカジカのつけ焼きや卵とじなど。
	かにめし	清流でもくずがにが獲れるところでの炊き込みご飯。東予地方ではワタリガニを使った炊き込みご飯。
	さつま汁	南予地方に伝わるさつま汁は「佐妻汁」と書き、焼き魚の身と麦味噌をだし汁で溶きながら、すり鉢ですり潰し、ご飯にかけて刻んだネギを入れて食べる。
	サバ飯	三枚におろしたサバを一口大に切り、醤油やみりんで味つけしたものを加えた炊き込みご飯。
	じゃこ天	近海でとれる雑魚を皮ごとすり身にし、油で揚げたもの。ホタルジャコ（ハランボ）が最もよく使われる。
	鯛そうめん	醤油やみりんで煮て味つけしたマダイを、茹でた素麺の上にシイタケ、薄焼き卵、ネギなどと添えた料理。
	鯛めし	瀬戸内海で獲れるおいしいマダイを一尾まるごと炊き込んだご飯。
	たこ飯	地元の漁師が船で作っていたタコの飯が漁師の家庭料理となった。
	ハマチの刺身	愛媛県はハマチ養殖の盛んなところで、ハマチ料理の１つとして刺身を提供している。
	緋のかぶら漬け	赤かぶの酢漬け。松山藩主の蒲生忠知が近江から赤かぶを導入したと伝えられている。
	ひゅうが飯	活きのよい魚を、火を使わずに手早く調理し、炒りゴマ、酒、みりんにつけて、溶き卵を加え、熱いご飯にかけて食べる。
	ほうたれの刺身	ほうたれとは、カタクチイワシのこと。鮮度のよいカタクチイワシの刺身。
	宇和島の鯛めし	宇和島で獲れた新鮮なマダイの切り身を、独特のタレ、生卵、ワカメ、ゴマ、のりなどとともにかき混ぜ、あつあつのご飯にかけて食べる。
高知県	すし類	田舎ずし：高知県は客のもてなしにすしを作る。姿ずし、押しずし、巻ずし、ひっつけずしなど。 かいさまずし：かいさまとは、さかさまのこと。魚が裏返しになってすし飯の上にのっているもの。キビナゴの握りずし、トンゴロ（イワシの仲間）のオカラずしがある。サバの姿ずしは、皿鉢料理につきものである。

	うつぼ料理	ウツボのから揚げ、ウツボのたたきなど。太平洋側ではウツボ料理が多い。
	落ち鮎の塩煮	四万十川の落ちアユの塩焼きと内臓の塩辛は、先人が考えた料理と酒の肴である。
	貝めし	室戸市、東洋町の岩礁に棲息している貝の料理である。
	かつおのたたき	カツオは高知県の県魚でもあるため、カツオ料理は多い。代表的なものがカツオのたたきである。ワラの火でカツオの表面を炙るのが特徴である。カツオの刺身は、土佐造りの名がある。
	がねみそ	もくずがにの硬い部分を除いて、砕き、塩と米糠を加えて砕き、団子状にしたもの。
	ぐる煮	「ぐる」は「一緒に」の土佐地方の方言。いろいろな野菜を集めて煮た料理。
	皿鉢料理	高知の宴会や客のおもてなし料理。刺身、すし、天ぷらなどいろいろな料理が大きな浅い皿に盛られ、供されるもの。
	山椒もち	夏の盆の料理。佐川地区で作る。山椒を保存料として入れた餅で、砥石のように長い形のもの。

九州・沖縄地方	郷土料理名	郷土料理の概要
福岡県	うなぎの蒸籠蒸し	柳川市の名物料理。もともとは有明海と矢部川の交流する汽水域のウナギを利用した料理。1863〔文久3〕年に江戸で人気のうなぎの蒲焼から考案したうなぎ料理。ご飯にタレをかけて蒸し、蒲焼の上に錦糸卵をかけ、蒸籠で供する。
	うなぎの刺身	皮を剥いで片身を熱湯にくぐらせ肉が白くなったら取り出す。皮もゆでて提供するという料理。久留米市の東部に、この料理を提供する店があると伝えられている。
	えつ料理	有明海に生息しているエツ(カタクチイワシ科)は、5月から7月にかけて筑紫川を遡上する。このエツを船上で食べるという贅沢な食べ方。
	がめ煮	「がめ」は博多弁の「かき集める」の意味。筑前煮、筑前炊きともいい、魚や鶏肉、野菜類を炒めて煮込む博多の名物料理。亀煮と書くのは、昔は亀の肉を使ったからといわれている。
	おきゅうと	イギス科のエゴノリという海藻を煮詰めて得られたものを冷やした寒天状のもの。細く切ってかつお節をかけて食べる。博多湾でとれる海藻。
	柿の葉ずし	秋の祭りの「おくんち」で作られるすし。ニンジン、シイタケ、ゴボウ、鶏肉などを甘辛く煮つけたものをすし飯に混ぜ、小さく握り、これに酢じめした魚やデンブを載せて柿の葉で包んだもの。
	鯉こく	味噌汁仕立ての「鯉こく」で食べることが多い。
	ごろし	小麦粉に塩とぬるま湯を加えてこね、両手で延ばしザルにとり、水気を切って、黒砂糖やきな粉をまぶして食べるおやつ。
	博多雑煮	アゴで取っただし汁に、ブリ、丸餅、かつお菜は必須のもの。これにかまぼこ、サトイモ、ニンジン、ダイコン、シイタケなどの具を入れた具だくさんの雑煮である。かつお菜は博多では古くから使われている野菜で、かつお節の風味がある。筑前雑煮ともいう。
	だご汁	小麦粉をこねて、両手で薄く延ばして作った団子を入れた味噌仕立ての汁もの。大分県や熊本県にも同様なものがある。

	鶏肉の水炊き	博多では「水だき」。博多地鶏(野飼いの1kg前後のもの)のぶつ切りしたもので、だし汁を用意し、この中に鶏肉、コウトウネギ、紅葉おろしなどの薬味とポン酢を添える。基本的には野菜を使わないが、鶏肉を食べた後で、野菜や豆腐を入れる。
	ぬえた(ぬたい)	筋じめした生魚とダイコンの薄切りを、博多万能ねぎと唐辛子を加えて酢味噌で和えたもの。
	ヒシ(菱)	ヒシはヒシ科の植物で、水草に属する。ヒシの実は博多ではサラダ、クッキー、炊き込みご飯に利用している。
	フナ焼き	筑後地方のおやつ。小麦粉を水で溶き、丸く焼き、黒砂糖の小片を包んだもの。
	明太子	タラコを唐辛子を入れた調味液に漬け込んだもの。第2次世界大戦後、キムチにヒントを得て作ったといわれている。
	もつ鍋	牛や豚の内臓を煮込んだ鍋。もつを食べた後にキャベツやニラを入れて食べる。
	ワラスボの味噌汁	ハゼ科に属するワラスボの味噌汁。秋から冬にかけて獲れる。
佐賀県	有明海料理	干満の差の大きい有明海は「前海」とも呼び、珍しい魚介類が多い。ワラスボの味噌汁・味噌煮・煮びたし・佃煮など、アゲマキ(マテ貝の仲間)の刺身、吸い物、味噌汁、天ぷら、バター焼き、酢味噌和えなどの料理がある。
	かけ和え	イワシ、サバなどの青魚の酢味噌和えで、人が集まる祝い事の日などに作る。
	須古すし	白石町の須古地区の祭りや祝い事に作る「箱ずし」。藩政時代から続いている家庭料理。領民が藩主に感謝の気持ちで作り、献上したすし。
	だご汁	小麦粉で作るだんご汁。
	おくんち煮込み(御九ヨ煮ごみ)	伊万里地方に伝わる精進料理。おくんち(御九日)は、9月9日に行われる祭り。にごみは煮込みのこと。ダイコン、ゴボウなどの野菜、小豆やサトイモ、栗などを入れ、砂糖を入れて甘く煮つけたもの。野菜の砂糖煮ともいわれている。
	おばやき	東松浦地域の鯨料理。鯨の皮下の脂身の料理。
	かんころ煮	西日本では、サツマイモの切り干しをカンコロというが、佐賀ではダイコンを短冊に切って蒸して干したものをカンコロという。鯨肉や魚と一緒に煮る。
	松浦漬け	捕鯨基地であった玄界灘は、クジラの利用が多かった。鯨の軟骨の粕漬けで、肥前呼子の珍味。
	イカ料理	呼子のイカ料理はよく知られている。
	フナの昆布巻き	ふなんこぐいともいう。佐賀地方の掘割でとれたフナの正月用の煮込み料理。
	ムツゴロウ	佐賀・長崎にムツゴロウ料理がある。有明海で漁獲されるムツゴロウは、刺身、吸い物、煮びたし、蒲焼などの料理がある。
長崎県	あご料理	平戸一帯では、秋から冬に吹く風をアゴ風といっている。アゴの最盛期には、刺し網、巻き網で漁獲し、つみれ汁、煮物、干物にする。
	あら料理	ハタ科に属する深海魚である。成魚は1mにも達する。旬は冬で、刺身、湯引き、吸い物、酢味噌和え、塩焼きなどがある。とくに鍋料理が有名。
	イギス料理	イギス科に属する毛髪のように細い海藻。洗いと乾燥を繰り返すと白くなる。米糠で煮込むと、どろどろの液状のものができ、これを冷やすと凝固する。

	いわしの岡部	岡部とはオカラのこと。秀吉の朝鮮出兵の折に、兵糧奉行の岡部次郎右衛門が伝えたとの説に由来する。キクラゲ、ネギ、麻の実を油炒めし、オカラと混ぜて握ったものを酢漬けしたイワシで巻いたもの。
	いわしもち	イワシのつみれ団子を油で揚げたもの。吸い物、煮物にする。
	うにふわふわ	ウニの塩辛に酒・卵・砂糖を入れ、どろどろになるまですり潰す。弱火で泡が出るまでかき回しながら煮ると、ふわふわのものができる。
	大村ずし	室町時代後期の16代藩主大村純伊(すみこれ)のころに、戦場で将兵たちが脇差で四角に切って食べるものとして考案されたと伝えられている。大村湾の豊富な魚介類と地元の野菜やかんぴょうを入れた角形の押しずし。
	かすてら	安土桃山時代の1573〜1592年(天正年間)に、南蛮菓子のカステラの原型が伝わり、現在は日本の伝統的な長崎カステラとして続いている。現在も和泉屋、福砂屋、長鶴、松翁軒などの老舗が続いている。
	からすみ	野母のカラスミは、江戸時代から天下の三珍として受け継がれている。長崎地方に回遊してくるボラは、沿岸に棲息しているボラとは違い臭みもなく、卵巣の形もよく、脂の乗りもよく、塩漬けして作るカラスミの材料に適していることから、長崎の野母がカラスミ製造に適した地域として発達した。
	具足煮	島原方面の山海の珍味で、丸餅を入れ、土鍋で煮込んだ料理。醤油、砂糖で調味する。江戸時代前期に天草四郎が城に籠城した時に、煮ながら食べたという鍋料理。
	卓袱料理	中国料理が日本化した料理といわれている。唐人との交流時に生まれた料理で、卓袱という円形の食卓を囲み、食事を楽しむ料理で、饗応料理である。
	鯛茶漬け	特製のゴマダレに漬けたタイの刺身を、ご飯の上に載せた茶漬け。
	長崎天ぷら	江戸時代前期に伝わった卓袱料理や普茶料理の後に、精進料理とは異なる長崎天ぷらが登場した。小麦粉に卵・砂糖・塩を混ぜ、水を使わずに練り上げたものを衣にした天ぷら。
熊本県	赤ど漬け	阿蘇地方に古くからあるあかど芋の漬物。阿蘇の馬刺しともいわれている。
	鮎の姿ずし	球磨川で獲れるアユの姿ずし。すし飯は昆布を入れて炊き上げている。
	いきなりだんご	農家のおやつに食べるサツマイモを小麦粉の生地で包んだ団子。
	えび飯	不知火海で獲れるエビを干して、炊き込みご飯に入れる。
	かすよせ	矢部地区の祭りに作り、ご飯の代りに食べる大豆料理。
	豆腐の味噌漬け	硬く作った豆腐か、水を絞り硬くした豆腐の味噌漬けで、チーズのような食感がある。
	寒漬け	芦北・水俣地方の特産品。寒干しダイコンを細く切った漬物。
	熊本ラーメン	豚骨スープのラーメン。
	呉汁	大豆をすり潰して調製した呉汁は、味噌汁に入れる。
	このしろの姿ずし	祝い事や正月などの行事食として、このしろの姿ずしを作る。
	高菜漬け	熊本の土産に、高菜漬けがある。阿蘇高菜を使った漬物である。炊き込みご飯の具にすることもある。
	たこ飯	天草地方では、タコの干物を作り、これを炊き込みご飯の具にする。
	だんご汁	味噌味のだし汁に野菜類や豚肉、鶏肉を入れて煮込んだもので、阿蘇地方では寒くなると作る。

	つぼん汁	各地で、秋祭りには豊作を祈って神に供える郷土料理として「つぼん汁」を作る。鶏肉・シイタケ・ちくわ・サトイモ、ゴボウ、ニンジン、豆腐、コンニャクを入れ、醤油仕立てで作る汁ものである。
	マンビキの煮びたし	マンビキはシイラという魚のこと。藤崎宮の秋祭り(9月13日～9月15日)には、塩蔵したシイラと甘酒を供える。
大分県	あたま料理	竹田地方の魚の骨とうろこ以外はすべて食べるという郷土料理。起源は江戸時代初期と伝えられる。当時、塩漬けしない魚が山間まで運ばれてきたので、無駄なく食べることを考えた料理とのこと。正月や行事の時にも作る料理。ニベやアラという魚が多く、湯引きや三杯酢で食べた。
	鮎うるか	日田地域で獲れるアユの料理の1つ。アユの内臓の塩辛。
	鮎めし	中津郡馬渓町の郷土料理。焼いて保存しておいたアユの炊き込みご飯で、みんなで食べるためにアユを保存している。
	鮑腸	大分市戸次地区の料理。藩主大友宗麟の時代のこと。アワビが不漁だったことからアワビの腸に似するた長いうどんを食べるようになったと伝えられている。
	いもきり	豊後高田市に古くから伝わる庶民の日常食。サツマイモを干して作るカンコロの粉と小麦粉を混ぜて作った麺。
	うれしの	杵築地方の鯛茶漬けで、ある日城主が食べて、おいしいことから「うれしの」との名をつけたと伝えられている。
	かしわ汁	地鶏とゴボウの汁物で、醤油と酒で調味したもの。山に囲まれた湯布院地方で作られている。
	がん汁	宇佐地方を流れる駅館科川で獲れるモクズガニを砕いて作る味噌汁。
	城下カレイ	別府湾の日出の城の石垣の下で獲れるカレイのこと。水質など環境のよさからおいしいカレイが生育していることから、江戸時代からおいしいカレイの名がある。湯引き、煮つけ、塩焼き、しそ巻きなどがある。
	きめし(黄飯)	くちなし飯ともいう。臼杵地方の郷土料理で、黄色の汁で炊いたご飯に、シイタケ、ニンジン、ゴボウ、ネギ、豆腐などを炒めたものを混ぜたご飯。
宮崎県	青じそ千枚漬け	青じその塩漬けを、さらに味噌や砂糖を混ぜた調味液に漬ける。でき上がるまで半年はかかる漬物。
	鮎ずし	延岡地方の定番料理。背開きしたアユを塩漬けする。だし汁昆布を入れて炊いたご飯を酢やその他の調味液で調味してすし飯を作る。すし飯にアユを載せて、布巾で巻いて姿すしを作る。
	鮎料理	アユ飯、塩焼き、笹巻きなどのアユ料理がある。
	いりこもち	いり粉(もち米とうるち米)を炒って、粉にしたものに、砂糖、水、塩を加えてこね、餅のようにしたもの。
	おび天	日南地方、飫肥地方に伝わる郷土料理で、魚、豆腐、黒砂糖を使ったさつま揚げのようなもの。
	かんころだんご	サツマイモの切り干しを粉にし、水を加えて練って、手で握り、蒸したもの。
	にわとりの丸焼き	1羽丸のまま焼いたもので、醤油、みりんなどで調味する。
	冷や汁	アジ・サバ・イワシの一部を焼いてすり潰し、残りの生の部分は刺身にしておく。すり潰した焼魚の粉には、ニンニク、ゴマ、焼き味噌などで濃い目の汁を作る。ご飯の上に刺身、シソ、ネギなどの薬味を載せ、魚と味噌の汁をかける。長崎にも冷や汁はある。
	鶏料理	地鶏の炭火焼、チキン南蛮など新しい郷土料理が登場している。

鹿児島県	あくまき	一晩ほどアクに漬けておいたもち米を竹の皮で包み、アクで炊いたもの。もともとは農家の保存食で、宮崎県にもある。
	いもんこ田楽	サトイモの田楽。その他の食材も田楽にする。
	かいこの汁	盆のご馳走に供える白粥の添え物で、たくさんの野菜を入れた味噌汁。
	かからん団子	5月の節句に欠かせない「あくまき」の相棒となる団子。小豆のさらし餡とよもぎの団子。サツマイモを入れる団子を作る地方もある。
	カツオのピンタ料理	ピンタは鹿児島弁で「頭」のこと、カツオの頭を塩ゆでした料理で、枕崎の名物料理。
	カツオの腹皮料理	カツオの腹皮は塩焼きにして焼酎の肴にする。
	がね	ソバ粉の衣で、サツマイモとゴボウのせん切りを揚げたもの。カニに似ていることから、鹿児島弁でガネといっている。
	地鶏の刺身	地鶏の肉の表面を炙って、刺身にしたもの。
	キビナゴ料理	キビナゴは、刺身、すし、煮つけ、揚げ物などの料理がある。
	さつま揚げ（天ぷら）	魚のすり身を甘めに調味し、島津藩の家紋のあるさつま揚げ。つくあげともいう。
	さつますもじ	雛祭りなど春の行事に作る料理なので、春に収穫するタケノコなどを使った料理。
	豚骨料理	鹿児島の郷土料理の中で最も豪快な料理。豚の骨付肉を長時間、じっくり煮込み、肉の脂肪が溶けるような料理。三枚肉を使った角煮もある。
	鶏飯（けいはん）	奄美大島の代表的郷土料理。安土桃山時代から、薩摩藩の役人をもてなす料理として成立している。鶏肉、シイタケ、金糸卵、青菜などをご飯に載せ、薬味、醤油をかけ、鶏ガラスープをかけたもの。
沖縄県	惣菜類	チャンプルー類：ゴーヤチャンプル、マーミナチャンプル、漬菜（チキナー）チャンプル、クレソンチャンプル、ソーミンチャンプル（素麺を入れたもの）などがある。
	イリチー	豚の茹で汁（豚さし）を使った料理。クーブイリチー（豚だしと昆布）、かんぴょういりチー（かんぴょうと豚の三枚肉）、グンボーイリチー（ゴボウと鶏肉）、千切りイリチー（切り干し大根と豚の三枚肉）などがある。
	ンブシー	野菜や豆腐、厚揚げと豚肉の煮込み料理：ゴーヤンブシー（ゴーヤ、厚揚げ、カツオ、昆布など）、なすンブシー（ナス、厚揚げ、豚の三枚肉）などがある。
	ラフテー	豚の三枚肉を泡盛、砂糖、醤油などで柔らかく煮たもの。
	汁もの	ソーキ骨の汁、鶏肉とトウガンの汁、中身の吸い物、イカ墨の汁（白いか、イカ墨）、イラブー汁（ウミヘビの汁）、ヒージャー汁（ヤギの肉と内臓の入った汁）などがある。
	沖縄そば	麺は小麦粉のみで作られる。ダシは豚骨やカツオ節を用いるのが一般的。メインの具材は、甘く煮込んだ豚肉（断面が皮、脂身、赤身の三層になっていることから三枚肉といわれる）。この他、かまぼこ、ねぎ、紅しょうが、ヨモギ等の具が好みによってのせられる。
	沖縄豆腐	ユシ豆腐、豆腐とカラスグヮー、ウジ豆腐などがある。

参考文献

- 阿部孤柳『日本料理秘密箱』柴田書店（1982）
- 阿部孤柳『日本料理千夜一夜物語』ジャパンアート社（1998）
- 板木利隆 監修『からだにおいしい野菜の便利帳』高橋書店（2008）
- 大塚邦明『体内時計の謎に迫る』技術評論社（2012）
- 岡田 哲 編『たべもの起源事典』東京堂出版（2003）
- 岡田 哲 編『日本の味探究事典』東京堂出版（1996）
- 香川靖雄 編著（日本栄養・食糧学会 監修）『時間栄養学』女子栄養大学出版部（2009）
- 河野友美ほか 編集『調理科学事典』医歯薬出版（1975）
- 河野友美『コツと科学の調理事典』医歯薬出版（1983）
- 小俣 靖『"美味しさ"と味覚の科学』日本工業新聞社（1986）
- 下村道子『和食の魚料理のおいしさを探る』成山堂書店（2014）
- 柴田書店 編（藤井建夫 監修）『伝統食品の知恵』柴田書店（1993）
- 全国調理師養成施設協会 編『総合調理用語辞典』全国調理師養成施設協会（2010）
- 菅沼安嬉子『正しく食べて健康に生きよう』慶應義塾大学出版会（2009）
- 杉田浩一ほか 編『日本食品大事典』医歯薬出版（2003）
- 高橋素子（成瀬宇平 監修）『Q&A 食べる魚の全疑問』講談社ブルーバックス（2003）
- 巽 好幸『和食はなぜ美味しい』岩波書店（2014）
- 永田 久『年中行事を「科学」する』日本経済新聞社（1989）
- 成瀬宇平『下ごしらえ便利事典』柴田書店（2005）
- 成瀬宇平ほか 監修『食材図典Ⅲ 地産食材篇』小学館（2008）
- 成瀬宇平『47都道府県・伝統食百科』丸善出版（2009）
- 日本伝統食品研究会 編『日本の伝統食品事典』朝倉書店（2007）
- 日本ホテル教育センター 編『和食検定 基本編』日本ホテル教育センター（2011）
- 日本ホテル教育センター 編『和食検定 入門編』日本ホテル教育センター（2015）
- 畑江敬子『さしみの科学』成山堂書店（2005）
- 原田信男『日本の食はどう変わってきたか』角川学芸出版（2013）
- 堀 知佐子『毎日おいしいアンチエイジングクッキング』講談社（2013）
- 溝口 徹『9割の人が栄養不足で早死にする！』さくら舎（2014）
- 三石 巌『健康自主管理と食品の常識』太平出版社（1991）
- 三越『日本を楽しむ年中行事』かんき出版（2004）
- 村田吉弘『ホントは知らない日本料理の常識・非常識』柴田書店（2007）
- 松下純子「日本調理科学会誌」47巻1号、p.42-48（2014）
- 農村開発企画委員会「農山漁村の郷土料理百選」
  http://www.rdpc.or.jp/kyoudoryouri100/recipe/selection/1

索　引

あ行

青魚 ……………………………… 96
青菜 ……………………………… 84
赤かぶの漬物 …………………… 20
赤豆腐 …………………………… 240
赤味噌 ………………………… 78, 79
秋の七草 ………………………… 67
アク ……………………………… 125
揚げだし ………………………… 238
揚げ物 ………………………… 92, 238
味の嗜好 ………………………… 132
あしらい ……………………… 30, 31
芋環蒸 …………………………… 237
温海赤かぶ漬け ………………… 20
油揚げ …………………………… 13
洗う ……………………………… 75
荒炊き（粗炊き） ……………… 97, 236
新巻 ……………………………… 25
アルミ鍋 ………………………… 213
合わせ酢 ………………………… 127
塩梅 ……………………………… 130
筏 ………………………………… 239
イクラ ………………………… 25, 26
磯辺揚げ ………………………… 238
いただきます …………………… 218
一汁一菜 …………………… 3, 9, 10
一汁五菜 ………………………… 6
一汁三菜 ……………………… 6〜9
一汁二菜 ………………………… 8
一番だし ………………………… 160
従兄弟煮 ………………………… 235
稲荷神社の初午祭り …………… 62
伊予緋かぶ ……………………… 21
炒り鶏 …………………………… 82
祝い肴 …………………………… 53

印籠煮 …………………………… 235
薄葛仕立て ……………………… 234
淡口醤油 …………………… 121, 122
器 ………………………… 229, 246
旨煮 ……………………………… 235
UMAMI（うま味） …………… 138
雲仙羹 …………………………… 240
黄金焼き ………………………… 236
黄飯汁 …………………………… 69
大晦日と年越し ………………… 69
お歳暮 …………………………… 68
おせち料理 …………… 52, 53, 179
お水取り ………………………… 62
温石 ……………………………… 22

か行

掻敷 ……………………………… 31
　—食材 ………………………… 32
懐石 ……………………………… 10
　—料理 …………………… 22, 40
会席料理 …………………… 21, 39
海藻 …………………………… 99, 219
かき箸 …………………………… 195
隠し味 …………………………… 126
柏餅 ……………………………… 189
かつお節の香り ………………… 157
兜焼き …………………………… 237
かぶらずし ……………………… 29
カボス …………………………… 152
蒲鉾 ……………………………… 27
　—起源 ………………………… 28
がめ煮 …………………………… 83
芥子和え ………………………… 238
カラシ油配糖体 ………………… 155
辛子明太子 ……………………… 26
間食 ……………………………… 110

乾燥湯葉	12
がんもどき	13
甘露煮	236
菊なます	67
雉焼き	237
擬製豆腐	239
季節を表す代表的な食材	73
砧巻き	239
基本味	131
牛乳	115
行事食	52
郷土料理(関東地方)	166
郷土料理(九州・沖縄地方)	176
郷土料理(近畿地方)	172
郷土料理(甲信地方)	170
郷土料理(山陰・中国地方)	173
郷土料理(四国地方)	175
郷土料理(全国)	248
郷土料理(東海地方)	171
郷土料理(東北地方)	164
郷土料理(北陸地方)	168
郷土料理(北海道)	163
魚卵	25
錦糸卵	240
空也豆腐	240
鯨羹	240
黒はんぺん	27
鍬焼き	237
けん	30, 31, 144
巻繊焼き	237
玄米	94
呉	11
濃口醤油	121, 122
香酸柑橘	152
麹漬け	17
香辛料(スパイス)	144
紅白のかまぼこ	27
高野豆腐	13
凍り豆腐	13
御所車	240

呉汁	11, 234
こすり箸	194
五節句	48
ご飯が左、汁が右	193
ゴボウ	88
胡麻和え	239
ゴマの香り	160
五味、五色、五法	42
込み箸	195
コラーゲン	98
献立と品書き	203
コンニャク	226

さ 行

西京白味噌	37
西京焼き	236
菜箸	212
盃	208
魚の糠漬け	30
酒蒸し	237
索餅	191
桜煮	235
酒文化	23
さしすせそ	118
刺し箸	194
刺身	228
─盛り合わせ	195
薩摩揚げ	28
茶道	40
サバの馴れずし	29
皿	201
沢煮椀	234
三種肴(関東風)	181
三種肴(関西風)	181
塩の道	136
塩引き	25
時間栄養学	111
磁器	206
時雨煮	235
シソの香り	156

しば漬け ……………………………… 20
芝煮 …………………………………… 235
四方八方 ……………………………… 160
しみ豆腐 ……………………………… 13
主食・主菜・副菜 ……………… 1, 4
酒盗 …………………………………… 239
旬 …………………………………… 9, 70
　　—魚介類 ……………………… 71
ショウガの辛味 …………………… 148
正月料理 ……………………………… 54
上巳の節句 ………………………… 187
精進 ………………………………… 6, 42
精進料理 ……………………… 6, 41, 240
食材の食べごろ …………………… 129
食味の表現 ………………………… 139
白和え ………………………………… 238
白煮 …………………………………… 235
汁物 …………………………………… 233
汁椀のふた ………………………… 196
白味噌 ………………………………… 78
真薯 …………………………………… 237
神饌 …………………………………… 50
新和食 ……………………………… 105
水晶煮 ………………………………… 235
吸い物 ……………………………… 233
スーパー和食 ………………………… 3
杉板焼き ……………………………… 236
すぐきの漬物 ……………………… 19
すし …………………………… 198, 228
筋子 …………………………………… 25
スダチ ……………………………… 152
澄まし仕立て ……………………… 233
擂り流し ……………………………… 234
清酒 …………………………………… 22
節句 …………………………………… 48
　　重陽の— ………………… 67, 191
千利休 ……………………………… 11, 40
千枚漬け ……………………………… 20
禅料理 ………………………………… 41
雑煮 …………………………………… 54

そばに使われる薬味 ……………… 158
そばを食べる ……………………… 222
そら箸 ……………………………… 195

た　行

太陰太陽暦 …………………………… 46
太陰暦 ………………………………… 44
ダイコンおろし …………………… 147
大豆 ………………………………… 101
滝川豆腐 …………………………… 239
たくあん漬け …………………… 18, 19
タケノコ ……………………………… 87
蛸の柔らか煮 ……………………… 124
だし ………………………… 119, 138, 160
　　—昆布の種類 ………………… 161
竜田揚げ …………………………… 238
手綱巻き …………………………… 239
タデの辛味 ………………………… 154
七夕 …………………………… 65, 190
狸汁 ………………………………… 240
たまり醤油 ………………………… 123
タラコの塩漬け …………………… 26
端午の節句 ………………… 64, 189
ちぎり箸 …………………………… 195
筑前煮 …………………………… 82, 235
粽 …………………………………… 189
茶懐石 ………………………………… 10
中秋の名月 ………………………… 66
銚子 ………………………………… 208
朝廷料理 ……………………………… 43
重陽の節句 ………………… 67, 191
調理箸 ……………………………… 212
調理用語 …………………………… 245
ちょこ ……………………………… 208
ちょろぎ …………………………… 185
珍味 ………………………………… 239
通過儀礼 ……………………………… 48
突き箸 ……………………………… 194
佃煮 ……………………………… 26, 27
造り ………………………………… 234

つけあげ	28
漬物	15
つま	30, 31, 144
艶煮	235
露打ち	234
テアニン	231
手皿	200
鉄鍋	213
手前味噌	102
照り焼き	91
天蓋	240
典座教訓	42
伝統食品	5
伝統料理	177
天ぷらの盛り合わせ	197
伝法焼き	236
天盛り	31
トウガラシの辛味	159
陶器	206
当座煮	235
冬至	68
豆乳	11, 12
豆腐	11
道明寺揚げ	238
研ぐ	75
年明けうどん	70
年越しうどん	70
年越し膳	69
徳利	208
土鍋	215
共和え	238
鶏の唐揚げ	90
鶏松風	240
丼物	109, 116, 199

な 行

納豆	13, 220
ナットウキナーゼ	14
納豆菌	13, 14
―バチルス・ナットウ	14
夏の行事	64
夏の土用	65
七草粥	52, 184
生寿司	234
生卵	223
生湯葉	12
奈良漬	16
馴れずし	5, 28, 29
南禅寺蒸	237
南蛮漬け	239
握り箸	194
肉じゃが	80
煮凝り	236
煮魚	83, 97
二汁五菜	6
二十四節気	46
―表	47
二番だし	160
煮浸し	236
煮干しだし	161
煮干しの種類	162
日本型食生活	4, 98
日本酒	22
日本食ブーム	36
日本の塩	135
日本の食酢	137
日本料理	43, 229
煮物	234
乳酸菌	15
ニンニク特有の臭み	153
沼田和え	238
塗りの椀	207
ネギの辛味	149
ねぶり箸	194
ノーカロリー	99
のりの香り	157

は 行

博多蒸	237
箸を使う時のNG	194

畑の肉	101		

畑の肉	101
発芽玄米	38
発酵	14
—食品	5
八方だし	160
花見	63
鰤	26
春の年中行事	61
春の彼岸	63
馬鈴薯	80
バレンタインデー	63
般若湯	240
PFCバランス	8
光物	234
ひじき	85
PDCAAS	101
雛あられ	63
雛祭り	62
BMAL1	112, 113
氷室の節句	64
飛竜頭	13, 240
袱紗仕立て	234
福茶	62
節類の種類	161
伏せ鉦	240
豚の角煮	89
フナずし	29
プロテインボディ	12
鼈甲飴	237
べったら漬け	18
ペリルアルデヒド	156
奉書焼き	236
法楽焼き	236
ホーロー鍋	216
干しシイタケの種類	162
ホワイトデー	63
盆	66
—料理	66
本みりん	120

ま 行

まごわやさしい	103
抹茶	231
—飲み方	202
松前漬け	239
真魚	234
まな板の取り扱い方	209
迷い箸	195
丸仕立て	234
味噌・醤油のルーツ	133
味噌仕立て	234
味噌汁	77, 102, 106
糞仕立て	234
三つの肴	53
三つ葉の香り	156
みりん風調味料	120
蒸し物	237
無洗米	38
夫婦茶碗	205
餅の形	183
紅葉子	26

や 行

薬石	22
薬味	31, 143～146
野菜の旬	72
山かけ	225
山鯨	240
山河豚	240
幽庵焼き	236
ユズ	152
湯葉	12
養老豆腐	239
吉野煮	234

ら 行

利休焼き	236
理想的な朝食	107
料理言葉	233

| 料理名 ………………………… 233
| 瑠璃煮 ………………………… 235

わ　行

| 若狭焼き ……………………… 236
| ワサビ …………………… 155, 228
| 　―辛さ ………………………… 17
| 　―辛味 ………………………… 154
| 　―辛味成分 …………………… 155
| 　―糠漬け ……………………… 17
| 和食 ………………… 3, 4, 9, 33, 34, 43
| 　―意味 …………………………… 4
| 　―基本形 ………………………… 7
| 　―(代表的な)食材 …………… 1, 36
| 　―ブーム ……………………… 36
| 渡し箸 …………………………… 195
| 和の暦 …………………………… 241
| 和包丁の特徴 …………………… 211

和食の常識Q&A百科

	平成27年12月25日　発　　　行
	平成28年 7月25日　第2刷発行

著作者　　堀　　知　佐　子
　　　　　成　瀬　宇　平

発行者　　池　田　和　博

発行所　　丸善出版株式会社
　　　　　〒101-0051　東京都千代田区神田神保町二丁目17番
　　　　　編集：電話(03)3512-3264／FAX(03)3512-3272
　　　　　営業：電話(03)3512-3256／FAX(03)3512-3270
　　　　　http://pub.maruzen.co.jp

©Chisako Hori, Uhei Naruse, 2015

組版・株式会社 明昌堂／印刷・株式会社 日本制作センター
製本・株式会社 松岳社

ISBN 978-4-621-30006-0 C0577　　　　　Printed in Japan

JCOPY 〈(社)出版者著作権管理機構 委託出版物〉
本書の無断複写は著作権法上での例外を除き禁じられています．複写される場合は，そのつど事前に，(社)出版者著作権管理機構(電話 03-3513-6969，FAX 03-3513-6979，e-mail：info@jcopy.or.jp)の許諾を得てください．